西北政法大学公安学院系列教材

现场勘查

XIANCHANG KANCHA

主　编◎许　志
副主编◎郭永亮　段喆斐　曹小丽
撰稿人◎（按撰写章节顺序）
　　　　许　志　郭永亮　王晓红　段喆斐
　　　　胡德葳　林　丽　钱　媛　曹小丽
　　　　邵　磊　弥　乐

中国政法大学出版社

2023·北京

总 序

　　党的二十大以来，确立了坚持走中国特色社会主义法治道路，建设中国特色社会主义法治体系、建设社会主义法治国家，围绕保障和促进社会公平正义，坚持依法治国、依法执政、依法行政共同推进，坚持法治国家、法治政府、法治社会一体建设，全面推进科学立法、严格执法、公正司法、全民守法，全面推进国家各方面工作法治化。随着中国特色社会主义建设进入新时代，我国社会的主要矛盾已经转化为人民日益增长的美好生活需要和不平衡不充分的发展之间的矛盾，社会主要矛盾发生历史性的新变化，目前我国正在全面推进深化改革，多领域改革交叉联动，改革带来红利的同时，必然打破已有的利益平衡，造成一定范围内的冲突，对国家的社会治安造成不稳定因素，刑事犯罪案件相应增加，新的犯罪手段和形式层出不穷。由于新的社会治安环境产生变化，相应的社会治理也有新的变化。公安工作也要适应新形势新变化。中共中央办公厅、国务院办公厅印发了《关于加强新时代法学教育和法学理论研究的意见》明确指出要建设好相应的教材体系。

　　这些背景促使公安学及相关学科要有一个大的改变，完善能够适应新时代需要的教材体系。西北政法大学公安学院（公共安全法学院）顺应时代要求，根据当前公安学和法学教育的特点，理论与实务相结合，组织校内外学者和实务部门专家，组织编写一套系列教材。这套系列教材坚持传统理论和知识，同时结合新的犯罪形势，在教材内容、体系和结构编排上体现新的特点，以习近平法治思想为指导，科学把握习近平法治思想的理论内涵，增加目前实务部门新的理念、新的技术、措施和方法，使教材能够具有较强的适应性和实践性。希望通过系列教材的出版，推动公安学教育的发展。

西北政法大学公安学院（公共安全法学院）
教材编写委员会
2023 年 11 月 22 日

编写说明

刑事侦查工作的主要任务是打击犯罪，维护社会秩序的稳定，保障社会主义建设事业的顺利进行，不断增强人民群众的获得感、幸福感、安全感。作为刑事侦查工作重要组成部分的现场勘查，必须深入践行以人民为中心的发展思想，重视对现场勘查理论的研究。

自我国刑事诉讼制度确立"以审判为中心"理念以来，刑事侦查工作要求发生了深刻变化，侦查活动必须围绕审判要求进行侦查取证，现场勘查作为侦查活动的开端，亦须如此方能从起点保证刑事诉讼活动实现程序正义和实质正义的统一，现场勘查教材必须贯彻"以审判为中心"的理念。

大数据、人工智能时代的犯罪现场和现场勘查工作都发生了较大的变化，公安部因时而设立"科学指挥、合成作战、现场必勘、专业研判、分类侦查、准确办案"的打击犯罪新机制，对现场勘查工作提出"必勘、必采、必录、必比"的具体要求，使传统现场勘查工作与信息网络平台结合，迸发出新的能量。现场勘查教材必须适应新时代侦查工作的需要。

西北政法大学公安学院侦查学专业近年来参照公安部关于加强公安院校公安专业人才现场勘查能力建设的要求，在现场勘查课程教学研究与改革方面做了大量的工作，本教材即为侦查学专业老师对现场勘查教学改革的探索。

本教材由许志任主编，郭永亮、段喆斐、曹小丽任副主编，参加编写者分工如下：

许　志：第一章、第三章、第八章、第九章、第十二章、第十三章

郭永亮：第二章、第十章、第十五章、第十八章

段喆斐：第五章、第十九章、第二十章

曹小丽：第十六章、第十七章
王晓红：第四章、第六章
胡德葳：第七章
钱　媛：第十四章
林　丽：第十一章
邵　磊：第二十一章
弥　乐：第二十二章

本教材编写参考了同行专家的资料和成果，在此表示感谢。因为编者水平有限，本教材中的疏漏、错误在所难免，敬请读者批评指正。

编者
2023 年 4 月

目录

第一章　犯罪现场 ·· 1
　第一节　犯罪现场的概念 ·· 1
　第二节　犯罪现场的构成 ·· 3
　第三节　犯罪现场的特点 ·· 7
　第四节　犯罪现场的分类 ·· 9

第二章　现场保护 ··· 18
　第一节　现场保护概述 ·· 18
　第二节　现场保护的任务 ·· 21
　第三节　现场保护的方法 ·· 24

第三章　现场勘查概述 ·· 35
　第一节　现场勘查的概念 ·· 35
　第二节　现场勘查的意义 ·· 37
　第三节　现场勘查的任务 ·· 38
　第四节　现场勘查的原则 ·· 42

第四章　现场勘查的组织指挥 ······································ 49
　第一节　现场勘查的管辖 ·· 49
　第二节　现场勘查的组织 ·· 55
　第三节　现场勘查的指挥 ·· 57

第五章　现场勘查的程序 …… 66
第一节　受理报案 …… 66
第二节　临场处置 …… 69
第三节　现场勘查的实施 …… 72
第四节　现场勘查的结束 …… 73
第五节　现场的复勘与复查 …… 76

第六章　现场访问 …… 82
第一节　现场访问概述 …… 82
第二节　现场访问的步骤和方法 …… 90
第三节　现场访问笔录和录音 …… 98
第四节　现场访问结果的审查评断 …… 100

第七章　实地勘查 …… 105
第一节　实地勘查概述 …… 105
第二节　实地勘查的步骤 …… 112
第三节　实地勘查的方法 …… 118

第八章　现场搜索 …… 126
第一节　现场搜索的概念、任务和要求 …… 126
第二节　现场搜索的目标、范围和重点 …… 128
第三节　现场搜索的准备、实施和方法 …… 130
第四节　现场搜索中的盘查、追踪和缉捕 …… 134

第九章　现场实验 …… 141
第一节　现场实验的概念和特性 …… 141
第二节　现场实验的作用和任务 …… 142
第三节　现场实验的种类和规则 …… 144
第四节　现场实验的步骤和方法 …… 147
第五节　现场实验的记录和结果评断 …… 156

第十章　现场痕迹、物证的发现与提取 …… 160
  第一节　现场手印的发现与提取 …… 160
  第二节　现场足迹的发现与提取 …… 165
  第三节　现场工具痕迹的发现与提取 …… 167
  第四节　现场枪弹痕迹的发现与提取 …… 168
  第五节　现场生物物证的发现与提取 …… 170
  第六节　现场微量物证的发现与提取 …… 172

第十一章　现场勘查记录 …… 176
  第一节　现场勘查记录概述 …… 176
  第二节　现场勘查笔录 …… 181
  第三节　现场绘图 …… 184
  第四节　现场照相 …… 190
  第五节　现场录像 …… 196

第十二章　现场分析与现场重建 …… 203
  第一节　现场分析 …… 203
  第二节　现场重建 …… 231

第十三章　杀人案件的现场勘查 …… 243
  第一节　杀人案件现场的特点 …… 243
  第二节　杀人案件现场勘查的任务 …… 245
  第三节　杀人案件现场访问的重点 …… 248
  第四节　杀人案件实地勘查的重点 …… 249
  第五节　杀人案件现场分析的重点 …… 259

第十四章　盗窃案件的现场勘查 …… 264
  第一节　盗窃案件现场的特点 …… 264
  第二节　盗窃案件现场勘查的任务 …… 266
  第三节　盗窃案件现场访问的重点 …… 268
  第四节　盗窃案件实地勘查的重点 …… 270
  第五节　盗窃案件现场分析的重点 …… 275

第十五章　爆炸案件的现场勘查 …… 282
第一节　爆炸案件现场的特点 …… 282
第二节　爆炸案件现场勘查的任务 …… 283
第三节　爆炸案件现场访问的重点 …… 285
第四节　爆炸案件实地勘查的重点 …… 287
第五节　爆炸案件现场分析的重点 …… 289

第十六章　抢劫案件的现场勘查 …… 294
第一节　抢劫案件现场的特点 …… 294
第二节　抢劫案件现场勘查的任务 …… 296
第三节　拦路抢劫案件现场勘查的重点 …… 297
第四节　入室抢劫案件现场勘查的重点 …… 300

第十七章　强奸案件的现场勘查 …… 304
第一节　强奸案件现场的特点 …… 304
第二节　强奸案件现场勘查的任务 …… 306
第三节　强奸案件现场访问的重点 …… 307
第四节　强奸案件实地勘查的重点 …… 309
第五节　强奸案件现场分析的重点 …… 311

第十八章　放火案件的现场勘查 …… 315
第一节　放火案件现场的特点 …… 315
第二节　放火案件现场勘查的任务 …… 317
第三节　放火案件现场访问的重点 …… 318
第四节　放火案件实地勘查的重点 …… 319
第五节　放火案件现场分析的重点 …… 322

第十九章　毒品案件的现场勘查 …… 325
第一节　毒品案件现场的特点 …… 325
第二节　毒品案件现场勘查的任务 …… 327
第三节　毒品案件现场访问的重点 …… 329
第四节　毒品案件实地勘查的重点 …… 332

第五节　毒品案件现场分析的重点 ·················· 334

第二十章　电信诈骗案件的现场勘查 ·················· 337
　　第一节　电信诈骗案件现场的特点 ·················· 337
　　第二节　电信诈骗案件现场勘查的任务 ················ 340
　　第三节　电信诈骗案件现场访问的重点 ················ 342
　　第四节　电信诈骗案件实地勘查的重点 ················ 344
　　第五节　电信诈骗案件现场分析的重点 ················ 347

第二十一章　投放危险物质案件的现场勘查 ··············· 351
　　第一节　投放危险物质案件现场的特点 ················ 351
　　第二节　投放危险物质案件现场勘查的任务 ·············· 353
　　第三节　投放危险物质案件现场访问的重点 ·············· 354
　　第四节　投放危险物质案件实地勘查的重点 ·············· 357
　　第五节　投放危险物质案件现场分析的重点 ·············· 360

第二十二章　计算机犯罪案件的现场勘查 ················ 363
　　第一节　计算机犯罪案件现场的特点 ················· 363
　　第二节　计算机犯罪案件现场勘查的任务 ··············· 365
　　第三节　计算机犯罪案件现场访问的重点 ··············· 366
　　第四节　计算机犯罪案件勘验检查的重点 ··············· 367
　　第五节　计算机犯罪案件现场分析的重点 ··············· 369

第一章 犯罪现场

🔍 **[内容提要]**

犯罪现场是研究现场勘查的逻辑起点,深入剖析犯罪现场的概念,有助于勘查人员准确地界定犯罪现场的内涵和外延,从而对现场加以科学利用。在此基础上,进一步研究犯罪现场的构成,则有助于勘查人员系统地认识犯罪现场,全面、深入地挖掘现场的犯罪信息。犯罪现场具有阶段性、特定性、暴露性和易变性的特点,研究这些特点,有助于勘查人员正确认识犯罪现场的本质,指导现场保护和现场勘查工作的顺利开展。在侦查实践中,往往还会呈现出各种各样的犯罪现场,为了有的放矢地制定勘查对策,需要对犯罪现场进行科学的分类,以便勘查人员采用有效的勘查方法,提高现场勘查的效率和质量。

🔍 **[重点问题]**

犯罪现场的概念;犯罪现场的构成;犯罪现场的特点;犯罪现场的分类。

第一节 犯罪现场的概念

概念是反映客观事物本质属性的基本思维形式。犯罪现场是现场勘查的基本概念之一,是研究现场勘查的逻辑起点,也是确立现场勘查基本立场的前提。研究犯罪现场的概念,有助于勘查人员正确地理解犯罪现场的内涵实质,准确地把握犯罪现场的外延界限,科学地利用犯罪现场,推进现场勘查工作有序进行。

一、现场的概念

现场是指人们从事某种活动或者发生某种事件的地方。"现"具有时间的含义,"场"具有空间的含义,因此,现场是一个时空概念。

现场具有以下几层含义:其一,现场是某特定空间。其二,现场是特定时间的某空间。其三,在特定时间的某空间内发生或存在某事实。

在现实生活中,存在着各种各样的现场。依据现场形成的因素不同,可以分为人为因素形成的现场和自然因素形成的现场。前者如演出现场、施工现场、比赛现场、实验现场、违法现场、犯罪现场等;后者如地震现场、火山喷发现场、泥石流现场、雷击现场、自燃现场等。其中,人为因素形成的现场又可根据是否在现实生活中存在或发生,分为实体现场和虚拟现场。

在实践中,侦查人员等勘查人员勘查的现场可能是犯罪现场,也可能是非犯罪现场,我们可称之为可疑犯罪现场,在实践中通常称为报案现场。

二、犯罪现场的概念

犯罪现场概念的界定涉及法学、公安学、逻辑学、地理学等多个学科的内容,要准确界定犯罪现场的概念并非易事。国内外相关学者从不同的角度,对犯罪现场的概念予以界定,形成了各自不同的观点。其中,有些观点颇具有代表性。

在国外,A. N. 温别尔格和 C. N. 米特尔采夫是苏联著名的侦查学者,由两位学者主编、苏联国家法学书籍出版局1950年出版的《犯罪对策学》一书中将"犯罪现场"称为"出事地点",认为"出事地点,就是发生犯罪事件(如寻获被抛弃的犯罪工具或足迹等)的特定地段或场所"。加拿大 S. S. 克里希南博士在1978年由美国查尔斯-托马斯出版社出版的《现代犯罪侦查导论》一书中提出:"刑事犯罪现场是指周围被事物环绕和包括一个可能发生犯罪的特定地点及遗留有同犯罪有关的痕迹、物证的区域。"上述观点至今对我国学界都有很深的影响,许多学者都在引用这些成果。

在国内,对于犯罪现场概念的界定,学者们在学习借鉴国外研究成果的基础上,提出了各自不同的观点,目前比较一致的观点认为:犯罪现场是指犯罪行为人实施犯罪行为的地点和遗留有与犯罪有关的痕迹、物证的有关场所。"实施犯罪行为的地点"是指犯罪行为人实施犯罪行为的中心地点。例如,杀人案件中剥夺被害人生命的地点,盗窃案件中秘密窃取财物的地点等,此类地点留下的痕迹、物证较多,是侦查线索的主要来源,是犯罪现场的主要组成部分。"遗留有与犯罪有关的痕迹、物证的有关场所"是指犯罪行为人实施犯罪行为前准备、停留、隐藏的场所和犯罪后移尸、抛尸或逃跑、藏赃等后期处理的场所。此类场所可发现犯罪行为人遗留的手印、足迹、破坏痕迹、交通工具痕迹、犯罪工具、凶器、掩埋的尸体、隐藏的赃物等，这些也是犯罪现场的组成部分。我们认为，此观点值得商榷，因为从行为人的主观态度上来讲，犯罪有故意犯罪和过失犯罪，而故意犯罪又包括有预谋准备和无预谋准备的情形，上述关于犯罪现场概念界定只针对故意犯罪且属于有预谋准备一种情形，显然有失偏颇。

综合以上分析，犯罪现场是指发生犯罪事件的地点和存在与犯罪有关的物品、痕迹、尸体、信息的相关场所。不管是故意犯罪还是过失犯罪，故意犯罪中是有预谋准备还是无预谋准备，只要是发生了犯罪事件，那么该地点就是犯罪现场的组成部分。在极少数情况下，犯罪现场仅仅局限于发生犯罪事件的地点，但是，在绝大多数情况下，除了发生犯罪事件的地点，在其他场所也存在着与犯罪有关的物品、痕迹、尸体、信息，这些物品、痕迹、尸体、信息是作案人在整个犯罪过程中不可避免地遗留或储存的，因而也是犯罪现场的组成部分。"与犯罪有关的物品的场所"主要包括作案人在犯罪过程中留下作案工具（匕首、撬棍、螺丝刀等）、现场遗留物（手机、皮包、钥匙等）、人体排泄物（精斑、粪便、痰等）以及微量物证（毛发、皮屑、油渍等）的场所。"与犯罪有关的痕迹的场所"主要包括作案人在犯罪过程中留下人体痕迹（手印、足迹、压印、唇印、面颊印纹等）、物体痕迹（工具痕迹、枪弹痕迹、交通工具痕迹、笔迹等）的场所。"与犯罪有关的尸体的场所"主要包括作案人在犯罪过程中藏尸、碎尸、焚尸、移尸、抛尸、埋尸等行为的场所。"与犯罪有关的信息的场所"主要包括作案人在犯罪过程中拍摄录音录像、使用通信工具以及使用计算机的场所（包括网络空间）。此外，这里称"相关场所"而非"一切场所"，是因为犯罪现场的外延不宜过大，否则难以准确把握，同时也影响勘查效率。例如，某人无意将现场一件与犯罪有关的物品带回家，如果将此物品所在地点（即此人的家）也认定为犯罪现场，外延未免过大。

在实践中，侦查机关所勘查的场所并非都是犯罪现场。是否为犯罪现场，往往需要在勘查之后才能确定，有的甚至需要经过一定时间的调查才能确定。现场勘查作为一种审查事件性质的措施，在实际工作中被广泛应用，目的就是通过现场勘查，查明是否有犯罪事件发生。

第二节　犯罪现场的构成

必须坚持系统观念认识问题，只有用普遍联系的、全面系统的、发展变化的观点观察事物，才能把握事物发展规律。犯罪现场是一个完整的系统，犯罪现场的构成是指构成犯罪现场的基本要素以及各要素之间的相互关系。犯罪现场的构成是现场勘查活动的认识起点和基础。研究犯罪现场的构成，有助于勘查人员对犯罪现场的整体认识和系统把握，强化现场保护意识和加强保护措施，全面、深入地挖掘犯罪现场的犯罪信息，提高现场勘查工作的水平。

一、犯罪现场的构成要素

对于犯罪现场，不能简单地将其理解为一个地域概念。犯罪现场是作案人为了实现其犯罪意图，在一定的时间、空间，侵害一定的对象（人或物），从而引起被侵害对象及物质环境发生一系列变化的客观存在。犯罪现场的构成要素包括：

（一）犯罪时间、犯罪空间

时间、空间是事物存在的基本形式，时间用以描述事件的先后顺序，空间用以描述物体的位形。任何作案人在进行犯罪活动时，都要在一定的时间和空间内进行，也就是说犯罪现场都有自己特定的时间和空间。没有时间和空间的犯罪现场是不存在的，因为离开了时间和空间，犯罪行为就无从依附和表现，犯罪现场就不可能存在。

1. 犯罪时间。犯罪时间是指犯罪活动从起始到终止的时间。犯罪时间具有顺序性、间隔性和持续性的特点。有的案件，犯罪活动是在同一地点，在一个不间断的时间段内进行的，并且犯罪结果与之同时发生或连续发生，犯罪时间就是这个不间断的时间段。有的案件，犯罪活动是在不同的时间、不同的地点，分阶段先后进行的，犯罪时间应按不同的地点逐段分别计算。有的案件，犯罪行为和犯罪结果不是同时或连续发生的，例如，从投毒到被害人中毒死亡，从安置爆炸物到爆炸发生，中间都要经过一段或长或短的时间。在遇到此类情况时，犯罪时间除了计算作案人在现场活动的一段时间外，还应当计算因犯罪活动而引起被侵害对象及其物质环境发生变化的那一段时间，尽管此时作案人可能已经逃离现场。值得注意的是，依据传统的认识，犯罪时间具有"一维性"，即具有不可停顿性和不可逆转性。但高科技犯罪正在改变这种认识，高科技犯罪将犯罪时间"折叠""存储"，已使时间出现"二维"甚至"多维"的特点。

2. 犯罪空间。犯罪空间是指犯罪活动涉及的地点和场所。犯罪空间具有相对独立性和广延性的特点。有的案件，犯罪活动是在同一地点、场所内进行的，只涉及一个空间范围，即通常所说的只有一个犯罪现场。有的案件，犯罪活动是在不同的时间、不同的地点和场所、分阶段进行的，例如，作案人在甲地杀人，乙地碎尸，丙地埋尸，一起案件涉及几个空间范围，即通常所说的有多个犯罪现场。如此形成的多个犯罪现场既相对独立，又互相联系。需要指出的是，犯罪空间不仅仅是地理位置上的空间场所（具有长、宽、高三维性特点），也包括在特殊物理场所的虚拟空间，如计算机互联网空间。网络犯罪给我们提供了一个全新的虚拟空间——赛博空间（Cyber Space），这一空间是基于真实的物理架构（即各种线路及各种计算机设备所连接构成的系统）的一个数字化的空间。人们虽然不能物理地进入这一空间，但通过各种数字化的界面，可以与真实空间相似地通过网络来完成各种活动。

时间和空间是犯罪现场存在的形式，也是犯罪事实的组成要素。犯罪活动是在一定的时间和空间内实施的，犯罪时间和空间要素是不可分割的。一个人在同一单位时间内只能在一个地方活动，而不能既在甲地活动又在乙地活动，即他不可能同时占有两个空间。因此，分析和研究犯罪时间和空间，对于收集犯罪证据、查明犯罪活动情况、确定侦查方向和范围具有重要的作用。

（二）犯罪行为

犯罪行为是指作案人为了实现其犯罪意图而采取的行动。犯罪现场是作案人的犯罪行为作用于一定的物质客体而形成的，是犯罪行为的必然结果。没有犯罪行为的存在就没有犯罪现场，犯罪行为是犯罪现场构成要素中的核心要素。犯罪行为自身是一个系统，由三个要素组成，即犯罪行为内容、犯罪行为过程和犯罪行为手段。

1. 犯罪行为内容。犯罪行为内容是指涵盖犯罪行为本质属性的存在。犯罪行为内容回答作案人在犯罪现场做什么的问题，因而它是犯罪现场核心要素中的核心。犯罪行为内容反映着犯罪现场最本质的东西，因而它和其他非核心要素以及核心要素中的其他要素的关系是：它决定着其他所有构成犯罪现场要素的存在，又依赖其他要素的存在而存在。犯罪行为内容是一个非常复杂的、动态的要素，每一个犯罪现场展现的犯罪行为内容都不同。

2. 犯罪行为过程。犯罪行为过程是指犯罪行为的顺序。犯罪行为过程是犯罪现场核心要素中的又一重要要素。犯罪行为过程分为整体行为过程、阶段行为过程、单独行为过程和具体行为过程。就个案而言，整体行为过程，是指完成整个犯罪行为的顺序。例如，整个犯罪行为中准备犯罪、实施犯罪、掩盖犯罪的顺序。阶段行为过程，是指完成某一段犯罪行为的顺序。例如，实施犯罪阶段中进入现场、实施侵害行为、逃离现场的顺序，实施侵害行为阶段中的杀人、取财的顺序。单独行为过程，是指完成某一方面犯罪行为的顺序。例如，杀人行为中杀死一家三口的顺序（先杀死男主人、然后杀死女主人、最后杀死孩子）。具体行为过程，是指完成某一具体犯罪行为的顺序。例如，杀死男主人的顺序（先用棍棒击昏、然后用刀刺前胸、最后用绳索勒脖子）。

3. 犯罪行为手段。犯罪行为手段是指犯罪行为所呈现的方式。犯罪行为手段是主观见之于客观的东西，是犯罪行为的表现方式，没有犯罪行为手段，也就没有犯罪行为。作案人是通过犯罪行为手段达到或实现犯罪目的，形成或造成了犯罪内容。犯罪行为手段也是犯罪构成的必要条件，是区分罪与非罪，此罪与彼罪的重要标志。

犯罪现场必须有作案人的犯罪行为，否则犯罪时间和空间要素也就失去了意义，犯罪行为是犯罪现场区别于非犯罪现场最根本的标志。犯罪行为具有层次性，主要犯罪行为能反映作案人的犯罪动机和目的，关联犯罪行为能全面反映犯罪事实情况。因此，分析和研究犯罪行为，对于明确事件性质和案件性质、收集犯罪证据、查明犯罪活动情况、确定侦查方向和范围也具有重要的作用。

（三）被侵害对象及物质环境变化

作案人的犯罪行为必然作用于被侵害对象并与物质环境发生联系，从而引起被侵害对象及物质环境的变化，通常表现为人、事、物等方面的变化。被侵害对象及物质环境的变化是每个犯罪现场都存在的，是犯罪行为的必然结果，是犯罪现场重要的构成要素。被侵害对象及物质环境变化包括以下四个方面的内容：

1. 被侵害对象的变化。作案人的犯罪行为必然作用于被侵害对象并引起被侵害对象发生变化，这种变化也是作案人为了达到犯罪目的，所极力追求和希望实现的，例如杀人造成的被害人死亡、放火导致的财物毁损等。在多数案件中，被侵害对象的变化是明显的、容易直接感知到的，例如爆炸对人、财、物造成的损害和破坏。但是，在少数案件中，被侵害对象的变化是不明显的、不容易直接感知到的，例如少量多次投毒使被害人中毒病变。

2. 现场客体物的增减。作案人的犯罪行为必然带来现场客体物增加或减少的变化。现场增加的客体物，例如作案人遗留在现场的手印、足迹、血迹、毛发、精斑、作案工具、衣物、手机、钥匙等。现场减少的客体物，例如作案人从现场带走的现金、银行卡、珠宝、金银首饰、文物、名人字画、粉尘、油漆、附着物等。

3. 现场上原有客体物的位置、形状及其组合状态的改变。作案人在犯罪过程中，必然要触碰、移动、使用或破坏现场上的原有客体物，例如，在行窃过程中无意碰倒花瓶，挪动桌椅作为垫脚物、蹬踩物，为了转移视线使用被害人的电脑，为入室而撬门破锁，为了翻找财物而翻箱倒柜等。这样就使现场原有客体物的位置、形状及其组合状态发生了改变，这种改变通常呈现出的是物质形态的变化。

4. 有关客观现象的发生。有关客观现象是指案件发生时客观地存在于现场、有可能被人们感知的、与犯罪有关的各种现象和状况。例如，被害人呼喊救命的声音，现场上火焰的颜色，现场上刺鼻的气味，现场围观群众惊恐的表情等。

作案人在进行犯罪活动时，必然使被侵害对象及其物质环境发生变化，在现场留下各种蛛丝马迹。尽管有的作案人为了转移视线、逃避打击，总是绞尽脑汁、千方百计地伪装或破坏现场，企图掩盖犯罪事实或隔断与犯罪现场的联系。但是，伪装、破坏行为又会留下伪装、破坏的痕迹。作案人既想进行犯罪活动又不留下任何痕迹、物证，只能是一种主观愿望。

二、犯罪现场构成要素之间的关系

构成犯罪现场三个方面的要素互相联系、互相依存、缺一不可。作案人的犯罪行为，必然与犯罪时间、犯罪空间同时存在，是被侵害对象及物质环境发生变化的直接原因，是与非犯罪现场的本质区别。因此，犯罪行为是犯罪现场的核心要素；犯罪时间、犯罪空间是犯罪现场的存在形式；被侵害对象及物质环境变化是犯罪行为的必然结果。

构成犯罪现场三个方面的要素也足以说明，任何犯罪事件都有犯罪现场，没有犯罪现场的犯罪事件是不存在的。只不过在实践中，有些犯罪事件的发生地点一时难以查明，没有勘查的可能；有的犯罪事件虽然有明确的发生地点，然而勘查的价值不大，但不能因此而否定犯罪现场的存在。

第三节 犯罪现场的特点

犯罪现场的特点是指犯罪现场本身所具有的、不同于其他现场的本质特性。犯罪现场是特殊人为因素造成的现场，有自身的内在本质属性和外表形态特征。犯罪现场的构成要素决定了犯罪现场的特点。研究犯罪现场的特点，有助于勘查人员正确认识犯罪现场的本质特性，指导现场保护和现场勘查工作的正确开展。

一、阶段性

犯罪现场的阶段性是指犯罪现场在犯罪活动进行中分阶段逐步形成的属性。犯罪离不开时间和空间，随着犯罪活动在时间上的推移、空间位置上的变换，形成了若干个或者若干部分前后互相连贯、又具有明显因果联系的犯罪行为轨迹，呈现出犯罪现场的阶段性。犯罪现场的阶段性通常表现为两种情况：一种是某一个完整的犯罪行为过程在不同的时间、不同的地点分阶段进行，那这起案件就会形成若干个具有一定连贯性而又各自相对独立的犯罪现场，例如预备现场、实施现场、掩盖现场等；另一种是某一个完整的犯罪行为过程在同一时间、同一地点连续进行，那这起案件就只能形成一个犯罪现场。但如果按照犯罪活动进行的前后顺序，即使只有一个犯罪现场，也可以分为侵入、作案、逃离等若干个阶段。

犯罪现场的阶段性，决定了只有重视对同一案件的各个现场和每一现场的各个部分进行认真细致地勘查，才能对犯罪行为过程的发展顺序及其遗留的痕迹物品有全面的认识，才能从整体上揭示一起案件犯罪行为发展的全过程，从而获得更多的侦查线索和证据。

二、特定性

犯罪现场的特定性是指每一个犯罪现场都不同于其他现场的属性。犯罪现场的特定性是由犯罪现场的三大要素所引起，即由犯罪各自形成的时间、空间和犯罪行为不同，犯罪引起的被侵害对象及物质环境的变化不同而造成的。犯罪现场的特定性通常从质的规定性和量的规定性这两个方面表现出来：质的规定性是决定犯罪现场性质的，是由同类犯罪行为的共同规定性决定的。犯罪现场之所以能够区分出杀人现场、盗窃现场、抢劫现场等不同类型，或能够区分哪几个现场是同一人或不是同一人所为，就是因为这些现场各自有自己特定的质的规定性，质的规定性是犯罪现场具有特定性的根本原因所在。量的规定性是决定现场规模和程度的，是由不同案件犯罪行为的特殊性所决定的。犯罪现场量的规定性，决定了同类性质的犯罪现场状态也各不相同。犯罪现场质和量的规定性的统一，构成了犯罪现场的特定性。

犯罪现场的特定性，决定了按照犯罪现场质的规定性，准确地将这一类犯罪现场同另一类犯罪现场、这一作案人实施的犯罪现场同另一作案人实施的犯罪现场区别开来，从而寻找按规律必然存在但尚未发现的犯罪现场和证据；根据犯罪现场量的规定性，以具体案件的特殊规律为指导，把同一类型每个不同案件的犯罪现场区别开来，从而根据现场的不同情况，采取有针对性的勘查方法，发现和收集更多的证据。

三、暴露性

犯罪现场的暴露性是指犯罪现场呈现出一定的形态进而被人感知的属性。

犯罪现场的暴露性也是由犯罪现场的三大要素所决定的。犯罪现场的暴露性是作案人实施犯罪行为最客观、最真实的表现状态，容易被人的感觉器官或借助一定的科学仪器所感知，通常表现为被侵害对象物质形态的变化，现场上各种物品的位置和组合关系因犯罪活动而发生的变化，现场上的物品和痕迹因犯罪行为而减少或增加，以及存在于有关人员头脑中的反映形象。

犯罪现场的暴露性，决定了每当发生犯罪案件之后，绝大部分案件能够及时被发现，同时通过对犯罪现场进行勘查，就能作出一定的判断，为下一步侦查提供方向和范围。

四、易变性

犯罪现场的易变性是指犯罪现场容易受各种因素的影响而发生变化的属性。引起犯罪现场发生变化的原因主要有：现场客体自身运动规律，即犯罪现场以及犯罪现场上痕迹物品自身的稳定性是相对的、暂时的和有条件的，这是引起犯罪现场发生变化的内因；作案人故意破坏和制造假象，被害人、群众无意中造成的改变，风、雨等自然现象引起的变化等，是引起犯罪现场发生变化的外因。

犯罪现场的易变性，决定了对犯罪现场要采取保护措施，并努力去掌握犯罪现场事物状态发展变化的规律及其处于不同发展阶段的形态特征，从而能够解释现场状态发生变化的原因及全过程。

第四节　犯罪现场的分类

犯罪现场的分类是指根据某类犯罪现场的相同点及其与其他犯罪现场的相异点，将犯罪现场划分为不同的类别。根据不同的标准可以对犯罪现场进行不同的划分。研究犯罪现场的分类，有助于勘查人员掌握各类犯罪现场的结构和特点，制定相应的勘查对策，采用有效的勘查及处置方法，提高现场勘查的效率和质量。

一、原始现场和变动现场

依据现场形成之后有无变动，将犯罪现场分为原始现场和变动现场。

（一）原始现场

原始现场是指自形成之后到实施勘查之前，没有受到人为的或自然因素的改变或破坏，原始状态没有发生变动的犯罪现场。

由于这类犯罪现场基本上保持了作案人实施犯罪行为后逃离现场时所造成

的被侵害对象及物质环境变化的原始状态，现场上的痕迹、物证比较完整地保存下来，因此它对于勘查和侦查工作都具有很重要的价值。尤其是原始现场能够客观、真实、全面地反映作案人实施犯罪行为的动机、目的，以及作案的方法、手段和过程。这种犯罪现场所提供的各种犯罪信息，对于侦查人员正确地确定案件性质，分析作案方法、手段和过程，刻画作案人的条件和特点，从而确定侦查方向和范围，有着十分重要的意义。

从现场勘查和侦查破案的角度来讲，原始现场是最"理想"的现场。我们强调要保护现场，其目的之一就是要将现场保护在原始状态，为现场勘查和侦查破案提供最好的条件。

（二）变动现场

变动现场是指自形成之后到实施勘查之前，受到了人为的或自然因素的改变或破坏，原始状态发生了变动的犯罪现场。

由于这类现场的原始状态部分地或全部地发生了变动，作案人遗留的痕迹、物证受到了不同程度的破坏和散失，而一些与犯罪无关的痕迹、物品又可能添加进来，这就给勘查人员工作带来了困难，有时还会导致勘查人员在分析判断上发生错误。但是，无论现在或将来，要完全避免变动现场的出现是不可能的。从侦查实践来看，造成犯罪现场原始状态发生变动的原因，主要有自然因素和人为因素两个方面。

自然因素引起犯罪现场原始状态发生变动，主要是指犯罪现场形成后，由于自然而非人为的原因，使现场的原始状态遭到部分或全部的改变。这种改变主要有两种情况：其一，家禽、家畜、野兽等动物的活动使现场的原始状态发生变动。其二，因气候的变化或自然灾害使现场的原始状态发生变动，例如刮风、下雨、下雪等。

人为因素引起犯罪现场原始状态发生变动，主要是指犯罪现场形成后，人们出于有意或无意变动现场的目的而部分或全部改变了现场的原始状态。主要有以下几种情况：其一，由于被害人或周围群众不了解保护现场的重要性，发现出事后，随便进入现场并乱摸乱动，使现场的原始状态遭到改变。其二，由于急救、抢险等原因，不得已改变了现场的原始状态。其三，由于现场保护人的疏忽大意或保护方法不当致使现场的原始状态遭到改变。其四，由于侦查人员不慎，在现场勘查尚未完全结束时，就通知有关人员整理现场而改变了现场的原始状态。其五，由于作案人在实施犯罪过程中或实施犯罪后，为了掩盖其犯罪行为、逃避打击而对犯罪场所采取各种破坏行为从而造成现场原始状态的改变。

在侦查实践中，犯罪现场受到破坏、发生变动的情况是经常遇到的。这就要求勘查人员面对现实，从思想上重视对变动现场的勘查，用正确的态度对待变动现场，何况现场的变动情况只是相对的，只要不断研究变动现场的规律、特点，在实施勘查过程中细致、客观，从变动中去发现那些没有变动的部分，去发现、收集那些在变动中留存下来的痕迹物品，即使是遭到严重破坏的现场，也可以获得一些有价值的线索和证据。

在侦查实践中，经常遇到变动现场，而一看到现场遭到破坏就不认真进行勘查，甚至根本不进行勘查的想法和做法是十分有害的，对整个侦查工作都极为不利。

对犯罪现场的这种分类，有利于勘查人员在观念上树立一个"原始"与"非原始"、"变动"与"未变动"的概念，以便在勘查现场时能首先考虑到现场有无变动，以免把非犯罪原因形成的痕迹、添减或破坏的物品误认为是犯罪行为所致，而将侦查引入歧途。

二、主体现场和关联现场

依据现场在犯罪事件中所处的地位和作用，将犯罪现场分为主体现场和关联现场。

（一）主体现场

主体现场又称中心现场，是指作案人实施主要侵害行为的地点。

作案人在犯罪过程中，针对被侵害对象实施主要侵害行为，例如，杀人案件中实施杀人，抢劫案件实施抢劫，爆炸案件实施爆炸等，这些犯罪行为都是主要侵害行为，其所在的地点即是主体现场。由于主体现场是作案人实施主要"侵害行为"的地点，而预谋犯罪案件作案人实施的是主要"侵害行为"前的准备活动，主要"侵害行为"还并未实施，因此，预谋犯罪案件没有主体现场。除预谋犯罪案件外，其他犯罪案件都有主体现场。在多数情况下，一个案件只有一个主体现场，有时一个案件会有多个主体现场。

主体现场是作案人实施主要侵害行为的地点，作案人通常在主体现场上活动时间长、活动量大，造成主体现场上遗留的痕迹、物证比较多。主体现场能够比较清楚地反映出被侵害对象的具体情况，能够比较充分地反映出犯罪动机、目的、手段、方法和具体过程，能够比较全面地反映出作案人的犯罪条件和其他个人特征。对主体现场的勘查，可以收集侦查线索和破案证据，对于查明犯罪活动，确定侦查方向和范围具有十分重要的作用。因此，在勘查现场时，应将主体现场作为勘查的重点，要明确何处是主体现场，及时组织力量认真进行勘查。

在实践中，人们首先发现的现场通常是主体现场。但在杀人案件中却不尽如此，尤其是野外尸体现场。杀人、碎尸、移尸、抛尸往往会形成多个现场，但不管有几个现场，其主体现场只有一个，即实施杀人的地点。杀人现场多与作案人及其住所关系密切，如果被他人发现，其罪行就可能很快被揭露。作案人为了切断这个联系，而总是要把被害人的尸体、尸块转移（藏匿）别处，在这种情况下，群众最先发现的现场就不一定是主体现场。主体现场的发现，有时也要依赖整个侦查工作的开展，甚至在破案后，根据作案人的口供，才能找到主体现场。

（二）关联现场

关联现场又称外围现场，是指作案人实施与主要侵害行为有关联的犯罪行为的场所。

作案人在犯罪过程中，除了针对被侵害对象实施主要侵害行为，通常也要实施一些与主要侵害行为有关联的犯罪行为，例如，杀人案件中实施杀人行为前的窥视、逗留、潜伏行为，实施杀人行为后隐藏赃物、销毁犯罪工具、抛弃或掩埋被害人尸体等行为，这些犯罪行为与主要侵害行为有关联，其所在的场所即是关联现场。每一个案件都有关联现场，有的案件关联现场多，有的案件关联现场少。有的案件关联现场容易被发现，有的案件关联现场不易被发现。

关联现场与作案人实施主要犯罪行为有着密切的联系，最能反映出作案人作案前后的活动情况和因果关系。关联现场的明显程度因案而异，有的案件关联现场明显，有的案件关联现场不明显。发现或查清关联现场，作案动机或作案人的情况将会有所暴露。关联现场容易被作案人忽视，很少被破坏或伪装。关联现场从不同角度、不同侧面反映着犯罪事件发生与发展的过程，它与主体现场互相联系、互相补充，完整地反映着案件的整体情况，是整个案件犯罪现场的有机组成部分。对关联现场的寻找和勘查，可以获得更多的侦查线索和破案证据，对于查明整个犯罪活动，同样具有重要作用。因此，在勘查现场时，在重点勘查主体现场的同时，还应重视对关联现场的寻找和勘查。

在实践中，有一些案件的侦查活动是从关联现场的发现与勘查开始的。例如杀人案件中的移尸、碎尸等情况，侦查工作往往是从最先发现隐匿尸体或尸体残肢的关联现场开始的，经过勘验、检查，并以此为出发点，循迹查找主体现场的。主体现场一旦被发现，侦查工作便取得了突破性的进展，甚至有可能一举破获全案。

对犯罪现场的这种分类，有利于强调勘查工作的全面性和有序性。所谓全面性，也就是系统性和联系性，即在勘查现场的过程中，对面临的现场的地位作出判断之后，可以上下延伸，推断出其他可能存在的或应该存在的现场，以便于工作的全面铺开。所谓有序性，就是指通过对现场主次的划分，可以区别勘查工作的轻重缓急，以便于合理安排勘查顺序和勘查力量。从主体现场获取的情况和从关联现场所获取的情况可以互相衔接、互相补充。实践表明，作案人为了逃避打击，往往注重对主体现场毁证灭迹，有时还要对主体现场进行伪装，而在关联现场则容易疏忽大意，因而关联现场也能够提供一些真实情况，甚至提供某些重要的痕迹、物品。所以，将两类现场的勘查结合起来，所获得的材料就会更丰富、更有价值。

三、伪装现场、伪造现场

依据现场的真伪及伪装程度，将犯罪现场分为伪装现场和伪造现场。

（一）伪装现场

伪装现场是指作案人为了逃避法律制裁，故意对犯罪行为动作、痕迹、物证和现场状态进行了改变的犯罪现场。

在有些案件中，作案人在进行犯罪活动时没有故意进行伪装，犯罪现场没有因此而发生改变。但在有些案件中，作案人在犯罪过程中故意进行了伪装，犯罪现场也因此而发生了改变。常见的伪装有两种：其一，企图改变犯罪事件性质的伪装。例如，把他杀伪装成自杀，把故意放火伪装成意外失火等。其二，企图转移侦查视线的伪装。例如，把内盗伪装成外盗，把男人作案伪装成女人作案，把自己作案伪装成他人作案等。无论是企图改变犯罪事件性质，还是企图转移侦查视线，作案人伪装的最终目的都是逃避法律制裁。

伪装现场欺骗性较大，作案人既可以在主体现场上进行伪装，也可以在关联现场上进行伪装；原始现场上可能有伪装的部分，变动现场上也可能有伪装的部分。伪装现场的特点是：客观上有犯罪事件发生；作案人伪装现场的目的是逃避法律制裁；现场上真相和假象并存，并且真相往往被假象掩盖着。

随着犯罪活动日趋隐蔽化、智能化和复杂化，伪装现场越来越多，现场勘查难度越来越大。但是，无论作案人如何狡猾，伪装的手法如何"高明"，现场上都必然会暴露出一些破绽，只要善于发现、善于分析，就可以透过现场现象，抓住犯罪事件的本质，识破伪装，揭露证实犯罪。

（二）伪造现场

伪造现场是指行为人为了到达某种目的，按照虚构的犯罪事实有意布置的虚假现场。

行为人为了到达某种目的，编织虚假的犯罪事实，构造了虚假的犯罪现场。常见的伪造有两种：其一，行为人没有发生犯罪事实的伪造。例如，为骗取政治荣誉故意将自伤伪造成与作案人搏斗致成的伤害，为掩盖不正当的两性关系伪造成被人强奸等。其二，行为人发生其他犯罪事实的伪造。例如，贪污犯罪行为人为了掩盖其贪污罪行，将自己使用的办公桌、保险柜撬坏伪造成被盗，侵占犯罪行为人为了掩盖其侵占罪行，进行自伤并将现场布置伪造成被抢等。无论是以上哪种情况，都没有行为人所称的犯罪事实发生，因此，伪造现场是虚假的犯罪现场。行为人布置这种虚假的犯罪现场，都是基于某种不良动机，为了达到某种目的。

伪造现场不能反映案件的存在，当事人所称的犯罪事实纯属虚构，现场是为了印证虚构的犯罪事实而布置出来的。伪造现场的特点是：客观上并没有犯罪事件发生；行为人伪造现场动机不良或有其特定的目的；现场现象之间、当事人陈述之间、当事人陈述与现场现象之间存在着许多矛盾和疑点。

伪造现场上必然假象甚多，当事人的陈述也会漏洞频出，只要进行深入的调查取证工作，以被害人陈述与现场事实不相符为突破口，经过去粗取精、去伪存真的科学分析，就可以辨别真伪，揭穿伪造现场的伎俩，识破骗局，揭露出事件的真相。

对犯罪现场的这种分类，有利于提高勘查人员的警觉性，使他们在勘查现场过程中能够及时发现、甄别并揭露伪装现场和伪造现场，避免上当受骗，造成工作上的失误。

四、预备现场、实施现场、掩盖现场

依据作案人进行犯罪活动的过程，将犯罪现场分为预备现场、实施现场和掩盖现场。

（一）预备现场

预备现场是指作案人实施犯罪前，准备犯罪的场所。例如，作案人制造犯罪工具的场所，实施犯罪前潜伏、隐蔽的场所等。

（二）实施现场

实施现场是指作案人实施犯罪的地点。例如作案人杀人的地点、抢劫的地点、放火的地点、爆炸的地点等。实施现场是作案人进行犯罪活动的主要时空存在，也是作案人和犯罪工具、被侵害对象、犯罪结果联系最直接的过程与存在，也是犯罪线索最集中、犯罪证据最直接的集合体，是我们发现犯罪和侦查案件，特别是现场勘查的主要对象。

（三）掩盖现场

掩盖现场是指作案人实施犯罪后，掩盖犯罪的场所。例如作案人隐藏赃物的场所、隐藏作案工具的场所、掩埋尸体的场所、销毁证据的场所等。

需要说明的是，对犯罪现场如此分类，并不意味着每起案件都有这三种现场，其原因是：有的案件没有预备犯罪过程，因此不存在预备犯罪现场；有的案件没有掩盖犯罪过程，因此不存在掩盖犯罪现场；有的案件预备与实施现场之间没有明显界限；有的案件的预备、实施和掩盖犯罪现场都在同一地点或场所。预备现场、实施现场和掩盖现场同前述的主体现场和关联现场之间有着一种对应关系。实施现场即是前述的主体现场，一起案件中通常只有一个；预备现场和掩盖现场即是前述的关联现场，一起案件中通常有多个。

对犯罪现场的这种分类，有利于正确地分析、推断犯罪活动的过程和顺序，全面地发现、收集各种犯罪证据，为查找作案人和证实犯罪提供充分的依据。

五、杀人现场、盗窃现场、爆炸现场等

依据犯罪行为内容不同，将犯罪现场分为杀人现场、盗窃现场、爆炸现场等。

犯罪行为内容是涵盖犯罪行为本质属性的存在。它回答的是作案人在犯罪现场做什么的问题，反映了犯罪现场最本质的东西。因此，依据犯罪行为内容不同，将犯罪现场分为杀人现场、盗窃现场、抢劫现场、强奸现场、放火现场、爆炸现场、投放危险物质现场、计算机犯罪现场等。每一类现场都有一些有别于其他类型现场的特点，这些特点是同种现场的基本特征。例如，在杀人现场中多有尸体、尸块存在，痕迹、物证比较明显，有时会有凶器在现场内或附近，死者和作案人之间多有某种因果关系等。

对犯罪现场的这种分类，有利于从各种不同现场的特点和规律出发，研究现场勘查的重点与具体方法。

六、室内现场、室外现场

依据现场所处的空间是否具有封闭性，将犯罪现场分为室内现场、室外现场。

室内现场是指所处的空间具有一定封闭性的犯罪现场。室内现场有围墙、顶棚等"封蔽物"，具有一定封闭性。例如发生在居民住宅、办公室、商场、仓库、车间、储蓄所、营业室、财会室等空间内的犯罪现场均为室内现场。室内现场范围相对较小，痕迹、物证较集中，受自然环境影响及人为因素影响较小，易变性不强。

室外现场是指所处的空间具有一定开放性的犯罪现场。室外现场没有围墙、顶棚等"封蔽物"，具有一定开放性。例如，发生在田野、公园、树林、草丛、道路、河滩、湖泊等空间内的犯罪现场均为室外现场。室外现场范围相对较大，痕迹、物证比较分散，受自然环境以及人为因素影响较大，具有较强的易变性、暴露性。

需要注意的是，当一个犯罪现场既有室内现场又有室外现场时，那么"室内现场"和"室外现场"就不再是两个独立的现场，而是同一个犯罪现场紧密联系的两个部分，即现场的室内部分和室外部分。实践中多数情况是主要犯罪行为发生在室内，其他关联犯罪行为发生在室外并留下相应的痕迹、物品，从而成为犯罪现场的一个组成部分，即现场的室外部分。

对犯罪现场的这种分类，有利于根据室内、室外现场的不同特点，划定现场保护范围、采取相应的保护措施，确定现场勘查的顺序、重点和具体方法。

七、第一现场、第二现场

依据作案人进行犯罪活动的先后顺序，将犯罪现场分为第一现场、第二现场。

第一现场、第二现场的划分，属于实践中杀人案件现场的特定分类法，仅适用于杀人并抛尸案件的现场分类。

第一现场特指作案人实施杀人的地点。多数犯罪案件只有一个犯罪现场，而杀人案件常有多个犯罪现场。例如，在一起杀人碎尸案件中，作案人进行了准备、实施杀人、碎尸、移尸、抛尸、毁灭证据等活动，进行这些活动的地点会形成相应的犯罪现场，即准备现场、实施杀人现场、碎尸现场、移尸现场、抛尸现场、毁灭证据现场等。其中，第一现场特指实施杀人行为的现场，即作案人实施杀人的地点。

第二现场特指作案人抛尸的场所。通常情况下，一起杀人案件只有一个第二现场，但如果作案人杀人后移尸，并将尸块分别抛弃的在不同场所，或者将杀死的多个被害人分别抛弃在不同的场所，那么，一起杀人案件就会有多个第二现场。

需要说明的是，在一起案件中，按照作案人进行犯罪活动的先后顺序，形成了多个现场。如果需要标定这些现场的顺序，可依其形成的先后分别标定为1号现场、2号现场、3号现场……n号现场，而不能使用第一现场、第二现场、第三现场……第n现场。

对犯罪现场的这种分类，有利于判明杀人现场的性状，以免将抛尸现场误认为实施杀人行为的现场；全面查找所有犯罪现场，确定第一现场，以便获取更多的侦查线索和破案证据。

| 思 考 题 |

1. 犯罪现场的概念是什么？
2. 犯罪现场的构成要素有哪些？
3. 犯罪现场的特点是什么？
4. 犯罪现场的主要分类有哪些？

| 参考文献 |

1. 郭金霞、李小恺：《立体现场勘查学》，中国政法大学出版社2021年版。
2. 许大鹏：《犯罪现场调查》，中国法制出版社2020年版。
3. 倪春乐主编：《现场勘查》，知识产权出版社2020年版。
4. 张颖主编：《犯罪现场勘查》，法律出版社2020年版。
5. 卫红泽：《刑事现场勘查学》，中国人民公安大学出版社2019年版。
6. 裴煜：《犯罪现场勘查理论与实践》，华中科技大学出版社2019年版。
7. 蒋健主编：《犯罪现场勘查》，中国人民公安大学出版社2014年版。
8. 朱巧红、盛永彬主编：《犯罪现场勘查》，暨南大学出版社2013年版。
9. 许爱东：《现场勘查学》，北京大学出版社2011年版。
10. 杨正鸣、倪铁主编：《犯罪现场勘查案解》，复旦大学出版社2011年版。
11. 马丽霞主编：《现场勘查》，中国检察出版社2010年版。
12. 郝仕骞：《网络犯罪时代犯罪现场概念的新定位——基于"双重化"犯罪现场视角》，载《上海公安学院学报》2019年第3期。
13. 贾永生：《5G网络条件下的犯罪现场构成要素研究》，载《铁道警察学院学报》2020年第6期。
14. 贾永生：《大数据时代犯罪现场特点新探》，载《辽宁警察学院学报》2019年第3期。
15. 郝宏奎：《犯罪现场分类的新视角及其意义——中美犯罪现场分类之比较研究》，载《中国人民公安大学学报（社会科学版）》2001年第5期。

第二章

现场保护

🔍 [内容提要]

要建立大安全大应急框架，完善公共安全体系。现场保护工作的精准落实，对于现场勘查乃至侦查破案具有重要意义。现场保护的主体主要是侦查人员、基层民警、保卫人员、社会单位和公民。现场保护是社会单位和公民的法定义务，是侦查人员、基层民警和保卫人员的法定职责。现场保护不仅有利于采取正确的现场处置措施，保守现场勘查工作的秘密，更有利于提高现场勘查工作的效率。不同的现场保护主体，现场保护的任务不同，其中基层民警和保卫人员承担着最重要的现场保护任务。现场保护的客体是可能与犯罪有关的场所、物品、痕迹、人身、尸体、信息等，要针对不同的客体，采取相应的保护方法，实现最好的保护效果。对于杀人、盗窃、强奸、投放危险物质、放火、抢劫、计算机犯罪等案件现场，现场保护的重点也因案而异。

🔍 [重点问题]

现场保护的概念；现场保护的意义；现场保护的任务；现场保护的方法；各类案件现场保护的要点。

第一节 现场保护概述

科学地界定现场保护的概念，有助于勘查人员正确地理解现场保护工作，采取有效的现场保护方法，保护好现场及勘查状态，保证现场勘查工作顺利进行。正确理解现场保护的意义，可以提高对现场保护工作的认识，提高现场保护工作质量。

一、现场保护的概念

现场保护是指侦查人员、基层民警、保卫人员、社会单位和公民，为了保证现场勘查工作顺利进行，依法对可能与犯罪有关的场所、物品、痕迹、人身、尸体、信息等采取适当的措施和方法，以保护其发生、发现时状态及勘查状态的一种法律行为。现场保护的概念主要具有以下几个方面的含义：

（一）现场保护的主体是侦查人员、基层民警、保卫人员、社会单位和公民

《中华人民共和国刑事诉讼法》第129条规定："任何单位和个人，都有义务保护犯罪现场，并且立即通知公安机关派员勘验。"《公安机关办理刑事案件程序规定》第214条第1款规定："发案地派出所、巡警等部门应当妥善保护犯罪现场和证据，控制犯罪嫌疑人，并立即报告公安机关主管部门。"《公安机关刑事案件现场勘验检查规则》第14条规定："发案地公安机关接到刑事案件报警后，对于有犯罪现场的，应当迅速派员赶赴现场，做好现场保护工作。"根据上述法律规定，现场保护的主体主要是侦查人员、基层民警、保卫人员、社会单位和公民。对于社会单位和公民来说，现场保护是法定义务，而对于侦查人员、基层民警和保卫人员来说，现场保护是法定职责。

（二）现场保护的客体是可能与犯罪有关的场所、物品、痕迹、人身、尸体、信息等

现场保护的客体是可能与犯罪有关的场所、物品、痕迹、人身、尸体、信息等。场所是三维的立体的空间，并不只是一个地平面，因此要注意对现场空间的保护，包括在该空间发生的有关现象、状况的保护性记录；物品主要包括现场遗留物和现场财物；痕迹不仅包括作案人留下的痕迹，也包括被害人留下的痕迹，只要是能够证明案（事）件真实情况的，都属于保护的对象；尸体可能是完整的全尸，也可能是残缺的尸块；人身主要指被害人及其亲属，有时也包括犯罪嫌疑人和知情人；信息主要指存储于现场手机、电脑、录音录像设备中的数据、图片、影像、录音、通讯记录等资料。

（三）现场保护的目的是保证现场勘查工作顺利进行

做好现场保护工作，最大限度地保持现场的原始状态，防止现场勘查工作受到干扰，为现场勘查创造有利条件，保证现场勘查工作顺利进行，寻找、发现、收集有价值的线索和证据，确定事件性质，查明犯罪事实，揭露、证实犯罪。

（四）现场保护的时间是从发现可疑犯罪现场开始至现场勘查结束

现场保护的时间一般分为三个阶段：第一阶段从发现案（事）件现场起，

到现场勘查开始为止；第二阶段从现场勘查开始起，至现场勘查结束为止；第三阶段从初次现场勘查结束起，到现场复勘、复查结束，可以不再保留现场为止。对于不需要保留现场的，现场保护的时间就只有两个阶段。不同的现场保护阶段，保护的主体、行为责任及特点不同，正确理解现场保护的时间，有利于善始善终地做好现场保护工作。

二、现场保护的意义

现场保护是现场勘查的基础，与现场勘查的质量息息相关。现场保护不仅关系着现场勘查的质量，甚至关系着现场勘查的成败。因此，一定要重视现场保护工作，做好现场保护工作，具有非常重要的意义。

（一）有利于采取正确的现场处置措施

案（事）件发生以后，现场情况往往十分复杂，比如火情、爆炸、人员伤亡等。因此，及时、有效地对现场进行警戒、封锁，把现场保护起来，有利于及时制止犯罪，维持现场秩序，使现场免遭破坏，让不法分子没有趁火打劫、"顺手牵羊"的机会；有利于采取紧急救护措施，抢救人命，排除险情，抢救财物，保障交通；有利于及时采取查缉措施，缉捕尚未逃离现场的犯罪嫌疑人，监视嫌疑对象；有利于及时采取调查措施，寻找发现知情人。反之，如果现场保护工作做得不好，不利于保护人员采取恰当的处置措施，从而造成无法挽回的损失或严重的后果。

（二）有利于提高现场勘查工作的效率

现场勘查工作效率的高低受多种因素的影响，其中现场保护工作做得如何是其中的一个重要因素。如果现场保护做得及时、有效，可以使勘查人员把有限的时间、精力，集中在那些真正与犯罪有关的勘查对象上，集中精力对与犯罪有关的场所、物品、痕迹、人身、尸体、信息等进行勘验、检查，这样就会大大地缩短现场勘查的时间，提高现场勘查工作的效率。反之，如果现场保护工作做得不好，现场的原始状态遭到不同程度的破坏，勘查人员到达现场后就需要将大量的时间和精力投入到查明现场原始状态上，这无疑会加大现场勘查工作的工作量，延长现场勘查工作的时间，降低现场勘查工作的效率。

（三）有利于保守现场勘查工作的秘密

为了提高现场勘查工作的效率和质量以及与现场勘查相衔接工作的顺利开展，现场勘查工作应当秘密进行。及时有效地保护好现场，才能严格保守现场秘密，使局外人无法知悉现场上的各种具体细节，特别是使犯罪嫌疑人无法知悉勘查人员是否在现场上获取了有价值的痕迹、物证，究竟收集了哪些证据材料，从而在以后的侦查破案中掌握主动权。反之，如果现场保护工作做得不好，现场和勘查工作的情况一旦泄露出去，传到犯罪嫌疑人的耳中，犯罪嫌疑人就会迅速销毁罪证，转移赃物，甚至逃跑、自杀，或者进行疯狂的报复，有的犯罪嫌疑人则编造假口供，以假乱真，给讯问和定案都造成困难。

第二节 现场保护的任务

现场保护的主体主要是侦查人员、基层民警、保卫人员、社会单位和公民，对于社会单位和公民来说，现场保护是法定义务，而对于侦查人员、基层民警和保卫人员来说，现场保护是法定职责。现场保护的主体不同，其现场保护的任务也不同。

一、社会单位和公民现场保护的任务

社会单位和公民保护现场是一项法律义务，他们保护现场与侦查人员、基层民警、保卫人员保护现场的任务不同，他们不代表国家机关，不能行使法定职权。因此，社会单位和公民现场保护主要任务是：①立即拨打报警电话，报告出事地点及基本情况，回答接警人员的询问；②将现场进行封闭，阻止其他无关人员进入现场；③不随意进入现场，不触摸、移动现场痕迹和物品；④注意发现现场及附近的可疑人员；⑤了解进出现场的人员以及触摸、移动现场痕迹、物品的情况；⑥向侦查人员报告可疑人员的情况、进出现场人员的情况和触摸、移动现场痕迹、物品的情况。

二、基层民警、保卫人员现场保护的任务

（一）核实情况，迅速报告

1. 核实情况。基层民警、保卫人员在接到报警后，应第一时间赶赴现场，对有关情况进行核实。需要核实的情况主要包括：

（1）案（事）件发生的情况。主要包括案（事）件发生的时间、地点、起因、经过、结果等；

（2）案（事）件发现的情况。主要包括案（事）件发现的时间、地点，发现人的姓名、性别、年龄、职业、住址、单位、联系方式等；

（3）现场的情况。主要包括现场的位置、状态，是否有变动，是否采取了保护措施，采取了哪些保护措施等；

（4）被害人的情况。主要包括被害人的姓名、性别、年龄、职业、住址、兴趣爱好、经济状况、社会交往关系等；

（5）作案人的情况。主要包括作案人的人数、性别、年龄、体貌特征，有无凶器，来去方向，所乘交通工具，是否携带物品，物品特征如何等；

（6）报案人的情况。主要包括报案人的姓名、性别、年龄、职业、住址、单位、联系方式等。

2. 迅速报告。基层民警、保卫人员通过对上述情况的核实，只要情况基本属实，即可迅速向侦查部门或上级侦查机关报告。迅速报告时，应注意以下几点：

（1）及时报告。即发现案（事）件应立即报告，以免贻误战机；

（2）直接报告。即直接向侦查部门报告，以便及时勘查现场；

（3）越级报告。即特别重大、紧急案（事）件可越级上报，以便及时组织协调。

（二）划定保护范围，封锁现场

1. 划定保护范围。现场保护范围的大小，应当根据现场的情况和现场周围的具体环境确定。划定现场保护范围的原则是要把中心现场和可能留有与犯罪相关的痕迹、物证的一切场所都包括进去。如果一时难以确定现场保护的具体范围，宁大勿小。

2. 封锁现场。现场保护范围一旦划定以后，应根据现场的具体位置处于室内或室外等情况，及时采取有效措施，严密封锁现场，防止一切可能破坏现场的情况发生。封锁现场的措施主要有：

（1）设置"人墙"。基层民警、保卫人员赶赴现场后，在未布设警戒线及设置障碍物之前，或者对重大的可疑犯罪现场，以及对那些在情况复杂闹市区的可疑犯罪现场，现场保护人员应利用自己的身体组成一道"人墙"，临时应急警戒、封锁现场。

（2）布设警戒线。基层民警、保卫人员根据现场的情况和现场周围的具体环境，划定现场保护的范围，在划定的保护范围的外边缘，用警戒带或绳索、铁丝等布设警戒线，及时将现场封锁起来。无关人员应当及时退到警戒线以外，未经允许任何人不得越过警戒线、进入封锁区。夜间布设警戒线应当配置警示灯或照明灯。

（3）设置障碍物。对于有通道或路口的现场，基层民警、保卫人员在现场的通道或路口放置路锥、桌椅、木板等障碍物，阻挡无关人员或车辆进出现场。在设置障碍物的同时设岗警戒，防止无关人员翻越或车辆冲撞障碍物进入现场。

上述封锁现场的措施可以单独采用，也可以同时采用。在封锁现场时，应注意做好以下几项工作：劝退或撤离现场围观人员；圈养或赶离家禽、牲畜，注意保护痕迹、物证；防止发生意外事件；在保护区外设置接待站。

（三）根据现场情况，采取紧急措施

1. 抢救受伤人员。基层民警、保卫人员在现场发现有受伤的人员，不管是被害人还是犯罪嫌疑人，都应该立即进行抢救。轻伤者可就地进行处置，重伤者应迅速送往医院进行抢救。在抢救过程中，视情况询问受伤人员。在进行抢救时，对被救护人原来躺卧的地点、姿势，各种痕迹、物品分布的原始状态都应详细记载清楚，并防止现场中其他的痕迹、物品遭到变动和破坏。在对犯罪嫌疑人进行抢救时，要布置专人严密监视，以防发生行凶、自杀、毁证灭迹等意外。在对被害人进行抢救时，应采取必要的安全措施，以防犯罪嫌疑人乘机继续行凶作恶。

2. 排除险情。基层民警、保卫人员赶赴现场后，发现现场有险情，如火情、爆炸、毒气泄漏等，应当立即疏散群众，维持现场秩序，同时尽快组织人员扑灭火险，排除易燃易爆物品，援救被围困的人员，抢救财物，防止造成更大的灾害。在此过程中，应当尽量减少现场变动的程度，并应注意观察和记录抢救过程中发生的各种变动、变化情况。如果超出基层民警、保卫人员的能力范围，则应当立即通知专业的消防、排爆、防毒、防辐射工作人员前来处置。

3. 保障交通。对于发生在铁路和城市的交通主干道上以及繁华地区的命案或放置障碍物等危害公共安全案（事）件现场，往往会引起群众的密集围观，造成交通堵塞和中断。因此，必须采取有效措施，排除交通障碍，应迅速疏散围观人群，并将尸体或有关障碍物品移出铁路轨道或主干道，以保证交通车辆的正常行驶。但是，应切记将变动前的情况记载清楚，并要注意维持现场秩序，否则，现场极易遭到破坏。

4. 控制、监视犯罪嫌疑人、嫌疑对象。基层民警、保卫人员赶赴现场后，对于仍在现场进行犯罪活动的，必须采取果断有力的措施，坚决制止其犯罪活动；对于群众扭送的或当场抓获的，必须当场予以拘留并严加看押；对于逃跑不久具备追堵条件的，应当立即进行追缉堵截；对于现场保护过程中发现的嫌疑对象，要布置专人进行秘密监视，注意不要让其察觉，以免打草惊蛇。对被拘留的犯罪嫌疑人和被监视的嫌疑对象，均应提高警惕，防止其逃跑、行凶、自杀和毁灭证据。

（四）收集有关情况，登记在场证人

1. 收集有关情况。基层民警、保卫人员赶赴现场后，主要收集以下情况：

（1）记录有关时间，包括发案时间、报案时间、到达现场的时间等；

（2）观察、了解、记录现场上的有关情况，包括现场环境、现场状况、哪些人进入过现场、触摸过哪些物体、到达现场时有哪些人在场、有无目击者、周围有无可疑的人、事、物等；

（3）了解被害人及家庭情况；

（4）了解作案人的情况；

（5）听取群众的议论。

2. 登记在场证人。基层民警、保卫人员对于现场保护过程中发现的目击者及其他知情人，要逐人登记姓名、职业、单位、住址及联系方式等信息，以便侦查人员将来再询问这些证人。

（五）向侦查人员报告

在侦查人员到达现场后，基层民警、保卫人员应立即向侦查人员报告有关情况，报告的内容主要包括：

1. 现场保护的情况。主要包括：现场保护的人员，现场保护的措施，哪些人进入过现场，到过哪些地方，触摸过哪些痕迹、物品等。

2. 有关时间。主要包括：案（事）件发生、发现的时间，接到报警的时间，保护现场的时间等。

3. 发现和报警的情况。主要包括：发现人和报警人的基本情况，发现人、报警人与被害人的关系等。

4. 有关案（事）件的基本情况。主要包括：案（事）件的简要经过，人员伤亡及财物损失情况，被害人的情况，作案人的情况等。

5. 知情人的情况。主要包括：知情人的姓名、职业、单位、住址及联系方式等。

6. 事发前后的可疑人、可疑事、可疑物。

三、侦查人员保护现场的任务

侦查人员到达现场后，在听取基层民警、保卫人员报告后，应巡视、观察、了解现场的情况，必要时重新划定现场保护范围，调整现场保护措施。

第三节 现场保护的方法

现场保护的客体是可能与犯罪有关的场所、物品、痕迹、人身、尸体、信息等，现场保护的客体不同，则现场保护的方法不尽相同。现场保护的方法主要包括场所保护的方法、痕迹物品的保护方法、尸体的保护方法以及各类具体案件现场保护的方法。

一、场所的保护方法

（一）室外场所的保护方法

室外场所的类型很多，周围的环境条件相对比较复杂，要做到及时、妥善地保护好现场是非常困难的，只能尽量减少对现场的破坏。

1. 室外场所保护范围的划定。室外场所的保护，通常做法是划出一定保护范围，布置警戒，将场所封锁起来，禁止一切无关人员进出。保护区范围的大小，应当根据不同案（事）件的具体情况、现场所处的具体地理位置及环境来确定。原则上，应当将作案人实施犯罪行为的地点和其他留有可能与犯罪有关的痕迹、物品的场所都包括进去。通常的做法是先划得略大一些，勘查人员到达现场以后再根据情况调整缩小，这样做可避免因保护区范围划得过小而使与犯罪有关的痕迹、物品受到变动、破坏。

2. 室外场所保护的方法。常见的室外场所有：住户院内空地上的室外场所，楼群之间空地上的室外场所，繁华地区的室外场所，有道路通过的室外场所，野外室外场所等。具体保护方法如下：

（1）住户院内空地上的场所。此类场所周围人员相对少，外围有栅栏、院墙作为屏障，为封闭场所提供了便利条件。在保护时首先要查明进入大院的门、通道有几处，然后划定保护范围，分别派专人看守大门及其他入口，同时张贴布告，禁止无关人员进入。

此类场所在保护时要注意以下几点：其一，警戒范围不能以栅栏、院墙为界，应注意外围现场，尤其是栅栏、院墙外的地面上是否有痕迹、物证，禁止围观人员攀附栅栏、院墙向里观望，最好将栅栏、院墙外3～5米处划在警戒范围之内。其二，前后都有院落的场所，不能只重前门而忽略后院。其三，场所内有家禽、牲畜时，应在保护人员的指挥下由其主人将其圈养或赶离现场，以免造成现场变动或干扰后期勘查工作。其四，院内住户多，现场不能完全封闭时，应划出通道，对通道附近的痕迹、物证加以标明或指派专人看护。

（2）楼群之间空地上的室外场所。此类场所由于周围住户多，人口密度较大，围观人员较多，又无屏障，给保护工作带来一定困难。但此类场所范围相对较小，在保护时可用警戒带将现场圈围起来，设置警戒线，同时疏散围观群众。如果条件允许，可以将楼房一层单元门暂时封闭，禁止人员出入。如果不能封闭，则安排专人看守，引导群众按指定路线行走。禁止楼上居民开窗向下观望，更不允许向下抛掷杂物。

（3）繁华地区的室外场所。繁华地区人口稠密的室外场所，如车站、码头、广场、旅游景点等，其特点是人员较多，成分复杂。对此类场所，要将要保护的痕迹、物证、尸体等划在保护区内，在周围拉警戒带，布置岗哨警戒，必要时设置"人墙"。此类场所在保护过程中，为了防止围观群众过多而冲击现场，要派出较多的力量维持现场秩序，指挥疏导来往车辆和行人，必要时在更大的范围实施第二道警戒，禁止车辆和行人进入，同时疏散保护范围内的行人、车辆。也可以采用转移法、提取法对一些重要痕迹、物证进行保护。

（4）有道路通过的室外场所。对此类场所，一般应暂时中断交通，派专人指挥来往行人和车辆绕道而行。但如果过往车辆频繁，附近无岔道可绕，侦查人员又不能迅速赶到现场时，可在现场保护人员的指挥与监督下，或在现场保护人员对影响车辆通行的尸体、痕迹、物品作妥善的保存处理后，允许车辆通行，以免造成大规模的交通堵塞。

（5）野外场所。此类场所由于地处野外，周围及过往人员较少，可以将保护范围划得适当大些，然后设岗看守，禁止无关人员进入。但由于地处野外，受自然影响较大，尤其是风吹、虫蚁攀爬，应采取措施防止痕迹、物证被风刮走、被蛇虫破坏。对于有尸体、尸块的场所还应注意防止鸟兽啄食，注意各岗哨间的距离以便相互照应。如果警力充足，可以安排警力在保护区外开展初步搜索，寻找发现痕迹、物品并加以保护。

（二）室内场所的保护方法

1. 室内场所保护范围的划定。室内场所一般都有门窗等作案人进出场所的通道，对于室内场所的保护，只要把住进出口，保护好场所周围地带，就能有效做好保护工作。室内场所通常是将发生案（事）件的房间、作案人进出该房间的室外路线，以及可能留有与犯罪有关的痕迹、物品的场所一起封锁起来，布置警戒，张贴布告，或者绕以绳索，禁止一切无关人员入内。具体做法可根据场所的环境灵活处理。

2. 室内场所保护的方法。室内场所包括单门独院的室内场所、楼房内某个办公室或住户的室内场所等，不同的室内场所，现场保护的方法也不同。

（1）单门独院的室内场所。此类场所一般为单户人家，居住人员较少，完全封闭不会影响其他住户正常生活。对此类场所，不能只注意对室内部分的保护，还应在该场所所有房门、窗户和房间外周围3~5米外的地方，划出一道现场警戒线，设岗看守。必要时参考住户院内空地上的室外场所保护方法，封闭整个院落。

(2) 楼房内某个办公室或住户的室内场所。此类场所，居住在楼房内的居民较多，除发生案（事）件房间外，还有一些公用场所，如楼道、走廊、卫生间等可能留有犯罪的痕迹、物证。对此类场所的保护，一般情况下可在出事房间的门、窗外设岗看守。如果对场所周围职工群众的工作、生活没有多大影响，场所保护区的范围也可扩大到通往发生案（事）件房间的楼梯，以及周围的房间、通道等，或者在封闭室内场所的同时，对上述可能留有犯罪痕迹、物品的地方进行一次巡查，若发现可疑的痕迹、物品，就地保护起来，但要尽量避免因保护工作给楼内职工、群众的工作、生活带来不便。

需要注意的是，对此类场所保护时还要注意门口、窗口、楼门口及室外部分的保护，可以参照室外场所的保护方法。

(3) 其他室内场所。如影剧院、候车室、候机厅等面积较大的室内场所可先封闭各个进出口，采取有效措施警戒。根据实际情况，也可参照室外场所保护方法，只对其中存在尸体的地方和留有痕迹、物证的部分进行封闭警戒。总之，既要保护好现场，又不要过度影响群众正常生活。

二、痕迹、物品的保护方法

痕迹、物品的特点决定二者的保护方法基本相同，痕迹、物品的保护方法主要有以下几种：

（一）警戒守护法

警戒守护法是指不进入现场内部，而在现场周围设岗警戒，看守可能与犯罪有关的痕迹、物品的保护方法。这种方法适用于一般的室内现场、天气条件良好而且不需要采取紧急措施的室外现场等痕迹、物品的保护。只要在现场进出口或周围派人警戒看守，痕迹即可得到保护。

运用警戒守护法时要注意：其一，警戒的岗哨间距要根据痕迹物品存在的周围环境和警力情况而定，以彼此之间能相互照应为度。其二，在警戒时不仅要防止人为因素的变动、破坏，而且还要注意防止和避免非人为因素对现场的变动，防止意外事件发生。

（二）醒目标识法

醒目标识法是指在可能与犯罪有关的痕迹、物品周围用一些醒目的物品作标记，以提醒或告诫人们注意保护的一种方法。如用粉笔画圈、以物圈围、放置标识牌、插标识旗等。这种方法主要用于以下两种现场：第一种是遇有某种紧急情况的室内外现场。如需抢救人命、排除险情等必须进入现场或必须移动现场上的某些物品时，对于在进出现场的通道上已发现的痕迹、物品，可用粉笔等在痕迹、物品周围作标记进行保护，以免有人不注意而导致变动。第二种是范围较大，痕迹、物品较分散，保护人员已经发现且随时会因人为因素而发生变动的室外现场。遇到这种现场情况，除了应以警戒法保护之外，还必须对已发现的痕迹、物品设法标记，以便引起他人注意。

运用醒目标识法时应当注意：其一，不需要标记的绝不能标记，因为标记本身也会对现场造成破坏。其二，无论用什么方法标记，其范围都要大于需要保护的痕迹物品，防止由于标记而破坏痕迹物品。同时，标记范围不要太大，否则被标记的痕迹物品不能显现出来，起不到标记作用。第三，在标记时，标记物不可以与被标示客体相接触，以免造成客体物的变动，更不可以把标示牌放在痕迹物品上。

（三）物品遮盖法

物品遮盖法是指现场保护人员进入现场，在可能与犯罪有关的痕迹、物品上用一定的物品进行遮盖保护的方法。这种方法主要适用于室外现场痕迹、物品的保护，特别是遇到刮风、下雨、下雪等情况时，要设法用盆、塑料布等不透风雨的物品进行遮盖保护。

运用物品遮盖法时应当注意：其一，忌用带有浓烈气味的器物遮盖，以免污染嗅源，妨碍使用警犬追踪鉴别；其二，遮盖物一定要大于被遮盖的痕迹物品，而且要干净，遮盖时不能与痕迹物品接触，软质遮盖物要做好支架，以免破坏痕迹物品；其三，如遇下雨且雨水较大时，还应在痕迹、物品周围挖一道排水沟，让积水顺沟流走，以免损坏痕迹、物品。

（四）转移保存法

转移保存法是指在特殊情况下，现场保护人员将现场上可能受到破坏的带有物证的物品以适当方式转移到安全处进行保护的一种方法。这种方法主要适用于以下几种情况：其一，存在某种特殊紧急情况的现场，如起火现场，为了避免物品被烧毁、破坏，或避免因房屋倒塌等而毁坏，必须及时转移保护。其二，采取紧急处置可能对其形成破坏的物品，如抢救伤员、灭火排险。其三，地处特殊位置的室外现场，如案发在铁路或公路干线上的现场，在过往车辆频繁，附近又无岔道可绕，勘查人员又不能及时赶赴现场时，为了避免造成大规模的交通堵塞，则应将影响车辆通行的有关物体从道轨或路面上搬走，并妥善保存起来。其四，流水中有可能被冲走的带有犯罪物证的物品。

运用转移保存法时应当注意：其一，在搬动或转移有关物体前，必须先标明或记录有关物体的原始状态；其二，在搬动或转移有关物体时应当选择适当的部位和动作，以免改变、损坏原有的痕迹，或者留下保护人员自己的痕迹。在转移物品时，选择的接触部位应当是正常人一般不触摸的地方；其三，在转移有关物品时一定小心，防止转移不当而破坏物品。

（五）特殊物证的保护

随着刑事科学技术的发展，现场中除常见的痕迹物品外，还有些特殊的物证，它们在案（事）件审查中也起着至关重要的作用，需要加强保护。保护的方法多种多样，在具体保护过程中，应根据不同的保护对象，采取相应的保护措施和方法。

1. DNA 检材的保护。在现场保护中，保护人员要有意识地对 DNA 检材进行保护，如现场带毛囊的毛发、现场及犯罪嫌疑人衣物上的血液、血斑、精斑、带有唾液的烟头、口杯等，防止其腐败、污染、灭失。特别是对室外现场上一些擦拭过血迹、精液、唾液的卫生纸等质量较轻的 DNA 物证，在不破坏现场的情况下，应用干净的物证袋收集起来，防止被风刮走。

2. 嗅源的保护。嗅源是指能被警犬感受，可做嗅认作业依据的气味载体，是警犬产生"探求"的对象。嗅源分为两大类：作案人遗留在现场的物体嗅源和痕迹嗅源。物体嗅源是指具有作案人气味的一切物品，主要包括人体分泌物、精斑、皮屑、毛发、排泄物等人体物质，作案工具、凶器、衣帽、鞋袜等随身物品，逃离途中抛弃的物品以及某些特定物品，如盗窃、抢劫案的赃款赃物。痕迹嗅源是指作案人在现场活动的过程中，制造出含有其气味的各种痕迹，主要包括足迹、血迹、触摸痕迹、蹭擦痕迹、坐痕、登攀痕迹等。

嗅源是一种特殊的物证，极易消失、被污染。在现场一经发现，可用干净的容器或其他没有刺激性气味的物品盖好，以防人畜破坏。对于需要提取的嗅源要及时提取，以免因延误时间而降低使用价值。通常有以下几种方法：其一，体积较小的物体上的气味，一般将原物直接放入干净的塑料袋，将口封严即可；其二，地面上的足迹或其他痕迹的气味，一般用干净的纱布或脱脂棉，在其痕迹上擦蹭 1 分钟左右，连同地面上层的泥土一起盛于干净的广口瓶或塑料袋内将口封严；其三，对于木棒、刀把等物品可将纱布缠在作案人手触摸过的部位上，待 1 分钟左右取下，加以封存；其四，对于血液、精液、唾液等分泌物，用小块纱布或脱脂棉蘸少许，待晾干后放入瓶内封存即可。提取嗅源要用金属镊子或戴上干净的胶手套，切忌用手抓，同时注意尽量不要破坏现场的其他痕迹、物品。

三、尸体的保护方法

（一）室外暴露在空气中尸体（尸块）的保护

对这类尸体，一般情况下不要采取任何遮盖措施，因为遮盖必然要接触尸体，或造成尸体姿势变动及表面痕迹、物证的破坏，或加速腐败。只在特殊条件下采取一定的遮盖措施。夏天有烈日暴晒时，要用苇席等透气的物品进行架空遮盖，以防尸体温度升高，加速腐败过程。冬季在野外发现的尸体不要将其移入室内，应就地进行保护，以免冷冻的尸体随着环境温度的升高而解冻融化，导致尸体上的伤口变形及尸表的冷凝水破坏尸体上的血迹形态，给后续的尸检工作带来困难。在遇下雨、降雪、刮风等气候变化时，应用塑料布等不透风雨的材料遮盖，以免尸体上附着的血迹、毛发、精斑等物证散失、污染和变化。

（二）山林、旷野中尸体（尸块）的保护

对这类尸体的保护，除了上述要求外，主要是现场保护人员要加强值班看守，以防止尸体受到兽食鸟啄而发生变化。

（三）水中的尸体（尸块）的保护

对于浸泡在水中的被害人，如果已没有救活的希望和可能，则不必打捞上岸。因为尸体暴露在空气中较之浸泡在水中更容易腐败，而且打捞时，极易损伤尸体上的附着物，从而增加检验工作的难度。但如果水流过急，尸体有被水冲走的危险时，应设法加以固定，无法固定的，则打捞上岸并进行遮盖保护。

在打捞尸体时，要十分小心，不要直接抓握尸体的四肢拖拉，更不能使用铁钩等硬物打捞，要用干净的布匹从水下将尸体兜住之后慢慢打捞上来，以免形成新的损伤而增加现场勘查工作的复杂性。

（四）火场中尸体的保护

对于火场中的尸体，如现场火势已经得到控制，建筑物没有坍塌危险，应对尸体就地进行保护。如不能制止火势蔓延或者建筑物即将坍塌，尸体有被烧毁或被倒塌的砖石覆盖的危险时，应设法将尸体移出火场保存。但在移动搬运尸体时，应当记清原来的位置、姿势，尽可能使用担架、门板之类的工具，避免因搬动不当造成新的伤痕、沾染上新的物质或者导致原来附着的物质脱落。对于搬运出的尸体，如无特殊原因，仍应按搬动前尸体的姿势存放，以便勘验。

（五）吊挂尸体的保护

发现吊挂着的人体，如系刚吊上去不久，需要抢救人命时，可用剪刀将颈部未打结处的绳索剪断（切忌解绳），并将绳索完整地保存好。在摘卸吊挂者时应注意一定的方法，由一人或几人托住吊挂者，另一人将绳索剪断，然后将吊挂者轻放在适当地点进行抢救或保护，以免吊挂者被摔伤而形成新的伤痕。在登高剪绳索时不能脚踩现场上的家具作为垫脚物，防止家具上的痕迹、物证受到破坏。如果吊挂着的人确已死亡，则不必急于将尸体卸下来，应照原样进行保护，以便勘查人员进行勘验、检查。

四、几类主要案件现场保护的要点

（一）杀人案件现场保护的要点

杀人案件对社会治安和人民的生命安全有着严重危害，这类案件的犯罪现场有室外、室内、荒郊野外、闹市、公共场所等。对这类现场的保护主要从以下两方面考虑：

1. 以尸体为中心向周围扩大现场范围。杀人案件侵犯的目标是人体，所以尸体躺卧的位置就是现场的重要位置。凶手杀人后为了消灭罪证，往往采用移尸、焚尸的手段。因此，发现尸体的现场并不都是中心现场。如果发现尸体的地点与尸体征象不符，就要考虑是否为第二现场。对这类现场的保护就要根据尸体附近的拖拉痕迹、滴溅血迹等现象逐渐扩大范围；

2. 注意痕迹、物证的保护。在杀人案件发生时，往往伴有被害人与作案人搏斗的过程，因此现场周围遗留的痕迹、物证也较多，特别是一些细小物品。如果能对现场周围的遗留物进行很好的保护，则会对案件侦查起到非常重要的作用。

（二）盗窃案件现场保护的要点

盗窃案件是一种多发性案件，作案人秘密窃取财物，很少有目击证人，因此盗窃案件现场保护更要从现场所隐含的信息入手。盗窃案件现场保护要注意以下几方面：

1. 保护人员要把盗窃现场的进出口，被作案人破坏的障碍物，被盗物存放的地点、处所及外围踩点、逗留等可能遗留有犯罪痕迹、物证的场所划入保护范围；

2. 特别注意保护好现场遗留的痕迹，如手印、足迹、使用工具痕迹、交通工具痕迹等；

3. 要保护好现场遗留物，如作案工具、衣物、手套、烟头、饮水瓶等，尤其是将留有作案人 DNA 信息的物品、物质、痕迹等作为重点保护对象；

4. 现场勘查人员勘查现场时，应戴手套进行，不得随意触摸、挪动、使用现场物品。

（三）强奸案件现场保护的要点

强奸案件的明显特点就是作案人与被害人有一定时间的正面接触，因此现场上往往有挣扎、搏斗的痕迹，有血迹、精斑等犯罪遗留物。如果是发生在室内的案件，应注意保护现场内烟蒂、纸张、避孕套、床单、被褥、地毯、衣服等物品上的斑迹、血迹等。对发生在野外、路边的强奸案现场，要注意对现场周围的足迹，泥地、草地上发现的身体压痕，拖拉、抵抗的痕迹进行保护。对现场附近的遗留物，如作案工具、衣服、纸片、口罩、纽扣、表带等不甚起眼的物品，都要加以保护。特别需要强调的是，最初受理案件的民警一定要及时提醒被害人及其家属，千万不要丢弃或清洗被害人遭受侵害时所穿的衣裤，而应交由民警妥善处理。

（四）投放危险物质案件现场保护的要点

投放危险物质是一种较为隐蔽的作案手段，对这类犯罪案件现场要特别注意保护。发现投放危险物质现场后要注意以下几方面：其一，及时封锁投放危险物质现场，防止死者亲属、朋友及周围人进出而破坏现场。其二，注意保护受害者进食时使用的器皿、餐具及死者的呕吐物，不能让人随便收拾，等勘查人员到达现场之后再行处理。其三，现场内的一切物品，如纸袋、小瓶、药片、果品等均要在保护范围之内，因为这些物品有可能和危险物质有关。

（五）放火案件现场保护的要点

放火案件现场损坏严重、危险性大，往往会出现人员伤亡，需要灭火救人。基层民警到场后应注意：其一，不可在不了解情况的条件下贸然进入，避免造成不必要的人员伤亡。其二，对于伤亡人员包括犯罪嫌疑人，应及时抢救治疗。在抢救伤员时，如判明已经死亡的，尸体不要移动。抢救伤员的行走路线尽量不要损坏中心现场。应注意看管受伤的犯罪嫌疑人，防止其逃跑、自杀或行凶。其三，重点保护起火点。若在室外，又逢雨季或消防救火注水，则要用防雨帆布、塑料布等盖住起火点。其四，禁止无关人员进场。被害人家属必须经允许后才可从指定路线进入，以免破坏现场细小而重要的物证。

（六）抢劫案件现场保护的要点

抢劫案件现场保护要注意以下几点：其一，注意现场中作案人袭击被害人的路线，逃走时的痕迹、足迹，发现痕迹后要划出范围，避免破坏；其二，现场中心及周围一般会遗留有搏斗中遗失的物证，如厮打中纽扣的脱落，出血后血滴的溅落，毛发的脱落等，现场保护人员非必要不进入中心现场；其三，要及时询问被害人，如果案件刚刚发生，作案人逃跑不久，还要立即组织追捕。

（七）计算机犯罪案件现场保护的要点

计算机犯罪案件的证据更具有易变性，在对这类现场进行保护时，应当非常谨慎。

1. 立即封锁整个计算机区域，包括机房、附属工作间、终端室、通信线路、电磁辐射区，冻结目标计算机系统及外围设备。对犯罪现场不明显，一时难以确定的，应适当扩大现场保护范围划出警戒线，安排人员监视。

2. 对于发生在网吧、计算机房、写字楼等人员较多的地方的现场，要求所有人立即停止操作，记录每个人的具体上机位置，再请其离开现场，实现定人定位。

3. 实行人物分离。将在场人员带离现场后，要立即检查他们随身携带的物品，重点是通信工具、磁卡类可以读写的卡片、存储介质，立即扣押并登记。

4. 迅速派专人检查并看管与现场有关的供电线路和电源保险装置，保证现场的供电，防止发生突然断电导致运行的计算机系统丢失数据或文件。

5. 立即到电信部门查明、监控并记录现场和周围相关场所各种电信终端设施（例如传真机、调制解调器等）的运行状况及数据资料。若发现他人通过网络远程删除或破坏犯罪证据，应立即切断案发设备与外界联网的线路，如因工作需要无法断开与外界联网的线路，应立即更改有关的口令或密码。

6. 及时检查现场及周围有无强磁场或者可以产生强磁场的物品，防止对磁盘上的证据资料造成破坏。

| 思 考 题 |

1. 现场保护的概念是什么？
2. 现场保护的意义是什么？
3. 基层民警、保卫人员现场保护的任务是什么？
4. 室外现场的保护方法有哪些？
5. 痕迹、物品的保护方法有哪些？
6. 尸体的保护方法有哪些？
7. 杀人案件现场的保护要点是什么？
8. 计算机犯罪案件现场的保护要点是什么？

| 参考文献 |

1. 郭金霞、李小恺：《立体现场勘查学》，中国政法大学出版社2021年版。
2. 倪春乐主编：《现场勘查》，知识产权出版社2020年版。

3. 张颖主编：《犯罪现场勘查》，法律出版社 2020 年版。

4. 裴煜、段蓓玲：《刑事案件现场勘查方法》，华中科技大学出版社 2020 年版。

5. 卫红泽：《刑事现场勘查学》，中国人民公安大学出版社 2019 年版。

6. 高树辉、刘晓明、王贵容：《立体视角下的现场勘查理念》，中国人民公安大学出版社 2016 年版。

7. 沙贵君、陈志军主编：《犯罪现场勘查学》，中国人民公安大学出版社 2015 年版。

8. 蒋健主编：《犯罪现场勘查》，中国人民公安大学出版社 2014 年版。

9. 朱巧红、盛永彬主编：《犯罪现场勘查》，暨南大学出版社 2013 年版。

10. 许爱东：《现场勘查学》，北京大学出版社 2011 年版。

11. 杨正鸣、倪铁主编：《犯罪现场勘查案解》，复旦大学出版社 2011 年版。

12. 马丽霞主编：《现场勘查》，中国检察出版社 2010 年版。

13. 袁忠民：《犯罪现场保护概念新论》，载《浙江警察学院学报》2018 年第 3 期。

14. 王峰、阚明智：《简论现场保护和现场勘查》，载《安徽警官职业学院学报》2017 年第 3 期。

15. 杨晟、刘萨萨：《基层民警如何加强刑事案件的现场保护》，载《云南警官学院学报》2014 年第 6 期。

第三章

现场勘查概述

🔍 [内容提要]

任何事件或案件都有现场，凡具备勘查条件的现场，都必须进行勘查。现场勘查是一项刑事执法活动，在刑事调查和刑事侦查中都具有重要的作用。现场勘查是刑事案件侦查工作的起点和基础，多数刑事案件的侦查都是从现场勘查开始的。现场勘查不仅为案件侦破提供了客观依据，并且为获取侦查线索和犯罪证据提供了重要途径。现场勘查的任务是查明事件性质和犯罪活动情况，收集与犯罪有关的痕迹、物品及信息，记录现场及勘查情况，确定侦查方向和范围，存储现场信息资料。现场勘查是一个复杂的系统工程，为了顺利完成现场勘查任务，实现现场勘查目的，保证现场勘查的质量，必须严格遵守依法、安全、及时、客观、全面、细致的原则。

🔍 [重点问题]

现场勘查的概念；现场勘查的意义；现场勘查的任务；现场勘查的原则。

第一节 现场勘查的概念

现场勘查是本课程重要概念之一，是研究现场勘查更多深层次问题的逻辑起点，也是确立现场勘查基本立场的前提。科学地界定现场勘查的概念，有助于勘查人员正确地理解现场勘查的内涵实质，准确地把握现场勘查的外延界限，有效地利用各种勘查策略、方法和技术，推进现场勘查工作有序进行，提高现场勘查工作质量。

现场勘查，是指勘查人员为了确定事件性质，查明犯罪事实，在现场依法运用策略、方法和技术，对可能与犯罪有关的人、事、物进行询问、勘验和检查，在此基础上作出分析判断的一项刑事执法活动。现场勘查由现场访问、实地勘查和现场分析三大部分组成。通常情况下，现场访问和实地勘查同时进行，在这两项活动结束以后进行现场分析。

现场勘查的概念主要具有以下几个方面的含义：

第一，现场勘查的主体是勘查人员。勘查人员主要包括侦查人员、技术人员、派出所民警、保卫干部、见证人、专业人员等。现场访问人员主要包括侦查人员、派出所民警和保卫干部等。实地勘查人员主要包括侦查人员、技术人员、见证人等。实地勘查中如涉及专门性问题，要指派或聘请有关专业人员参加，实地勘查重大或特殊现场时，应商请同级人民检察院派员参加。现场分析人员主要包括侦查人员、技术人员等。根据《中华人民共和国刑事诉讼法》第128条的规定，现场勘查必须在侦查人员的主持下进行。

第二，现场勘查的客体是可能与犯罪有关的人、事、物。现场访问是以侦查人员为主的勘查人员围绕可能与犯罪有关的人、事、物，对被害人、知情人等有关人员进行询问。实地勘查是以侦查人员、技术人员为主的勘查人员，对可能与犯罪有关的场所、物品、痕迹、人身、尸体、信息等进行勘验、检查。现场分析是以侦查人员为主的勘查人员对可能与犯罪有关的人、事、物进行分析判断。

第三，现场勘查的目的是确定事件性质，查明犯罪事实，查缉犯罪嫌疑人。勘查人员对被害人、知情人等有关人员进行询问，以及对场所、物品、痕迹、人身、尸体等进行勘验、检查；首先是为了确定事件的性质，即是犯罪事件还是非犯罪事件。如果事件性质是犯罪事件，则还要进一步查明具体的犯罪事实，即查明犯罪时间、犯罪地点、犯罪工具、犯罪手段、犯罪过程、犯罪条件、犯罪人数及个人特征等。如果事件性质是非犯罪事件，则勘查工作结束。此外，通过现场勘查有时能够查明犯罪嫌疑人逃跑的方向以及可能藏匿的地点，缉捕犯罪嫌疑人。

第四，现场勘查的程序是法定的。现场勘查是一项执法活动，因此，进行现场勘查必须遵守相关法律法规的规定。即进行现场勘查，必须遵守《中华人民共和国刑事诉讼法》《公安机关办理刑事案件程序规定》《公安机关刑事案件现场勘验检查规则》《公安机关办理刑事案件电子数据取证规则》《人民检察院刑事诉讼规则》《最高人民法院关于适用〈中华人民共和国刑事诉讼法〉的解释》《解剖尸体规则》等相关法律法规的规定。

第五，现场勘查的性质是刑事执法活动。由于目前我国实行的是立案后侦查制度，即立案后为刑事侦查，立案前为刑事调查。在多数情况下，如"以事立案"，通过现场勘查，查明事件性质是犯罪事件，进而立案侦查，现场勘查是在立案前进行的，其性质是刑事调查。在少数情况下，如"以人立案"，现场勘查是在立案后进行的，其性质是刑事侦查。总之，不管是立案前的刑事调查，还是立案后的刑事侦查，现场勘查的性质都是一项刑事执法活动。

第二节 现场勘查的意义

现场勘查是一项刑事执法活动，在刑事调查和刑事侦查中都具有重要的作用。任何物质都以时间和空间为其存在和运动的形式，从这个意义上讲，任何事件或案件都有现场，所不同的只是每个现场的勘查条件和勘查价值大小不同而已。凡具备勘查条件的现场，都必须进行勘查。因此，现场勘查是使用最多、最普遍的一项措施，其意义体现在以下几个方面：

一、现场勘查是刑事案件侦查工作的起点和基础

任何刑事案件都有犯罪现场，而绝大多数犯罪现场都具有勘查价值，因此，绝大多数刑事案件的侦查工作是从勘查现场开始的。侦查人员为了破获刑事案件，就要深入出事地点，仔细勘验、检查与犯罪行为有关的痕迹、物品及信息，详细询问被害人、知情人，准确分析判断案情，确定侦查方向和范围，通过一系列的侦查活动，找出与犯罪相联系的人、事、物，直至揭露犯罪并揭发犯罪人，这就是侦查破案的全过程。从这一过程看，侦查破案是从现场勘查开始的，而此后的侦查活动，都是现场勘查的延续和发展。现场勘查工作的质量，直接关系到侦查破案的第二步、第三步，直至侦查工作结束。

现场勘查的目的在于充分地揭露犯罪现象，并在此基础上研究现场各种现象与犯罪行为之间的因果联系，分析犯罪的动机、目的、手段、方法，推断作案人的条件和可能的动向，从而准确地确定侦查方向和侦查范围，推动侦查工作的顺利进行。由此可以得出结论：现场勘查工作做得好与坏，直接关系到侦查工作的进程和质量。现场访问中获取的与犯罪有关的信息越充分，实地勘查中对痕迹、物证的发现率、提取率、分析利用率越高，现场分析越透彻，侦查的推进就越顺利，就越容易取得成效。否则就会妨碍侦查的顺利进行，使侦查陷入僵局。

二、现场勘查获取的情况是侦查破案的客观依据

刑事案件的侦查，首先必须对案情有充分的认识，即在现场勘查的基础上，对案情作出比较全面和准确的分析判断，这样才能指导侦查工作顺利展开。现场勘查获取的情况越多、越客观全面，对案情的分析判断就会越准确，对作案人的人身形象和其他个人特征的刻画就越具体，确定的侦查方向和侦查范围就有了坚实可靠的基础。

在侦查的各个环节，包括确定犯罪嫌疑的有无、制定侦查计划、选择侦查途径等，都是以现场勘查所获取的情况为依据的。例如，无论是查赃物、犯罪工具、遗留物、毒物、凶器、血衣，还是查尚未发现的主体现场或关联现场，都必须从已经勘查的现场所掌握的情况出发。如果不通过现场勘查将赃物的种类、数量和特征查清，将现场遗留的各种与犯罪有关的痕迹和物品收集起来，就不能有目的地采取侦查措施。对于破案后查获的物品，哪些是赃物，哪些不是赃物，哪些可以作为证据，哪些不可以作为证据，都需要根据现场勘查情况来加以鉴别。因此，勘查现场获取情况的数量和质量，不仅关系着侦查工作能否顺利开展，甚至决定着侦查工作的成败。

三、现场勘查是获取侦查线索和犯罪证据的重要途径

犯罪现场是作案人进行犯罪活动形成的，现场各种与犯罪有关的人、事、物，都可以作为侦查破案的重要线索。通过实地勘查，尤其是通过现场访问，可以获取与犯罪有关人、事、物方面的信息，这些信息经过筛选处理，往往成为重要的侦查线索。

犯罪现场被称为证据"宝库"，是获取犯罪证据的主要来源。但这些犯罪证据，必须通过现场勘查才能发现和收集。通过实地勘查，可以获取物证、书证、视听资料、电子数据以及勘验、检查笔录等证据；通过现场访问，不仅可以直接获取被害人陈述、证人证言等证据，还可以查获物证、书证等证据。此外，送请鉴定的痕迹、物品，相当一部分也是通过实地勘查取得的。我国《刑事诉讼法》中所规定的八种证据，虽不是全部来自于现场勘查，但其中大多数都可以通过现场勘查获取，或者说取得这些证据都与现场勘查有着密切的联系。

第三节 现场勘查的任务

如前所述，现场勘查的性质是一项刑事执法活动。现场勘查如果在立案前进行，其性质为刑事调查，因而现场勘查的任务包括查明事件性质；现场勘查

如果在立案后进行，其性质为刑事侦查，现场勘查的任务则不包括查明事件性质。当然，多数情况下，现场勘查在立案前进行，其性质为刑事调查。因此，现场勘查的任务包括以下几个方面：

一、查明事件性质

事件性质是指事件的属性，这里所说的事件性质是指事件是犯罪事件还是非犯罪事件。查明事件性质是现场勘查一项最基本的任务。侦查工作的开展是以犯罪事件为前提的，对于非犯罪事件则不适用侦查。由于现场的情况往往很复杂，在接到报案后，报案所称的事件是否为犯罪事件，事件发生的场所是否为犯罪现场尚未确定，应在查明事件性质后才能确定是否需要立案侦查。实践中的现场绝大多数为犯罪现场，但也有因自然灾害、自杀事件、意外伤亡事故形成的现场，同时也不排除伪造现场、谎报假案的现场存在。不论是哪一种现场都需要通过现场访问和实地勘查，收集相关证据，进行甄别确定。对于符合刑事案件立案标准的，应及时立案侦查；对伪造、制造假案的现场，应查明事件真伪，揭露并追查伪造现场者的目的和动机，有无其他犯罪行为和意图，确定是否有必要追究刑事责任；如果是自杀或是意外事故，应当交由有关部门处理。

在实际工作中，经常出现对被害人、知情人提供的情况一时难以辨别真伪，痕迹、物证送交技术部门检验鉴定尚未给出明确的意见等情况。对此应采取客观、实事求是的态度，对能够及时查明事件真相的明确作出结论，不能马上作出判断或结论的不宜勉强，应进一步勘查直至材料齐全、证据准确再作出结论。一些与事件无关的事实，如人们的主观想象、怀疑、猜想和看法等，都不能被认为是犯罪事实，更不能由此作为立案侦查的依据，特别要注意的是，不能只根据被害人和知情人的陈述，未经认真勘查现场就急于立案。

在现场勘查过程中，勘查人员必须力求将事件性质搞清楚，例如，是自杀、他杀、意外死亡、病理死亡还是自然死亡，是失火、放火还是自然起火，是盗窃、谎报盗窃还是误报盗窃，等等。既不能把非犯罪事件当成犯罪案件来立案、侦查，导致人力、物力、财力的浪费，甚至冤枉好人；也不能把犯罪事件当成意外事故等非犯罪事件来处理，导致放纵犯罪，影响侦查机关的声誉。

二、查明犯罪活动情况

犯罪活动是作案人在一定的时间、一定的地点，采取一定的方式实施的。犯罪现场往往复杂多样，案件性质不同，现场的特征也各不相同，而且作案人伪装、破坏现场的方法各异。通过勘查现场，来确定现场的特征，分析确定作案人在现场所实施的犯罪行为的内容，进而确定犯罪活动情况。

查明犯罪活动情况主要包括以下内容：其一，查明作案时间。即通过对现场进行勘查，查明作案人进行犯罪活动的时间。例如，何时侵入现场，在现场活动的时间以及逃离现场的时间等。其二，查明犯罪地点。即通过对现场进行勘查，查明作案人进行犯罪活动的地点。例如，发案地点是否为犯罪行为的实施点、现场处于何种状态、现场是否为原始现场、犯罪行为涉及一处现场还是几处现场，涉及多个现场的还要界定正在勘查的现场是主体现场还是关联现场等，有时候还必须查明犯罪预备的地点和掩盖犯罪行为以及犯罪后果的现场。其三，查明犯罪行为及其后果。即查明作案人实施犯罪行为的种类以及造成的后果。如果侵害的客体是人身，要查明被害人的情况，例如，被害人身体损伤部位、损伤程度及精神状况，被害人死亡的原因等；如果侵害的是财物，则要查明遭受的损失以及财物种类、数量、规格、价值及特征等。其四，查明作案人的情况。即查明作案人的人数、个人特征、社会特征和犯罪条件。例如，作案人的姓名、性别、年龄、身高、体态、面貌、衣着、走路姿势、习惯动作、生理病理特征、语言特征、文化程度、社会职业、犯罪手法是否熟练、使用何种作案工具及凶器（包括交通运输工具、破坏工具等）、作案时的心理特点（残忍、谨慎、畏惧等）、现场环境和对被侵害对象熟悉的程度等。其五，查明作案过程。即查明作案人在现场及其附近的活动经过。例如，作案人进入现场前在现场附近的活动情况，侵入现场的情况（侵入的路线、入口、方式），在现场上进行了哪些活动，活动的先后顺序，逃离现场的情况（逃离的出口、路线、方式），逃离现场后在现场附近的活动情况等。其六，查明现场的反常情况。即查明有没有因为自然或人为原因导致现场发生变动和遭到破坏，从而使现场出现与犯罪行为发生、发展不相符的反常情况。尤其是在伪装现场的案件中，作案人为了转移视线、逃避打击，往往故意对现场状态进行改变。作案人对现场状态进行的改变，违背事物发展的客观规律，在现场上就会出现反常现象。勘查人员只要通过认真、细致的现场访问、实地勘查，就能发现反常情况，识破作案人的诡计。当然，以上几个方面的问题，并不是勘查任何现场都能全面查清的，也不是任何现场勘查都一定要查清这些问题，而是要根据具体案件的不同现场情况，对于应当查明的问题尽量查明，避免遗漏。

三、收集与犯罪有关的痕迹、物品及信息

现场勘查的过程，也是寻找、发现、固定、提取与犯罪有关的痕迹、物品及信息的过程。将现场上遗留的各种各样与犯罪有关的痕迹、物品及信息，尽

可能毫无遗漏地收集起来，是现场勘查的一项重要任务。

现场遗留的痕迹、物品及信息主要有：同作案人有直接联系的痕迹、物品，如血迹、指纹、肌肉组织、足迹、牙印、毛发、精液、粪便、唾液等；作案人的作案工具痕迹，如交通工具痕迹、枪弹痕迹、撬压工具痕迹、剪切工具痕迹、整体分离痕迹等；作案人遗留在现场上的物品和各种从别处带来的异物，如作案工具、材料、作案时掉落的衣物、鞋帽、烟头、纽扣、泥土、金属末屑等；包装和掩盖被害人尸体或尸块的各种物质，如塑料袋、布袋及其附着物等；作案人留下的书证，如书写的字迹、伪造的证件等；被害人及知情人在犯罪过程中遗留的痕迹、物品，如被害人的手印、足迹、血迹等；现场上能搜集到的信息资料，如现场电脑、手机里的信息、数据等。现场遗留的这些痕迹、物品及信息，多数与犯罪有关，勘查人员应运用各种科学技术手段，认真、全面、细致地寻找、发现、固定、提取。

犯罪现场遗留的痕迹、物品及信息往往是零散而隐蔽的。现场勘查中必须根据作案人的活动规律，采取各种有效手段，及时寻找、发现、固定、提取与犯罪有关的各种痕迹、物品及信息，为后续的侦查工作和诉讼活动提供有利的线索和证据。在现场勘查时，勘查人员要尽可能毫无遗漏地收集，不仅要注意收集证明有罪的痕迹、物品和信息，也要注意收集证明无罪的痕迹、物品和信息；不仅要收集作案人遗留的痕迹、物品和信息，也要收集被害人遗留的痕迹、物品和信息。

四、记录现场及勘查情况

现场上所获得的各种情况和材料是分析案情的依据，也是重要的证据来源，应当用现场勘查记录的方法加以固定。现场勘查中运用文字笔录、绘图、照相、录像等方法，将现场的客观情况，以及勘查所见、工作过程，如实客观地记载下来，形成完备的现场勘查记录，是现场勘查的重要任务。现场勘查记录是犯罪现场的客观反映，是重要的法律文书，对于分析研究案情、印证犯罪嫌疑人口供、破获案件、认定犯罪人都具有重要的作用。现场勘查记录是法定的证据种类，记录现场情况不仅是揭露犯罪的需要，也是顺利推进诉讼活动的需要。

五、确定侦查方向和范围

现场访问、实地勘查结束后，现场勘查工作并未全部完成，指挥员还应当立即组织勘查人员进行现场分析，除了检查评价现场勘查工作外，更重要的是初步确定侦查方向和范围。勘查人员通过查明事件性质和案件性质，查明犯罪活动的基本情况，利用现场访问和实地勘查所获得的材料，运用科学的方法进行现场分析，初步确定侦查方向和侦查范围，为深入侦查奠定良好的基础。

六、存储现场信息资料

《公安机关刑事案件现场勘验检查规则》第42条第1款规定："现场勘验、检查结束后，应当及时将现场信息录入'全国公安机关现场勘验信息系统'并制作《现场勘验检查工作记录》。其中，对命案现场信息应当在勘查结束后七个工作日内录入，对其他现场信息应当在勘查结束后五个工作日内录入。"现场勘查工作结束以后，勘查人员应将在现场访问和实地勘查过程中获取的有关线索、证据等信息资料，在提取、记录的同时，及时录入并存储到公安信息网上，这样既可以更好地保全证据，又可以实现对侦查信息的充分利用和共享。

第四节　现场勘查的原则

现场勘查是一项重要的刑事执法活动，其无论是对于立案侦查、打击犯罪，还是对于保障人权、节约司法资源都具有重要意义。而现场勘查是一个复杂的系统工程，涉及众多的人、事、物，以及纷杂的工作头绪。现场勘查原则是现场勘查的行为准则，为了完成现场勘查任务，实现现场勘查目的，保证现场勘查质量，必须严格遵守以下各项现场勘查的原则：

一、依法

坚持全面依法治国，全面推进国家各方面工作法治化。所谓依法，就是现场勘查要严格按照法律、法规的规定进行。法律是惩罚犯罪、保护人民的有力武器。现场勘查是一项严肃的刑事执法活动，涉及诸多方面的权益保障，现场勘查的结果可能产生诸多法律后果。因此，在依法治国的时代背景下，必须将现场勘查纳入法制化的轨道，确保现场勘查工作的合法性，以最大限度地保障各方的合法权益。严格依法办事是执法机关必须遵循的重要原则，也是首要原则，因此，现场勘查必须遵循依法原则，保证现场勘查工作的合法性，以及所获证据在诉讼中揭露和证实犯罪的有效性。

依法原则要求在现场勘查时应做到以下几个方面：其一，现场勘查人员要提高执法意识。无论是进行现场访问、实地勘查，还是现场分析，都要严格按照法律、法规的规定进行，摒弃按行规勘查的错误做法。其二，现场勘查人员要认真学习有关现场勘查的法律、法规。目前我国规制现场勘查的法律、法规主要有：《中华人民共和国刑事诉讼法》《公安机关办理刑事案件程序规定》《公安机关刑事案件现场勘验检查规则》《公安机关办理刑事案件电子数据取证规则》《解剖尸体规则》等。其三，在现场勘查中准确运用有关法律、法规。根据相关法律、法规的规定，勘查主体要合法，进行现场勘查必须持有侦查机关的证明文件，应当在侦查人员的主持下进行，且侦查人员不得少于二人。在必要的时候，可以指派或者聘请具有专门知识的人。同时还要依法邀请见证人，实地勘查时，应当邀请一至二名与案件无关的公民作见证人。具体程序也要合法，现场实验、尸体解剖、人身检查等具体勘查措施必须按法定程序进行。例如，解剖尸体应当通知死者家属到场，并让死者家属在《解剖尸体通知书》上签名。死者家属无正当理由拒不到场或者拒绝签名的，可以解剖尸体，但是应当在《解剖尸体通知书》上注明。对于身份不明的尸体，无法通知死者家属的，应当在笔录中注明。为了确定被害人、犯罪嫌疑人的某些特征、伤害情况或者生理状态，可以对人身进行检查，可以提取指纹信息，采集血液、口腔拭子、尿液等生物样本。犯罪嫌疑人拒绝检查、提取、采集的，侦查人员认为必要的时候，经办案部门负责人批准，可以强制检查、提取、采集。提取现场痕迹、物品，应当分别提取，分开包装，统一编号，注明提取的地点、部位、日期，提取的数量、名称、方法和提取人。对特殊检材，应当采取相应的方法提取和包装，防止损坏或者污染。应当对能够证明犯罪嫌疑人有罪或者无罪的各种物品和文件予以扣押；对有可能成为痕迹、物证载体的物品、文件，应当予以提取、扣押，进一步检验，但不得扣押或者提取与案件无关的物品、文件。对与犯罪有关的物品、文件和有可能成为痕迹、物证载体的物品、文件的持有人无正当理由拒绝交出物品、文件的，现场勘验、检查人员可以强行扣押或者提取。

二、安全

所谓安全，就是在现场勘查的过程中，要采取切实有效的防护措施，避免各种危险因素对勘查人员的生命安全和身体健康造成损害。由于作案人实施犯罪行为后会给现场留下安全隐患，或在其实施犯罪行为后没有及时离开现场而是藏匿于现场周围，这便对现场勘查人员的安全构成了威胁，现场勘查中常常出现一些危险因素对勘查人员的生命安全和身体健康造成损害。随着执法中人权保障意识的日益增强，安全勘查也显得尤为重要，在保证勘查效率的同时，也强调保障勘查人员的生命安全和身体健康。

安全原则要求在现场勘查时应做到以下几个方面：其一，现场勘查人员应增强安全意识。在勘查过程中要注意观察、分析和判断现场上是否存在安全隐患和风险，提高警惕，注意自身防护。在勘查人员的人身安全同保全证据的目标出现冲突的情况下，应优先考虑保障勘查人员的安全。其二，现场勘查人员应根据勘查工作的具体情况配备防护器具。其三，根据不同的情况做出合理的安全处置。勘查暴力犯罪案件现场，可以视情况部署武装警戒，防止造成新的危害后果。勘查涉爆、涉枪、放火、投放危险物质等可能危害勘查人员人身安全的案件现场，应当首先排除险情，在确保安全的前提下进行勘验、检查。勘查地下道、深井等类现场，应先探明特定场所是否缺氧、是否存在有害气体，在确保安全的前提下进行勘验、检查。勘查情况复杂的现场，应采取安全措施，防止触电、中毒、细菌感染等情况发生。现场搜索过程中，查找爆炸物、危险物质和犯罪嫌疑人，应采取相应的安全防护措施。现场实验要在确保安全的前提下进行。

三、及时

所谓及时，就是要抓住有利时机，迅速开展勘查工作。由于犯罪现场的痕迹、物证会因人为或自然的因素而发生变化，因此要在变化前就进行勘查。现场的知情人对案件发生的记忆痕迹也会随着时间的推移而变得模糊乃至消失。因此，要利用知情人记忆犹新的有利条件及时查访。否则，都会给勘查带来不利。所以，一旦接到报案，不管白天黑夜、刮风下雨，都要立即赶赴现场，及时对现场进行勘查。只有这样，才能抓住发案不久，痕迹、物证明显，罪证未被破坏，知情人记忆犹新，作案人未及远逃，赃物未及脱手的有利时机，及时部署勘查工作，采取有效的对策。随着科技的发展，交通和通讯越来越发达，当前刑事犯罪呈现出作案快、逃跑快、毁证快、隐藏快的特点，因此勘查工作必须强调"以快制快"。现场勘查是否及时进行，不仅关系到勘查工作能否顺利开展，甚至决定着勘查工作的成败。

及时原则要求在现场勘查时应做到以下几个方面：其一，及时赶赴现场。保证勘查力量常备不懈，勘查人员要有高度的责任感和雷厉风行的作风，做好随时出现场的准备。保证交通工具、勘查器材设备处于良好状态，通信畅通无阻。一旦接到报案，以最快的速度赶赴现场，尽可能地缩短从接警到赶到现场的"第一反应时间"。其二，及时采取紧急措施。对伤员的抢救、对险情的排除、对相关场所的搜索、对犯罪嫌疑人的查缉、对赃物的紧急布控，均应以最快的速度进行，以最大限度地减轻危害，最充分地获取信息和证据，尽可能地捕获犯罪嫌疑人。其三，及时开展各项勘查工作。现场勘查工作的内容多、时间紧，勘查人员到达现场后应抓紧时间进行现场访问，巡视现场，尽快制定勘查方案，全面开展勘查工作。现场访问与实地勘查同步进行，获取不同类型的犯罪线索和证据。在现场访问与实地勘查结束后，要及时进行现场分析，集中研究亟待解决的关键性问题，尽快统一认识，对下一步工作作出合理的安排和部署。

四、客观

所谓客观，就是要按照事物的本来面目去认识现场。现场勘查是一项脚踏实地的调查研究工作，每个案件都有其自身特点，因此，勘查人员在进行现场勘查时必须实事求是，具体现场具体分析，而且勘查时一定要从犯罪现场的实际情况出发，按照现场客观事物本来的面目认识现场、勘查现场，防止先入为主，严禁主观臆断。现场勘查一定要有实事求是的科学态度，无论是发现、提取痕迹、物证，还是进行现场访问，制作勘验、检查记录，均要持客观的态度，不能先入为主，不能任意增加或减少。在现场勘查后，现场分析也应持客观的态度。由于某种主客观原因出现分析失误，也要采取客观的态度重新认识现场、分析案情，以求作出正确的结论。

客观原则要求在现场勘查时应做到以下几个方面：其一，在现场访问时，不能进行暗示性的、诱导性的提问，要如实记录被询问对象陈述的内容，注意发现陈述中所掺杂的主观成分和干扰因素，确保访问所获信息的客观性。其二，在实地勘查时，要认真发现、提取痕迹、物品，并记录下发现、提取的过程，尊重客观事实，实事求是地记录和反映现场真实情况，决不能按照自己的主观需要，随意删减、更改事实，或者随意添加某些事实。对于一些可疑的痕迹，应当仔细勘查确定是否可以作为证据，对于一时无法确定的痕迹，不可轻易将其排除，应当反复进行检验，只有穷尽一切可能，证明其与案件无关，才可能将其否定。其三，在进行现场分析时，任何分析结论都应建立在客观事实的基础上，建立在科学判断和科学推理的基础上，避免主观臆断。当然，在分析问题的过程中，特别是一些假设的提出，应该广开思路，充分发挥灵感思维、联想思维、发散性思维的作用，但在下结论的过程中，必须以事实为根据，能分析到什么程度就分析到什么程度，不要勉强。在分析失误时，不要回避，要勇于承认和面对，本着实事求是的态度，对失误予以纠正。

五、全面

所谓全面，就是从各个角度、全方位地对现场进行勘查。多数现场情况复杂、涉及面广，勘查初期由于各种主客观因素的干扰，许多线索和证据并不十分明显。为了澄清事实真相，获取线索证据，快速破案，勘查人员必须树立勘查的整体意识，不可偏废或忽视某一环节和某一方面。现场访问时，访问对象和访问内容必须全面，没有疏漏；实地勘查时抓重点带一般，全面深入，不留死角；现场分析时条理清楚，全面彻底，不留空白。为了做到全面的要求，有的现场要反复勘查。对现场的认识必须经过实践、认识、再实践、再认识的循环往复的过程，以逐步达到对现场的真理性认识。犯罪现场的复杂性、犯罪本质的隐蔽性，给现场勘查带来了认识上的困难，所以要全面认识现场，就要坚持反复勘查的原则，尤其是大要案、疑难案件现场的勘查，更是如此。

全面原则要求在现场勘查时应做到以下几个方面：其一，凡是与犯罪有关的场所和部位都要勘验。既要重视对原始现场的勘验，又要重视对变动现场的勘验；既要重视对主体现场的勘验，又要重视对关联现场的勘验；既要重视对现场中心部位的勘验，又要重视对现场外围部位的勘验；既要注意对现场暴露部位的勘验，又要注意对现场隐蔽部位的勘验。其二，凡是与犯罪有关的人和事都要调查。既要注意对现场周围知情人员的寻找和调查，又要注意对已经离开现场的知情人员的寻找与调查；既要注意通过对知情人员的访问获取信息，又要注意从网上获取涉及案件情况和犯罪嫌疑人情况的信息。其三，凡是与犯罪有关的材料都要搜集。在现场访问时，不仅要收集肯定犯罪事实的言词，当发现否定犯罪事实的言词时也要注意收集和查证。在实地勘查时，既要注意对传统的、常规的痕迹、物证的寻找和提取，又要注意对现场电信数据及其他电子证据的发掘；不仅要收集比较清晰、完整的痕迹、物品，还要注意发现和提取模糊、残缺不全的痕迹、物品。其四，凡是与犯罪有关的情况都要分析。不仅要分析实地勘查获得的各种情况，还要注意分析现场访问获得的各种情况；不仅要全面、细致地分析各种证据材料，还要注意把各个方面的情况联系起来进行综合分析；不仅要分析作案人的情况及犯罪活动的情况，还要注意分析勘查工作有无失误和漏洞。

六、细致

所谓细致，就是指在勘查过程中，要精心、仔细、认真。犯罪现场涉及的有关时间、空间、人、事、物等具体问题非常多，而且与案件有关的痕迹、物证和线索、证据并不以数量或是否明显决定其利用价值。现场勘查中必须注意透过现象看本质，深入、细致地对待每一个具体问题。细致和全面密不可分，细致是全面的基础，全面是细致的保障，没有细致就谈不上全面，在全面的过程中一定要细致，二者不可偏废。

细致原则要求在现场勘查时应做到以下几个方面：其一，在现场访问时，要根据不同的访问对象采取不同的询问方法，耐心、详细地查明访问对象所知晓的所有情况，不遗漏任何一个细节。不仅要关注访问对象的谈话内容，还要注意访问对象的表情和神态，不放过任何一个疑点。其二，在实地勘查时，不仅要注意易接触、易破坏的部位，还要注意易忽视的边角部位；不仅要注意发现清晰的、完整的痕迹、物品，还要注意发现模糊的、不完整的痕迹、物品；不仅要注意寻找、提取宏观物质，还要注意寻找、提取微量物质。其三，在现场分析时，要对现场上的每一个现象、每一个细节进行深入分析和研究，判明其产生的条件、原因及其与犯罪行为之间的关系，并在此基础上将各种现象联系起来进行综合评断，力求形成对现场的完整认识。

| 思 考 题 |

1. 现场勘查的概念是什么？
2. 现场勘查的意义是什么？
3. 现场勘查的任务有哪些？
4. 现场勘查应遵守哪些基本原则？

| 参考文献 |

1. 郭金霞、李小恺：《立体现场勘查学》，中国政法大学出版社2021年版。
2. 许大鹏：《犯罪现场调查》，中国法制出版社2020年版。
3. 倪春乐主编：《现场勘查》，知识产权出版社2020年版。
4. 张颖主编：《犯罪现场勘查》，法律出版社2020年版。
5. 卫红泽：《刑事现场勘查学》，中国人民公安大学出版社2019年版。
6. 裴煜：《犯罪现场勘查理论与实践》，华中科技大学出版社2019年版。
7. 沙贵君、陈志军主编：《犯罪现场勘查学》，中国人民公安大学出版社2015年版。
8. 蒋健主编：《犯罪现场勘查》，中国人民公安大学出版社2014年版。
9. 朱巧红、盛永彬主编：《犯罪现场勘查》，暨南大学出版社2013年版。
10. 许爱东：《现场勘查学》，北京大学出版社2011年版。
11. 杨正鸣、倪铁主编：《犯罪现场勘查案解》，复旦大学出版社2011年版。
12. 贾永生：《犯罪现场勘查概念辨析》，载《江苏警官学院学报》2017年第4期。

13. 陈如超、史玲莉：《现场勘查：问题、原因及改进措施——以 S 市 N 区公安机关为例》，载《中国刑警学院学报》2022 年第 2 期。

14. 刘璇、李梅林：《大数据背景下提高现场勘查效能的思考》，载《云南警官学院学报》2022 年第 1 期。

15. 贾永生：《犯罪现场勘查原则的反思与重构》，载《中国刑警学院学报》2017 年第 6 期。

第四章

现场勘查的组织指挥

[内容提要]

现场勘查是一项时间紧迫、头绪繁多、专业性强的工作，特别是重大、特大案（事）件的现场勘查，投入的勘查力量、参与的人员往往比较多，为了保证现场勘查活动的有序性、时效性，提高勘查质量，必须做好组织与指挥工作。现场勘查的组织指挥是现场勘查有序、高效进行的必要条件。现场勘查的管辖是现场勘查的组织指挥职责划分的依据，主要包括部门管辖、级别管辖、地域管辖和专属管辖等。现场勘查的组织包括现场勘查的人员组成以及人员分工。现场勘查的指挥员由具有现场勘查专业知识和组织指挥能力的人担任，指挥员应依法履行法定职责。现场勘查的指挥包括出动现场的指挥、到达现场后的指挥、勘查中的指挥以及勘查后的指挥四个环节。

[重点问题]

现场勘查的管辖；现场勘查人员的组成和分工；现场勘查指挥员的条件和职责；现场勘查指挥的方法。

第一节 现场勘查的管辖

现场勘查的管辖是指侦查机关或部门对现场实施勘查的权力与范围。现场勘查的管辖与刑事案件侦查的管辖一致，即由哪个机关或部门负责案件侦查则由哪个机关或部门勘查现场。刑事案件侦查管辖主要包括部门管辖、级别管辖、地域管辖和专属管辖等。明确现场勘查的管辖，有助于现场勘查工作的及时开展。

一、部门管辖

部门管辖，又称职能管辖，是指具有侦查权的机关或部门根据各自职能分工的不同，依法对刑事案件进行的分类管辖。

（一）不同机关和部门的管辖分工

根据《中华人民共和国刑事诉讼法》对刑事案件管辖分工的规定，除自诉案件、法律另有规定的以外，刑事案件一律由公安机关负责立案侦查。由其他机关和部门立案侦查的刑事案件主要是指：

1. 人民检察院管辖的自侦刑事案件。主要包括：司法工作人员利用职权实施的非法拘禁、刑讯逼供、非法搜查等侵犯公民权利的犯罪案件，徇私枉法等损害司法公正的犯罪案件，经省级以上人民检察院批准的国家机关工作人员利用职权实施的其他重大犯罪案件。

2. 国家安全机关依法立案侦查的危害国家安全的刑事案件。

3. 军队保卫部门依法立案侦查的军队内部发生的刑事案件。

4. 监狱依法立案侦查的罪犯在监狱内犯罪的案件。

5. 海关走私犯罪侦查机构管辖的我国海关关境内发生的涉税走私犯罪和发生在海关监管区内的非涉税走私犯罪等刑事案件。

6. 中国海警局管辖的海（岛屿）岸线以外我国管辖海域内发生的刑事案件。

除自诉案件、以上六种法律规定的情况外，其他刑事案件的现场勘查，均由公安机关负责组织，其他拥有管辖权的机关也应根据法律的有关规定和自身的条件，组织现场勘查。

（二）公安机关和军队互涉刑事案件的管辖分工

1. 军人（包括现役军人、军队在编职工以及由军队管理的离、退休人员，下同）在地方作案的，当地公安机关应当及时移交军队保卫部门侦查。

2. 地方人员在军队营区作案的，由军队保卫部门移交公安机关侦查。

3. 军人与地方人员共同在军队营区作案的，以军队保卫部门为主组织侦查，公安机关配合；共同在地方作案的，以公安机关为主组织侦查，军队保卫部门配合。

4. 现役军人入伍前在地方作案，依法应当追究刑事责任的，由公安机关侦查，军队保卫部门配合。

5. 军人退出现役后，发现其在服役期间在军队营区作案，依法应当追究刑事责任的，由军队保卫部门侦查，公安机关配合。

6. 军人退出现役后，在离队途中作案的，以及已经批准入伍尚未与军队办理交接手续的新兵犯罪的，由公安机关侦查。

7. 属于地方人武部门管理的民兵武器仓库和军队移交或者出租、出借给地方单位使用的军队营房、营院、仓库、机场、码头，以及军队和地方人员混居的军队宿舍区发生的非侵害军事利益和军人权益的案件，由公安机关侦查，军队保卫部门配合。

8. 军队在工商行政管理部门登记注册，实行企业化经营管理的公司、厂矿、宾馆、饭店、影剧院，以及军队和地方合资经营的企业发生的案件，由公安机关侦查，军队保卫部门配合。

办理公安机关和军队互涉的刑事案件，公安机关和有关军队保卫部门应当及时互通情况，加强协作、密切配合；对管辖有争议的案件，应当共同研究协商，必要时可由双方的上级机关协调解决。

这里需要说明的是，公安机关和军队互涉刑事案件的立案管辖分工或侦查管辖分工，与勘查管辖分工在操作过程中，由于受特定条件的限制，并不是完全一致的。立案管辖分工或侦查管辖分工是以案发地点和犯罪嫌疑人身份两个方面的因素作为分工依据的，但很多案件在勘查现场时犯罪嫌疑人的身份尚不明确，只能以案发地点为依据确定勘查的管辖分工。例如，军人在地方作案的，在立案或侦查管辖上，当地公安机关应当及时移交军队保卫部门侦查，但如果案发时犯罪嫌疑人身份不明，现场就只能由地方公安机关勘查；地方人员在军队营区作案的，在立案或侦查管辖上，由军队保卫部门移交公安机关侦查，但如果案发时犯罪嫌疑人身份不明，现场就只能由军队保卫部门勘查。

公安机关和武装警察部队互涉刑事案件的管辖分工依照公安机关和军队互涉刑事案件的管辖分工的原则办理。

（三）公安机关应相关机关和部门之邀的协助勘查

人民法院、人民检察院和国家安全机关、军队保卫部门、监狱、中国海警局等部门的自办案件，需要公安机关的协助进行现场勘查，并出具委托书的，有关公安机关应予协助。

二、级别管辖

级别管辖是指具有侦查权的机关或部门依据不同的行政级别，在刑事案件管辖权限上的具体分工与管辖分配。在我国，行使侦查权的机关或部门由于在行政级别上有差异，对其所管辖的刑事案件，依据案件性质、危害后果等，需要进行具体的分工。《公安机关办理刑事案件程序规定》第24条第1、2款规定:"县级公安机关负责侦查发生在本辖区内的刑事案件。设区的市一级以上公安机关负责下列犯罪中重大案件的侦查:(一)危害国家安全犯罪;(二)恐怖活动犯罪;(三)涉外犯罪;(四)经济犯罪;(五)集团犯罪;(六)跨区域犯罪。"由于侦查工作具有一定的复杂性和变化性,为了保证侦查工作能够高效、顺利完成,级别管辖同样具有相应的灵活性。《公安机关办理刑事案件程序规定》第24条第3款规定:"上级公安机关认为有必要的,可以侦查下级公安机关管辖的刑事案件;下级公安机关认为案情重大需要上级公安机关侦查的刑事案件,可以请求上一级公安机关管辖。"

《公安机关刑事案件现场勘验检查规则》第9条规定:"县级公安机关及其派出机构负责辖区内刑事案件的现场勘验、检查。对于案情重大、现场复杂的案件,可以向上一级公安机关请求支援。上级公安机关认为有必要时,可以直接组织现场勘验、检查。"因此,县级公安机关及其派出机构负责辖区内刑事案件的现场勘查,上级公安机关认为有必要时,可以直接组织现场勘查。

三、地域管辖

地域管辖是指同级侦查机关之间在侦查刑事案件权限上的区域划分。级别管辖是从纵向解决案件由哪一级别的侦查机关管辖,而地域管辖则是从横向上解决案件由哪个侦查机关管辖的问题。公安机关确定地域管辖,遵循以下两个原则:

(一)以犯罪地公安机关管辖为主,犯罪嫌疑人居住地公安机关管辖为辅

《公安机关办理刑事案件程序规定》第15条第1款规定:"刑事案件由犯罪地的公安机关管辖。如果由犯罪嫌疑人居住地的公安机关管辖更为适宜的,可以由犯罪嫌疑人居住地的公安机关管辖。"

在确定地域管辖时,首先选择犯罪地。犯罪地包括犯罪行为发生地和犯罪结果发生地。犯罪行为发生地,包括犯罪行为的实施地以及预备地、开始地、途经地、结束地等与犯罪行为有关的地点。犯罪行为有连续、持续或者继续状态的,犯罪行为连续、持续或者继续实施的地方都属于犯罪行为发生地。犯罪结果发生地,包括犯罪对象被侵害地、犯罪所得的实际取得地、藏匿地、转移地、使用地、销售地。

在首先考虑由犯罪地公安机关管辖的同时,如果由犯罪嫌疑人居住地的公安机关管辖更为适宜时,也可以由犯罪嫌疑人居住地公安机关管辖。此处"适宜"可以理解为:其一,犯罪嫌疑人流窜作案,主要犯罪地难以确定,而其居

住地的群众更多了解案件情况。其二，犯罪嫌疑人在居住地民愤极大等。犯罪嫌疑人居住地包括户籍所在地、经常居住地。经常居住地是指公民离开户籍所在地最后连续居住1年以上的地方。

根据《关于办理信息网络犯罪案件适用刑事诉讼程序若干问题的意见》的规定，对于信息网络犯罪，其犯罪地包括用于实施犯罪行为的网络服务使用的服务器所在地，网络服务提供者所在地，被侵害的信息网络系统及其管理者所在地，犯罪过程中犯罪嫌疑人、被害人或者其他涉案人员使用的信息网络系统所在地，被害人被侵害时所在地以及被害人财产遭受损失地等。涉及多个环节的信息网络犯罪案件，犯罪嫌疑人为信息网络犯罪提供帮助的，其犯罪地、居住地或者被帮助对象的犯罪地公安机关可以立案侦查。

（二）以最初受理的公安机关管辖为原则，主要犯罪地公安机关管辖为辅

《公安机关办理刑事案件程序规定》第21条第1款规定："几个公安机关都有权管辖的刑事案件，由最初受理的公安机关管辖。必要时，可以由主要犯罪地的公安机关管辖。"所谓主要犯罪地，包括案件涉及多个地点时对该犯罪的成立起主要作用的行为地，也包括一人犯数罪，主要罪行的实行地。必要的时候，是指对查清主要犯罪事实以及及时处理案件更为有利的情况。《公安机关刑事案件现场勘验检查规则》第10条规定："涉及两个县级以上地方公安机关的刑事案件现场勘验、检查，由受案地公安机关进行，案件尚未受理的，由现场所在地公安机关进行。"

四、指定管辖

指定管辖指同级侦查机关因管辖界限不明或管辖存在争议时，由上一级侦查机关确定或改变案件管辖的行政行为。《公安机关办理刑事案件程序规定》第22条第1、2款规定："对管辖不明确或者有争议的刑事案件，可以由有关公安机关协商。协商不成的，由共同的上级公安机关指定管辖。对情况特殊的刑事案件，可以由共同的上级公安机关指定管辖。"

《公安机关办理刑事案件程序规定》第23条规定："上级公安机关指定管辖的，应当将指定管辖决定书分别送达被指定管辖的公安机关和其他有关的公安机关，并根据办案需要抄送同级人民法院、人民检察院。原受理案件的公安机关，在收到上级公安机关指定其他公安机关管辖的决定书后，不再行使管辖权，同时应当将犯罪嫌疑人、涉案财物以及案卷材料等移送被指定管辖的公安机关。对指定管辖的案件，需要逮捕犯罪嫌疑人的，由被指定管辖的公安机关提请同级人民检察院审查批准；需要提起公诉的，由该公安机关移送同级人民

检察院审查决定。"

根据《关于办理信息网络犯罪案件适用刑事诉讼程序若干问题的意见》的规定，对于具有特殊情况，跨省（自治区、直辖市）指定异地公安机关侦查更有利于查清犯罪事实、保证案件公正处理的重大信息网络犯罪案件，以及在境外实施的信息网络犯罪案件，公安部可以商请最高人民检察院和最高人民法院指定侦查管辖。

五、专属管辖

专属管辖是属地管辖的特殊规定，是指发生在某一行业或系统内的刑事案件由专门的侦查机关管辖，一般是指地方公安机关与军队、铁路、交通、民航、林业、海关等行业公安机关在案件管辖上的分工，也是在现场勘查中管辖的分工依据。《公安机关办理刑事案件程序规定》对各系统的专门公安机关对刑事案件的侦查管辖做了明确分工。

（一）铁路公安机关管辖的刑事案件

铁路公安机关管辖铁路系统的机关、厂、段、院、校、所、队、工区等单位发生的刑事案件，车站工作区域内、列车内发生的刑事案件，铁路沿线发生的盗窃或者破坏铁路、通信、电力线路和其他重要设施的刑事案件，以及内部职工在铁路线上工作时发生的刑事案件。

铁路系统的计算机信息系统延伸到地方涉及铁路业务的网点，其计算机信息系统发生的刑事案件由铁路公安机关管辖。

对倒卖、伪造、变造火车票的案件，由最初受理案件的铁路公安机关或者地方公安机关管辖。必要时，可以移送主要犯罪地的铁路公安机关或者地方公安机关管辖。铁路建设施工工地发生的刑事案件由地方公安机关管辖。

（二）民航公安机关管辖的刑事案件

民航公安机关管辖民航系统的机关、厂、段、院、校、所、队、工区等单位、机场工作区域内、民航飞机内发生的刑事案件。

重大飞行事故刑事案件由犯罪结果发生地机场公安机关管辖。犯罪结果发生地未设机场公安机关或者不在机场公安机关管辖范围内的，由地方公安机关管辖，有关机场公安机关予以协助。

（三）森林公安机关管辖的刑事案件

森林公安机关管辖的案件主要涉林木、林地、陆生野生动植物、森林火灾等四大类刑事案件，大面积林区的森林公安机关还负责辖区内其他刑事案件的侦查。未建立专门森林公安机关的，由所在地公安机关管辖。

（四）海关走私犯罪侦查机关管辖的刑事案件

《公安机关办理刑事案件程序规定》第 28 条规定："海关走私犯罪侦查机构管辖中华人民共和国海关关境内发生的涉税走私犯罪和发生在海关监管区内的非涉税走私犯罪等刑事案件。"海关侦查走私犯罪侦查机构根据国家有关规定，可以设立分支机构，各分支机构办理其管辖的走私犯罪案件。

第二节　现场勘查的组织

现场勘查是一项法律性、策略性、技术性很强的工作，勘查人员坚持守正创新观念和系统观念才能胜任。在勘查重大、特大案（事）件现场时，由于参加勘查的人员较多，需要根据勘查人员自身的专业性质、工作能力、技术特长、勘查经验以及身体状况等，对勘查人员进行科学的分工并落实责任，以保证现场勘查任务的顺利完成。

一、现场勘查人员的组成

现场勘查人员一般由侦查人员、技术人员、派出所民警、保卫干部和见证人组成。现场勘查中如涉及专门性问题，要指派或聘请有关专业人员参加。勘查重大、特大或特殊案（事）件现场时，应商请同级人民检察院派员参加。根据《中华人民共和国刑事诉讼法》第 128 条的规定，现场勘查必须在侦查人员的主持下进行。

二、现场勘查人员的分工

勘查重大、特大案（事）件的现场时，因参加人员较多，为保证现场勘查的效率和质量，必须对参加现场勘查的人员进行科学分工。

（一）现场保护组

现场保护组主要由派出所民警、保卫干部、治安保卫人员等组成。现场保护组的主要职责是警戒、封锁现场，维护现场秩序，管制交通和指挥来往行人和车辆，禁止无关人员和车辆进入现场，防止现场遭到破坏，防止发生意外情况，保证现场勘查工作顺利进行等。

（二）现场访问组

现场访问组主要由侦查人员组成，可吸纳派出所民警、保卫干部参加。现场访问组的主要职责是了解案（事）件的有关情况，寻找、发现知情人（尤其是目击者），收集线索和证据，听取群众对案（事）件的反映等。

（三）实地勘查组

实地勘查组主要由侦查人员、技术人员、见证人组成，必要时指派或聘请有关专业人员参加。实地勘查组的主要职责是对与犯罪有关的场所、物品、痕迹、人身、尸体等进行勘验、检查，寻找、发现、固定、提取与犯罪有关的痕迹、物证，制作现场勘查记录等。

（四）机动组

机动组主要由侦查人员、派出所民警、警犬驯导员、保卫干部等组成。机动组的主要职责是现场搜索，追缉、堵截逃跑不久的犯罪嫌疑人，看管当场抓获的犯罪嫌疑人，查对现场访问、实地勘查过程中发现的线索等。

三、现场勘查人员的职责

根据《公安机关刑事案件现场勘验检查规则》第23条的规定，现场勘查人员的主要职责包括：

（一）实施现场紧急处置

现场勘查人员要根据现场情况，对现场可能出现的紧急情况进行及时处置。对于准备实施犯罪、正在实施犯罪、犯罪后准备逃离现场以及掩盖、破坏证据的犯罪嫌疑人，现场勘查人员应当及时采取措施予以缉捕。对于现场可能存在的具有毒性的、易燃、易爆等危险物品，应当及时采取措施排除隐患。

（二）开展现场访问

现场勘查人员应及时对在现场或现场周围的被害人、目击者、知情人以及其他相关人员进行访问，及时了解案（事）件发生的时间、地点、过程以及相关信息，为现场勘查工作提供重点与方向。

（三）发现、固定和提取现场痕迹、物证

现场勘查人员应在指挥员的指导下，借助先进的仪器、设备，及时、全面、细致地对现场的痕迹、物证进行发现、固定、提取。

（四）制作现场勘查工作记录

记录现场保护情况、现场勘查情况，制作《现场勘验检查工作记录》。现场勘查人员应根据指挥员的分工，在现场勘查的过程中，做好现场勘查照相、绘图、录像、记录等工作。

（五）参与现场分析

现场勘查人员应积极参与现场分析工作，根据现场获得的信息线索，对现场所反映出来的与案（事）件相关的各要素进行全面分析，为后续的侦查工作提供依据。

（六）提出处理现场的意见

在现场勘查工作完成之后，现场勘查人员可根据现场勘查情况和现场分析的结论，综合评判给出现场的处理意见，由现场勘查的指挥员最终决定处理结果。

（七）将现场勘验信息录入"全国公安机关现场勘验信息系统"

现场勘查人员根据相关规定将现场勘查记录的内容录入"全国公安机关现场勘验信息系统"。

（八）利用现场信息串并案件

现场勘查人员应当根据从犯罪现场获得的痕迹、物证以及信息线索与系统内其他案件进行比对，发现具有共同特征的案件，及时进行案件串并，增强现场勘查工作的效率。

第三节 现场勘查的指挥

现场勘查是一项比较复杂细致的工作，时间紧、任务重，尤其是一些重大、特大案（事）件现场勘查，工作量大，参加人员多，如果没有统一的指挥，各项工作将很难协调一致。因此，现场勘查工作应当坚持统一指挥的原则，明确分工，及时沟通，协调行动，以便保证现场勘查工作顺利进行，提高现场勘查的效率和质量。

一、现场勘查指挥员的条件

《公安机关刑事案件现场勘验检查规则》第21条规定："现场勘验、检查的指挥员由具有现场勘验、检查专业知识和组织指挥能力的人民警察担任。"据此，现场勘查指挥员应具备以下基本条件：其一，应具备人民警察身份。现场勘查指挥员必须是警察队伍中的一员，地方党政干部不能担当现场指挥人员；具备警察身份是担任现场勘查指挥员的身份条件。其二，指挥员应具备现场勘查的专业知识并熟悉现场勘查业务，只有具备专业知识、熟悉业务才能抓住工作重点，制定切合实际的勘查对策，灵活地进行临场指挥，并科学地进行现场分析。其三，应具备组织指挥能力，有较强的分析判断能力。组织指挥能力是担任现场勘查指挥员必备的个人素养。

二、现场勘查指挥员的职责

根据《公安机关刑事案件现场勘验检查规则》第22条的规定，现场勘查指挥员的主要职责包括：

（一）决定和组织实施现场勘查的紧急措施

现场勘查中可能会遇到紧急状况，包括制止现行犯罪活动，缉捕犯罪嫌疑人，急救伤员和排除各种已经发生和将要发生的危险等情况。尤其是严重暴力案（事）件现场，经常会出现以上紧急情况。出现紧急情况的，指挥人员必须将其作为指挥的要点，并优先考虑采取相应有针对性的紧急措施。

（二）制定和实施现场勘查的工作方案

现场勘查的有效进行依赖于科学合理的工作方案。指挥人员到达现场后，应当听取先期到达现场人员的汇报，并通过各种途径和形式，尽可能多地掌握与案（事）件有关的各种情况，包括案（事）件发现情况、报案情况、现场保护情况以及现场的基本情况。指挥人员只有掌握现场的基本情况，才能制定出有针对性的勘查方案。

（三）对参加现场勘查人员进行分工

一般案（事）件现场勘查的分工模式是：2名技术人员负责实地勘查工作，4名侦查人员负责现场访问工作，派出所2名民警负责现场保护工作。勘查重大、特大案（事）件的现场，一般应将勘查人员分为现场保护、现场访问、实地勘查、机动组四个小组，各小组分工明确，各司其职，各负其责，共同构成现场勘查的有机组成部分。实现对现场勘查人员的合理分工，要求指挥人员熟悉参加现场勘查人员的特长和业务水平等基本情况。

（四）指挥、协调现场勘查工作

现场勘查的指挥员应做好组织管理工作，协调各方面的关系，充分调动每个参与现场勘查人员的积极性。同时，指挥员应统一组合各种侦查手段、方法、策略和措施，提高综合运用各种措施和手段的能力。

（五）确定现场勘查见证人

现场勘查中的见证人，是指与案（事）件无关而被侦查人员邀请到现场观察并监督现场勘查活动的全过程，并在必要时为此作证的人。现场勘查中的见证人制度，是现场勘查中贯彻群众路线的体现，其功能之一是用与案（事）件无关的公众权利对侦查机关实施的现场勘查活动进行监督，从而实现对现场勘查阶段公权力的控制；另一功能是可以为侦查机关的现场勘查活动提供程序性与合法性证明。

（六）审核现场勘查工作记录

现场勘查结束后，应当及时将现场信息录入"全国公安机关现场勘验信息系统"，并制作《现场勘验检查工作记录》。《现场勘验检查工作记录》包括现场勘查笔录、现场图、现场照片、现场录像和现场录音。《现场勘验检查工作记录》是否客观、全面、详细、准确、规范，是否能够作为核查现场或者恢复现场原状的依据，均应由指挥人员进行审核。

（七）组织现场分析

现场分析又称临场讨论，是在现场勘查指挥员的组织下，根据现场访问和实地勘查获得的线索、证据等相关信息，经过充分的讨论，对事件性质和案件情况所作的推断。现场分析是现场勘查的重要环节，现场访问和实地勘查是现场分析的基础，经过充分的现场访问和实地勘查后，应尽快展开现场分析，以便制定侦查计划和全面展开侦查工作。

（八）决定对现场的处理

现场勘查结束后，指挥人员可能需要决定对现场和尸体的处理方式，组织必要的现场复勘和复查，同时需要安排人员对现场进行清理，所有的耗材必须带离现场。

三、现场勘查的指挥方法

现场勘查是一项复杂而细致的工作，要实现现场勘查指挥工作高效进行，必须讲究工作方法，强调统一领导，统一指挥，统一行动。根据现场勘查工作的任务、步骤、内容和指挥员的职责，现场勘查指挥方法如下：

（一）出动现场的指挥

1. 部署现场的先期保护工作。良好的现场保护是现场勘查顺利进行的前提。指挥人员受命后，应立刻了解现场的保护情况，部署先期到达现场的民警、基层保卫组织的工作人员、被害人或事主、报案人等对现场加以保护，并部署相应的保护要点。必要时可安排现场附近的基层民警立刻到达现场并进行现场保护。

2. 根据报案情况，确定现场勘查的参与人员，并准备相应的勘查器材。值班人员在接受报案时会向报案人核实案（事）件发现的时间、地点及现场情况，有无人员死伤，犯罪分子是否逃跑等信息。赶赴现场之前，指挥人员应向值班民警核实这些报警信息。

核实报案信息之后，现场勘查的指挥人员应根据事件的性质、危害后果及紧急程度等情况，迅速确定由哪些部门的人员参与勘查，确定适合本次现场勘查的器材种类及其数量，确定奔赴现场的车辆。如果现场需要采取紧急措施，除了确定现场勘查人员和准备相应的勘查器械之外，还应安排采取紧急措施的人员。

勘查严重暴力犯罪或需要追踪搜索的案（事）件现场，应调集警犬训练员带领警犬参加搜索和追踪，必要时应调集特警、防爆警、巡警等参与现场处置。勘查命案现场和强奸案件的现场，应通知法医参加。有电信数据发掘、筛选、分析和利用条件的现场，应通知技术部门参加。涉及计算机网络犯罪的案件，应通知计算机网络监察部门参加。

如果案情重大，或者特别重大，指挥人员在派员奔赴现场的同时，应向上级侦查机关报告情况，必要时应迅速向车站、码头、堵卡网点等发出通报，并及时通报相邻地区的侦查部门，以便在较大范围内迅速采取有效措施。需要上级侦查机关提供专家和技术支持的，应及时提出支援请求，上级侦查机关应积极并及时提供技术支持。勘查重大、特大案（事）件现场，应商请同级人民检察院派员参加。

3. 部署紧急处置措施。紧急处置措施包括抓捕尚未远逃的犯罪嫌疑人，对未远逃的犯罪嫌疑人采取追缉堵截和查控措施，对赃物进行紧急控制，急救人质和伤员等。紧急情况的处置具有紧迫性，指挥人员在组织警力赶赴现场的同时，还应及时联系有关部门应对现场紧急工作的处置。同时，指挥人员到达现场之后，根据现场情况可以及时调整紧急处置措施。

（二）到达现场后的指挥

1. 了解、掌握现场情况。到达现场后，指挥人员应迅速掌握现场情况，取得指挥的主动权。指挥人员首先应了解先期开展的紧急处置情况，并根据情况进行必要的调整。同时应了解并加强现场保护。通过临场询问和实地观察，迅速掌握现场外部、内部以及案（事）件的有关情况。只有掌握了有关情况，指挥人员才能有针对性地安排有效的勘查措施。

2. 组织巡视现场，确定勘查的范围、重点、顺序和方法。在到达现场后，进行实地勘查之前，现场勘查指挥员应带领实地勘查人员巡视现场。通过巡视现场进行实地观察，可以形成对现场的初步认识，如可以初步确定现场的中心部位，作案人可能进出现场的路线，从而明确勘查重点。在巡视现场过程中，指挥员应通过各种办法，帮助勘查人员树立通过实地勘查能够获取侦查线索和相关证据的信心。

合理划定勘查范围和搜索范围，是保证勘查质量的基础和前提。划定勘查范围应力求准确，过大或过小都不利于现场勘查。如果勘查范围过大，无疑会浪费宝贵的侦查资源；如果划定的勘查范围过小，则可能遗漏重要的勘查部位和痕迹、物证，造成不可弥补的损失。但仅仅通过对现场的初步巡视，就要求现场勘查人员准确划定勘查和搜索范围显然不够现实，在实践中，现场勘查之初划定的勘查范围宜大不宜小，以免遗漏痕迹、物证和侦查线索。随着现场勘查的进行，可以根据获取的与案（事）件有关的信息调整勘查和搜索范围。

在合理划定勘查范围的基础上，为确保现场勘查高效进行，必须根据现场的实际情况突出重点、照顾一般。重点场所是指具体实施犯罪行为的场所，作案人进入现场的通道，杀人案件中尸体所在的场所以及其他痕迹、物证集中的场所。对于重点部位，必须安排业务能力强的人员进行勘查，而对于并非具体实施犯罪行为的场所，根据案（事）件的具体情况和侦查的需要，适当安排人员进行现场勘查即可。在划定现场勘查范围的基础上，还应适当划定搜查范围。对于可能被犯罪分子用于藏身匿迹、隐藏犯罪工具的地方，如现场附近的山洞、工棚、树林、草丛等较为隐蔽的场所，均应被列为搜查范围。

根据现场实际情况和勘查需要，有针对性地、灵活地确定勘查顺序。勘查顺序的正确与否，直接关系到勘查的质量，也直接影响紧急措施的部署以及能否成功推进后续侦查措施的开展。根据现场勘查的规律，一般应按照先中心现场后外围现场的标准来确定勘查顺序，如果无中心现场，可以采取由外围到中心的勘查顺序，但对于特殊案（事）件的现场，如中心现场不止一处，或者部分现场处于交通要道的，则需要灵活确定多种勘查顺序，以免发生勘查顺序的混乱，从而影响勘查任务的完成。

3. 聘请具有专门知识或技能的专业人员。现场勘查实践中，经常碰到专门问题和技术难题，需要聘请具有专门知识的人员协助勘查人员解决问题。《中华人民共和国刑事诉讼法》第128条规定："侦查人员对于与犯罪有关的场所、物品、人身、尸体应当进行勘验或者检查。在必要的时候，可以指派或者聘请具有专门知识的人，在侦查人员的主持下进行勘验、检查。"专门知识的人，既包括有关方面的专家、学者和技术人员，也包括各行业长期从事专门工作、具有丰富经验的人。侦查人员应向指派或聘请的人员讲明其职责和应遵守的纪律，并主动向其介绍案（事）件情况。具有专门知识的人员应在侦查人员的主持下进行工作，工作范围限于解决某些专门性问题。为了保证现场勘查过程中能够及时聘请具有专门知识的人员，侦查部门需要在平时工作中对那些具有专业知识和技能并且能解决现场勘查中常见性、专门性问题的人员进行登记，一旦现场需要，则可以迅速取得联系。

4. 确定见证人。《公安机关刑事案件现场勘验检查规则》第24条规定："公安机关对刑事案件现场进行勘验、检查不得少于二人。勘验、检查现场时，应当邀请一至二名与案件无关的公民作见证人。由于客观原因无法由符合条件的人员担任见证人的,应当在笔录材料中注明情况,并对相关活动进行录像。勘验、检查现场,应当拍摄现场照片,绘制现场图,制作笔录,由参加勘查的人和见证人签名。对重大案件的现场,应当录像。"见证人的作用在于保障现场勘查的客观性,使现场勘查接受群众的监督。需要注意的是,见证人必须是与案件无关并且有见证能力的人。下列人员不得担任见证人:其一,生理上、精神上有缺陷或者年幼,不具有相应辨别能力或者不能正确表达的人;其二,与案件有利害关系,可能影响案件公正处理的人;其三,行使勘验、检查、搜查、扣押、组织辨认等监察调查、刑事诉讼职权的监察、公安、司法机关的工作人员或者其聘用的人员。

(三) 勘查中的指挥

勘查中的指挥包括对现场人员的分工,对现场访问的指挥、对实地勘查的指挥和对现场分析的指挥。

1. 根据现场勘查的需要,现场勘查指挥员应制定勘查计划,确定勘查顺序和路线并对人员进行具体分工,确定各个参与者的职责。进行现场勘查的分工时,指挥人员应充分考虑参与勘查人员自身的专业素养、工作能力、勘查现场的经验,身体状况等方面的差异。进行分工时,应将责任落实到人,专项工作由专人负责。

2. 实地勘查的指挥要点。其一,正确选择勘查起点和进入现场中心的路线和方法,切忌破坏现场。其二,以全面发现和提取痕迹、物证为目标,合理确定勘查重点。其三,利用信息化手段,及时发现并提取信息化的线索和证据。查明现场周围摄像头的安装情况,及时通知有关单位和个人,协助侦查人员提取案发时间段内的视频资料。通知有关部门,提取案发前后在现场周围以及作案人可能来去路线上通信基站记录的手机信息。及时提取现场周围网吧、旅馆等场所案发前后上网和住宿人员的登记信息。其四,对现场发现的情况和获取的犯罪信息随时作出快速反应。现代现场勘查工作强调信息化勘查,对于在实地勘查过程中发现的痕迹、物证,犯罪嫌疑人的影像资料等信息,可以通过侦查机关的大数据系统将其传输给相应的技术部门进行比对查询,从而提高侦破案件的效率。现场勘查指挥员必须全面掌握现场勘查各方面的情况,根据现场勘查的需要和进展情况,对勘查中的重点问题不断下达指令,同时需要协调现场勘查各个小组以及各个方面的关系,解决勘查中不断出现的新问题。如果实地勘查中发现重要的痕迹、物证,指挥人员应亲自察看,并作出适当的指示。

现场勘查过程中，指挥人员应根据勘查工作的需要，有针对性地指挥勘查人员综合采用多种勘查措施，灵活、正确运用常规和非常规的侦查方法。此外，指挥员还应做好现场勘查的协调工作，以保证勘查的顺利进行。

3. 现场访问的指挥要点。现场访问是现场勘查的重要环节，现场访问的对象大多具有流动性和不确定性等特点，造成现场访问的难度较大，因此现场访问的指挥尤为重要。现场访问的指挥工作，应重点抓好以下几方面：其一，确定现场访问的对象并及时进行询问。其二，根据现场勘查的需要和被询问人的个人情况，合理安排现场访问的顺序。其三，组织询问人员事先观察并了解现场情况，以保障现场访问高效进行。其四，对重点访问对象，指挥人员应亲自询问或重点掌握询问情况。

4. 现场分析的指挥要点。现场勘查结束后，现场指挥人员应重点抓好临场分析工作，通过召开临场会议，根据现场访问和实地勘查获得的信息和证据，对事件性质和犯罪实施的基本情况作出判断。其一，确保现场分析所依据信息的客观性和全面性。其二，现场分析的讨论环节，指挥人员应发扬民主，鼓励参加现场勘查的人员各抒己见，自由发表对案情和现场的看法，集思广益，但同时也要注意对讨论问题的引导，避免现场讨论时偏离主题。其三，总结阶段应注意全面归纳并科学分析。在现场勘查指挥员的主持之下，根据现场访问和实地勘查所获取的线索和证据等材料，现场分析参与人员应经过充分的讨论，对事件性质和案件情况作出系统的分析和推断。

通过现场勘查和临场分析，指挥人员在综合研究勘查材料并全面客观评断的基础上，应迅速确定初步的侦查方向和侦查范围，制定侦查工作计划，部署初步的侦查工作。

（四）勘查后的指挥

1. 现场提取或扣押的痕迹、物品和文件等，要依法、科学保管。对现场痕迹、物品和文件的提取，应依据《公安机关刑事案件现场勘验检查规则》第七章"现场痕迹物品文件的提取与扣押"的规定，依法提取和扣押。实地勘查提取的痕迹、物证或可能有助于侦查破案的信息，应该妥善保管，当场开列清单一式两份，由侦查人员、见证人和当事人签名盖章，一份交给当事人，另一份附卷备查。

2. 根据需要与可能，对现场和尸体进行处理。对于死因不明的尸体，经过负责人的批准，必要时可以解剖。

3. 现场保护的解除。通过现场分析，如果认为现场勘查质量很高，已经获取了有价值的痕迹、物证，现场已无继续保存的必要，应通知有关单位和公民个人进行善后处理，解除现场保护，在解除现场保护的同时，对于勘查中动用过的物品，特别是贵重物品，应与物品主人取得联系，当面清点移交。对于因使用技术手段而显现或遗留的痕迹，应当由勘查人员及时清除。

4. 组织必要的现场复勘和复查。经过现场分析，如果认为现场勘查质量不高，应发现和提取的痕迹、物证未发现和提取，或由于某种原因现场勘查未能顺利进行，亦或是案情重大复杂需要继续研究和勘查的，根据勘查的需要，指挥人员应决定继续全部封闭或部分封闭现场，同时尽快组织对现场的复勘和复查。

5. 对犯罪嫌疑人和嫌疑对象的处理。在现场勘查过程中，对于由被害人、群众扭送的犯罪嫌疑人，或经过现场访问及时发现和捕获的犯罪嫌疑人，指挥人员应作出处置决定。对已经拘留的犯罪嫌疑人应及时讯问，迅速查清其犯罪动机和犯罪过程。犯罪嫌疑人供述的犯罪证据，侦查人员应及时提取，以防止犯罪证据被隐藏或毁坏，同时可依法对犯罪嫌疑人的人身和住处进行搜查。对现场勘查过程中发现的嫌疑对象，应派专人跟踪、监视。

6. 梳理现场提取的信息，及时录入现场勘查系统。信息化时代，现场勘查人员必须树立高度的信息意识，严格按照信息化工作的要求，及时、准确地将现场勘查中获取的相关信息录入现场勘查信息系统中。

―――――――――| 思 考 题 |―――――――――

1. 如何确定现场勘查的管辖？
2. 现场勘查有哪些人员的组成？
3. 如何对现场勘查人员进行分工？
4. 现场勘查指挥员的职责有哪些？
5. 现场勘查指挥员的条件是什么？
6. 现场勘查指挥的方法有哪些？

―――――――――| 参 考 文 献 |―――――――――

1. 郭金霞、李小恺：《立体现场勘查学》，中国政法大学出版社2021年版。
2. 倪春乐主编：《现场勘查》，知识产权出版社2020年版。
3. 张颖主编：《犯罪现场勘查》，法律出版社2020年版。

4. 卫红泽：《刑事现场勘查学》，中国人民公安大学出版社 2019 年版。

5. 徐天合、徐倩：《现场勘查实务》，上海大学出版社 2015 年版。

6. 沙贵君、陈志军主编：《犯罪现场勘查学》，中国人民公安大学出版社 2015 年版。

7. 蒋健主编：《犯罪现场勘查》，中国人民公安大学出版社 2014 年版。

8. 朱巧红、盛永彬主编：《犯罪现场勘查》，暨南大学出版社 2013 年版。

9. 杨正鸣、倪铁主编：《犯罪现场勘查案解》，复旦大学出版社 2011 年版。

10. 许爱东：《现场勘查学》，北京大学出版社 2011 年版。

11. 马丽霞主编：《现场勘查》，中国检察出版社 2010 年版。

12. 贾永生：《重特大案件现场勘查指挥工作特点与原则》，载《中国刑事警察》2020 年第 6 期。

13. 牛勇、刘道前：《现场勘查人员的证据意识：问题与对策》，载《中国刑事警察》2020 年第 1 期。

14. 郑元勋、房俊鹏：《现场勘查指挥中存在的问题及其对策探析》，载《政法学刊》2010 年第 2 期。

15. 王丹、王双：《制造毒品案件现场勘查及其组织指挥》，载《湖北警官学院学报》2010 年第 3 期。

第五章

现场勘查的程序

🔍 [内容提要]

要坚持科学决策、民主决策、依法决策、全面落实重大决策程序制度。现场勘查的程序是指勘查人员在对现场进行勘验、检查时所遵循的基本工作步骤以及各阶段的次序要求。由于现场勘查是一项刑事执法活动，受到《中华人民共和国刑事诉讼法》《公安机关刑事案件现场勘验检查规则》等相关法律法规的规范与制约。同时，在"以审判为中心"的背景下，突出强调程序正义，要求侦查活动必须符合法定程序，或者具有标准的操作性行为指导规范，而现场勘查关系到后续侦查工作的开展，因此现场勘查中的各个步骤和环节都应当具有一定的次序性与规范性。在现场勘查中，应明确受理办案、临场处置、现场勘查的实施、现场勘查的结束、现场的复勘与复查这些单个程序的具体操作与注意事项，从而进一步规范勘查人员的现场取证行为，提高现场勘查的效率。

🔍 [重点问题]

受理报案；临场处置；现场勘查的实施；现场勘查的结束；现场的复勘与复查。

第一节　受理报案

对任何形式的报案，侦查人员都应首先接受，认真对待，并根据不同情况作出相应处理。对需采取紧急措施的，要先采取行动，控制事态发展；对属于自己管辖的，按规定办理，组织勘查现场；对不属自己管辖的，说明情况，请示领导后，在 24 小时内移交有关部门。

一、受理报案的渠道

侦查部门受理报案的渠道即报案人向侦查部门报案的途径，主要包括以下三种：①被害人及其亲属直接到侦查部门报案，或者通过"110"报警服务台向公安机关报案。②有关单位或公民个人向侦查部门报案。③基层民警、保卫人员接到群众报案后，再转报给侦查部门。

二、受理报案的要求

从宏观层面来讲，侦查部门工作人员受理报案时要认真接待、及时受理、妥善处置。从微观层面来讲，侦查部门工作人员受理报案应做到以下几点：

第一，对属于本部门管辖的案件，应当立即受理。对于口头提出的报案，接待的侦查人员应按照询问要点，尽可能将有关情况询问清楚，并认真做好笔录，经报案人审阅无误或对其宣读后，由报案人签名并按手印。必要时也可让报案人写出书面报案材料。侦查员应填写《受理刑事案件登记表》。

第二，对于不属于本部门管辖的案件，也应该先受理，再根据具体案件类型及时移送主管机关处理，并向报案人填发《移送案件通知书》。

第三，对于不属于本部门管辖而又必须采取紧急措施的案件，应先采取紧急措施，以防止犯罪嫌疑人逃跑、自杀、行凶或者毁灭罪证等情况发生，随后及时移送主管机关处理。

第四，在受理报案过程中，侦查部门应采取相应的措施保障报案人及其近亲属的安全。如果报案人不愿意公开自己的姓名和报案行为，应当为其保密。

三、受理报案询问要点

受理报案的询问是侦查人员通过问话的方式向报案人了解事件情况的一项调查措施。无论报案人采取何种渠道进行报案，接到报案的侦查人员都应该对其进行询问，询问的主要内容包括：

（一）事件发生情况

主要包括事件发生的时间、地点、起因、经过、结果等。

（二）事件发现情况

主要包括事件发现的时间、地点，发现人的姓名、性别、年龄、职业、住址、单位、联系方式等。

（三）现场的情况

主要包括现场的位置、范围、进出口、周围环境、痕迹、物品分布，是否有变动,是否采取了保护措施,采取了哪些保护措施等。

(四) 被害人的情况

主要包括三方面:其一,被害人个人基本情况,如被害人的姓名、性别、年龄、身高、体貌、衣着、口音、生活习惯等。其二,被害人遭受侵害情况,如侵害方式,侵害程度,目前状况等。其三,被害人财物损失情况,如被盗、被抢了何种财物,财物的名称、型号、数量、体积、重量、特征、价值等。

(五) 作案人的情况

主要包括作案人的人数、性别、年龄、身高、体貌特征、衣着、口音,是否受伤、损伤程度,有无凶器,来去方向和路线,所乘交通工具,是否携带物品,物品特征如何等。

(六) 报案人的情况

主要包括报案人的姓名、性别、年龄、单位、职业、住址、联系方式,与被害人的关系等。

四、报告、联络、通报

报告是指受理报案人员向上级侦查人员汇报事件基本信息。联络是指相关人员相互之间取得联系的过程。通报是指上级机关把事件情况以书面的形式通告下级机关。值班侦查人员接到报案后,应当立即向现场勘查指挥员报告,如果发生的是重大、特大事件,值班员应根据现场勘查指挥员的决定,立即通知勘查人员及时赶赴现场,并将事件概况及采取或准备采取的措施,迅速向本地党政领导机关和上级主管的侦查部门报告。如果遇有特别重大、紧急情况,可越级向上级侦查部门报告,以便在较大范围内迅速采取有效措施。

特殊情况下,值班侦查人员需要注意以下事项:其一,存在需要救助受伤人员和排除危险隐患的情况,应及时与有关部门取得联系,要求其派员迅速赶赴现场,采取相应措施,防止造成更严重的危害结果。其二,对重大、特大事件,特别是严重暴力事件,需要制止犯罪或控制犯罪嫌疑人时,应迅速向车站、空港、码头、堵卡网点发出通告,并及时通报友邻地区侦查部门,以便及早进行控制。其三,对重大或情况特殊的现场进行勘查,还应当商请同级人民检察院派员参加。

五、确定勘查人员,快速赶赴现场

事件情况的复杂性与多变性,以及时间的紧迫性要求现场勘查指挥员在受理报案后,认真分析判断报案信息,迅速确定和调动现场勘查人员。勘查人员的确定包括人员数量、构成和分工。人员数量要结合事件的大小、性质、危害后果和紧急程度等实际情况确定，要与勘查任务相适应。勘查人员的构成还应结合事件性质来决定是否需要召集特警、巡警、防暴警等组成围剿，是否需要通知法医工作人员参加或聘请具有专门知识的人参加，以此保障组成人员结构的合理性。现场勘查指挥员在确定勘查人员时应与后续的侦查人选相结合，承担侦查任务的工作人员应尽可能参加现场勘查活动，以便顺利开展后期侦查工作。

现场勘查的时间性较强，在人员组建好之后，侦查部门应充分利用现有的交通工具运送勘查人员迅速赶赴现场。快速赶赴现场的实现，需要侦查部门平时做好充分的准备：其一，思想准备。侦查人员要树立常备不懈的思想，养成雷厉风行的作风，并保持高度警惕，闻警而动。其二，组织准备。要建立完善的值班备勤制度。其三，器材工具准备。日常要保证各个勘查器材工具的性能和状态良好，以备随时使用。

第二节　临场处置

现场勘查指挥员到达现场之初，应尽快听取有关人员的汇报，亲自察看现场，并及时根据现场情况采取相应的措施，进行临时处置，争取主动权，将现场的损失和伤害降到最低限度，同时为后续勘查工作的顺利、有序进行提供保障。

一、检查现场保护情况

侦查部门在接到报案后，应立即派人赶赴现场，并做好现场保护工作。负责保护的人员应根据现场情况，划定保护范围，设置警戒线和告示牌，除抢救人员、保护物证等紧急情况外，禁止无关人员进入现场。在紧急情况下，进入现场也要尽量避免破坏现场，如有变动则应观察或记录其原始形态。现场保护人员有义务将现场情况及时报告现场勘查指挥员，以便其检查现场保护的情况。

现场勘查指挥员首先要检查犯罪现场是否及时保护或保护的措施是否恰当，保护不及时或保护的措施不恰当的，要及时予以纠正；现场保护的工作人员人手不足时，要及时补充；保护范围大小划分的合适与否也要不断调整；对重要而又极易受到破坏的物品，要重点保护，极易消失的痕迹要立即提取。除此之外，在检查现场保护情况的同时，还应指定专人维护好现场周围秩序，防止来往车辆、行人阻塞交通。

二、掌握重要知情人

侦查人员要善于从现场的围观群众中发现现场的知情人，即耳闻目睹犯罪有关情况的人。因现场人员流动的不确定性，侦查人员赶赴现场后，应尽快查清案（事）件发生时现场的目击者以及知道案（事）件情况的知情人，并将其姓名、住址、工作单位等逐一登记，为防止登记信息出现错误，必要时让知情人出示能够证明其身份的证件，以便进一步分别调查询问。

三、了解掌握现场情况

现场勘查指挥员和侦查人员到达现场后，要迅速了解案（事）件情况和现场情况，弄清现场的处置措施和工作进展，了解掌握现场情况的方法分为以下三种：

（一）听取汇报

侦查人员到达现场后，要听取先期到达现场的巡警、派出所干警、内部保卫干部和治保、联防人员的汇报。内容包括：

1. 案（事）件概况，即案（事）件发生、发现的经过等；
2. 最先发现现场的知情人信息，即姓名、年龄、职业、住址等情况；
3. 对紧急情况的处理经过和结果；
4. 现场的保护及变动、变化情况；
5. 初步现场访问的结果。

（二）询问被害人、事主、发现人和报案人

现场勘查指挥员和侦查人员在听取了先期到达现场人员关于案（事）件情况的汇报之后，若依旧难以判断现场情况，就需要直接询问案（事）件的发现人、报案人、被害人或者事主。通过询问，进一步了解案（事）件发生的时间、地点、经过，财物被侵害情况，以及作案人的体貌特征、逃跑路线等。

（三）巡视现场

现场勘查指挥员在了解现场情况后，要在现场保护人员的陪同下，亲自对现场进行巡视。巡视的方法一般是先查看现场的位置、环境，进而查看作案人来、去现场的进、出口，遗留的物品、痕迹，以及现场的变动状况。

四、邀请现场勘查见证人

《公安机关刑事案件现场勘验检查规则》第24条第2款规定："勘验、检查现场时，应当邀请一至二名与案件无关的公民作见证人。由于客观原因无法由符合条件的人员担任见证人的，应当在笔录材料中注明情况，并对相关活动进行录像。"该规定在于保障勘查工作的客观性、公正性和合法性。

（一）见证人的条件

见证人是指受司法机关邀请，到现场对侦查行为进行监督、作证且与案件无利害关系的人，在刑事诉讼活动中具有重要的地位，因此，见证人应具有正确的是非观和刚正不阿的品质。根据《最高人民法院关于适用〈中华人民共和国刑事诉讼法〉的解释》第 80 条的规定，结合现场勘查的具体情况，具有下列情形之一的公民，不宜作为现场勘查的见证人：①事主、被害人及其近亲属；②在职的公安、检察、审判人员和刑事技术鉴定人员；③有犯罪嫌疑或者因犯罪受过刑罚处理的人；④未成年人；⑤精神上、生理上有缺陷（视觉、听觉等障碍）妨碍履行见证人义务的人；⑥在本地临时居住的人员。

（二）见证人的权利与义务

见证人到达现场后，侦查人员应告知见证人其在现场勘查中的权利和义务。

1. 见证人的权利。①有权要求侦查人员出示相关证件与文件；②对现场发现、提取的痕迹、物品有权进行观察；③对勘查人员在勘查过程中的不当行为，可以提出意见，并要求将该意见写入现场勘查笔录中。

2. 见证人的义务。①要全程参与现场勘查工作，中途不得随意离开，不得随意触碰和移动现场痕迹、物品；②证实提取的痕迹、物品均来自于现场；③保密和作证；④勘查结束后，在现场勘查笔录上签名或盖章。

五、聘请具有专门知识的专业人员

由于案（事）件现场往往较为复杂，涉及的知识面较广，常遇到一些专门问题，如计算机犯罪等，因此，《中华人民共和国刑事诉讼法》第 128 条规定："侦查人员对于与犯罪有关的场所、物品、人身、尸体应当进行勘验或者检查。在必要的时候，可以指派或聘请具有专门知识的人，在侦查人员的主持下进行勘验、检查。"具有专门知识的人包括有关方面的专家、学者、技术人员，也包括各行各业长期从事专门工作，具有丰富经验的人。

侦查人员应向聘请的具有专门知识的专业人员告知其在现场勘查工作中的职责与应遵守的纪律，并向他们介绍案（事）件的具体情况，提供必要的工作条件。具有专门知识的专业人员对勘查中涉及的专业性问题给出自己的解释、说明和意见，不能作为证据直接使用。若要作为证据在诉讼过程中使用，则必须经过严格的鉴定程序，形成鉴定意见。

六、做好勘查前的其他准备

在展开现场勘查活动前要做好与勘查相关的准备工作，现场勘查指挥员要根据实际情况对人员进行合理分工，做到任务与责任明确，人员之间协调配合。对于重大、特大案（事）件，在现场勘查前，应迅速开通以现场为中心的通讯网，沟通现场与指挥中心、现场勘查指挥员与侦查人员、侦查人员之间的联络渠道，互通情报、密切配合，调集力量、协同作战。

有条件的侦查部门，可以将现代通信设备调至现场，以便迅速将现场发现的痕迹、物证等通过图片形式传至指挥中心，以便检索犯罪情报资料，发现犯罪嫌疑人的线索，及时发出通缉、通报，或者方便指挥中心进行统一指挥调度。

第三节　现场勘查的实施

案（事）件的复杂性与情势的动态性，增加了现场勘查的难度。为了提高现场勘查的效率，使勘查工作有序进行，现场勘查指挥员要根据不同的案（事）件采取不同的措施，还要根据具体情况，区分轻重缓急，迅速调整人员，布置勘查任务，保证勘查工作顺利完成。

一、开展现场访问

现场访问是现场勘查的一个重要环节，在实地勘查之前或与实地勘查同步进行。侦查人员到达现场后，应第一时间在现场及其周围，对被害人、事主、知情人等相关人员进行走访、询问。现场访问的任务是查明案（事）件发生、发现的情况，查明采取紧急措施所需要的情况，查明作案人的体貌特征、行踪去向，查明被侵害财物的情况，查明作案人遗留物的情况，查明被害人情况。现场访问的目的是确定事件性质，查明犯罪事实，查缉犯罪嫌疑人。

现场访问是一项技巧性很强而又复杂、细致的工作，必须在一定的范围，按照一定的步骤和顺序，有计划、有组织、有秩序地进行。现场访问一般是侦查人员在听取汇报、巡视现场的基础上，根据现场的位置，结合现场环境，划定访问地域范围；根据与案（事）件的利害关系、知情情况，划定现场访问的人员范围；根据案（事）件的性质、需要查明的案（事）件事实的轻重缓急和访问对象知情的重要性来确定访问的顺序。侦查人员在确定访问对象之后，对其深入了解，选择合适的访问地点，按照访问计划，根据轻重缓急开展访问工作。现场访问的一般步骤是接触访问对象，提出访问问题，推进现场访问，结束现场访问。现场访问中的正式询问必须制作询问笔录，必要时，可要求访问对象亲笔书写证言。在现场访问中，对询问的过程和结果也可以录音。

二、进行实地勘查

实地勘查是现场勘查的另一个重要环节，在实地勘查之后或与实地勘查同步进行。在侦查人员的主持下，勘查人员对场所、物品、痕迹、人身、尸体、信息等进行勘验、检查。实地勘查的任务是发现、收集与犯罪有关的痕迹、物证，分析确定勘查对象与犯罪行为的关系，记录现场及勘查情况。实地勘查的目的是确定事件性质，查明犯罪事实，查缉犯罪嫌疑人。

实地勘查是一项技术性很强而又复杂、细致的工作，必须按照一定的步骤、顺序和方法，有领导、有组织、有秩序地进行。实地勘查一般是勘查人员在听取汇报、巡视现场的基础上，根据案（事）件具体情况，结合现场环境，划定勘查范围，确定勘查顺序和勘查重点。同时进行现场方位录像、照相，绘制现场方位图。然后，由勘查指挥员率领勘查人员沿着划定的临时通道进入现场，按照分工开始勘查。一般顺序是：现场记录人员首先进入现场进行现场概貌、中心的录像、照相，绘图和制作笔录以固定现场情况；然后痕迹勘验人员、法医及相关专业技术人员进入现场进行勘验、检查，在勘查过程中，现场记录人员亦应作相应记录。勘查中应按照整体勘查、局部勘查进而个体勘查的步骤实施，并遵守法定程序。

三、组织现场分析

现场分析是现场勘查的重要阶段，在现场访问、实地勘查结束之后进行。勘查指挥员组织参加现场访问、实地勘查的侦查人员、技术人员等，对现场访问、实地勘查所获材料进行深入分析和研究。现场分析的任务是判明事件性质，决定是否立案，分析判断案情，决定对现场的处理。现场分析是对现场进行的系统认识和总结，是集体智慧的集中，与侦查工作紧密衔接。

勘查人员运用辩证分析、逻辑推理、心理分析、数学推导等方法，把现场访问、实地勘查所获得的各种材料汇集起来，进行去伪存真、去粗取精，从片面到全面、从个别到整体、从现象到本质地归纳、分析、判断和推理，确定事件性质，分析案情，刻画作案人，确定侦查方向和侦查范围。现场分析不仅是对前期现场勘查情况的总结，也是后期侦查工作的起点和基础，起着承上启下的作用。

第四节　现场勘查的结束

除由于特殊原因，需要对现场进行复勘、复查外，结束勘查通常是现场勘查的最后一个步骤。结束现场勘查前，勘查人员应按照结束勘查的条件，对现场勘查的全部活动进行全面地检查总结，并做好现场勘查之后的处理工作。

一、结束勘查的条件

现场勘查具有一定的任务性和目的性，结束现场勘查工作的前提必然是获得了有价值的信息或提取了相关痕迹、物证。根据现场勘查程序性与规范性要求，结束现场勘查必须要同时满足以下三个条件：

（一）现场主要情况已经查明和研究清楚

现场主要情况的查明包括：痕迹、物品的发现、固定和提取已完成；对其他有关线索、信息进行收集；实地勘查中现场个别现象之间的矛盾、现场访问情况之间的矛盾、实地勘查所获情况与现场访问材料之间的矛盾已基本澄清或得到正确解释；现场勘查中所获得的一切材料已经有理有据地作出了合理分析判断等。如果某些次要犯罪嫌疑情况，经多方努力仍暂未发现深入调查的线索，也可结束勘查。对于个别重大、特大、复杂案（事）件的现场，由于主、客观条件的限制，一次勘查难以完成任务的，不得直接结束勘查，应视案（事）件及现场的具体情况，把现场的全部或局部留有痕迹的客体或尸体保留下来，并落实保护措施和责任人，以便再次反复地勘查，直至将主要问题查明和研究清楚为止。

（二）侦查的范围、重点和应采取的侦查措施已确定

根据现场访问和实地勘查所得的材料、痕迹、物品等，通过勘查人员的周密分析，可以确定案（事）件性质、作案人特征等案（事）件基本信息，并进一步确定侦查方向和侦查范围，以及应采取的侦查措施等。如果无法确定侦查范围、重点和应采取的侦查措施，则应继续进行勘查和研究。

（三）相关法律手续完善

在决定结束勘查前，必须认真、细致、全面地检查采取的各项勘查措施是否符合法律规定，法律手续是否完备。如果发现法律手续不齐全，应及时补齐，否则将影响现场勘查中所获取的证据材料的效力。

现场勘查指挥员在决定结束勘查前，勘查人员应根据以上三个条件检查现场勘查中的每一项工作，并对各个环节进行检查、复核，发现不足的地方要及时补正。

二、结束勘查的善后处理

现场勘查结束后，勘查人员应根据案（事）件情况，及时做好善后处理工作，主要包括以下几方面：

（一）对现场的处理

现场勘查结束后，由现场勘查指挥员决定是否保留现场。对于不需要保留的现场，应及时通知有关单位和人员进行处理，如打扫现场、撤销警戒、恢复原状等；对于需要保留的现场，应及时通知有关单位和个人，指定专人保护。

（二）对尸体的处理

1. 对于死因未定、身份不明或有其他情况需要复验时，应当保存尸体。

2. 对于没有必要继续保存的尸体，经县级以上公安机关负责人批准，应当立即通知死者家属。对于无法通知或者通知后家属拒绝领回的，按照有关规定及时处理。

3. 对没有必要继续保存的外国人尸体，应当立即通知家属或所属国驻华使、领馆官员处理；拒绝领回的，书面通知外事部门后，按照有关规定及时处理。

（三）对有关痕迹、物品的处理

现场勘查结束后，对提取、收集的痕迹、物证要妥善包装、加封运送，防止损坏或遗失。如果案（事）件现场上仍有痕迹、物品需要提取，应按规定开具清单，一式两份，并由侦查员、物主、见证人签名，一份交给物主保存，一份随卷备查。提取贵重物品或绝密文件，应经过县级以上侦查机关负责人批准。

（四）对犯罪嫌疑人和嫌疑对象的处理

对于群众扭送、当场抓获或通过紧急措施捕获的犯罪嫌疑人，要依法进行人身和住宅搜查，办理拘留手续，呈请拘留，同时指派专人及时进行讯问，调查取证。对于嫌疑对象指派专人暗中继续监视，以澄清嫌疑或进一步展开调查，扩大线索，及时取证。

（五）对现场勘查卷的整理

现场勘查是法定的侦查活动，在勘查中制作的法律文书必须履行有关法律手续，并按照法定格式制作。要求签字的，必须在相应位置签字或盖章，否则稍有不慎将会影响整个侦查和诉讼工作。因此，现场勘查指挥员对有关法律文书要严格把关、层层审查，以备随时作为诉讼证据使用。现场勘查常见的法律文书主要有《现场勘查检查笔录》《询问笔录》《讯问笔录》《搜查笔录》《现场实验笔录》《解剖尸体通知书》《扣押物品、文件清单》等。

（六）对现场信息的录入处理

在公安信息化建设下，现场发现的信息以及信息之间的关联与比对通过公安内网信息数据库中的信息检索都可以实现，这对侦查破案起到了至关重要的作用，因此，现场信息的及时准确录入是现场善后处理工作的重要环节。现场勘查结束后，现场勘查指挥员应该指定专人运用"全国公安机关现场勘验信息系统"和各种数据库开展刑事案件串并工作，并将串并案件情况录入"全国公安机关现场勘验信息系统"，以便各单位及时掌握信息，提供多条线索，为串并案件提供信息，为领导决策提供依据。

第五节　现场的复勘与复查

现场勘查结束之后，由于特殊原因，需要对某些现场进行复勘、复查。现场复勘、复查是现场勘查的延续与补充，是法律法规的要求，也是实际工作的需要，为查证核实现场的某些情况、弥补现场勘查的不足和纠正现场勘查的失误提供重要的参考依据。

一、现场复勘、复查的概念

现场复勘、复查是指勘查人员为了解决侦查中存在的某些问题或发现的新问题，对已经勘查过的现场，根据需要，有目的、有重点地依法对现场再次勘验、检查，以此来验证或解释这些问题的一项重要侦查活动。

现场复勘、复查不同于现场勘查，不是对后者的简单重复，而是根据侦查的需要，在侦查工作进行一段时间后所展开的重新勘查，与现场勘查在勘查时间、范围、目的上都有所不同。再者参与复勘、复查工作的勘查人员不要求一定是原现场勘查的人员，遇有重大疑难问题，可以请有关专家参与复勘检查。现场复勘、复查的工作也必须具有可以复勘的物质基础，例如，已经被封存保留，案件现场的客观物质环境尚且存在，或者可能还留有犯罪痕迹及其他物证等，仍具有一定勘查价值的现场。

二、现场复勘、复查的原因

根据《公安机关刑事案件现场勘验检查规则》第79条的规定，结合现场勘查工作实际，符合下列情形之一的，需要对现场复勘、复查。

（一）案情重大、现场情况复杂

对于案情重大、现场情况复杂的案件，往往要采用专家"会诊"的方法。现场复勘、复查是"会诊"的基础性工作之一。通过现场复勘、复查，或查证、核实现场勘查的一些情况，或弥补现场勘查的不足，或纠正现场勘查的失误，为"会诊"案件提供科学的基础和条件。

（二）侦查工作需要从现场进一步收集信息，获取证据

随着侦查活动的深入，可能会发现现场勘查所获取的线索和证据不足，如由于勘查器材的限制，现场上留下的痕迹、物品没有被发现和提取；由于勘查人员主观上不够重视，一些发现了的痕迹、物品被误认为不是犯罪痕迹、物品或以为价值不大而没有提取等。这样，有可能对后续侦查中的进一步分析案情、串并案件和刻画作案人特点等带来困难，同时也对现场复勘、复查提出了要求。

（三）人民检察院审查案件时认为需要复勘、复查

《中华人民共和国刑事诉讼法》第134条规定："人民检察院审查案件的时候，对公安机关的勘验、检查，认为需要复验、复查时，可以要求公安机关复验、复查，并且可以派检察人员参加。"因此，公安机关在接到人民检察院要求现场复勘、复查的通知后，应当尽快组织人力和物力进行现场复勘、复查工作，并通知人民检察院派员参加，及时向人民检察院反馈现场复勘、复查的有关情况和结果。

（四）当事人提出不同意见，公安机关认为有必要复勘、复查

案件侦查过程中甚至案件侦查终结后，如果被害人及家属、犯罪嫌疑人及家属，对案件定性以及其他有关证据等情况始终不服，坚持要求公安机关重新审查或侦查案件。公安机关经过研究，决定重新审查或侦查案件，认为有必要对现场复勘、复查。

（五）其他需要复勘、复查的情况

1. 实地勘查结果与其他途径获得的情况有较大差异。实地勘查的结果可能与现场访问、情报信息、侦查讯问等其他途径获得的材料有较大差异，当出现这种情况时，应当进行冷静的分析并作出积极的反应。实地勘查的结果与其他途径获得的材料出现较大差异，可能是因为实地勘查结果正确而其他途径获得的材料有问题，也可能是因为其他途径获得的材料正确而实地勘查结果有问题，当然，还可能是实地勘查结果和其他途径获得的材料都有问题。在没有查明这种差异的出现属于哪种情况时，应同时做两方面的工作：一方面是查证、核实其他途径获得的材料，另一方面是进行现场复勘、复查。

2. 侦查工作陷入困境。在实际办案工作中，如果所有掌握的线索已全部被查证与犯罪无关，那么往往使侦查工作陷入困境、出现僵局，怎样才能打开侦查局面？除了在思想上树立信心、调整侦查方向外，往往还需要进行现场复勘、复查。通过更加深入地对现场进行勘查，可能会发现新的犯罪痕迹、物证，掌握新的侦查线索，突破侦查困境。

三、现场复勘、复查的作用

(一) 可以查清作案人在现场的某些重要活动情况

通过现场勘查所获得的痕迹、物证,可以推断作案人在犯罪现场的活动轨迹与行为习惯等,提高侦查方向与侦查范围的准确性。但在重大、复杂的案件中,可能因为现场破坏严重,遗留在现场的痕迹、物证较少,加之伪造现场,导致真真假假混在一起,难以对作案人在现场的活动情况进行分析与推断。因此,为了弄清作案人在现场的某些活动,推进侦查工作的进行,必须对现场进行重新勘查。例如,有些犯罪现场反映出的作案细节不清或者先后顺序不明,需要通过复勘得以确定。

(二) 可以分析解决现场勘查中尚未解决的问题

犯罪现场是犯罪活动及犯罪现象的集中反映和表现,作案人在犯罪现场实施的侵害行为,必然会引起现场物质形态发生变化。作案人的行为与导致的变化往往具有对应性或一致性,但由于各种因素的影响,犯罪现场常出现一些不符合常规且互相矛盾的地方。例如,被害人尸体所处的位置与尸体的损伤、现场血迹形态的分布等不相符;犯罪遗留的部位、方向、角度与作案人的作案过程不符等。再者,由于人的认知能力存在局限性,例如,眼睛有视阈范围的限制,听力也受距离远近的影响,逻辑推理等思维能力的不同,也导致在现场勘查中会出现失误,遗漏一些重要的物证。

产生这些矛盾的原因,有主观的人为因素,也有客观的自然因素和社会因素,为了解决这些矛盾,需要对犯罪现场进行复勘、复查,通过发现一些新的证据或重要痕迹,或排除导致现场物质形态变化的客观原因,从而认清作案人的活动。

(三) 可以判定已收集的痕迹、物证是否为犯罪嫌疑人所遗留

作案人遗留在犯罪现场的痕迹、物证种类很多,但其中手印、足迹和工具痕迹容易出现疑问,难以确定是否是犯罪嫌疑人遗留,出现这一问题主要有以下几点原因:

1. 能够证明现场痕迹是犯罪遗留的依据不足。

2. 对痕迹的甄别存在漏洞。例如,现场发现的指纹要跟在场的人员进行甄别,但不可能对每一位家庭成员和来过犯罪现场的所有人进行指纹比对。

3. 不能认定是否是犯罪嫌疑人所为。要查清这些痕迹是否是犯罪嫌疑人所留,要将现场提取的痕迹、物证与犯罪嫌疑人进行联系与比对,但初次勘查的不足,可能导致无法确定是否为犯罪嫌疑人,需要复勘犯罪现场和分析研究痕迹遗留的部位、方向、角度与犯罪行为动作的联系，在此基础上进行判断。

（四）可以调整、修改侦查方向和侦查范围

侦查方向是指侦查工作的指向，即侦查工作应在哪些人员中排查犯罪嫌疑人，而侦查范围则是指侦查工作所涵盖的地域范围、职业范围等。初次勘查后，案件性质和案件基本情况的准确与否对侦查方向和侦查范围的确定至关重要。在侦查实践中，一些案件侦查工作一时难以有进展或久侦不破，往往在于案件性质认定错误或侦查方向存在偏差。通过复勘犯罪现场和重新分析研究犯罪活动，可以认定或改变侦查方向，促使案件侦破的顺利进行，最终发现作案人，达到破案目的。

（五）可以寻找、发现未曾发现的犯罪痕迹、物证

对于需要保留的犯罪现场，通过复勘、复查可以发现初次勘查过程中没有发现的犯罪痕迹、物品等，某些物证由于体积小，所在位置较为隐蔽而难以被勘查人员发现，或者由于犯罪现场受到严重的破坏使勘查工作受到影响而造成对痕迹、物证提取的疏漏。经过对现场的复勘、复查，发现未曾发现的痕迹、物证，能够为下一步侦查工作提供依据。

四、现场复勘、复查的实施

（一）精心准备，创造条件

复勘、复查与初次勘查不同，除了做好勘验、检查的一般准备工作外，还需要做好其他准备工作：

1. 详细研究初次勘查的笔录和全部附件，进一步明确重新勘查工作的重点。

2. 全面了解已收集到的各种证据，以发现需要通过复勘、复查进一步补齐的证据。

3. 研究案件材料时出现的问题，可向有关专家请教，进一步弄清产生问题的原因，进一步确定是否需要复勘、复查。

4. 尽可能邀请初次勘查的见证人参与复勘、复查，以确保勘查结果的客观性和连续性。

5. 一般而言，复勘、复查应由参与初次勘查的勘查人员进行，如果复勘、复查由其他勘查人员进行，应确保复勘、复查的勘查人员与初次勘查人员进行交谈，以了解现场的特点，确保复勘、复查顺利进行。

（二）选择方法，认真勘查

复勘、复查现场主要是为了重新寻找痕迹、物证等信息，是对现场的再利用和主动利用，可以选择以下方法：

1. 重复勘查法。以原来的勘查人员为主，依然按照原来的分工和勘查方法寻找痕迹、物证。这种方法的优点在于，勘查人员对自己曾经负责勘查过的部分现场情况比较熟悉，如果确实能够认真细致地进行勘查，可能发现过去未能发现的痕迹、物证；缺点在于，原来的勘查人员可能已形成一种印象，即这里已经不存在新的痕迹、物证，进而导致勘查工作有可能是走形式。

2. 交叉勘查法。以原来的勘查人员为主，互相交换勘查的现场部位，然后按照新的分工进行勘查。这种方法的优点在于，可以避免勘查人员受过去勘查的影响，寻找痕迹、物证比较全面、细致；缺点在于，原有的痕迹、物证已经发生改变，勘查人员不能联系初次的全部情况进行勘查，并且勘查人员如果顾忌彼此情面，也可能使重新勘查走形式。

3. 替代勘查法。由新指定勘查人员代替原来的勘查人员进行重新勘查。这种方法的优点在于，新勘查人员不受过去勘查的影响，寻找痕迹、物证更加全面、细致；缺点在于，新勘查人员对现场情况不够熟悉。

（三）记录现场，完善资料

现场复勘、复查作为现场勘查的延伸和补充，有着与第一次勘查相同的记录要求。现场复勘、复查应制作单独的勘查笔录，并由参加复勘、复查的勘查人员和见证人签名，对提取痕迹、物品的，还应当有反映被提取痕迹、物品在现场的具体部位、全貌及特征的照片，必要时应当拍摄现场复勘、复查录像，制作现场图，不能将补充或重新勘查的结果一并记入初次勘查的记录。

（四）综合分析，评估得失

现场复勘、复查所获得的结果和材料，应及时与初次现场勘查所获得的结果和材料进行比较，两者有差异的，要作深入的分析、研究和检验，以统一认识，并形成现场复勘、复查报告。

| 思 考 题 |

1. 受理报案的要求有哪些？
2. 临场处置包括哪些方面？
3. 现场勘查的实施包括哪些阶段？
4. 结束现场勘查的条件是什么？
5. 现场复勘、复查的原因是什么？
6. 现场复勘、复查的方法有哪些？

| 参考书目 |

1. 郭金霞、李小恺：《立体现场勘查学》，中国政法大学出版社2021年版。
2. 郝宏奎、沙贵君主编：《新编犯罪现场勘查学教程》，中国人民公安大学出版社2020年版。
3. 倪春乐主编：《现场勘查》，知识产权出版社2020年版。
4. 裴煜：《犯罪现场勘查理论与实践》，华中科技大学出版社2019年版。
5. 卫红泽：《刑事现场勘查学》，中国人民公安大学出版社2019年版。
6. 王跃主编：《犯罪现场勘查实训教程》，中国人民公安大学出版社2019年版。
7. 沙贵君、陈志军主编：《犯罪现场勘查学》，中国人民公安大学出版社2015年版。
8. 蒋健主编：《犯罪现场勘查》，中国人民公安大学出版社2014年版。
9. 朱巧红、盛永彬主编：《犯罪现场勘查》，暨南大学出版社2013年版。
10. 许爱东：《现场勘查学》，北京大学出版社2011年版。
11. 杨正鸣、倪铁主编：《犯罪现场勘查案解》，复旦大学出版社2011年版。
12. 薛英俊：《个人极端暴力犯罪行为现场处置研究》，载《山西警察学院学报》2023年第1期。
13. 朱竑吏：《现场勘查见证人制度当前问题与完善探究》，载《广州市公安管理干部学院学报》2020年第3期。
14. 徐秀林：《浅谈紧急警务现场先期处置中民警的自我调适》，载《江苏警官学院学报》2015年第6期。
15. 苑锐光、连昌舟：《浅谈现场勘验中的复勘工作》，载《湖北警官学院学报》2012年第10期。

第六章

现场访问

🔍 [内容提要]

现场访问是指在现场勘查过程中，侦查人员为了确定事件性质，查明犯罪事实，查缉犯罪嫌疑人，依法在现场及其周围进行走访，询问被害人、事主、知情人的一项刑事执法活动。现场访问有助于及时采取紧急措施，弥补实地勘查的不足，正确进行现场分析，获取线索和证据。侦查人员通过对被害人、事主、知情人进行现场访问，查明案（事）件发生和发现、现场、作案人、被害人等情况。现场访问对象不同，访问的内容不尽相同。侦查人员进行现场访问前应做好充分的准备工作，遵循特定的步骤和方法，有效地开展现场访问。现场访问应合法、及时、全面、细致、客观，并依法制作访问笔录。对现场访问的结果，必须严格地审查评断，确定其可利用的价值和证据意义。

🔍 [重点问题]

现场访问的概念和任务；现场访问的内容和要求；现场访问的步骤和方法；现场访问的笔录和录音；现场访问结果的审查评断。

第一节 现场访问概述

要坚持马克思主义的求真务实、一切从实际从发的科学方法论来解决实际问题。现场访问是现场勘查的重要组成部分，是侦查人员了解案（事）情最直接、最便利的方式。通过现场访问，侦查人员可以第一时间获知案（事）件的基本情况，根据现场访问获知案（事）件的基本情况，推进后续工作的开展。

一、现场访问的概念

现场访问是指在现场勘查过程中,侦查人员为了确定事件性质,查明犯罪事实,查缉犯罪嫌疑人,依法在现场及其周围进行走访,询问被害人、事主、知情人的一项刑事执法活动。现场访问的概念主要具有以下几个方面的含义:

(一)现场访问的主体是侦查人员

根据《中华人民共和国刑事诉讼法》第 128 条的规定,侦查人员是现场访问的主体。但是,如果参加现场访问的侦查人员力量不足,可以吸纳派出所民警、保卫干部参加现场访问。另外,如果侦查人员在现场访问过程中,对有些人、地、情况不够熟悉,也可以吸纳派出所民警、保卫干部参加现场访问,发挥派出所民警、保卫干部人熟、地熟、情况熟的优势,提升现场访问的质量。

(二)现场访问的对象是被害人、事主、知情人

被害人、事主与案(事)件有利害关系,了解案(事)件的情况,是重点访问对象。知情人包括案(事)件的发现人、报案人、目击者,知道作案人某些情况的人,知道被害人某些情况的人,发现过可疑人、可疑事、可疑物的人,知道被盗、被抢财物的来源、运送、储存、保管、使用及其特征的人,知道案(事)件其他情况的人等。知情人可能直接或间接了解案(事)件的情况,也是现场访问的对象。

(三)现场访问的目的是为了确定事件性质,查明犯罪事实,查缉犯罪嫌疑人

侦查人员对被害人、事主、知情人进行询问,首先是为了确定事件的性质,即是犯罪事件还是非犯罪事件。如果事件性质是犯罪事件,则还要进一步查明具体的犯罪事实,即查明犯罪时间、犯罪地点、犯罪工具、犯罪手段、犯罪过程、犯罪条件、犯罪人数及个人特征等。如果事件性质是非犯罪事件,则勘查工作结束。此外,通过现场访问有时能够查明犯罪嫌疑人逃跑的方向以及可能藏匿的地点,缉捕犯罪嫌疑人。

(四)现场访问的方法是走访和询问

现场访问与现场紧密联系在一起,并以现场为其存在的基本依据。现场访问的空间范围应是现场及其周围。侦查人员、派出所民警、保卫干部在现场及其周围进行走访,寻找、发现知情人(尤其是目击者),通过对案(事)件的发现人、报案人、被害人、事主、目击者和其他知情人进行询问,了解案(事)件的有关情况,收集线索和证据,听取群众对案(事)件的反映。

(五)现场访问的性质是刑事执法活动

由于目前我国实行的是立案后侦查制度,即立案后为刑事侦查,立案前为

刑事调查。在多数情况下，如"以事立案"，通过现场访问，查明事件性质是犯罪事件，进而立案侦查，现场访问是在立案前进行的，其性质是刑事调查。在少数情况下，如"以人立案"，现场访问是在立案后进行的，其性质是刑事侦查。总之，不管是立案前的刑事调查，还是立案后的刑事侦查，现场访问的性质都是一项刑事执法活动。

现场访问在实地勘查之前或与实地勘查同步进行，是现场勘查的重要环节之一，也是获取言词证据和信息线索的重要途径。现场访问建立在印象痕迹的基础之上，具有较强的时间性和空间性，因此要在相关人员对案（事）件的感知清晰时，通过迅速及时访谈的形式，帮助被访问对象回忆案（事）件发生、发现等情况，提取与案（事）件有关人员头脑中关于现场的印象痕迹或线索。

二、现场访问的意义

（一）有利于及时采取紧急措施

对于案（事）发不久，接到报案以及赶赴现场及时的案（事）件，侦查人员可以通过对报案人、被害人、事主、知情人等及时进行现场访问，了解作案人的体貌特征、逃跑方向和路线、随身携带物品以及使用交通工具的种类等情况，迅速采取追缉堵截、搜索检查、控制销赃等紧急措施，从而查缉犯罪嫌疑人，获取线索和证据。

（二）有利于弥补实地勘查的不足

现场访问和实地勘查是现场勘查中的两项重要工作，实地勘查的目的是通过勘验和检查，获取遗留在现场的痕迹、物证及其他信息。通过及时的现场访问，了解和掌握与案（事）件有关情况，将现场访问获取的材料和现场情况结合，有利于勘查人员有针对性地、细致地勘查现场，客观、全面地收集各种痕迹、物证。实物证据和言词证据是刑事诉讼证据的重要分类，遗留在犯罪现场的痕迹、物证等均属于实物证据，而保留在相关知情人头脑中的信息以言词的方式表现出来则为言词证据。实物证据一般通过实地勘查取得，而存在于被害人、证人头脑中的言词证据，必须通过现场访问获得。言词证据可能成为直接证据，如果通过现场访问，能够获得整个案（事）件发生的完整经过，无疑有助于实地勘查有针对性地进行。

（三）有利于正确进行现场分析

现场分析是确定事件性质、查明犯罪事实、确定侦查方向和范围的重要环节。现场访问是获取线索和证据的重要途径，如何进行准确的现场分析，需要现场访问工作为其提供依据。不论是对事件性质的分析，还是对案件性质、作案时间、作案地点、作案工具、作案人数、作案人个人特点等案情的分析，都不是由侦查人员凭空想象完成的，需要依靠现场访问获得的材料作为分析依据。特别是现场不具备勘查条件，或者具备勘查条件，但在现场上没有获得有价值的痕迹、物证，现场访问对于现场分析尤为重要。

（四）有利于获取线索和证据

任何犯罪活动的实施都离不开特定的时空条件，都必然与特定的人、事、物发生联系，犯罪活动必然会暴露在群众之中。现场访问的对象是被害人、事主、知情人等，以上人员通常了解案（事）件情况或作案人的基本情况，对案（事）件发生原因及过程有一定程度的认知。通过现场访问，可以迅速了解案（事）件发生的原因、作案人的基本情况、作案工具以及可能的逃跑路线等线索。《中华人民共和国刑事诉讼法》第50条规定了八种证据，通过对被害人、证人的现场访问，可以获得被害人陈述、证人证言等言词证据。同时，根据被害人、事主、知情人提供的线索，还可查获物证、书证、视听资料、电子数据等实物证据。

三、现场访问的任务

（一）查明案（事）件发生、发现的情况

案（事）件发生、发现的情况是现场基本情况的重要内容，往往能够反映案（事）件发生的过程和现场最初状况，对于发现线索和证据，分析判断案（事）件情况有重要意义。通过对最初发现和接触现场以及现场周围群众的访问，不仅可以掌握案（事）件发生、发现的情况，还可以分析事态的发展方向，为采取紧急措施提供决策依据。

（二）查明采取紧急措施所需要的情况

很多现场往往会出现一些紧急情况和险情，如急救伤者、作案人尚未逃跑或现场有火险、有毒和放射性物质扩散等，这就需要现场勘查人员对这些情况采取相应的措施，但前提条件是要迅速查明现场有无紧急情况或险情以及存在于何处，原因为何、程度如何等。这些情况现场勘查人员只有通过访问报案人、发现人、现场周围群众以及先期到达的现场保护人员、警务人员后才能掌握。所以，现场访问的任务之一是通过访问查明现场情况，以达到采取相应的紧急措施的目的。

（三）查明作案人的体貌特征、行踪去向

作案人的体貌特征以及行踪去向对于确定侦查方向和范围、采取紧急措施有着重要作用。而报案人、目击者、被害人及其亲属、现场周围的群众等往往对于作案人的体貌特征或行踪去向都会有所了解，所以勘查人员及时对他们进行访问就可能了解和查明作案人体貌特征或行踪去向，为采取相应的措施提供依据。

（四）查明被侵害财物的情况

财物所有人、持有人、使用人或保管人等对于被侵害财物的特征及其数量等都非常了解，通过对其进行访问，勘查人员就可以掌握被侵害财物的情况，为判断财物的损失程度、确定案（事）件性质以及查获赃物赃款、抓获犯罪嫌疑人提供判断依据。

（五）查明作案人遗留物的情况

作案人的遗留物是作案人在实施犯罪行为的过程中遗留在犯罪现场的物品和物质，具体包括现场哪些物品、物质是作案人遗留的，遗留物品、物质的种类、名称、特征和数量等，这些能反映作案人特征的遗留物往往并存在现场中，勘查人员可通过现场访问来甄别、排除现场原有物品和其他遗留物，进而确定和查明作案人遗留物的情况。

（六）查明被害人情况

被害人的基本情况往往是分析犯罪动机的重要依据，尤其是杀人、伤害、爆炸等人身侵害案（事）件的现场，被害人及亲属、朋友、同事等对于被害人情况是比较了解的。所以勘查人员要想查明被害人基本状况以及相关背景资料就要及时对以上对象进行访问。

四、现场访问的内容

（一）现场访问的基本内容

1. 案（事）件发生、发现的情况。①案（事）件发现情况。包括发现人；发现的时间、地点；发现的详细经过。②案（事）件发生情况。包括发生的时间、地点；作案的手段、方法（使用凶器、作案工具、计谋或圈套、接近目标实施侵害行为的特点、伪装方法等）；作案过程（进入现场前的行为、进出口和来去路线、侵害行为、实施侵害行为的先后顺序、离开现场后的行为等）；造成的后果（物质的、非物质的后果，直接的、间接的后果等）。

2. 现场的情况。①现场的具体位置和原始状况。②现场有无变动，有何变动。③是否采取保护措施，采取哪些保护措施。④被侵害财物的情况（种类、名称、数量、重量、体积、特征、来源、运送情况、保管、使用情况，有无不安全因素）。⑤现场遗留物情况（哪些是遗留物，可疑物品是否为作案人所留，有无人员拾得遗留物品，遗留物品的种类、名称、数量、特征、产销情况等）。

3. 作案人的情况。①作案人数。②个人特征（年龄，体态特征，面貌特征，语言特征，衣着打扮特征，携带物品特征等）。③行踪动向（事前"踩点"，事后藏尸灭迹、毁证、处理赃物等）。

4. 被害人的情况。①身份（姓名、性别、年龄、职业等）。②经历及表现（社会经历，政治态度，思想品德，生活作风，性格，兴趣、爱好，生活习惯等）。③本人及家庭成员的经济状况。④婚姻、恋爱状况。⑤本人及家庭成员的社会交往。⑥遇害前行踪（何时、何地与何人有交往，何时、何地与何人外出、到过什么地方、结交过什么人，何时、何地开始断绝音讯等）。⑦有无自杀因素（生前精神上是否受过重大打击或刺激，有无悲观厌世、严重伤残、久病不愈、生理缺陷、精神病，平时有无自杀言行等）。

5. 案（事）发前后的可疑人、可疑事、可疑物。①案（事）发前后是否有人与被害人矛盾较深或关系不正常。②案（事）发前后是否有人在现场逗留、徘徊、窥视或出入。③案（事）发前后是否有人打探情况或散布流言蜚语。④案（事）发后是否有人持有或处理现场丢失的财物。

6. 哪些人与案（事）件有利害关系。

7. 对案（事）件的看法。①怀疑谁。②有何根据。

（二）不同对象的访问内容

1. 访问发现人、报案人的内容。发现人是最早发现案（事）件现场和犯罪活动的人。报案人是向侦查机关报告发生案（事）件情况的人。发现人、报案人通常是最早发现案（事）件的人，往往了解现场的原始状态。因此，发现人、报案人是现场访问的首要对象。

对发现人、报案人主要围绕以下内容进行询问：①发现人、报案人的自然情况。包括姓名、职业、工作单位、家庭住址和联系方式等。②发现案（事）件的具体时间、地点和详细经过。③发现案（事）件时现场的情况。现场的具体位置，原始状况，有无变动，变动的经过和原因。④现场是否有作案人遗留的物品和痕迹，有无第三人遗留的物品和痕迹。⑤发现案（事）件时现场有无他人在场，有无其他人进出过现场。⑥现场是否采取保护措施，采取何种保护措施。⑦发现案（事）件后是否第一时间报案，通过何种途径报案。⑧对案（事）件发生的个人看法及依据。

2. 访问被害人、事主的内容。被害人是指合法权益遭受犯罪行为直接侵害的人。事主是指在某些案（事）件中，自己的合法权益并未受到侵害但与侵害对象有直接关系的人。被害人、事主通常对案（事）件的发生情况、遭受侵害情况、作案人情况等比较清楚。因此,被害人、事主是现场访问的重点对象。

对被害人、事主主要围绕以下内容进行询问:①被害人、事主的基本情况。包括被害人、事主的姓名、年龄、性别、家庭成员、社会关系、经济状况、生活习惯、个人爱好等。②案(事)件发生的时间、地点和详细经过。③作案人的个人情况。包括作案人的人数、性别、年龄、体貌特征、衣着特征、语言特征,以及作案工具、作案人乘用的交通工具、逃跑方向等。④被害人、事主遭受侵害的情况。⑤财物损失情况。⑥案(事)发前现场的有关情况。⑦被害人、事主提供的怀疑对象及依据。⑧被害人、事主提供的与案(事)件有关的其他线索。

3. 访问目击者和其他知情人的内容。目击者是指在现场亲眼看见或听见案(事)件情况的人。知情人是指除作案人、被害人以外的其他了解案(事)件情况的人。目击者对案(事)件发生的情况有直接的感知,其他知情人直接或间接了解案(事)件和现场情况。因此,目击者和其他知情人也是现场访问的对象。

对目击者和其他知情人主要围绕以下内容进行询问:①听到、看到或知道的有关案(事)件和现场情况。②有无发现或捡到可疑物品。③案(事)发前后有无可疑人员。④有关事主、被害人及其家庭的情况。⑤案(事)发地区的社会治安、人员流动情况。⑥对案(事)件的看法。⑦当地群众对案(事)件的议论和看法。

五、现场访问的要求

(一)合法

合法是现场访问工作在法律上的基本要求。合法是现场勘查的基本原则,在现场访问中严格依法进行具有更为重要的意义,这是因为访问对象大多是被害人、事主、目击者、其他知情人等,这些人本身就是法律保护的对象。因此,侦查人员在开展访问工作时,必须严格依法进行。

1. 访问主体合法。侦查人员是现场访问的主体,且不得少于2人。在特殊情形下,例如,参加现场访问的侦查人员力量不足,或者侦查人员不熟悉现场情况,可以吸纳派出所民警、保卫干部参加现场访问,但现场访问必须以侦查人员为主进行。

2. 访问方式合法。侦查人员在现场访问中,不得采用非法方式询问。不得采取暴力、威胁、引诱、欺骗等非法方法获取证人证言。如果证人证言、被害人陈述是通过暴力或威胁等非法方式取得,将作为非法证据被排除,不能作为证据使用。

3. 访问程序合法。侦查人员访问之前侦查人员应当出示工作证件，应告知访问对象享有的诉讼权利和应当如实地提供证言和有意作伪证以及隐匿罪证要承担的法律责任。访问对象有权使用本民族语言陈述，有权亲自书写证词，访问结束后有权阅读并核实询问笔录。正式询问应当个别进行，制作询问笔录，可以同时录音和录像。

（二）及时

及时是现场访问工作在时间上的要求。现场访问是采取其他勘查措施的基础，只有通过迅速及时的现场访问，才能使侦查人员第一时间掌握有关案（事）件的情况，为进一步采取其他措施奠定基础。对现场访问对象应当及时询问，尤其是对伤情或病情严重的被害人、流动性强的知情人等重要的访问对象，侦查人员应第一时间进行询问，趁其对案（事）件情况记忆清晰之际，及时收集有价值的线索和证据，同时可以防止访问对象受到外界干扰，或访问对象出走、死亡而失去询问条件。不仅如此，在现场勘查过程中采取追缉堵截、搜索等措施，很大程度上也是建立在现场访问结果之上。因此，侦查人员必须及时寻找访问对象，并及时进行现场访问，否则可能贻误战机，使整个勘查工作陷入被动局面。

（三）全面

全面是现场访问工作在广度上的要求。全面性要求侦查人员从不同渠道去了解案（事）件情况，尽可能寻找所有了解案（事）件情况的知情人。现场访问时，应该由访问对象全面陈述所了解的情况，侦查人员不得随意打断其陈述。在询问过程中，侦查人员可以通过引导和提示帮助访问对象回忆相关信息。对于不同的访问对象，采取不同的策略和方法，激发访问对象交流的欲望。在对某一特定对象进行询问时，侦查人员对其可能知道的与案（事）件有关的情况都应询问，同时对访问对象反映的情况进行全面地倾听和记载。侦查人员既要收集证明犯罪嫌疑人有罪的陈述，又要收集证明其无罪或罪轻的陈述。

（四）细致

细致是现场访问工作在作风上的要求。细节决定成败，侦查人员在询问中要眼观六路、耳听八方，要有敏锐的观察力，从访问对象的细微言行举止中寻找案（事）件线索，对询问中获得的案（事）件线索要一查到底，切忌只对案（事）件表面情况进行询问，而忽略案（事）件的隐情。侦查人员不仅应了解与案（事）件直接相关的表面情况，与案（事）件间接相关的信息和线索亦应细致询问。访问对象中有时也混入别有用心的人，甚至真正的作案人就在其中，因此，侦查人员应细致观察、细致辨别、细致分析。

（五）客观

客观是对侦查人员态度上的要求。进行现场访问时，侦查人员应尊重客观事实，按照客观事物的本来面貌去认识问题，克服主观主义，切忌先入为主，将自己的主观猜想强加给访问对象，也不能对询问的内容凭主观好恶任意进行取舍。询问时首先由访问对象就其了解的案（事）件情况自由陈述，然后再根据陈述向其提出问题，不得依据自己的主观经验和主观判断向访问对象提出诱导性问题，更不能进行暗示性提问。侦查人员对访问对象陈述的情况不能作出是否同意的表示，也不能向访问对象谈论自己对案（事）件的看法。客观性还要求侦查人员制作询问笔录时应记录访问对象的原话或按照访问对象的真实意图进行客观、如实记载。

第二节　现场访问的步骤和方法

现场访问是一项复杂而细致的工作，需要遵循相应的步骤，现场访问可以分为两大步骤，即访问准备和访问实施。充分的访问准备是访问实施顺利进行的前提和基础，访问实施是现场访问的核心环节，二者前后承接，有机组成现场访问的全过程。

一、现场访问的准备

（一）寻找访问对象

开展现场访问必须首先明确访问对象。一般情况下，报案人、被害人及其亲属容易确定，而其他访问对象需要侦查人员通过寻找才能发现。不同案（事）件的现场访问对象的明确程度不同，抢劫、强奸、故意伤害等被害人非常明确的案件，由于被害人与作案人有过正面接触，可以直接确定被害人为访问对象，但绝大多数案（事）件现场访问对象并不明确，需要侦查人员深入群众寻找相关知情人。在现场访问实践中，寻找知情人的方法主要包括以下几种：

1. 从现场围观的人群中寻找。案（事）件发生之后，现场周围一般都有大量的围观人员。围观人员对案（事）件可能有一定程度的了解，侦查人员到达现场之后，应通过观察和初步交流，从围观人员中选择了解案（事）件情况的人员，迅速进行现场访问。如果情况紧急或不宜立即进行现场访问的，可以将可能了解案（事）件情况的人员的姓名、联系方式、家庭住址、工作单位等记录下来，便于以后联系。

2. 从在现场附近居住、工作的人群中寻找。现场访问应以现场为中心，对周围的住户、单位、商户及相关人员逐一进行查访。访问人员可分片包干进行查访，访问过程中既要全面，以免遗漏对象，又要迅速，以免贻误战机。同时访问应坚持先重点后一般的原则，先重点访问目击者，再访问其他人员。

3. 从途经现场的来往人群中寻找。途经现场的来往人群指有规律地在一定时间内通过固定地点的人员，包括上下班人员、上下学学生、公交司机等。对这些人员可采取以下两种方法寻找：第一种是当即追踪寻找；第二种是选取与案（事）件发生时间相同的周期时间为坐标点，据此在现场等待并访问途经人员。对于案（事）件发生时只是偶然经过的人，可以利用电视、报纸、网络、信息平台等，向社会查访和寻找知情人，通知其及时和侦查人员取得联系。根据案（事）件情况，也可以悬赏提供线索和证据的知情人，提高其作证的积极性。

4. 从现场的通信工具中寻找。如果现场遗留有作案人或被害人的通信工具，则可以通过此通信工具寻找知情人。通信工具里存储的通讯录、案（事）件发生之前的通话记录、短信记录、微信聊天记录、QQ 聊天记录等均可以显示出机主重要的联系人，侦查人员可以利用以上信息发现知情人。

5. 从现场的电脑中寻找。随着信息化时代的到来，电脑成为人们相互联系的终端和信息存储的介质。通过对电脑存储和记录信息的勘验可以发现知情人。例如，侦查人员对电脑中存储的微信聊天记录、QQ 聊天记录、微博信息、电子邮件信息、网购情况等电子信息的勘验分析，可以发现知情人。

6. 从上游询问中寻找。知情人的发现往往具有连续性，前期询问被称为后续询问的上游询问。前期的询问可能为后期的询问挖掘出更多的知情人。通过连续询问，知情人会不断拓展。实践中相当多的知情人是通过此种途径发现的。例如，通过对现场一个目击者的询问，可能会发现更多的目击者。

随着互联网的普及和大数据时代的到来，电信网络犯罪不断增长。犯罪专业化、智能化、流窜化特征日益明显，上述犯罪多发生在网络虚拟空间，此类犯罪的现场为虚拟现场。在传统的现场访问中，划定走访范围的依据通常有两种情况：其一，根据现场所处的地域特征，以现场为中心，结合周边道路情况向四周辐射。其二，以被害人或者作案人为中心，沿其运动轨迹、关系人为路线循线追踪。两者的共同之处在于，访问线路依托的是实体的地点及实际存在的人。随着犯罪现场从实体空间向虚拟空间的转移，作案人的活动轨迹从线下演变为线上，侦查人员期待通过现场访问获取的信息承载地也发生了相应变化，与犯罪有关的线索、证据以信息化、数据化的形式存在于虚拟空间中，掌握涉案人员情况的知情人员既有可能出现在实体现场，也有可能因为接触过虚拟现场而与案（事）件发生关联。例如，通过社交软件聊天的人员、在虚拟空间的资金往来人员、通过网络购买物品的关系人等，均有可能成为访问对象，尤其是案（事）件发生时间段内及案（事）件发生前后，更应该及时开展对在虚拟空间与作案人有接触交流人员的寻访，避免因未能及时开展现场访问而贻误战机，最终造成信息与数据遭到篡改或毁坏。

（二）了解访问对象

确定访问对象之后，应先了解访问对象的情况，包括基本的身份信息、身体及健康状况，如是否属于危重病人等。同时需要了解访问对象的道德品质、个性特点、平时表现，有无违法犯罪前科，更为重要的是，侦查人员需要了解访问对象与案（事）件本身，与被害人、事主、犯罪嫌疑人的关系，了解访问对象对案（事）件可能的知晓程度以及对待访问的可能态度。通过事先对访问对象的了解，侦查人员可以对访问对象可能提供的情况和询问中可能遇到的问题做到心中有数，可以使现场访问有针对性地进行，提高现场访问的效率。

（三）安排访问顺序

现场访问的对象包括被害人、事主、知情人等，有时现场访问对象较多，因此，侦查人员必须合理安排现场访问顺序。现场访问的顺序一般根据案（事）件的性质、需要查明的案（事）件事实的轻重缓急和访问对象对案（事）件的知情情况来确定。下列人员应优先进行询问：生命垂危的；流动性强的；容易受他人影响拒证、伪证的；知道重要案（事）件情况的；知道的情况有利于采取紧急措施的；知道的情况有利于扩大线索的；知道或占有物证、书证的。合理安排访问顺序，做到先急后缓，才能尽快了解重要案（事）件情况，为实地勘查和现场分析提供重要依据。

（四）邀请协助访问的人员

在现场访问中，根据相关法律规定以及为了保证询问效果，对下列人员的询问需要邀请协助人员：

1. 对于语言不通的人的询问，应当邀请翻译人员参加。

2. 对于未成年人的询问，应当邀请其法定代理人、其他成年亲属、基层组织或未成年人保护组织代表参加。

3. 对于聋哑人的询问，应当邀请通晓聋哑手势的人参加。

4. 对于生命垂危人员的询问，应当由医务人员予以协助。

5. 对于女性进行询问，应由女侦查人员进行或有女侦查人员参加。

（五）选择访问地点

现场访问的地点直接关系到现场访问能否顺利进行。侦查人员应根据案（事）件的性质、危害后果、现场的位置、访问对象的人数及其心理状况等因素综合考虑，选择适当的访问地点。特别是对于事主、被害人及其亲属的询问，访问地点的选择更应慎重，访问地点的选择应达到使访问对象脱离现场环境的影响，克服其思想上的恐惧、担忧等障碍。选择访问地点应做到以下三点：

1. 便于向勘查指挥员报告。对于需要通过现场访问了解作案人的体貌特征、逃跑方向和路线，迅速采取紧急措施的案（事）件，访问地点更应选择在便于向勘查指挥员报告的地点。

2. 有利于保守秘密。访问地点应确定在没有无关人员在场的安静场所，安静的访问地点能够打消被访问人员的思想顾虑，减轻访问对象的心理压力和精神负担，并有利于保守秘密。

3. 有利于实地勘查工作的开展。现场访问的地点不能选择在正在实施勘查的场所，以免破坏痕迹、物证，影响实地勘查工作的开展。对于发生在单位内部、城镇街道或居民区的案（事）件，可以在附近的派出所、单位的保卫部门、安静的居民住宅等地进行询问。

（六）准备必要的法律手续和物品

现场访问时，侦查人员应出示有关证件，应当制作笔录。询问之前，侦查人员应准备制作笔录的必备物品，包括笔录纸、笔记本、笔、印泥等物品。如果需要录音和录像的，还应事先准备好录音笔、摄像机和备用电池等。如果需要访问对象对物证以及犯罪嫌疑人加以辨认的，应事先准备好被辨认的物品和犯罪嫌疑人的照片等。

（七）制定现场访问计划

对于重要的访问对象，尤其是重大案（事）件的被害人、事主以及重要知情人，侦查人员应事先快速制定现场访问计划。包括明确访问的目的，访问人员及分工，访问的策略和方法，访问中可能出现的问题及对策等。

二、现场访问的实施

（一）接触访问对象

接触访问对象是指侦查人员与访问对象在空间位置上的接近以及与访问对象进行必要的心理沟通。

1. 与访问对象接近的方式。与访问对象的接近有公开接近和秘密接近两种方式。根据访问对象的不同情况，可以分别采取以上两种接近方式。公开接近是指侦查人员公开表明身份，直接向访问对象说明来意并着手询问的方式。公开接近适用于无后顾之忧，愿意积极配合询问并提供证言的访问对象。公开接近分为直接接近和间接接近两种。直接接近是侦查人员直接接近访问对象，无需通过他人引见。间接接近是通过他人引见接近访问对象，可以通过被访问人的朋友、同事、领导等进行引见。秘密接近是指侦查人员隐蔽身份并选择隐蔽的场所，在相关人员不知情的情况下秘密接近访问对象，此种方式适合于对访问有较大顾虑或胆小怕事，担心遭受打击报复的访问对象，亦适用于强奸案件中担心提供案（事）件情况后影响自己声誉和家庭关系的被害人。

2. 与访问对象进行必要的心理沟通。现场访问是侦查人员与访问对象之间的一种特殊的交流。在进行正式访问之前，侦查人员与访问对象进行必要的心理沟通，可以稳定其情绪，消除其思想顾虑，并拉近与访问对象的心理距离，保障现场访问顺利进行。对于不同的访问对象，侦查人员应采取不同的沟通手段。对直接遭受犯罪行为侵害的被害人，其必然会产生愤怒、恐惧、伤心等心理，侦查人员进行正式访问之前，应该通过心理疏导，稳定被害人的情绪。与案（事）件无利害关系的其他知情人，在接受侦查人员询问时也可能存在思想顾虑，担心受到犯罪嫌疑人的报复，给自己和家庭带来不必要的麻烦。侦查人员应当向其说明询问的保密性，解除访问对象的后顾之忧。

侦查人员应为现场访问创造良好的交谈环境和氛围，并稳定访问对象的情绪。开始询问之前，侦查人员根据事先了解的访问对象的背景材料，主动提出访问对象感兴趣的话题，以拉近彼此间的心理距离。对于陌生的访问对象，侦查人员要善于察言观色，通过观察访问对象的言谈举止以推断其心理特点，最大限度做好询问之前的铺垫，保障正式询问顺利、高效进行。除紧急情况外，现场访问不宜操之过急，从接触访问对象到开始正式的询问之间应该有短暂的过渡，使侦查人员和访问对象之间通过思想感情沟通，做好心理转化，建立一种良好的对话关系。

（二）提出访问问题

根据不同的案（事）件情况、不同的访问对象以及不同的访问目的，可以通过多种方式提出访问问题。

1. 开门见山式提问与含蓄委婉式提问。开门见山式提问是侦查人员直接就案（事）件情况向访问对象进行提问，此种提问适用于思想觉悟高、正义感强、愿意配合侦查机关提供证言的访问对象。含蓄委婉式提问是指通过问题的导入，间接向访问对象提出问题。从看似无关的问题引入，逐步接近核心问题。此种提问适用于对侦查人员的询问比较抗拒，不愿直接回答问题的访问对象。

2. 命题式提问与迂回式提问。命题式提问是侦查人员通过设计问题向访问对象发问。命题式提问是一种直接问话方式，适用于愿意配合，并积极陈述的访问对象。迂回式提问是先从侧面提问，从看似与案（事）件无关的问题入手，逐步向案（事）件情况靠拢的提问方式。此方式适合于不愿意配合、拒绝向侦查人员提供证言或经教育后依然不愿提供证言的知情人。

3. 探询式提问与质证式提问。探询式提问是指侦查人员针对访问对象的陈述进行追根溯源的一种提问方式，即针对访问对象的陈述，侦查人员为了进一步确认某些重要的事实，通过不断的追问有针对性地向访问对象提出问题。通过此种提问方式，能够揭露访问对象陈述内容的矛盾之处，揭露谎言，弄清真相，此种提问方式对于考察访问对象陈述的准确性、真实性和发现新问题有重要的作用。质证式提问是侦查人员巩固和确认询问内容的一种询问方式。此方式在访问对象全面陈述之后进行，针对访问对象的陈述从内容是否合乎情理，前后内容是否存在矛盾以及是否存疑点等方面进行质证，进而从正反两方面推敲陈述的真实性和可靠性。

（三）推进现场访问

侦查人员向访问对象提出问题后，如果访问对象回答的问题有矛盾或漏洞，或者访问对象拒绝回答问题或没有如实回答问题，侦查人员应通过引导和追询来促使访问对象作出真实陈述。

1. 引导。引导和追询是两种具体的询问方法。引导询问是指侦查人员在询问中始终处于主导地位，紧紧把握询问主题和提问的顺序，控制整个询问活动，而非由访问对象牵着鼻子走，引导询问一般按照如下过程进行：其一，广泛询问。其二，让访问对象根据其了解的案（事）件情况按照一定的顺序或遵循要点全面如实陈述。其三，侦查人员倾听陈述并注意发现陈述不清之处或陈述中的疑点，总结陈述中的重点。其四，针对访问对象已经陈述的内容，对于陈述内容不清、前后有矛盾之处和有遗漏的问题进一步提问，这一提问又称为追问。其五，提出下一问题，直至询问结束。

引导时应注意：其一，提问要有逻辑性、确定性和针对性。其二，不能暗示或诱导，不能约束访问对象独立、自由回答问题。其三，有多个问题时，应该按照时间顺序和逻辑关系依次提出，由访问对象逐一回答。其四，当访问对象回忆遇到障碍时，侦查人员可以采用接近回忆、相似回忆、对比回忆、关系回忆等方法引导其回忆，但不能提出具体情节让对方判断和选择。

2. 追询。追询是指侦查人员针对已经陈述的内容，有针对性地进一步提问。追询可以最大限度地弄清楚访问对象初次陈述存在遗漏或未表达清楚的问题和信息。追询的方式有以下两种：其一，实质性追询。实质性追询是对具有证据价值的陈述的可靠性进行质询，适用于访问对象作虚假陈述或者陈述内容前后存在矛盾的情形。其二，功能性追询。功能性追询是当访问对象陈述内容不够完整或不够全面时，侦查人员进行的补充式和澄清式提问。

3. 补充询问。在结束询问时，侦查人员应最后确定访问对象是否已经完全陈述，是否还有需要补充的内容，所陈述的内容是否属实。通过补充询问，可以防止访问对象由于受侦查人员提问方式、自身记忆以及表达能力的限制而遗漏知情信息。

（四）结束现场访问

当访问对象已经完整陈述了其所了解的案（事）件情况并完整细致回答了侦查人员的提问之后，应及时结束现场访问。

1. 制作现场访问笔录。根据法律规定，进行现场访问时，侦查人员应制作询问笔录，询问笔录应详细、如实记载现场访问的内容。现场访问结束时，询问笔录应交给访问对象核对之后签名并捺指印。访问对象在确认签字前，对询问笔录的内容提出补充和修改的，侦查人员应当允许。

2. 善始善终结束访问。现场访问结束时，对于积极配合侦查人员的访问对象，侦查人员应予以鼓励和感谢，为再次询问奠定基础，同时向访问对象交代有关事项并与其交换联系方式。对于拒证和伪证的，给予批评，并指出在适当的时机还要找其询问。

三、几种特殊对象的访问要领

（一）访问未成年人

未成年人有时会成为现场访问的对象，由于未成年人具有不同于成年人的特点，因此，侦查人员在询问未成年人时，应注意以下要领：

1. 应尽量选择未成年人熟悉的地点进行，可选择在其家里或学校询问。未成年人对访问地点比较敏感，熟悉的地点可以缓解其心理紧张程度，有利于询问的顺利进行。

2. 应使用未成年人能够理解的语言。未成年人对语言的理解能力较差，因此侦查人员不宜使用专业化的法言法语，而应使用未成年人能够理解的通俗语言，以免造成交流障碍。如果采取提问式的询问，侦查人员提出的问题应该通俗易懂，保证能够被未成年人理解并作出回答。

3. 应和蔼可亲，主动与未成年人拉近距离。询问未成年人要有耐心，对于主要的情节，可以通过多种方法适当引导，帮助其回忆和准确表达了解的案（事）件情况。

4. 应保证未成年人自由陈述，不随意打断。未成年人具有从众心理，容易"顺杆爬"，因此不随意打断其陈述，也不得通过语言或动作暗示或诱导未成年人。

5. 应注意观察未成年人的表情和手势。未成年人的语言表达能力较差，因此在未成年人陈述时，应仔细观察其表情和手势，根据未成年人肢体语言，结合口头语言传递的信息，综合分析其所要表达的内容。

6. 询问时间不宜过长，中间应适当安排休息。未成年人注意力容易转移，长时间持续询问效果不佳，如果询问的内容比较多，中间应适当安排休息。

（二）访问年轻女性

年轻女性是现场访问中经常遇到的对象，由于女性独特的生理和心理特征，因此，侦查人员在询问年轻女性时，应注意以下要领：

1. 提供良好的询问环境，营造平和的交谈氛围。由于女性对外界的环境和气氛等更为敏感，更容易受到外界环境的影响。因此，在与女性进行交谈时，一定要充分考虑环境、气氛等因素对其陈述的影响，要给她们提供安全宁静以及可信赖的环境氛围。侦查人员要注意与年轻女性访问对象之间的感情沟通，可以通过女侦查人员与女性访问对象之间沟通感情，相互之间建立信任关系，营造平和的交谈氛围。

2. 注意提问时的问题设置。通常情况下，年轻女性对外界的观察更加细致、感觉更为灵敏，记忆力更强，心思更加缜密。因此，在对其提问时，不宜提一些概括性的或笼统的问题，而应将问题细化为具体的细节问题，同时根据年轻女性观察细致的特点，询问尽量详细，以最大限度了解案（事）件情况。

3. 注意保守秘密。女性访问对象往往会有很多顾虑，较多考虑接受询问给自己和家庭可能带来的风险。另外，强奸、猥亵等案件中的女性被害人，接受询问时可能会担心自己的名誉受到损害，因此，对女性进行询问时，应特别注意保守秘密。

（三）访问盲聋哑人

盲聋哑人由于生理上有缺陷，与正常人的心理差异较大，因此对其进行询问时，应先做好思想工作，并增强感情投入，取得其充分的信任。同时，询问盲聋哑人时，侦查人员应与翻译人员等辅助人员密切配合。

第三节　现场访问笔录和录音

现场访问笔录和录音是现场访问的重要组成部分，二者是将访问对象的陈述内容用文字、语音形式记录下来的两种不同手段。现场访问笔录和录音有利于对访问对象所陈述的内容进行分析研究，检查现场访问工作的质量，还可以获取重要的诉讼证据。

一、现场访问笔录

现场访问笔录是对现场访问中询问过程和结果的文字记载。实践中有正式笔录和非正式笔录之分。正式笔录，即询问笔录，是侦查人员对访问对象正式询问所作的笔录，可形成被害人陈述和证人证言两种法定证据形式。非正式笔录，即工作笔记，是侦查人员对访问对象非正式询问所作的记录，只能作为线索使用，不形成法定的证据形式。

（一）询问笔录的内容结构

询问笔录的结构一般由首部、正文和尾部三部分组成。

1. 首部。首部记录的是询问的基本信息，通常记录在统一印制的格式纸的首页。主要包括：询问开始时间和结束时间，时间应精确到分；询问地点；询问人员姓名和工作单位；被询问人的姓名、性别、年龄、民族、家庭住址、工作单位、身份证号码、联系方式等个人信息；聘请参加的翻译人员等询问辅助人的基本情况，姓名、单位和职务；对被询问人权利以及法律责任的告知内容。

2. 正文。正文是询问笔录的主体部分，以问答的形式记录询问的主要内容。根据询问人员的提问和被询问人的回答情况，应该将询问内容全面、准确、客观地记录下来。询问笔录主要记录被询问人围绕"七何"（何事、何时、何人、何地、何物、何情、何因）要素的详细陈述，以及被询问人获知情况的来源，是亲身经历还是自己猜测或道听途说的，如果是亲身经历，感知时的条件，以及是否有了解情况的其他人员。此外，还应记录被询问人与本案（事）被害人等的关系。案（事）件的关键情节、重要事实以及涉案（事）物品的具体数量、重量、型号、数额等必须一字不漏记载原话。如果被询问人在陈述同时提供物证、书证等证据材料，在笔录中也要反映出来，并说明其来源和证明的问题。

3. 尾部。询问结束时，询问人员应将询问笔录交给被询问人核对，对无阅读能力的被询问人，应向其宣读笔录内容。如果笔录有差错或遗漏的，应允许其纠正或补充，笔录经核对无误后由被询问人在每页下方签名并按捺指印，并在笔录最后一行写明："以上笔录我看过（或向我宣读过），和我说的一样（一致）。"然后在右下方签名并按捺指印。如果被询问人拒绝签名（盖章）、捺指印，应在笔录中注明。最后，由询问人员和询问辅助人员在笔录上签名或盖章。凡笔录中补充改正之处，均需要按捺指印，以保证笔录记载的内容真实准确。

（二）询问笔录的制作要求

1. 规范。询问笔录必须按照公安机关颁布的统一格式制作和填写。询问时间、地点、询问人、被询问人、翻译人员等的基本情况按照规范填写。询问笔录应电脑打印，也可使用钢笔或黑色签字笔书写，不能用铅笔或圆珠笔以及纯蓝墨水的钢笔书写，书写时字迹应清晰、工整。询问笔录按照顺序进行编号，由被询问人逐页签名、盖章或捺指印，对于修改、补充的内容也应签名、盖章或捺指印。询问笔录一人一份，即每一被询问人的询问笔录均应单独制作。

2. 客观。询问人员在制作询问笔录时，应客观记载被询问人陈述的内容，包括其陈述时的语气、态度、表情和动作均应客观记录。记录时尽量记录原话，询问人员不能根据自己的理解进行概括总结，更不能曲解被询问人的本意，随心所欲地进行取舍。

3. 全面。询问人员对被询问人陈述的与案（事）件有关的所有内容均应记载，不得遗漏或者省略，对于能够证明犯罪嫌疑人有罪和罪重的陈述以及证明犯罪嫌疑人无罪和罪轻的陈述，均应记载。

二、现场访问录音

现场访问录音是对现场访问中询问过程和结果的语音记载。现场访问录音可以单独进行，也可以在制作笔录的同时进行。现场访问录音可以更加完善、全面地记录现场访问的全过程，有利于对访问对象所陈述的内容进行分析研究，检查现场访问工作的质量。同时，现场访问录音还可以成为重要的诉讼证据。

（一）现场访问录音的方法

现场访问录音可以采取公开和秘密两种方式录制。录音时，首先准备性能好、体积小并便于携带的录音笔或录音机。在录音开始时，侦查人员应宣读现场访问开始的时间、地点并做自我介绍。录音应从头开始并不间断进行，现场访问的所有过程均应同步录音。公开录音必须获得访问对象的同意，按照法定程序制作并形成的公开录音，可以与询问笔录一起，作为证据使用。

秘密录音是侦查人员在访问对象不知情的状况下进行的同步录音。秘密录音只能作为线索使用，经过公开措施的转化才能成为诉讼证据。访问被害人、证人，一般不宜秘密录音。

（二）现场访问录音的要求

1. 准确。录音必须是访问对象的原始陈述，录音应保持询问时双方交谈的顺序、语气和原话，不得随意删减，真实、准确反映现场访问的内容。

2. 清晰。清晰的录音能够还原访问对象的音质特点，便于辨别侦查人员和访问对象的声音，有利于进行声纹鉴定。录音应在安静的场所进行，并使用性能较好的录音设备。

3. 全面。录音应从头开始，直至结束应连续不间断进行，不得中断，能够完整反映访问全过程。录音时侦查人员与记录员之间要密切配合，事先约定好开始录音的暗号。一般情况下，当侦查人员向访问对象作自我介绍时，就应示意记录员开始录音。录音的内容除了侦查人员的自我介绍外，还包括访问对象的姓名、年龄、职业、工作单位、家庭住址以及与被害人和事主等之间的关系，然后由侦查人员向访问对象进行权利义务告知，访问对象作出是否明白或是否愿意如实陈述的回答后，再按照侦查人员提出的问题陈述。

第四节 现场访问结果的审查评断

现场访问所获得的材料，既是现场分析的依据，又是证明犯罪或否定犯罪的证据材料，这就要求现场访问的结果必须要真实可靠。因此，对现场访问的结果，必须进行认真细致地分析研究，进行严格地审查评断，从而确定其可利用的价值和证据意义。

一、审查评断现场访问结果的内容

（一）分析访问对象与案（事）件的关系

访问对象与案（事）件之间的关系，往往影响其陈述的可信度。当访问对象与案（事）件有利害关系时，例如，被害人与案（事）件有直接的利害关系，其提供的情况通常有夸大的一面；而与案（事）件无利害关系的人提供的情况通常比较客观。

在不同的心理状态下，访问对象的出发点和目的存在差异，对同一事物的感受和陈述也会存在偏差。当访问对象在恐惧、愤怒的心理状态下进行陈述，极有可能夸大事实情节；相反，当访问对象被收买、威胁或者存在同情犯罪嫌疑人的心理时，就有可能隐瞒重要的事实情节，甚至掩盖事实真相。

（二）分析访问对象的一贯表现

访问对象的思想品质和一贯表现对其陈述的真实程度存在一定的影响。如果访问对象一贯诚实，思想觉悟高，道德品质好，其提供的情况真实可靠的可能性就较大；反之，其提供情况的真实可靠性较小。

但需要注意的是，访问对象的思想品质和一贯表现良好并非意味着其陈述一定真实。此外，被害人对作案人一般都存在强烈的报复心理，其陈述往往有夸大的一面，有的强奸案件等涉及个人隐私，被害人可能为了保全自己的名誉隐瞒犯罪事实或故意不承认某些被害的情节。

（三）分析访问对象提供材料的来源

访问对象提供的材料来源分为两种，即亲身感知或听他人间接讲述。如果是亲身感知案（事）件情况的，需要审查其感知时的客观环境和自身条件，需要查清感知的具体时间、地点、环境以及感知者的听力和视力、感知的距离、光线等，以判断在当时具体的条件下，访问对象能否正确感知案（事）件情况。如果访问对象陈述的案（事）件情况来源于他人的转述，则需追根溯源，找到原始的知情人并进行审查。

（四）分析访问对象的感知、记忆和表达能力

访问对象的感知能力、记忆能力和表达能力对访问结果的可信度和真实性有直接的影响。不同的访问对象在相同的客观环境和条件下，由于其感知能力不同，访问结果可能不同，即使感知能力相同，但由于记忆和表达能力的差异，访问结果也可能不同。

感知能力是通过感觉器官反映客观事物的能力，影响感知能力的因素包括：感觉器官、环境因素和个人心理因素。人类的感觉器官主要由眼、耳、鼻、舌、身体组成，分别对应视觉、听觉、嗅觉、味觉和触觉。感觉器官正常，对外界事物就会有正确的感觉，反之可能会产生错觉。环境因素直接影响主体对外界事物的感知度。环境因素包括主体感知事物的时间、地点、天气、光线和气候等条件。如果环境因素理想，主体对客观事物的感知就比较清楚和具体，反之则较为模糊和抽象。

个人心理因素主要是指个人的注意力、情绪和意志等。对客观事物的感知程度，与主体的注意力集中程度、情绪是否高涨以及意志的强弱均有关系。当主体的心理活动处于积极状态时，会增强对事物的感知能力；如果处于消极状

态，则会减弱对事物的感知能力。需要注意的是，被害人在案（事）件发生时往往处在紧张或惊恐的情绪当中，其对事物感知能力可能有一定的缺陷。

记忆是人脑对曾经的客观事物存储的感知印象，能够在需要时提取再现，并于再现时能够再认识的活动。影响记忆的因素包括生理因素和精神因素。生理因素包括身体因素、年龄因素、性别因素；而精神因素包括压力因素和情绪因素。

表达能力又叫做表现能力或显示能力，它是指一个人把自己的思想、情感、想法和意图等，用语言、文字、图形、表情和动作等清晰明确地表达出来，并善于让他人理解、体会和掌握的能力。影响表达能力的因素有陈述者思维是否敏捷、思路是否清晰以及陈述者的心绪是否稳定。

（五）分析访问对象提供情况的过程和访问对象的言行表现

侦查人员在审查现场访问结果时，应审查现场访问的方式和方法是否合法妥当，是否受到侦查人员的暴力、威胁、引诱、欺骗或者暗示；是否受到案（事）件当事人或其他人员的胁迫、贿买或指使；询问是否个别进行。

分析判断访问对象在询问过程中的言语、神态有无反常之处。侦查人员根据访问对象的语速、语调、语气以及肢体语言等来分析访问对象有无拘谨、紧张、恐惧等心理状态，从而判断询问结果的真实性和可靠性。

（六）分析访问对象陈述的事实情节

访问对象的陈述在内容上是否前后一致，合情合理，有无矛盾之处。陈述的事实情节是否合乎常理，是否符合事物发展的规律和人们的一般经验常识。通常情况下，如果访问对象有意作伪证，捏造案（事）件事实，夸大或缩小案（事）件的某些情节，其陈述的内容必然会存在矛盾或漏洞，违背事物发展的规律。所以，如果访问对象的陈述前后矛盾，或者违背常理，则其虚假的可能性较大。

现场访问中还存在访问对象的陈述与其他访问材料出现矛盾的现象。当两个以上的访问对象对同一事物的感知存在矛盾时，应当对访问对象感知事物的主客观条件进行全面、细致的分析，找出产生矛盾的原因，同时可以与实地勘查获取的信息进行比对，比较谁的感知更客观。

（七）分析获得的访问材料与其他证据之间的关系

侦查人员应审查现场访问获得的材料与其他证据的证明方向是否一致，如果存在矛盾，审查矛盾能否得到合理解释。在其他证据已经查证属实的情况下，如果访问材料与其他证据证明方向一致，能够相互佐证或者印证，则其真实的可能性极大，如果证言和其他证据相矛盾，且矛盾不能得到合理解释或说明的，则其虚假的可能性较大。

二、审查评断现场访问结果的方法

审查评判现场访问结果的方法包括逻辑分析法、对比分析法、调查印证法和实验鉴定法。

（一）逻辑分析法

侦查人员运用逻辑推理，分析调查材料中的内容有无违背同一律、矛盾律、排中律的情况。真实的询问材料在内容上应该是逻辑连贯，不会出现前后冲突和矛盾的情况。

（二）对比分析法

对比分析法，是指侦查人员通过对现场访问所获得的材料和其他途径获得的材料相互之间的对比分析，来审查和评判现场访问结果的方法。通过不同材料之间的对比，很容易发现疑点并揭露询问内容的不实之处。

（三）调查印证法

调查印证法是指侦查人员根据对现场访问所获得内容的进一步调查，通过其他证据和询问内容的比对来审查现场访问结果。此种方法要求侦查人员应首先查明访问对象的知情途径和依据，并以此为线索，采取多种措施进行调查，以获取能够对比验证询问材料是否真实的其他材料。

（四）实验鉴定法

如果询问材料所反映的情况，具备通过实验、技术鉴定等方法予以印证的条件，即可采取此种方法。现场访问的对象如果是关键证人，其证词的内容涉及其听到或看到案（事）件的某个关键情节，或涉及一定时间内能否完成某种行为，为检验证词的真实性和准确性，侦查人员应在相同或相近的条件下进行模拟实验。通过实验，可以检验在一定条件下某人能否听到或看到某一事实或现象，亦可以确定在一定时间内能否完成某种行为。鉴定审查法是指具有专门知识的人接受侦查机关的指派或者聘请，就现场访问内容中涉及的专门性问题进行鉴别和判断的方法。由具有法定鉴定资格的人员通过科学的方法进行鉴别，同样可以验证访问对象陈述的真伪。实验鉴定法要求必须采取正确的方法和技术，并严格依法进行。

―――――――― 思 考 题 ――――――――

1. 现场访问的概念是什么？

2. 现场访问的任务是什么？
3. 现场访问的内容有哪些？
4. 现场访问的要求是什么？
5. 现场访问的准备工作有哪些？
6. 现场访问的实施步骤有哪些？
7. 现场访问笔录的制作要求有哪些？
8. 对现场访问结果如何进行审查判断？

―――――― | 参考文献 | ――――――

1. 郭金霞、李小恺：《立体现场勘查学》，中国政法大学出版社2021年版。
2. 倪春乐主编：《现场勘查》，知识产权出版社2020年版。
3. 张颖主编：《犯罪现场勘查》，法律出版社2020年版。
4. 卫红泽：《刑事现场勘查学》，中国人民公安大学出版社2019年版。
5. 徐天合、徐倩：《现场勘查实务》，上海大学出版社2015年版。
6. 沙贵君、陈志军主编：《犯罪现场勘查学》，中国人民公安大学出版社2015年版。
7. 许细燕、杨辉解主编：《侦查措施》，中国人民公安大学出版社2015年版。
8. 蒋健主编：《犯罪现场勘查》，中国人民公安大学出版社2014年版。
9. 朱巧红、盛永彬主编：《犯罪现场勘查》，暨南大学出版社2013年版。
10. 杨正鸣、倪铁主编：《犯罪现场勘查案解》，复旦大学出版社2011年版。
11. 许爱东：《现场勘查学》，北京大学出版社2011年版。
12. 马丽霞主编：《现场勘查》，中国检察出版社2010年版。
13. 张志伟、吴良培：《数字化犯罪治理背景下的现场勘查工作变革》，载《中国刑警学院学报》2021年第3期。
14. 莫永成：《新时期现场访问的存续与发展》，载《中国刑警学院学报》2020年第5期。
15. 李红霞：《浅析现场访问对现场搜索的作用》，载《湖北警官学院学报》2012年第11期。

第七章

实地勘查

[内容提要]

实地勘查是勘查人员运用人体感官和科学技术手段,对可能与犯罪有关的场所、物品、痕迹、人身、尸体、信息等进行勘验、检查的一项刑事执法活动,是现场勘查工作的重点,其目的是确定事件性质,查明犯罪事实。实地勘查是收集证据尤其是实物证据的重要方法,实地勘查的结果会直接影响到侦查乃至诉讼活动的进展,这体现出实地勘查的重要作用。实地勘查面临着对象种类多、问题复杂、技术性强等问题,具体的实地勘查工作必须做到依法勘查、全面勘查和客观勘查。在步骤方面,实地勘查工作需要按照整体、局部、个体的顺序依次进行勘查;在方法方面,实地勘查人员需要针对场所、物品、痕迹、人身、尸体等分别开展具体的实地勘查工作。

[重点问题]

实地勘查的概念;实地勘查的任务;实地勘查的原则;实地勘查的步骤;实地勘查的方法。

第一节 实地勘查概述

公正司法是维护社会公平正义的最后一道防线。一个错案的负面影响足以摧毁九十九个公正裁判积累起来的良好形象,万分之一的失误,就是对当事人百分之百的伤害。实地勘查是现场勘查工作中最重要的环节之一,是现场勘查工作的核心,结合实地勘查的基本要素可以对实地勘查进行定义。实地勘查工作能够为现场访问、现场分析等工作提供依据，有助于进一步确定勘查对象与犯罪行为之间的关系，确定事件性质，查明犯罪事实，保证后续侦查工作乃至起诉、审判工作的顺利进行。

一、实地勘查的概念

实地勘查是指在现场勘查过程中，勘查人员为了确定事件性质，查明犯罪事实，查缉犯罪嫌疑人，运用人体感官和科学技术手段，依法对可能与犯罪有关的场所、物品、痕迹、人身、尸体、信息等进行勘验、检查的一项刑事执法活动。实地勘查的概念主要具有以下几个方面的含义：

（一）实地勘查的主体是勘查人员

实地勘查的主体是勘查人员，主要包括侦查人员、技术人员、见证人等。实地勘查中如涉及专门性问题，要指派或聘请有关专业人员参加，实地勘查重大或特殊现场时，应商请同级人民检察院派员参加。根据《中华人民共和国刑事诉讼法》第128条的规定，现场勘查必须在侦查人员的主持下进行。

（二）实地勘查的客体是可能与犯罪有关的场所、物品、痕迹、人身、尸体、信息等

实地勘查的客体是可能与犯罪有关的场所、物品、痕迹、人身、尸体、信息等。场所包括发生犯罪事件的地点和存在与犯罪有关的物品、痕迹、尸体、信息的相关场所，物品主要包括作案工具、现场遗留物、人体排泄物以及微量物证等，痕迹主要包括人体痕迹、物体痕迹等，人身主要包括被害人、犯罪嫌疑人的特征、伤害情况或者生理状态等，尸体主要包括被害人的尸体、尸块、人体组织等，信息主要包括数据、通话记录、影像资料等。

（三）实地勘查的目的是确定事件性质，查明犯罪事实，查缉犯罪嫌疑人

勘查人员对场所、物品、痕迹、人身、尸体等进行勘验、检查，首先是为了确定事件的性质，即是犯罪事件还是非犯罪事件。如果事件性质是犯罪事件，则还要进一步查明具体的犯罪事实，即查明犯罪时间、犯罪地点、犯罪工具、犯罪手段、犯罪过程、犯罪条件、犯罪人数及个人特征等。如果事件性质是非犯罪事件，则勘查工作结束。此外，通过实地勘查有时能够查明犯罪嫌疑人逃跑的方向以及可能藏匿的地点，缉捕犯罪嫌疑人。

（四）实地勘查的方法是运用人体感官和科学技术手段

实地勘查的方法专业性强、技术含量高。除人体感官外，常常需要运用物理、化学、绘图、照相、录像、制模、静电吸取、法医等各种科学技术手段，来显现、固定、提取痕迹、物证，进行尸体解剖以及人身检查。

（五）实地勘查的性质是刑事执法活动

由于目前我国实行的是立案后侦查制度，即立案后为刑事侦查，立案前为刑事调查。在多数情况下，如"以事立案"，通过实地勘查，查明事件性质是犯罪事件，进而立案侦查，实地勘查是在立案前进行的，其性质是刑事调查。在少数情况下，如"以人立案"，实地勘查是在立案后进行的，其性质是刑事侦查。总之，不管是立案前的刑事调查，还是立案后的刑事侦查，实地勘查的性质都是一项刑事执法活动。

二、实地勘查的意义

（一）有利于开展现场访问工作

现场访问工作是及时获取线索与证据、缩小调查范围、明确调查方向的重要环节，而如何开展有效的现场访问也需要实地勘查工作为其提供依据和方向。侦查人员在通过实地勘查获取相关材料之后，可以更为高效地开展现场访问工作。实地勘查所获取的材料能够进一步缩小现场访问对象的范围，明确适合访问的问题，提升访问的效率，并且由侦查人员根据访问的情况及时处理突发情况。

（二）有利于正确进行现场分析

现场分析是确定事件性质、查明犯罪事实、确定侦查方向和范围的重要环节。实地勘查是获取线索和证据的重要途径，如何进行准确的现场分析，需要实地勘查工作为其提供依据。不论是对事件性质的分析，还是对案件性质、作案时间、作案地点、作案工具、作案人数、作案人个人特点等案情的分析，都不是由侦查人员凭空想象完成的，需要依靠实地勘查获得的材料作为分析依据。

（三）有利于揭露、证实犯罪

实地勘查所针对的是可能与犯罪有关的现场以及现场所存留的物品、痕迹、人身、尸体、信息等，而现场所存留的证据数量与种类较多，侦查人员通过实地勘查的具体工作能够获得相关线索与证据，从而发现与证明相关的犯罪事实。实地勘查中所运用的固定、记录、提取、保存、检验等具体措施都能够获取相应的证据，通过实地勘查所获取的证据能够起到揭露犯罪、证实犯罪的功效，帮助侦查人员查明案件真实情况，确定侦查的方向和范围。

（四）有利于追堵犯罪嫌疑人

实地勘查是第一时间发现犯罪事实、明确犯罪嫌疑人身份和地理位置的重要工作，实地勘查的结果有利于侦查人员判断犯罪嫌疑人逃跑的时间和方向，从而及时开展追缉堵截工作。例如，在抢劫、故意伤害案件中，当犯罪嫌疑人并未逃离过远、同时被害人或者知情人及时报警的情况下，经过实地勘查后认为有必要进行围追堵截时，侦查人员可以及时追堵犯罪嫌疑人。在此过程中，实地勘查工作形成相应的依据能够帮助侦查人员来确定应否采取追缉堵截措施。

（五）有利于进行技术鉴定

实地勘查是获取痕迹、物证，尤其是微量物证的重要环节，而获取的部分物证有利于为技术鉴定提供检验材料，从而进一步发现相关线索或者形成证据。实地勘查能够为技术鉴定提供基础保障，例如，在犯罪现场所发现的血迹、指纹、微量物证等可以通过血迹检验、指纹采集与指纹库比对、微量物质鉴定等方法进一步确定与犯罪相关的人或者物。因此，通过实地勘查获取现场的检材能够为技术鉴定工作提供基础保障。

三、实地勘查的任务

（一）发现、收集与犯罪有关的痕迹、物证

相对于实地勘查所形成的总体性记录，实地勘查过程中所获取的痕迹、物证同样能够作为重要证据证明犯罪相关事实。痕迹、物证是实地勘查的对象，具有客观性、反映性，作为证据具有较强的证明力。作案人在实施犯罪的前后过程中会留下相应的痕迹、物证，而实地勘查的任务则是在犯罪现场发现能够证明相关事实的痕迹、物证。由于痕迹、物证都需要通过物质载体存留于犯罪现场或者相关场所之中，客观存在形式也会表现出相应的特征，诸多特征能够为实地勘查人员提供发现、固定、提取、保存现场痕迹、物证的条件，从而利用所获取的痕迹、物证证明相关事实。

《公安机关刑事案件现场勘验检查规则》第3条明确了勘验、检查工作的任务，其中首要任务为"发现、固定、提取与犯罪有关的痕迹、物证及其他信息"，可以看出勘验、检查工作与发现、收集有关痕迹、物证具有明确的关联。

（二）分析确定勘查对象与犯罪行为的关系

勘查对象包括了与犯罪相关的场所、物品、痕迹、人身、尸体等，勘查工作是通过对诸多对象勘验、检查之后获得相应材料，从而推断出犯罪的相关情况。而犯罪通常是作案人通过多个行为组成并形成一定的结果，勘查对象所反映的是犯罪行为的特征，因此勘查工作与对犯罪行为的分析与判断具有紧密的联系。针对相关场所，作案人进入和逃离犯罪现场的行为，现场摄像设备、目击证人等都能够证明作案人进入或者离开犯罪现场的情况；针对痕迹、物品，作案人在犯罪现场留下的手印、脚印、毛发等相关痕迹、物证，能够表明作案人曾经在犯罪现场有过逗留、实施犯罪、逃离现场或者其他行为；针对人身、尸体所表现出来的特征，如人体、尸体上凶器所形成的伤痕，能够体现作案人使用工具实施犯罪行为的过程和结果。总体而言，通过实地勘查从场所、物品、痕迹、人身、尸体等对象获取的材料能够反映出作案人的行为特征和结果，从而帮助勘查人员进一步分析犯罪行为与作案人的特点。

（三）记录现场及勘查情况

《公安机关刑事案件现场勘验检查规则》第42条规定："现场勘验、检查结束后，应当及时将现场信息录入'全国公安机关现场勘查信息系统'并制作《现场勘验检查工作记录》。"实地勘查的现场记录工作是实地勘查工作的重要体现，也是勘验、检查工作结果的文字性形式，同样是记录实地勘查结果的重要方式。实地勘查的任务是通过具体的勘验、检查措施将现场以及与犯罪相关的信息进行记录，从而为后续的侦查工作打好基础。通过实地勘查所形成的记录能够体现出现场勘查工作的质量，勘查工作是否按照规范的步骤、顺序、要求进行，对现场痕迹、物品的固定和提取是否合法且符合科学规律，在勘查过程中是否出现违法的问题等。规范的实地勘查工作是提供案（事）件现场资料信息的坚实基础，实地勘查的基本任务就是通过勘验、检查获得与犯罪相关的信息，并通过记录形成证据。

通过实地勘查形成符合证据规格的勘验、检查报告也是实地勘查的目标，是记录现场勘查情况的证据形式。《中华人民共和国刑事诉讼法》第50条规定的证据形式中包括了"勘验、检查、辨认、侦查实验等笔录"。因此，勘验、检查完成时记录现场情况所形成的笔录可以作为证据进行使用。实地勘查的重要任务是记录现场的勘查情况，而记录所形成的勘验、检查笔录是重要的证据形式，是证明犯罪相关事实的依据。只有通过记录所形成的勘验、检查笔录才能够在刑事诉讼活动尤其是审判活动中形成定罪量刑的标准和依据。

四、实地勘查的原则

（一）先地面、后空间

由于实地勘查主要是以场所为核心开展的勘验、检查工作，因此对相关场所勘查的原则中需要严格明确场所勘查的原则。通常情况下，勘查工作需要确定勘查范围和勘查顺序，并按照相应的原则开展具体的勘查。实地勘查需要保证先地面、后空间的勘查原则，在保证及时固定与获取地面相关痕迹、物证的基础上逐步向空间范围进行勘查。

1. 室内场所的实地勘查原则。针对室内场所，需要明确勘查场所的方位与环境，并观察现场周围的环境状况。其一，在勘查室内场所时，要明确现场建筑物的结构、用途和概貌。对此应当先明确建筑物的房屋为何种建筑结构，属于平房、楼房、独门小院或者深宅大院等；房屋作用主要为办公场所、居住场所、仓库、保管室、营业场所或者公共娱乐场所等；如果出现火灾，还需要确定建筑物内部或者外部是否受损、是部分受损还是整体受损。在明确了室内场所结构的基础上，进一步从地面开始向空间范围进行逐步勘查。其二，勘查现场需要在整个房屋中明确具体勘查的位置。对此应当明确建筑物中层楼以及房间的数量、现场所在的楼层位置和房间位置，进一步确定房间的结构与用途；房间外部是否有走廊、天窗、大门，房间内部是否有窗户、侧门。在熟悉勘查具体场所的情况之后，才能够根据地面特征开展勘查，并逐步向墙面、窗面以及其他空间进行勘验、检查。其三，在观察现场内部情况后开展勘查工作。场所内部状况的重点在于判断室内各个物品的位置和状态，作案人在现场破坏或者移动物品的情况，以及尸体的位置、姿势，尸体与血迹或者其他痕迹、物证的关系等。室内物品通常处于室内场所的地面位置，不仅在接触地面时会留下痕迹和微量物证，还会在被移动的状况下产生移动的痕迹，这都需要勘查人员在勘查过程中把握"先地面、后空间"的勘查原则，避免造成地面痕迹、物证的破坏与损失。

2. 室外场所的实地勘查原则。对室外场所的勘查首先需要明确该场所所处的位置，如机关、单位内部、居民住宅区、公共场所、荒郊野外、农田、河流等地。观察室外场所与现场的尸体、痕迹、物品的分布状况与关系，进一步注意周围的地形、地貌、道路分布情况、河流分布状况、交通工具运行情况等，判断周围环境能否为作案人提供藏身、藏匿赃物和作案工具的条件。室外场所相比于室内场所具有更宽阔的地表面积和更复杂的地面情况，需要进行更加详细的分析、观察才能够开展进一步的勘查。同时，室外场所还容易遭受自然或者人为的破坏与变化，因此对室外场所的实地勘查更需要遵循"先地面、后空间"的原则，尽可能地保证从室外地表环境获取充足、准确的证据。

（二）先体外、后体内

对与犯罪相关的人身、尸体进行勘验、检查需要遵循"先体外、后体内"的原则。

1. 对人身勘验、检查。其一，确定被害人、犯罪嫌疑人的人体特征、生理状态以及受伤情况。在检查的过程中需要识别人身，观察其受伤程度、受伤结果、伤害性质等情况。对于具有明显外伤的人身，需要先进行体表受伤特征的检查，如故意杀人、故意伤害等暴力犯罪案件中人体特征的检查。其二，对体内的器官及其存留的物质等进行检验。例如，在投毒案件中需要在检验人体体外伤痕与特征之后再对体内的毒物进行提取与检验，在强奸案件中需要在检验被害人体表受伤情况之后再对其体内的精液或者其他微量物质进行提取与检验。

2. 对尸体勘验、检查。在进行尸体勘验、检查时，也需要遵循"先体外、后体内"的原则。《中华医学会尸检受理规则》第三章第4条明确了尸体勘验、检查的顺序为："体表、体腔（腹腔、胸腔）、心包腔、各内脏器官（胸腔器官、颈部器官、腹部器官、盆腔器官）及神经系统……"这体现了尸体勘验、检查需要按照"先体表、后体内"的顺序进行。

（三）先静态、后动态

在实地勘查时，应当注重动静结合，把握"先静态、后动态"的原则。静态勘查是指在基本原则下对局部静态勘查过程中所发现的痕迹、物品等个体进行观察、记录和固定的工作。静态勘查的目的是保持原始状态，避免遭到自然或者个人的破坏，从而为进一步分析案情提供依据。静态勘查的首要环节是观察每个物体上是否存在痕迹以及其所处的位置，该痕迹是否与周围的其他痕迹、物品有相互关联的关系，从而判定其是否与犯罪行为有着直接或者间接的联系。在此基础上，及时对痕迹、物证进行固定、分析与判断，从而保证能够获取切实、可靠的证据。在勘查过程中若发现了具有重要意义的痕迹、物品，如手印、脚印、作案工具及其形成的痕迹、作案人的物品、尸体、尸块等，在进行观察、检查、测量的基础上，根据规格和法律规范进行固定与提取，必要时可进行制图、照相、摄像，对其位置、状态、特征等进行全面记录。由于静态勘查是针对具有相对稳定性的痕迹、物证进行观察、分析、固定、记录、提取的工作，为了避免遭受到自然或者人为的破坏，需要及时、优先获取能够通过静态勘查获取的痕迹、物证。

在进行静态勘查之后，可以开展动态勘查。动态勘查是指在静态勘查的基础之上，对物体进行翻转移动式的勘验、检查。相比于静态勘查对现场位置与状态的观察、分析、记录和固定，动态勘查更侧重于对每一个具体的痕迹、物证进行发现、研究和提取。动态勘查的目的在于，通过勘查手段与方法对静态勘查所发现的具体痕迹、物证进行形成原因、变化形态、特征等方面的分析，对痕迹物品与犯罪的关联性进行判断，进一步寻找难以发现的痕迹和微量物质，最终详细记录、固定、提取并形成能够进行检验的检材或者直接形成符合规格的证据。可以看出，动态勘查是在静态勘查基础上的详细勘查，因此在勘查工作中必须保证"先静态、后动态"的原则。

（四）先固定、后提取

对犯罪现场的物品、痕迹尸体等进行勘查，必须遵循"先固定、后提取"的原则。通常情况下，在犯罪现场发现痕迹、物证、尸体之后，应当先使用照相、文字记录、绘图、录像等方法对犯罪现场及勘查对象进行固定，随后再根据现场的具体情况选择对痕迹、物证提取的方法，充分保证犯罪现场原始状态下的客观记录以及证据的合法性。实地勘查的现场并非能够直接通过肉眼将所有的痕迹、物证进行捕捉与提取，有时需要通过技术手段对现场的痕迹进行显现，对微量物证进行搜索、固定与提取。例如，对现场所发现的指纹可以先通过照相的方法进行记录，再通过胶带粘取法进行提取，在分析照片的基础上所提取的指纹能够避免肉眼所观察不到的凹凸、残缺等问题，尽可能地提取完整的指纹。部分刑事案件中报案人、被害人、事主在技术人员发现与固定痕迹、物证的过程中，可能出现无意间触碰乃至破坏痕迹、物证的情形，因此在发现痕迹、物证之后必须要保证"先固定、后提取"的原则与顺序。

第二节 实地勘查的步骤

实地勘查的步骤是实地勘查工作顺利进展的保障，是现场勘查人员有效开展勘验、检查工作的程式。实地勘查工作需要先后注重整体、局部和个体，做到由大及小、由浅及深、由表及里，通过多个步骤逐步缩小实地勘查的范围，进一步明确实地勘查的重点，从而进一步及时获取证据、查明案（事）件事实真相。

一、整体勘查

整体勘查是勘查人员在不进入现场内部的情况下对周边环境和内部状况进行整体观察、全面掌握情况的一项工作，是实地勘查中的首要环节。整体勘查是局部勘查和个体勘查的基础，在整体勘查之前先不改变现场的原始状况，避免现场的痕迹、物证受到变动和破坏。

（一）整体勘查的目的

1. 划定勘查范围。在整体勘查的过程中，首先需要通过整体巡视划定勘查的范围。划定勘查范围是实地勘查的前提和基础。通过对静态勘查所获得的信息进行分析判断，并结合现场的具体地理环境因素，全面统筹、把握重点、力求准确。整体巡视需要立足于宏观视野，从外到内、从整体到局部对现场中心和周围进行观察。要明确区分中心与外围两部分，主要以静态勘查为主，这种观察判断并不一定能够完全保证准确性，因此，要根据现场的具体情势，判断现场基本方位、环境以及大体情况，分析作案人进入现场的路线等，对现场的概貌形成较为详细的了解，在此基础上划定勘查范围。

2. 确定勘查顺序。对实地勘查顺序的确定，需要根据犯罪现场的具体情况、勘查工作的状况、勘查技术、勘查人员等综合因素进行考虑，从而灵活掌握和调整，保证勘查的质量与效率。实践工作中的勘查工作主要根据以下顺序进行：

（1）由中心向外围进行勘查。该种勘查顺序主要适用于现场范围不大，中心部位较为明确，痕迹、物证较为集中的场所，以室内现场为主。以杀人案件的室内现场为例，通常情况下以尸体为中心开始勘查，并逐步向周围扩散，进一步观察与发现作案人的来去路线、藏身地点、销毁罪证的场所等情况。部分室外场所也可以以案发地点为中心向外扩散，如作案人所实施的暴力犯罪案件，根据被害人指认的犯罪现场展开由中心向四周的勘验、检查工作。

（2）由外围向中心进行勘查。针对现场范围较大，没有明确中心，痕迹、物证较为分散的场所，则可以采取由外围向中心勘查的顺序。针对犯罪现场位于野外场所的情形，可以从现场周围区域开始勘查并逐步缩小范围，直至到达现场中心部位。针对部分室内场所，当中心部位遭受自然或者人为破坏时，则同样可以采取由外围向中心进行勘查的顺序。

（3）分片或者分段进行勘查。对于现场范围较大、地处狭长地带的现场，沿途留有较为明显的痕迹、物证的状况，可以划分为多段区域进行勘查；针对现场范围较大、具有明显区域划分的场所，如大型商场、办公楼等多层楼层、多栋楼房的情形，可以进行分段勘查。另外，根据痕迹、物证的显现位置，排序之后进行逐个勘查。其中，可以优先选择提取条件较好、显现特征较为明显、遗留犯罪痕迹和物证数量较多的区域进行勘查；可以根据痕迹、物证提取的难易程度，从易于提取的痕迹、物证所处区域展开勘查工作；还可以根据易遭受破坏的程度进行排序，对容易遭受破坏的痕迹、物证所处区域优先进行勘验、检查。

（4）现场地形较为特殊的室外场所，可以根据江河、湖泊、水库、沟渠、公路、铁路线等特殊状况，对岸边、道路、沟坝开展勘查。针对作案人使用机动交通工具的情形，可以沿路开展勘查，发现可疑痕迹、物证；针对江河、湖泊、水库、沟渠所发现的尸体的情况，可以对两岸或者上下游进行搜索与勘查。

3. 选择进出现场的路线。在整体勘查的过程中，还应当及时确定作案人的来去路线，并根据进入现场的路线进一步展开勘查。

（1）对于进出口较为明显的室内场所，可以根据作案人破坏门窗、挖洞等进出现场的痕迹进行判断，并沿着犯罪活动的路线进一步勘查。作案人在进出犯罪现场时容易留下部分具有价值的痕迹、物证，同时该区域的痕迹、物证也容易遭到破坏，因此应当进一步明确作案人进出现场的特征，并根据进出路线展开勘查工作。

（2）根据作案人的活动路线展开勘查。当现场留有较为清晰的痕迹、物证时，部分痕迹、物证也能够反映出作案人的行走路线，在此基础上对现场进行访问，查明作案人的来去路线，可以进一步在沿途开展勘查工作。对于有条件使用警犬追踪的路线，也可以使用警犬追踪，对沿途作案人可能停留、藏匿、隐蔽、丢弃罪证物品的地点，要进行详细搜索和检查。

（二）整体勘查的实施

1. 室内现场。室内现场的勘查工作首先需要通过观察了解环境状况，在室外对房屋作总体性分析。对房屋的分析要了解所在建筑物的位置与周边道路状况，建筑物外形结构与建筑物用途，现场在整体建筑物中的位置，现场所在房间的结构，相邻房间、走廊、楼梯、电梯、房屋门窗等分布情况，判断有无可疑的痕迹、物证，再根据位置状况，选择进入现场的路线和方式，尤其需要注意门与窗的位置、开闭状态、是否损坏等情况；进一步观察室内地面、墙壁、天花板等情况；观察与判断室内各个物品摆放与变动情况；观察尸体位置、伤势、姿态、血迹分布等情形以及其他相关痕迹、物证。另外，在勘查的过程中还要保证进出口有工作人员看守，外人不易随意进出；作案人是否有预伏、藏身、隐藏罪证等条件和迹象。

2. 室外现场。对于室外场所，若需要通过从中心向周围进行扩散与勘查，则需要及时找准中心部位。命案现场主要以尸体作为中心，对尸体的位置、姿态、伤势、血迹、凶器及其痕迹、物证等进行勘查，观察中心部位周边的状况。针对室外场所，需要明确周边地区是否有机关、企事业单位、居民住宅区、公共场所、工厂等，而野外现场则要明确是否有湖泊、河流、农田、沟渠、池塘等。针对不同的室外场所的情形，还需要进一步判断作案人是否有藏身、藏匿赃物与罪证的特殊地形，如山洞、树林、农作物、草丛等特殊自然条件。

二、局部勘查

局部勘查是勘查人员经过对现场的整体勘查之后，在未变动现场的状况下，对案发现场的每个部分进行全面观察、研究与分析。

（一）局部勘查的目的

1. 划出勘查人员进出场所的通道，并对通道上的痕迹、物证做出明确标记。

2. 观察现场各个部分有无明显痕迹、物证及其分布的状况、位置、形态和关系，及时做好固定和记录工作。在整体勘查的基础上，进一步详细观察各个部分明显可见的痕迹、物证，并进行记录和测量。如有相关当事人熟悉了解案发前的现场情况的，必要时可邀请其进入现场，并向其询问有关现场变动的状况，确定是否有增加或减少的物品，明确勘查重点。

3. 进一步分析可疑痕迹、物证的可靠性。通过对犯罪现场其他痕迹、物证的分析，判断犯罪过程的连贯性、犯罪行为动作习惯性等情况，把握痕迹、物证的形成与犯罪行为有何关联；对可疑痕迹、物证形成的时间来判断其可靠性，如对现场可疑血迹形成的时间和其他证据所表明的时间进行比对。

4. 对现场整体与局部、局部与局部的关联性进行分析。通常情况下，现场能够划分为不同部分，但局部与整体、局部彼此之间都存在较为明确的联系。通过对不同部分的勘查，可以判断作案人在现场活动时间的长短，现场痕迹特征是否具有相同之处，痕迹、物证之间存在差异是否表现出明显的原因。

5. 通过勘查局部现场判断作案人的活动路线和犯罪过程。现场的痕迹、物证都是犯罪行为的真实写照，分析判断痕迹、物证彼此之间是否有矛盾或者有违背客观规律的情况。另外，通过对部分痕迹、物证的比对，判断作案人在现场的大致活动情况，推断作案人的动态行为过程。

6. 明确勘查个体，详细寻找与发现潜在痕迹。相比于整体勘查所获取的易于收集的痕迹、物证，局部勘查则需要更加详细地寻找潜在的、不易发掘的痕迹。对此，通过正确方法的使用，做好发现、提取潜在痕迹的准备工作，如尸体的局部位置、不易发现的血迹、不易发现的工具痕迹、可疑的部位等情况。

7. 按照标准与要求对现场中心的具体情况进行照相或者录像，制作现场平面图并详细记录现场情况。

8. 辨明报案人、被害人、知情人的陈述是否与现场一致。

9. 进一步确定勘查工作的下一步目标与内容。

(二) 局部勘查的实施

1. 需要对需要勘查的现场进行局部划分。其一，可以根据现场遗留的痕迹、物证之间的联系进行划分。在盗窃案件中，可以根据工具痕迹、手印、足迹及其之间的关系进行划分，具有明显连贯性的痕迹、物证划分为同一个局部。在杀人案件中或者现场存在尸体的情况，可以根据尸体与其他血迹、手印、工具痕迹、搏斗痕迹等关系划定相应的局部。其二，按照现场痕迹、物证的空间位置进行划分。可以根据不同的房间和地段进行划分，也可以根据特定痕迹、物证所划分的区域进行区分，如集中滴落的血迹。总体而言，局部勘查的实施是基于整体勘查对现场的局部进行重点确认，形成较为明确的勘查顺序和勘查区域，从而提升勘查工作的效率。

2. 在局部勘查的过程中对痕迹、物证进行固定与记录。在现场对勘查对象的固定与记录方法主要包括笔录、绘图、照相和摄像，固定与记录的目的在于保持各个局部的初始状态，明确各个痕迹、物证的分布情况，观察其相互之间的关系。在固定与记录局部痕迹、物证时应当明确区分明显和不明显的、原有的和新出现的、与案（事）件有关和无关的，以及明确有哪些痕迹、物质、物品等。

3. 在观察与分析的基础上，进一步明确局部范围内的物品、痕迹所形成的原因，与犯罪行为有哪些关系，以及现场中局部与局部、局部与整体的关系。对局部进行分析与判断，确定其是否为作案人所选择的进出口；判断局部是否为作案人实施犯罪的主要部位；判断该部位能否为作案人实施犯罪提供有利条件；判断作案人能否按照某种路线和顺序进行活动；判断作案人是否会遗留下部分未发现的痕迹、物证、微量物质等。

三、个体勘查

个体勘查是勘查人员在现场对每一个可疑的物品、痕迹、人身、尸体等进行逐一详细观察、提取、检验和记录的勘查活动。根据勘查需要对每个个体本身进行观察，详细了解其所在位置、表面特征、遗留痕迹情况以及其他细微特征等。通常情况下，个体勘查需要先进行静态勘查，在未变动原始客体的情况下观察、记录其外部特征，再运用相关技术手段和方法对客体进行翻转与移动，并详细观察与记录其内部和其他变化与特征，进一步搜寻难以发现的痕迹、物证。

（一）个体勘查的目的

1. 个体勘查的目的在于详细搜寻、显现、提取潜在的痕迹、物证。现场上既有易于发现的痕迹、物证，也有不易在自然条件下发现的痕迹、物证，如无色汗液手印、潜血手印、手套印、血点、纤维、无色平面足迹、部分工具擦划痕迹等，都不易通过肉眼发现。对此，可以通过专业技术手段进行仔细观察，对部分痕迹运用物理、化学等方法进行显现，必要时可以进行变动、移动并详细察看。对痕迹的提取可以采用复印法、制模法、照相法等。在现场提取痕迹、物证的过程中，需要按照正常比例进行录像、照相，根据勘查的顺序进行详细记录，完善现场草图的绘制。勘查顺序要尽可能按照"先下后上""先外后内""先表后里"的顺序进行，循序渐进获取案（事）件现场的痕迹、物证。

2. 研究与分析痕迹、物证形成的原因和过程。对已经发现的痕迹、物品进行分析，研究其与犯罪活动的关系，如该痕迹是由何种行为形成的、由什么物质形成、造痕体的结构是什么等；该物品的用途是什么，为什么会以该种形态遗留于现场，与作案人有何关系等。对尸体痕迹的检验可以进行更加详细的勘查，通过尸表检验、尸体解剖检验等方法确定死者死亡原因、时间、致伤工具、伤痕状况等，从而正确分析案情，了解案（事）件详细情况。

3. 固定与记录痕迹、物证、尸体。在个体勘查的过程中，通过绘图、照相、录像、文字记录等方式形成现场图、现场照片、现场录像、现场勘验检查笔录来对犯罪痕迹、物证、尸体进行固定和记录。

4. 对痕迹、物证进行提取和保存。在发现痕迹、物证的基础上，实地勘查的另一个重要工作是对其进行专业的提取和保存。通常情况下，勘查人员对现场的痕迹采用照相法、复印法、制模法、提取原物法加以提取，对物品通常会在照相之后提取原物。在保存痕迹、物证的过程中，需要完全避免出现变动、污染、损坏、遗失等情况，对痕迹、物证进行分别保护、标注，及时送检或者送物证室进行统一保管。

5. 及时沟通，避免出现痕迹、物证的遗漏。在整个实地勘查的过程中，各技术团队以及人员应当对痕迹、物证进行梳理，分析判断有无遗漏或者需要重新提取的情形。另外，不同技术团队可以进行协同勘查，在发现、固定、检验痕迹、物证等环节寻找勘查工作存在的不足，从而整体提升勘查的质量。勘查结束时同样应当对勘查工作中有无遗漏、有无需要重新提取证据等情况进行分析判断，检查整个勘查工作的情况。

（二）个体勘查的实施

1. 在个体勘查工作中，应当确保勘查工作能够成功、完全地获取痕迹、物证。在个体勘查之前，勘查人员应当佩戴手套，避免自己的手印遗留于现场。在触碰勘查对象时，应尽量避免触碰常规触碰的部位，完全避免触碰勘查对象上的痕迹，防止勘查工作对痕迹的破坏。个体勘查的结果通常以获得某个具体的痕迹、物证为终结，因此在勘查的过程中不仅需要避免对勘查对象的破坏，还需要保证所获取的痕迹、物证能够被妥善地收集与保存。针对不易发现的痕迹和微量物质，应当配光进行观察，也可以采取各种技术手段进行显现，在固定和提取时以照相为主、制模为辅。

2. 动态勘查可以根据具体情况对物体的位置进行变动和调整。由于通过静态勘查能够基本获取易于发现和收集的痕迹、物证，因此针对具体个体的动态勘查在必要的情况下可以通过移动、改变勘查对象的位置和姿态进行详细勘查。针对部分室内现场，在对开启的门、床进行记录、拍照和提取明显痕迹之后，进一步观察门框、墙壁等是否存有蹬踏或者其他痕迹；对于被破坏的门、窗，应当进一步观察破坏的痕迹，判断造成破坏情况可能使用的工具等；最后，通过打开或者关闭门、窗进一步寻找门窗内侧、墙壁旁边、地面上等可能存留的痕迹或者微量物质。针对杀人案件现场，首先应当对尸体的位置、姿态、覆盖物、尸表特征、周边血迹等进行固定，在法医到来之前对尸表进行观察。在此基础上，可以进一步对尸体覆盖物进行检查，尤其是观察死者衣服内有无血迹残留、附着物、破损、褶皱等情况。最后通过法医检验对尸体的损伤情况、尸冷、尸僵、尸斑、尸体腐烂等情况进行分析，并查明体内损伤以及其他变化。

3. 勘查人员应当积极主动寻找勘查对象。在勘查人员区分重点部分之后，可以优先对重点部分进行勘查，在未获得有效痕迹、物证时，可以对其他部分进行全面勘查。勘查人员应当主动了解作案人的犯罪心理，通过作案人在现场的活动规律以及其他情况，进一步仔细寻找痕迹、物证。针对已经发现和获取的痕迹、物证，应当进行仔细的包装与保管，并且结合现场其他情况对痕迹、物证的真伪进行鉴别，判断是否与犯罪有关，必要时还可以通过辨认、技术鉴定、现场实验等方法进行甄别。

总体而言，个体勘查需要通过有序化、系统化的方法进行，从而提高痕迹、物证发现的几率，保证所获取的痕迹、物证的质量，对案情进行客观、合理的推断。

第三节　实地勘查的方法

实地勘查需要通过有效的方法提升勘查的效率，针对场所、物品、痕迹、人身、尸体等不同的对象，应当采取不同的方法进行勘查。其中，观察法、技术检验法等方法适用于多种对象，而显现法仅适用于痕迹、解剖法仅适用于尸体，这体现出了实地勘查方法与对象对应的重要性，因此勘查人员需要使用专业的方法开展具有针对性的实地勘查工作。

一、场所勘验的方法

（一）观察法

观察法是勘查人员通过利用个人感觉器官对与犯罪有关的场所、物品、痕迹、人身、尸体等进行感性认知的一种勘查方法。观察法是场所勘查的最基本方法，不仅适用于静态勘查，也适用于动态勘查。观察法是其他勘查方法的基础与前提，是静态勘查中最主要的方法，同时也能够为动态勘查提供对象。在观察的基础上，才能够选择更加明确的勘查方法，因此观察法与技术方法相结合能够强化技术手段的功效。具体的观察法主要表现为以下几个方面：

1. 运用感觉器官细心、耐心观察。观察是通过感觉、知觉等形式对勘查对象的表面特征和本质属性进行勘验，需要充分利用五官等感觉器官感知现场现象情况，识别勘查对象的形状、颜色、气味等，再运用大脑进行综合、研究、判断，形成对现场整体特征的认知。在具体勘查活动中，首先需要充分接触现场的客观环境，形成较为清楚的感觉。例如，在视觉器官的感知过程中，需要对现场各个勘查对象的位置、状态、形状、大小、距离、颜色等外部特征以及相互关系进行感知，从常规情况下发现与犯罪有关的各种痕迹、物证。在此过程中，勘查人员所获得的作案人留下的指纹、足迹等痕迹、物证，既能够成为侦查的线索，也可以作为诉讼证据使用。在现场有易于发现、显而易见的痕迹、物证，也有难以发掘的、潜在的痕迹、物证，都需要仔细观察予以发现。在听觉器官的感知过程中，勘查人员通过辨别某种声音是否与犯罪有关，来进一步了解案件的相关情况，如鉴别犯罪嫌疑人、证人等提供的言词证据的真伪。在嗅觉器官的感知过程中，可以通过嗅觉识别特殊气味。在触觉器官的感知过程中，可以通过触觉感受湿度、硬度、温度等特性。在充分感知的基础上，可以进一步利用大脑将某些方面的特性进行组合，形成较为完整的形象和知觉。最后利用大脑形成记忆，并在现场环境下通过思维形成表象，这样的过程有助于对现场更为深刻、全面的研究。

2. 运用比较方法进行观察。通常情况下，观察的局限性会使得对现场某一现象的分析仅展现出其与整体的关联性，仍需要进一步补充和深化。因此，为了确保单个痕迹、物证与整体形成统一联系，要做到以下几个方面：其一，对不同部分的痕迹、物证进行比对，发现相同点与不同点与整体之间的关系。如对盗窃案件的分析，需要通过对两个或者多个具有可能性的进出口进行比对，根据现场的其他痕迹、物证进行综合评判与分析，对可能发生的不同情形比较之后作出相应判断。其二，根据被害人、事主以及其他相关人员所提供的线索、证据与现场其他现象进行比对，发现其中的相同点与不同点，为勘查工作提供依据。例如，在杀人案件中，当被害人家属称死者为上吊自杀，则需要通过对现场环境进行分析，判断是否有打斗痕迹、尸体是否有伤痕等情况；对绳索所形成的索沟进行分析，判断与被害人家属所描述的情形是否一致。言词证据的不稳定性与不可靠性都可以通过现场其他痕迹、物证进行比对,发现其中可能存在的问题并进行论证。其三,现场所遗留的痕迹、物证所反映的作案的手段方法与其他同类案件可能存在相同点和不同点,对此可以进行详细的观察和比对。在比较之后发现具有相同特征的,可以为并案侦查提供依据;在比较之后发现不具有相同特征的,则应当及时进行分别侦查。

3. 根据案发时的条件进行观察。作案人实施犯罪需要具备有利于犯罪的时间、空间、人员、物品等条件,具有较为特殊的情境特征,因此勘查人员应当设身处地根据作案条件对现场进行观察。根据现场的状况,勘查人员应当将自己置身于作案人的角色,推断其会选择何时在此地实施何种犯罪,运用何种工具,实施了何种行为,最后又以何种方式逃离现场等。在此基础上,勘查人员能够更加客观、全面地判断作案人可能遗留的痕迹、物证,犯罪行为可能留下的轨迹特征,以及与案件有关的其他情况。总体而言,根据案发时的条件进行观察,能够更深入地推断作案人的详细情况。

(二)推断与验证

勘查工作在观察的基础上,需要进一步根据所获取的痕迹、物证等提出各种推断,并对此加以验证,保证所查明的内容与案(事)件具有明确的关系,从而深入开展勘查工作。实地勘查工作中的推断与验证和临场会议中所进行的推断与验证既有联系也有区别。在二者的联系方面,实地勘查过程中的推断与验证能够为临场会议上的推断和验证提供依据;而临场会议上的推断与验证的结果是前者的深化和延伸,也是认识发展的必然结果。在二者的区别方面,推断的目的和内容都有所差异。在推断目的上,实地勘查的推断与验证是为了更加有效地发现与寻找证明推断的痕迹、物证以及其他情况,同时也是为寻找其他痕迹、物证提供方向;而临场会议的推断是在已经获取的痕迹、物证中寻找其与犯罪的关联,并指导进一步的侦查工作。在推断内容上,临场会议的推断旨在揭露犯罪、揭发犯罪人的事实标准,包括符合实体法的犯罪构成、符合程序法的证据规格等内容;而实地勘查的内容更为复杂、多样,包括对案件性质、犯罪事实、犯罪原因、痕迹、物证等各个方面的内容。总体而言,实地勘查中的推断与验证,是为了帮助勘查工作取得更多符合客观事实的各种线索与证据,在明确相关事实的基础上进一步推断和验证。在验证推断时,应当注意其他相反的推断,通过比较研究,确定推断的唯一性和可靠性。由于推断是一种逆向认知,容易受到多种因素的限制,从而使得推断存在或然性,对此应当以较大可能性的结论为最终推断结论,但同时要避免绝对化,以免延误侦查。

（三）技术检验

技术检验是在勘查的过程中，运用观察、推断和验证以外的技术手段与方法进行勘验、检查，也是勘查工作具体运用的表现之一。在观察、推断和验证的基础上，技术检验具有更加客观的依据和更加明确的目标，通过集中对各种痕迹、物证的发现、固定、提取和初步检验等环节，针对物品、痕迹、人身、尸体等进行动态勘查，最终形成有助于分析案情的线索和证据。

（四）现场搜索

现场搜索是实地勘查中对现场周围进行搜查的一种勘查工作。该方式在本书中已有专章阐述，此处不再提及。

（五）现场实验

现场实验是指为了确定某种与案（事）件相关的现象在某种特定的条件之下能否发生以及结果如何，而在现场对该现象予以再现的一项勘查措施。该方式在本书中已有专章阐述，此处不再提及。

二、痕迹勘验的方法

（一）观察法

针对现场痕迹的观察法是勘查人员通过人体感官和常规光源条件，对各种形象痕迹进行观察的方法。观察法是发现痕迹的基本方法，同样还需要结合案（事）件基本情况，针对不同痕迹的特点进行有针对性的观察，具备观察能力也是对勘查人员的基本要求。

1. 针对手印的观察法。现场手印是指现场中作案人所留下的指印、掌印，是每一起案（事）件的重要线索和证据。针对现场上的手印，首先需要了解现场手印的类型，全面掌握作案人在现场的活动，判断其可能接触的部位，从而精心寻找与发现。

（1）现场的进出口是作案人的必经之路，勘查人员可以仔细观察进出口路线过程中的可能接触的物品以及障碍物上可能存留的手印。如室内现场中门、窗上可能被作案人接触的部位。

（2）从现场中心部位寻找手印，中心部位即实施犯罪行为的核心场所。犯罪需要在某个或者某些部位实施较为频繁的活动，相对于其他部位则更有可能留下更多的手印，因此应当针对作案人所接触过的物体、物品的表面，寻找可能存留的手印。另外，现场能够为作案人提供便利条件的物品也应当成为观察的重点，如电灯开关、电源插座、喝水的杯子、桌子、椅子等物品。

（3）从作案人遗留或者可能接触的物品上观察与寻找手印。如作案人在现场留下的作案工具、吃剩的食物、遗留的纸张，以及现场周围的楼梯扶手、垃圾桶等可能存留手印的物体、物品。

2. 针对脚印的观察法。现场脚印可能表现为赤脚印、鞋印、袜印，是现场经常能够看到的痕迹。脚印能够反映作案人的活动情况、作案人的动态特征。通常情况下，在勘查现场之后需要进一步明确脚印可能出现的重点部位。能够观察与发现脚印的重点部位有：现场的进出口；现场的中心部位；现场被作案人踩踏、攀爬过的物品、尸体等；藏匿尸体、赃物、罪证的场所；犯罪前后踩点、窥视、预伏、躲藏的场所；作案人出入现场的必经道路；犯罪现场遗留痕迹、物证的周边地面等部位。

3. 针对现场工具的观察法。工具痕迹是实地勘查中应当重点观察与寻找的痕迹，利用工具痕迹能够推断作案过程、作案人数以及作案人的职业特征等情况。工具痕迹具有较为明显的特征，部分痕迹具有明显和不明显的破坏特征，都能够反映出工具的特点。对工具痕迹的观察应当注意以下重点部位：室内场所的进出口，尤其注意被破坏的门、窗、门锁、墙壁等；现场的中心部位，观察作案人是否采用过打击、撬压、切割等破坏方法；对于埋藏赃物、罪证、尸体的场所，观察是否有挖掘工具的痕迹；对于盗窃机械设备的，可以聘请专家进行观察与鉴定。

4. 针对车辆痕迹的观察法。通常情况下，作案人将车辆作为运输工具和交通工具使用，或者车辆本身也可以成为犯罪行为侵害的客体物。车辆痕迹有助于明确作案人来去现场的路线和方向，判断作案人在现场的活动情况，为侦查提供线索和证据。对车辆痕迹的观察主要侧重于对车辆行驶过程中车轮痕迹的观察，以及车辆其他部位的痕迹与车身的脱落物等痕迹。

5. 针对枪弹痕迹的观察法。枪弹痕迹主要是指子弹在发射过程中，枪支有关部件在弹头、弹壳上遗留的反映形象，外弹道反映形象和射击残留物等。枪弹痕迹的观察与查找需要围绕枪支、弹头和弹壳展开。针对弹头，需要观察弹头射击的目的物、障碍物，以及可能穿过、反弹、碰落的物体；针对弹壳，观察现场弹壳的过程中，分析判断枪支射击的位置和方向；针对枪支，可以通过现场情况观察可能抛弃或者藏匿枪支的地点，如池塘、井底、地下管道等。

（二）显现处理

1. 物理显现法。物理显现法是指现场勘查人员运用物理方法对现场潜在的形象痕迹进行显现的一项专门技术方法。物理显现主要包括粉末显现、烟雾熏显和光源显现三种方法。粉末显现方法是指针对遗留痕迹的特征，运用材质不同的粉末和专业显现工具对可能存在痕迹的部位进行刷显的方法，如磁性粉末、铝粉显现潜在指印。烟雾熏显方法是指利用物质燃烧形成的烟雾或者物质蒸发形成的雾气附着于被显现客体的表面，从而显现出潜在痕迹的方法。光源显现方法是指运用不同种类的光源以及改变光源的照射方法对潜在痕迹进行显现的方法。例如，利用多波段光源对犯罪现场的潜在形象痕迹进行显现，或者利用激光激发潜在痕迹中固有的荧光物质发出荧光，或者激发经过某种方式附着于痕迹的荧光剂、磷光剂等发出荧光的方法显现痕迹。

2. 化学显现法。化学显现法是指通过各种试剂与潜在痕迹中的有机物、无机物发生化学反应，从而在普通光线或者特殊光线下显现潜在形象痕迹的方法。化学方法主要用于显现手印和脚印，在实践工作中通常会综合使用物理显现法和化学显现法，对现场潜在的手印和脚印进行显现，提升勘查的效果。

三、物品勘验的方法

（一）物质检验

对物质、物品的检验，需要确定物质或者物品的本质属性。例如，在犯罪现场发现的血迹，需要确定是人血还是动物血，属于什么血型。

（二）过筛法

过筛法是通过对现场较为琐碎的痕迹、物证进行过筛，从而发现不易发现的痕迹和物品。例如，在放火案件和爆炸案件中，由于犯罪现场遭到严重破坏，现场物品被抛掷过远或者埋藏于物品之下，要发现引火物、爆炸物、捆绑物不仅需要对现场燃烧物、灰烬、抛出物仔细地拨动和翻找，还需要一点点过筛，从而发现微小的痕迹物品。

四、尸体检验的方法

（一）一般观察

通常情况下，对于需要检验的尸体的大致概貌以及周围环境进行观察。针对现场的尸体，首先需要明确检验对象是否已经死亡，若仍有生命迹象则需要立刻救助，若确定死亡的则需要封锁现场，并对尸体进行整体性观察。另外，对尸体周围的环境进行观察，分析与判断可能对尸体产生影响的因素。

（二）衣着检验

对于尸体衣着的观察，主要针对的是死者的衣服、裤子、鞋、袜、帽以及其他身着的衣物。具体观察与检验的内容包括衣着的数量与外观情况，衣服纽扣、拉链的状态与掉落情况，裤袋的状况与结扣方法，衣服口袋内的物品名称和数量，衣服上是否有精斑或者其他微量物证等。

（三）尸表检验

对尸体外表的观察包括确定尸体所在的位置、姿势、方向以及血迹的分布情况，判断有无搏斗或者挣扎痕迹，现场是否出现移尸的痕迹等。

（四）尸体解剖

尸体解剖是运用法医学以及其他自然科学的理论和技术，对尸体进行详细的勘验与检查。尸体解剖主要是为了进一步确定死者的死亡原因、死亡方式、死者大致的死亡时间，对损伤进行致伤物推断，对无名尸体和碎尸进行识别。

1. 通过尸体解剖确定其为暴力性死亡还是非暴力性死亡，其中暴力性死亡是由外界哪种力量造成的人体死亡，如机械性损伤、机械性窒息、物理性损伤、中毒等。

2. 死亡方式主要为他杀、自杀或者意外死亡，通过解剖尸体能够对死亡的性质进行判断。另外，通过解剖尸体，能够判断死者死亡的时间。

3. 通过对杀人碎尸或者无名尸体的年龄、性别、体貌特征等进行鉴别之后，确定死者的身份。

五、人身检查的方法

人身检查，是指侦查人员为了确定被害人、犯罪嫌疑人的某些特征、伤害情况或者生理状态，而依法对其进行的一项人身检验、查证活动。

确定被害人、犯罪嫌疑人的"某些特征"主要是指被害人、犯罪嫌疑人的体表特征，如相貌，皮肤颜色，特殊疤痕、痣疣，机体有无缺损等；"伤害情况"主要是指伤害的位置、程度、伤势形态等，实践中检查人身伤害情况多是对被害人进行的；"生理状态"主要是指有无生理缺陷，如智力发育情况，各种生理机能等。通过人身检查，确定上述问题，有利于查明案件性质、作案手段、方法、工具及情节，这对认定犯罪事实、查明作案人具有重要意义。

犯罪嫌疑人如果拒绝检查，侦查人员认为必要的时候，可以强制检查。检查妇女的身体，应当由女工作人员或者医师进行。

人身检查时应当注意两点：其一，进行人身检查必须由侦查人员或者在侦查人员的主持下，聘请法医或医师严格依法进行，不得有侮辱人格或其他损害公民合法权益的行为。其二，对被害人进行人身检查，不得使用强制手段。如果被害人不愿检查，侦查人员应当耐心地说服教育，必要的时候，应当请其家属配合，做好被害人的思想工作。

为保证检查工作的正常进行，检查前，侦查人员应当熟悉已有的材料，明确检查部位和要求，严格履行法律手续。

检查的情况应当制作笔录，由参加检查的侦查人员、检查人员和见证人签名或者盖章。

| 思 考 题 |

1. 实地勘查的概念是什么？
2. 实地勘查的任务是什么？
3. 实地勘查的原则是什么？
4. 实地勘查的步骤有哪些？
5. 实地勘查的方法有哪些？

| 参考文献 |

1. 郭金霞、李小恺：《立体现场勘查学》，中国政法大学出版社2021年版。
2. 倪春乐主编：《现场勘查》，知识产权出版社2020年版。
3. 卫红泽：《刑事现场勘查学》，中国人民公安大学出版社2019年版。
4. 王跃主编：《犯罪现场勘查实训教程》，中国人民公安大学出版社2019年版。
5. 王鹏：《初任民警现场处置技能与战术》，知识产权出版社2019年版。
6. 裴煜：《犯罪现场勘查理论与实践》，华中科技大学出版社2019年版。
7. 徐天合、徐倩：《现场勘查实务》，上海大学出版社2015年版。
8. 蒋健主编：《犯罪现场勘查》，中国人民公安大学出版社2014年版。
9. 朱巧红、盛永彬主编：《犯罪现场勘查》，暨南大学出版社2013年版。
10. 杨正鸣、倪铁主编：《犯罪现场勘查案解》，复旦大学出版社2011年版。
11. 马丽霞主编：《现场勘查》，中国检察出版社2010年版。
12. 郑岩：《数字化时代犯罪现场勘查教学的挑战与完善》，载《辽宁警察学院学报》2022年第6期。
13. 陈如超、史玲莉：《现场勘查：问题、原因及改进措施——以S市N区公安机关为例》，载《中国刑警学院学报》2022年第2期。
14. 贾永生：《犯罪现场处置与保护理论问题研究》，载《政法学刊》2020年第5期。
15. 牛勇、刘道前：《现场勘查人员的证据意识：问题与对策》，载《中国刑事警察》2020年第1期。

第八章

现场搜索

🔍 [内容提要]

现场搜索是寻找与犯罪有关的痕迹、物证，发现其他犯罪现场，查清作案人行踪，乃至抓获作案人的有效途径。现场搜索的空间范围往往比较大，且常在搜索中遇到许多意想不到的困难，甚至会遭遇特别的危险，因此，在进行现场搜索的过程中必须严格遵循相关要求。而采用哪一种方法展开现场搜索，则应当根据搜索的目标和范围、现场的地形地物、天气状况，以及参加搜索的人员来确定。长期的侦查实践表明，在现场搜索的同时，若能正确运用盘查、追踪和缉捕这些查缉措施，对于发现、收集犯罪证据，缉捕犯罪嫌疑人，也具有十分重要的作用。

🔍 [重点问题]

现场搜索的任务；现场搜索的目标；现场搜索的范围；现场搜索的重点；现场搜索的方法；现场搜索中的盘查、追踪和缉捕。

第一节 现场搜索的概念、任务和要求

现场搜索的概念、任务和要求反映现场搜索的本质特征，揭示勘查人员在现场搜索中担负的责任和应遵循的条件，是研究现场搜索的起点。研究现场搜索的概念、任务和要求，有助于勘查人员正确理解现场搜索的活动性质，全面把握现场搜索的具体任务，遵守现场搜索的要求，确保现场搜索工作的顺利进行。

一、现场搜索的概念

现场搜索是指在现场勘查过程中，为了发现、寻找遗留于现场外围的与犯

罪有关的物品、痕迹、尸体、尸块以及隐匿的作案人而进行的一项紧急性勘查措施。

现场搜索如果在立案前进行，其性质是刑事调查，如果在立案后进行，其性质则是刑事侦查。现场搜索是一项紧急性的勘查措施，尤其是在有些实地勘查中，在现场中心部位没有发现有价值的线索和证据，而通过对现场外围进行搜索，却往往有所收获。

二、现场搜索的任务

《公安机关刑事案件现场勘验检查规则》第 67 条对现场搜索的任务作了明确规定，主要包括以下几个方面：①搜寻隐藏在现场周围或者尚未逃离的作案人；②寻找与犯罪有关的痕迹、物品等；③搜寻被害人尸体、人体生物检材、衣物等；④寻找隐藏、遗弃的赃款赃物等；⑤发现并排除可能危害安全的隐患；⑥确定作案人逃跑的方向和路线，追踪作案人；⑦发现现场周边相关视频信息。

三、现场搜索的要求

现场搜索针对的是现场外围，空间范围较大，且常在搜索中遇到许多意想不到的困难，甚至会遭遇特别的危险，如犯罪嫌疑人行凶拒捕、野兽袭击等紧急情况。因此，现场搜索不能盲目进行，必须遵守以下要求：

（一）因情制宜，切忌盲目

现场搜索虽然是对现场外围进行的搜索，但具体到每个案（事）件，不同的现场外围要具体情况具体分析。在实践中，必须要根据有关情况和材料对其必要性和可行性作出准确的分析。对于具备搜索条件的，应立即组织力量展开搜索。对于不具备搜索条件的，则不应勉强进行，以免浪费人力、物力和财力，贻误战机。一般来说，发生在城郊、农村、田野、山林、河滩等环境中的案（事）件，由于现场范围大，作案人进出现场时都有可能留下痕迹、物证，有时作案人来不及远逃，有可能在现场附近隐藏或掩埋赃物、尸体，因此要抓住战机，及时地进行现场搜索，以获取重要证据，甚至直接抓获作案人。此外，对于发生在市区繁华地段、公共复杂场所的案（事）件，若报警及时，赶赴现场迅速，并且经过分析认为作案人未逃远，也应立即进行搜索。

（二）密切配合，防止混乱

现场搜索往往会有许多人参加，这些人的专业技能、工作水平以及自身的各种能力都不相同。因此，在安排搜索时，应首先根据他们专业、技能水平的具体情况，对搜索人员进行合理搭配，以确保搜索的质量。具体搜索时，由于某些情况下地形过于复杂、光线不足、观察困难，配合协调的难度较大，对于运动中的暗影或个别的行动失误，难以辨别，容易发生误会，从而导致整个搜索行动的失败。因此，搜索人员还应着警服或带上容易识别的醒目标志，规定联络信号及应急措施，注意相互配合、相互呼应，遇到疑难问题要立即请示指挥人员。

（三）严密彻底，减少漏洞

现场搜索的范围一般较大，尤其是野外、山林现场障碍物多，地形地物复杂，如果在思想上未高度重视，搜索时马马虎虎，不仅难以发现有关痕迹、物证，还可能受到作案人的伤害，造成人员伤亡。所以，搜索人员必须有严格的组织纪律，一切行动听指挥，集中全力进行严密彻底的搜索寻找，不放过每一个微小的可疑痕迹、物品和迹象。在搜索作案人时，更应保持高度警惕，密切注意作案人可能隐藏的场所，以防其拒捕行凶。

（四）正确指挥，服从命令

要发扬钉钉子精神。一分部署，九分落实。正确指挥要求指挥人员在安排现场搜索时，要做到心中有数，对搜索范围、地段、顺序的划定必须是在基本了解现场情况的基础上做出的，不能随意地指定搜索范围，更不能由搜索人员自行决定。服从命令是指参加现场搜索的人员必须听从指挥人员的安排，认真负责地完成所分配的任务，切忌自行决定搜索范围，擅自扩大或缩小搜索范围。

（五）遵守法律，保障人权

在对作案人可能隐藏的住所进行搜查时，要查明情况，认真分析能否搜到作案人。如果决定搜查，必须经过指挥人员的批准。即使见证人肯定作案人进入了某一住所，也不能立即进行搜查，可派人对住所进行全面控制或监视。同时，要向指挥人员请示报告，得到批准后再进入搜查。因为搜查住宅涉及侵犯公民权利的问题，随意搜查会造成被动局面，指挥人员对此要严格把关。

第二节 现场搜索的目标、范围和重点

现场搜索的目标、范围和重点是现场搜索展开前需要确定的工作方向，是根据案（事）件的具体情况所确定的。研究现场搜索的目标、范围和重点有助于勘查人员把握搜索工作的方向，因案制宜确定现场搜索的实施计划，有利于合理使用人力、物力、财力，集中力量有针对性地开展现场搜索工作，防止贻误战机，提高侦查效率。

一、现场搜索的目标

现场搜索的目标,是指根据现场勘查的需要所确定的需要搜索的具体对象,这些具体对象主要有以下几种:①犯罪嫌疑人;②与犯罪嫌疑人有关的痕迹、物品;③与犯罪有关的处所;④被害人的尸体、尸块或其他人体组织。

搜索目标确定之后,为了使现场搜索工作顺利进行,要尽量从现场访问和实地勘查所发现的材料中,筛选与案(事)件有关的情况。例如,搜索目标如果是作案人可能丢弃或隐藏的物品,就应搞清楚该物品的种类、大小、数量、形状、颜色、重量以及其他相关特征;搜索目标如果是作案凶器,就要根据被害人的伤害情况和伤痕特点,分析、判断凶器可能的种类、名称、形状、大小以及所粘附的血迹和其他附着物等特征。又如,搜索的目标如果是作案人,就应了解作案人的人数、年龄、身高、体态、相貌、衣着等特征以及是否持有凶器等情况。了解这些目标特征有助于提高搜索人员的搜索质量,采取必要的防护措施,以免发生意外。

二、现场搜索的范围

范围是一个地域空间概念,现场搜索的范围一般应根据案(事)件的具体情况和现场所在的地理环境来确定,具体应综合考虑以下几个方面的因素:①搜索的目标;②案(事)件的具体情况;③现场的地理位置;④现场地形、地物的特征;⑤现场访问的材料;⑥作案人的一般心理。

根据现场发生的案(事)件性质及有关情况,分析作案人可能在附近逗留、留候,或是可能在来去现场的沿途抛弃或隐藏赃物、作案工具以及其他物品,或是根据某一尸块被发现的现场的地理环境,分析周围的某些区域也可能有其他尸块,在确定搜索范围时,就应该把这些地段区域确定进去。现场搜索范围的划定一般要求宜大不宜小,具体案(事)件具体分析。在实践中,如果搜索范围过小,可能会因此把一些重要的痕迹、物证划出搜索范围,从而使侦查工作失去一些宝贵的线索和证据。但如果搜索范围过大,则会花费更多的人力、物力和财力。

三、现场搜索的重点

在确定搜索范围的基础上应当确定现场搜索的重点。现场搜索的重点是指极可能留有与犯罪有关的痕迹、物证的地方和部位。在搜索中,对这些地方和部位应多派搜索力量,密切注意。搜索重点的确立,应根据案(事)件和现场的实际情况进行综合分析,除了以搜索目标为依据外,还应根据目标的特点、特征来确定。

（一）如果搜索的目标是作案人在现场外围逗留、等候或藏身的处所和踪迹

1. 在城市。应以现场中心周围的车站、码头、公园、商场、仓库、建筑工地、空地、空房以及停放的车辆等为搜索的重点。

2. 在农村。应以庙宇寺院、山洞、沟渠、牲畜棚、柴草垛、机井旁、废弃的房屋、草棚、密林、果园、草丛等为搜索的重点。

（二）如果搜索的目标是被害人的尸体、尸块以及相应的包裹物、捆扎物

1. 在城市。应以现场中心的河流、湖泊、公共厕所、垃圾站、垃圾桶、防空设施、下水道、地下通讯、通气管道等为搜索的重点。

2. 在农村。应以粪坑、水塘、水井、沟渠、水库、山涧、山洞、密林、草丛、植株较高的农田等为搜索重点。

（三）如果搜索的目标是作案人丢弃或隐藏的赃物、赃款、作案工具、凶器

1. 在城市。应以房顶、天棚、瓦缝、地下室、地道、地窖、厨房、厕所、楼梯、柜顶、柜后、床下、杂物堆放处、烟囱、炉灶等为搜索重点。

2. 在农村。应以较为隐蔽的楼角夹缝、花台、草圃、涵洞、管道、粪坑、垃圾堆、草丛、水池、水塘等为搜索重点。

在现场搜索过程中，搜索人员还可以视实际情况，根据需要与可能结合的原则，使用警犬帮助搜索，从而提高搜索工作的效率。

第三节 现场搜索的准备、实施和方法

现场搜索的准备和实施是现场搜索工作的具体内容，现场搜索的方法是为达到现场搜索目标所采用的方式和步骤。研究现场搜索的准备、实施和方法能够为勘查人员筹备和落实现场搜索工作提供具体的指导，有助于勘查人员认识各种搜索方法及其适用条件，依据现场地形、地貌采用合适的搜索方式，提高现场勘查的效率和质量。

一、现场搜索的准备

充分而有效的准备工作是顺利完成搜索任务的必要前提，准备工作的好坏会直接影响到搜索工作的质量。一般来说，搜索前应做好以下几项准备工作：

（一）确定参加搜索的人员

确定参加搜索的人员，应把握好以下几个方面：①搜索人员的数量要充足；

②要尽量选派具有搜索经验或经过专门训练的人员参加；③人员结构要优化，注意从年龄、性格、经验等方面进行合理搭配；④要注意避免选派与案（事）件有牵连的人员参加搜索工作，以保证搜索工作的顺利开展和采集证据的客观性、公正性。

（二）明确现场搜索的目的

现场搜索的目的，即通过现场搜索而要着力解决的问题。作为现场搜索人员要胸中有数，本次搜索是抓获作案人，还是寻找痕迹、物证，还是寻找尸体、尸块，还是寻找相关场所，都必须事先明确。只有明确现场搜索的目的，搜索起来才会有的放矢，具有针对性。当然，在现场搜索中，除了要重点注意事先明确的目的以外，还要留意一些事先没有想到的问题，注意"意外收获"。

（三）了解搜索目标的有关情况和特征

在开始搜索以前，搜索人员应尽可能了解搜索目标的有关情况和特征，以便发现和寻找这些目标。例如，对作案人的搜索，应了解人数、体貌特征、是否有伤、伤口是否流血、是否携带枪支、刀具等凶器。了解搜索目标的有关情况和特征，有利于正确选择搜索的方式、方法。

（四）准备必要的工具和器材

准备必要的工具和器材是完成搜索任务不可或缺的物质条件。搜索使用的工具和器材主要有：照明工具、通信工具、打捞工具、探测工具、攀登工具、发现和提取工具、枪支与警械等。如果在深山密林中搜索，还应准备指南针、砍刀、铁锹、帐篷、食物等。

（五）规定联络信号

在夜间或在山林中搜索时，特别是对作案人的搜索，事先要规定联络信号，便于搜索人员和指挥人员之间互相联系，及时传递信息；否则，在夜间搜索时可能发生误会，并且容易暴露。此外，在山林中搜索容易迷失方向，需要经常保持联络。常用联络信号有两种形式：

1. 语言信号。侦查员、指挥员都用暗语或者代号进行通话联系（如使用对讲机和手机）。使用暗语方便、简练、保密。

2. 声光信号。在夜间搜索时，可用手电光的亮灭表示某种情况。在森林或范围很大的地区搜索时，可用信号弹或鸣枪进行联络。

二、现场搜索的实施

如果已经明确了搜索的目标和范围，搜索人员应当按照各自的分工和统一的部署，采用恰当的搜索方法及时开展搜索工作；如果搜索的目标和范围还不够明确，搜索人员则应当采取辐射式、螺旋式等搜索方法，从中心向外围扩展推进，仔细寻找作案人活动的踪迹，以便找到其来去现场的路线及案前案后在现场附近的活动区域，从而最大限度地实现现场搜索的目的。

需要注意的是，在现场搜索中如果发现了可疑情况，应当立即停下来进行处理，或者向指挥人员报告，等待指令下达后再作处理。处理方式要针对所发现的情况而定，如果发现了可疑物证，首先要分析判断其与案（事）件有无关系，然后再进行固定、记录和提取；如果一时无法作出判断，应本着谨慎的原则进行恰当处理。为避免浪费时间、资源，减少诉讼过程中的麻烦，现场搜索人员还要在提取、包装和运送现场物证的各个环节严格按照法律的要求规范操作，做到有条不紊。同时，还要尽量避免收集一些杂乱无章、没有检验鉴定价值的现场物证。如果发现了作案人，则要严格按照有关法律规定，采取妥当的方法做好盘查、抓捕和押送工作。

三、现场搜索的方法

（一）辐射式

从现场中心向外围呈辐射状展开进行，即把需要搜索的范围划分成若干的扇区，由若干小组或人员负责一定的扇区进行搜索，搜索的方向是从中心向外围。这种搜索方式比较适合于中心突出、明显的现场。（如图1所示）

（二）收缩式

从现场外缘开始逐步向现场中心推进，即把需要搜索的范围划分成若干扇区，由若干小组或人员负责一定的扇区进行搜索，搜索的方向是从外围向中心。这种搜索方式比较适合于中心不明显，或是范围不大的现场。（如图2所示）

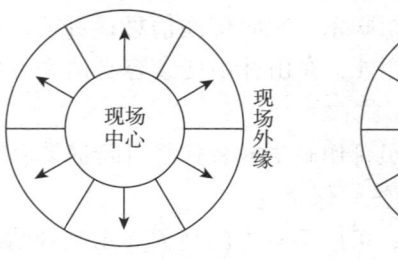
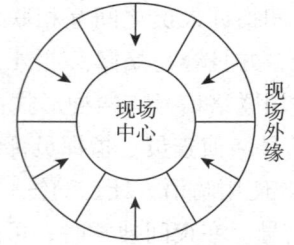

图1　辐射式搜索　　　　图2　收缩式搜索

（三）螺旋式

以现场中心为起点，以一定距离宽度向现场外缘逐层铺开进行搜索，也可以从现场外缘逐层向现场中心旋转收缩进行搜索，搜索线路呈螺旋状，形成一

个等距离的同心圆。这种搜索方式比较适合于某些地形、地貌特殊的现场。(如图 3 所示)

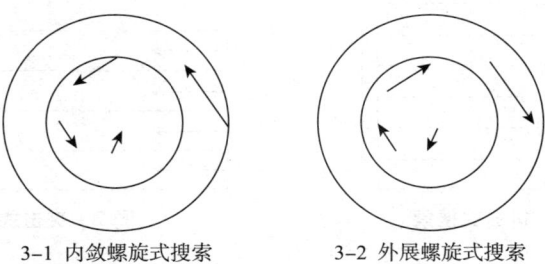

3-1 内敛螺旋式搜索　　　3-2 外展螺旋式搜索

图 3　螺旋式搜索

(四) 分片分段式

把搜索范围划分成若干片区或段区,然后一片或一段地进行搜索。这种搜索方式比较适合于范围较大或呈狭长地带的现场。(如图 4 所示)

(五) 卷席式

又叫"地毯式",搜索人员都由同一边缘、同一方向向另一边缘搜索前进。这种搜索方式比较适合于狭长地带的现场。(如图 5 所示)

(六) 折返式

搜索人员从第一搜索区域的边缘开始,穿过区域到达另一个边缘,又从第二搜索区域的边缘开始,如此往返于现场,呈"S"形循环,直到整个搜索区域被查遍为止。这种搜索方式比较适合于范围较大但搜索人员不足的情况。(如图 6 所示)

(七) 夹击式

把搜索人员分成两组,分别从两个相对的方向由边缘向中心呈直线推进搜索一个相对独立的区域。这种搜索方式比较适合于对大面积农田、山林、丘陵、胡同、公路、河道的搜索。(如图 7 所示)

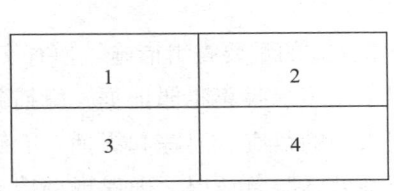

图 4　分片分段式搜索

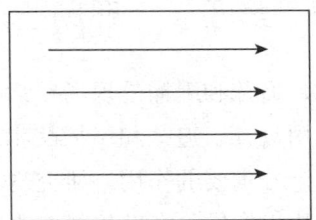

图 5　卷席式搜索

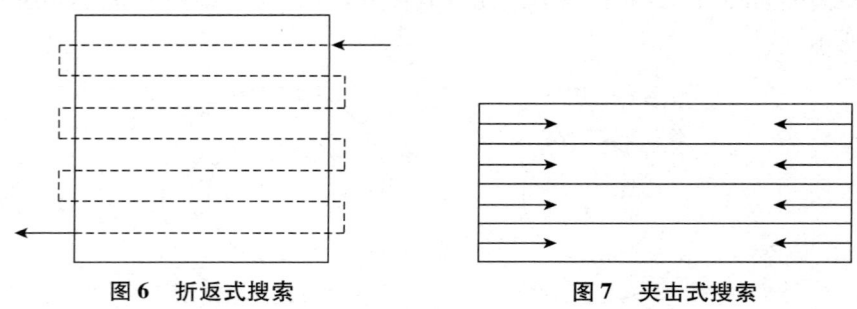

图6 折返式搜索　　　　图7 夹击式搜索

（八）条格式

把需搜索范围纵横交错划分成若干格状地域，搜索人员可先按纵条进行搜索，再按横条进行搜索，直至将整个区域交叉搜索一遍。这种搜索方式比较适合于范围较大且成方形的现场。（如图8所示）

（九）包围式

搜索人员对搜索范围实行四面包围，严密监视，步步收缩的方法。这种搜索方式比较适合于搜索范围较小的现场中对人的搜索。（如图9所示）

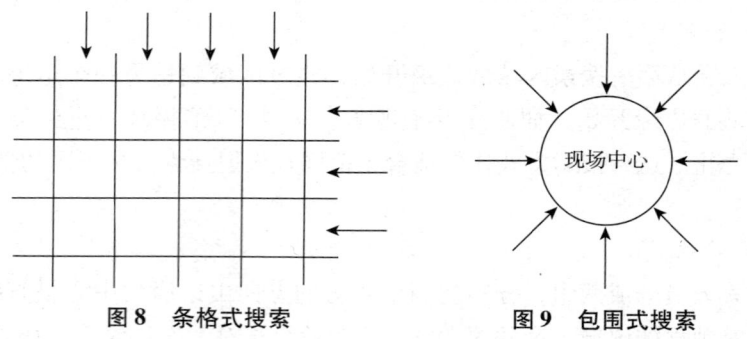

图8 条格式搜索　　　　图9 包围式搜索

第四节　现场搜索中的盘查、追踪和缉捕

盘查、追踪和缉捕是现场搜索中经常实施的重要查缉措施。侦查实践表明，正确地运用盘查、追踪和缉捕战术，对于发现、收集犯罪证据，缉捕犯罪嫌疑人，具有十分重要的作用。研究现场搜索中的盘查、追踪和缉捕，能够为侦查人员提供战术指导，有助于侦查人员正确处置紧急情况，确保现场搜索的顺利进行。

一、盘查

（一）概念

盘查，是指对于某些可疑人员或特定区域内的人员，通过盘问和检查，确定其是否是作案人的一项查缉措施。

（二）对象

现场搜索作为一项紧急性勘查措施，无论是搜索作案人还是搜索其他与犯罪有关的痕迹、物证，对于已经划定的搜索范围的人员都要进行盘查，尤其是对于姓名、衣着、体貌特征不清楚的作案人的搜索，更要保持高度警惕，以防止其通过乔装改扮手段逃走。

尽管由于搜索的具体情况不同，需要盘查的对象也有较大差异，但一般来说，对于搜索范围内的下列人员应列为盘查的重点对象：其一，身份可疑之人。例如，身份证或身份证明与本人不相符合之人；持有多个身份证或身份证明之人；持有虚假伪造身份证之人；言行举止与气质不相符合之人等。其二，体貌可疑之人。例如，貌似被搜索的作案人；身负可疑外伤之人；身上沾满血迹或者其他可疑印痕之人；衣着打扮与气质不相符合之人。其三，行为可疑之人。例如，行动鬼鬼祟祟、表情或情绪异常、四处窥视或偷看、魂不守舍等行为可疑之人。其四，携带可疑物品之人。例如，携带疑似被劫财物之人；携带巨额现金或贵重首饰之人；携带疑似作案工具之人等。

（三）步骤与方法

1. 公开警察身份。搜索人员对盘查对象进行盘查时，首先要通过简练、明确的语言表明自己的警察身份。这样做既有助于体现盘查的合法性，也有助于取得盘查对象的谅解与支持，以确保盘查活动的顺利进行。

2. 有针对性地进行盘问。盘问要紧紧围绕盘查对象的身份、案（事）件性质、物品来源或盘查对象与他人、他事的关系而展开，不要不着边际。盘问中要注意从对方回答中发现矛盾或破绽。一旦发现有违法或犯罪嫌疑，则要抓住事实，追问到底，弄个水落石出，绝不能让其蒙混过关。如果盘问对象有多个，就需要分开盘问，利用他们之间的矛盾或漏洞，离间瓦解，各个击破。

3. 仔细检查携带物品。若通过盘问后，发现有违法犯罪行为或存在违法犯罪嫌疑，就必须进一步仔细检查其所携带物品。检查时必须保持高度警惕，要注意不能让盘查对象自己打开箱、包取出证件或物品以备检查，要严密监视盘查对象的动态，防止其突然袭击。

4. 妥善处理盘查后的各项工作。盘查完毕后，若确认其就是被搜索的作案人，应当场予以缉捕。对于排除嫌疑的，应当表示歉意，并立即放行。对于不能当场排除嫌疑的，则应采取有关措施予以妥善处理（监视或继续调查）。

二、追踪

（一）循迹追踪

循迹追踪，包括对人的足迹、动物的蹄迹、交通工具痕迹，以及拖拉、滴落等痕迹的追踪。其中，最常用的是对人的足迹或动物的蹄迹的追踪，即步法追踪。足迹如果遗留在较为松软的承受客体上，如田野、草地、沙地等，其形态特征、延续的方向、路线往往比较清晰，容易被发现，便于循迹追踪。

1. 追踪前的准备。无论是对哪类痕迹进行追踪，在追踪前首先应当判明其是否与案（事）件有关，尤其应当判明其是否为作案人所留。在确定痕迹与案（事）件或作案人有关后，就要对该痕迹进行仔细观察，牢记其特征。

2. 循迹追踪的方法。循迹追踪通常采用徒步追踪的方法，如果追踪的范围较大，也可以采用徒步追踪与交通工具追踪相结合的方法。循迹追踪的具体方法主要有以下几种：其一，以现场上的可疑痕迹为依据和起点，沿着踪迹逐步向前推进。其二，如果追踪到复杂的地带，在判明作案人逃跑方向和路线的情况下，侦查人员可以乘坐交通工具，赶到容易留下痕迹的地方或路口，重新寻找痕迹，接着追踪。此种方法适用于人烟稀少的远距离追踪，也适用于作案人必经之途的追踪。其三，如果追至交叉路口、河边、村庄等地出现断踪，可采用半圆式、螺旋式、迂回式等圈踪方法寻找痕迹继续追踪。其四，如遇踪迹进入村庄，经圈踪未发现目标出村的踪迹，可在村庄周围各个路口、田地里以及村庄内寻找踪迹，以便继续追踪。

（二）警犬追踪

在现场勘查中及时使用警犬是获得赃物罪证、抓获犯罪分子的重要手段。警犬能够用于追踪，主要是因为警犬具有发达的嗅觉能力。通常只要空气中有某种气味存在，警犬往往就能够根据气味寻找所要找的目标。

1. 嗅源的确定与利用。可以被警犬鉴别的嗅源主要有以下几种：其一，作案人遗留于现场的各种遗留物，如衣物、鞋帽、作案工具及其他随身物品；其二，作案人遗留于现场上的排泄物、分泌物、体液、人体分离物，如粪便、精斑、血迹、肢解的人体组织等；其三，作案人接触现场物体时所遗留的各种痕迹，如脚印、手印等；其四，现场上的尸体、尸块等。

准确地确定嗅源是使用警犬鉴别嗅源成败的关键，而利用嗅源的有效性又与嗅源的种类、作案人使用或接触嗅源物的时间长短、嗅源本身遗留的时间长短以及气候条件等因素密切相关。因此，使用警犬鉴别嗅源一定要持客观、谨慎的态度，对警犬鉴别嗅源结果的可信性要进行科学的审查评断，不能盲目采信。

2. 利用警犬追踪的方法。侦查人员要仔细观察、研究遗留于现场的痕迹、物品，判明哪些最有可能是作案人留下的，哪些可能是无关人员留下的，以便警犬准确辨别嗅源，上线追踪。上线是指警犬找准了嗅源延伸的方向和路线。在追踪之初如果警犬不上线，可以由警犬驯导员以现场为中心进行圈踪，或者根据被害人、目击者提供的线索，在较大范围内寻踪；也可以通过人工寻找迹象和新的嗅源，帮助警犬上线。在警犬追踪过程中，如果警犬对某一地点或物品有兴奋表现，应当就地分析和研究，以确定其对案（事）件审查的意义。如果警犬突然出现高度兴奋或防卫表现，驯导员和侦查人员应当提高警惕，做好应急和缉捕擒敌准备。

如果遇到以下情况之一，可结束警犬追踪：其一，追获了作案人，或追到村庄院落等狭小处所而不能继续追踪；其二，追获了赃物或其他证据；其三，追到某处嗅源消失而不能继续追踪。

三、缉捕

在现场搜索中，一旦发现要搜索的犯罪嫌疑人，应立即组织力量予以缉捕，缉捕行动面对的是犯罪嫌疑人，在缉捕过程中，随时会出现犯罪嫌疑人反抗、行凶、自杀、逃跑等情况，是一项十分危险的工作。因此，缉捕人员一般由公安民警和武警战士组成，在缉捕过程中，缉捕人员必须步调一致，听从统一指挥和安排，军警之间要配合默契，同时还要讲究战略战术。

（一）非对峙状态下的缉捕

所谓非对峙状态下的缉捕，是指现场搜索中我方已发现犯罪嫌疑人而犯罪嫌疑人尚未被惊动的情况下，出其不意地将其抓捕。

常用的缉捕战术有以下几种：

1. 张网守候。张网守候是指在搜索中发现犯罪嫌疑人以后，根据其活动规律，在其有可能进入的区域内布置警力或设下埋伏，待其入网后伺机捕获。此外，若在搜索中发现犯罪嫌疑人未及时转移或就地隐藏的赃款、赃物时，可佯装没有发现，制造假象，故意麻痹犯罪嫌疑人。同时，选派秘密力量加以严密监控，待犯罪嫌疑人前来处理或转移赃物、赃款时，一举将其捕获。

2. 化装贴靠。这是指在搜索中发现犯罪嫌疑人后，由缉捕人员化装成过路人、小商贩等秘密贴靠，并伺机将其捕获的战术。实施这种缉捕战术的前提是化装必须逼真，不露破绽，否则很难达到预期目标。

3. 引蛇出洞。主要是指大范围的深山密林搜索时，虽然知道犯罪嫌疑人隐藏于划定的搜索范围内，但由于地形地物复杂，山峦重叠，沟壑纵横，洞深林密，虽经多方搜捕依然不见踪影，可佯装撤走搜索力量，解开口袋，暗中派员监控各进出口，待目标出现时伺机捕获。

当搜索的范围是人员密集的居民区或生产区时，如果用其他方法缉捕，犯罪嫌疑人很可能会反抗、行凶甚至劫持人质从而伤及无辜。这时，可用引蛇出洞之法，即可用某种借口或是由犯罪嫌疑人的亲属、朋友、邻居、同事、领导将其骗出居民区或生产区，然后由缉捕人员在适当的地点将其捕获。

4. 内紧外松。这种策略方法适合于尚不明确知晓谁是作案人，或者已知道作案人藏身的大致范围但不知晓确切藏身地点的情况。这时，如果采取其他方法可能会惊动犯罪嫌疑人，而采用内紧外松的方法则比较有效，即公开地佯装撤走搜索力量，解除警戒，以松懈犯罪嫌疑人警惕之心，暗中则派人秘密监视各个进出口及交通要道，注意搜索范围内各种人员的动向和行踪，一旦发现可疑情况或反常现象，立即采取措施或转成公开缉捕，将犯罪嫌疑人缉捕抓获。

5. 秘密进袭。当参加缉捕人员较少，难以对犯罪嫌疑人形成包围圈时可用秘密进袭的方法进行缉捕，即趁犯罪嫌疑人尚未察觉，派精干的小分队突然快速进袭犯罪嫌疑人的藏身之处，从而一举抓获犯罪嫌疑人。

采用这种战术要注意两点：其一，要隐蔽。如果隐蔽性差惊动犯罪嫌疑人，则可能引起犯罪嫌疑人的反抗，进而对缉捕人员造成伤害。其二，要快速。兵贵神速，趁犯罪嫌疑人尚未察觉，还没有回过神来的时候，一击成功。

6. 包围收网。在发现犯罪嫌疑人后，要立即组织力量在隐蔽状态下将其团团包围，以防其发觉后乘隙逃跑，然后再慢慢收拢包围圈，直至将其捕获。

（二）对峙状态下的缉捕

所谓对峙状态下的缉捕，是指缉捕对象已处于缉捕人员的包围和控制之中，但是缉捕对象凭借现场的地形、地物或手中持有武器、凶器或者人质等条件进行顽抗，而当时当地的条件又不允许缉捕人员立即采取措施抓捕而形成的一种相持状态。对峙状态下的缉捕战术主要有以下几种：

1. 政策攻心。就是通过对已被围困的犯罪嫌疑人发动政治攻势，利用政策攻心，对其进行法律教育、思想教育，晓之以理、动之以情，瓦解其反抗意志，促使犯罪嫌疑人的思想良性转化，最终促使缉捕对象缴械投降的战术方法。

2. 欲擒故纵。是指缉捕人员通过对处于包围、控制状态下的犯罪嫌疑人进行政策攻心达不到目的时，可假装答应其放生要求，同时在其潜逃途中布置控制网，并伺机捕获的战术方法。

3. 秘密偷袭。犯罪嫌疑人被围困后，尽管其处于高度戒备状态，但不可能做到注意力始终集中，总有疏于注意和防范的时候，此时可选派精干力量秘密接近犯罪嫌疑人，将其制服。有时还可以借谈判、对话为掩护，分散其注意力进行偷袭。

4. 组织强攻。是指通过其他战术方法无法达到缉捕目的时，而采取的武力强攻。这是最强硬的缉捕战术，具有一定的危险性，容易造成缉捕人员、群众及人质的伤亡，因此不是万不得已的情况不要轻易采用。

──────│ 思 考 题 │──────

1. 现场搜索的概念是什么？
2. 现场搜索的任务是什么？
3. 现场搜索的要求有哪些？
4. 现场搜索的目标是什么？
5. 如何确定现场搜索的范围？
6. 现场搜索的重点是什么？
7. 现场搜索的方法有哪些？
8. 盘查的步骤与方法有哪些？
9. 循迹追踪的方法有哪些？
10. 对峙状态下的缉捕战术有哪些？

──────│ 参考文献 │──────

1. 郭金霞、李小恺：《立体现场勘查学》，中国政法大学出版社2021年版。
2. 倪春乐主编：《现场勘查》，知识产权出版社2020年版。
3. 张颖主编：《犯罪现场勘查》，法律出版社2020年版。
4. 卫红泽：《刑事现场勘查学》，中国人民公安大学出版社2019年版。
5. 裴煜：《犯罪现场勘查理论与实践》，华中科技大学出版社2019年版。
6. 王鹏：《初任民警现场处置技能与战术》，知识产权出版社2019年版。
7. 沙贵君、陈志军主编：《犯罪现场勘查学》，中国人民公安大学出版社2015年版。

8. 朱巧红、盛永彬主编：《犯罪现场勘查》，暨南大学出版社2013年版。
9. 许爱东：《现场勘查学》，北京大学出版社2011年版。
10. 马丽霞主编：《现场勘查》，中国检察出版社2010年版。
11. 傅晓海：《论现场搜索的方法》，载《贵州警官职业学院学报》2012年第2期。
12. 李红霞：《浅析现场访问对现场搜索的作用》，载《湖北警官学院学报》2012年第11期。
13. 李洪武：《谈犯罪现场的安全问题》，载《辽宁警专学报》2010年第1期。
14. 郑志清：《警察追捕战术研究》，载《山西警官高等专科学校学报》2013年第2期。
15. 陆才俊：《论追缉堵截的临战处置》，载《湖北警官学院学报》2008年第1期。

第九章

现场实验

🔍 [内容提要]

现场实验是一项检验性勘查措施，具有客观反映性、真实感受性和启发联想性等特性，能够发挥确定事件性质、审核勘查所获材料、验证勘查所作推断和发现勘查中的新情况等作用。为了保证现场实验结果的客观性、准确性、科学性和合法性，进行现场实验必须最大限度地接近案（事）发时的各种条件、同一实验应反复多次进行、严格遵守有关法律规定等规则。现场实验的方法主要有重演法、模拟法、逻辑法、物理法和化学法。由于现场实验是一个众多因素综合作用的动态过程，其中任何一个因素的变化都可能使现场实验结果与真实情况偏离。因此，在现场实验的基础上还应对结果进行全面的审查和评断，不能盲目采用，否则容易使勘查工作误入歧途，进而影响后续工作的开展。

🔍 [重点问题]

现场实验的作用；现场实验的任务；现场实验的规则；现场实验的方法；现场实验结果的评断。

第一节 现场实验的概念和特性

研究现场实验，首先应明确现场实验的概念，这也是研究现场实验的理论基础。现场实验是常用勘查措施之一，是将事实或现象重新演示再现的一项勘查措施，具有一定的独特性质，这也是现场实验与其他勘查措施的本质区别。明晰现场实验的概念和特性，有助于明确区分现场实验与其他常用勘查措施的界限，有效将其加以利用，提高现场勘查工作效率。

一、现场实验的概念

现场实验是指在现场勘查过程中，为了确定对查明案（事）件真实情况有意义的某一事实或现象是否存在，或者在某种条件下能否发生以及怎样发生，而参照原有条件将该事实或现象进行重新演示再现的一项检验性勘查措施。

现场实验如果在立案前进行，其性质是刑事调查，如果在立案后进行，其性质则是刑事侦查。现场实验是根据案（事）件发生的具体情况和条件，对与案（事）件有关的事实或现象予以模拟性的演示再现，以检查或验证某一事实或现象是否存在，或者在某种条件下能否发生以及怎样发生，为查明案（事）件真实情况提供科学的依据。

二、现场实验的特性

（一）客观反映性

现场实验是以客观存在的物质环境、条件为基础，重演或再现案（事）件的发生过程，从而反映事物的客观实际。现场实验结果是否能够真实反映原来案（事）件的实际状况，与实验所涉及的各种条件和因素密切相关，实验环境、条件越接近原有环境和条件，实验结果就越真实。

（二）真实感受性

案（事）件发生的过程勘查人员没有亲自耳闻目睹，要想查明案（事）件真实情况，只有通过各种形式的调查研究才能实现，现场实验就是其中一种特殊形式的调查研究，是重演与再现案（事）件某些情节的过程。勘查人员运用自己的感觉来直观感受，再经过思维加工，从直观的表面现象提高到思维的理性认识上去，以丰富、充实对某一问题的认识，使认识更加科学、深刻和准确。

（三）启发联想性

任何案（事）件的发生总是与周围的环境、条件相互联系、相互依存和相互制约的。因此，勘查人员在观察某个问题时会发现许多与之联系的现象和反应，由此去启发和引导勘查人员开阔思路，循着现场实验所显示出来的客观规律进行各种联想，从中获取解决某个问题的方向和线索，作出符合客观实际的分析和判断。

第二节　现场实验的作用和任务

任何勘查措施都具有一定作用，现场实验也不例外，在现场勘查过程中，现场实验有时能够发挥独特的作用。现场实验的任务是达到勘查目的、实现勘查价值而担负并完成的工作事项。研究现场实验所能发挥的作用与所承担的任务，有助于制定科学的现场实验计划，提高现场实验的效率，提升现场勘查工作质量。

一、现场实验的作用

（一）可以确定事件性质

勘查人员勘查的现场并非都有犯罪事件发生，因此，在现场勘查过程中，勘查人员首先应确定事件的性质，即确定所发生的事件是否为犯罪事件，进而决定是否继续勘查以及立案侦查。确定事件性质的方法有很多，其中现场实验是一种比较有效的方法。如果现场实验证明有犯罪事件发生，则应继续勘查并立案侦查。反之，则无继续勘查和立案侦查的必要。

（二）可以审核勘查所获材料是否真实和完整

在现场勘查过程中，勘查人员获取材料的途径很多、渠道很广，所获取的材料形式多样、内容庞杂。因此，勘查人员必须对勘查中所获取的各种材料进行审核，以鉴别其是否真实和完整。审核勘查所获材料真实性和完整性的方法有很多，其中一种最常用的科学方法就是进行现场实验，通过现场实验来验证它们是否真实以及真实程度，是否完整以及完整程度。

（三）可以验证勘查所作推断是否符合客观实际

在现场勘查过程中，勘查人员根据已获取的各种材料，结合现场的实际情况，运用联想、假设、推理，从而对现场上发生的案（事）件作出推断。勘查人员所作的推断，具有较强的主观性，这种推断是否符合客观实际，还需要进一步的验证。验证勘查人员推断是否符合客观实际的有效方法之一，就是进行现场实验。如果实验结果与推断相符，说明主观认识符合客观实际，反之，则不符合客观实际。当然，没必要对每一个推断都通过现场实验去验证，只是对有争议或关键性问题所作的推断进行实验，及时排除争议，解决关键性问题。

（四）可以发现勘查中的新情况

现场实验不仅可以确定事件性质、审核勘查所获材料和验证勘查所作推断，而且在上述现场实验的过程中，还可以发现没有预想到的一些新情况，提出一些新问题，进一步增强勘查人员对现场情况的认识，从而对已经查明的有关情况进行修改、补充和完善，使整个勘查工作建立在客观、全面、准确的基础上，提高现场勘查的质量和水平。

二、现场实验的任务

根据《公安机关刑事案件现场勘验检查规则》第70条的规定，现场实验的任务包括：①验证在现场条件下能否听到某种声音或者看到某种情形；②验证在一定时间内能否完成某一行为；③验证在现场条件下某种行为或者作用与遗留痕迹、物品的状态是否吻合；④确定某种条件下某种工具能否形成某种痕迹；⑤研究痕迹、物品在现场条件下的变化规律；⑥分析判断某一情节的发生过程和原因；⑦其他需要通过现场实验作出进一步研究、分析、判断的情况。

第三节 现场实验的种类和规则

现场实验的种类是指依据不同标准，将现场实验进行类别划分。现场实验的规则是指在实验过程中所要遵循的准则与章程。细分现场实验的种类，有助于勘查人员把握不同类别实验的特点，具体问题具体分析，制定对应现场实验计划。严格遵守现场实验的规则，有助于科学有序合法地进行现场实验，提高现场实验的效率，提升现场实验的质量。

一、现场实验的种类

（一）感知可能性实验、行为可能性实验、自然力可能性实验

根据实验的内容，可以将现场实验分为感知可能性实验、行为可能性实验和自然力可能性实验。

1. 感知可能性实验。感知可能性实验是指在一定条件下，某些现象通过人的感觉器官在头脑中留下印象、痕迹的可能性实验。感知可能性实验包括：

（1）视觉可能性实验。例如，在夜间能否看清汽车的颜色、品牌、牌照号码或能否看清车内是否有人等情况的实验。

（2）听觉可能性实验。例如，住在同一单元楼内能否听到邻居的说话的声音以及谈话内容等情况的实验。

（3）嗅觉可能性实验。例如，在2米的距离之外能否嗅到某人身上的气味等情况的实验。

（4）触觉可能性实验。例如，在看不见的条件下能否通过触摸辨识人民币的面值等情况的实验。

2. 行为可能性实验。行为可能性实验是指在一定条件下，实施某种行为的可能性实验。行为可能性实验包括：

（1）行为能力可能性实验。即能否胜任某种行为能力的可能性实验，例如，在手脚被捆绑的情况下能否插上门闩的实验。

（2）行为过程可能性实验。即从事某种外在活动所经过的顺序的可能性实验，例如，在一定条件下能否按照一定的顺序完成盗窃活动的实验。

（3）行为结果可能性实验。即实施某种行为能否达到某种结果的可能性实验，例如，在特定的时间内能否从甲地步行到乙地的实验。

3. 自然力可能性实验。自然力可能性实验是指在一定条件下，某些现象不经人为干预，自由发展可能性的实验。例如，草堆在一定条件下能否自燃的实验；几种物质混放在一起能否引起自燃的实验；未熄灭的烟头能否引起现场物质起火的实验；某些物品的重量在某一场所能否发生自然损耗的实验等。

（二）行为性实验、结果性实验、条件性实验

根据实验所要解决的问题，可以将现场实验分为行为性实验、结果性实验和条件性实验。

1. 行为性实验。行为性实验是指为了查明某种行为在一定条件下能否实施的实验。行为性实验主要包括：

（1）弄清某人在当时条件下能否实施某种行为、某人是否有能力完成某种行为。例如，验证某人能否越过某种障碍物，能否从某个洞口将物品拖出，能否从某个窗口进入现场，验证某人在某一段时间内能否走（跑）完某一段路程等。

（2）判断作案人的某种职业习惯，例如，司机、医生、钳工等职业习惯或其他方面的习惯等。

2. 结果性实验。结果性实验是指为了判明某种结果在一定条件下能否发生的实验。结果性实验主要包括：

（1）弄清在一定条件下，某种事物能否被感知。例如，验证在一定条件下能否看清作案人的体貌特征等。

（2）弄清某种事物是否发生过。例如，现场房门在关闭的情况下，能否从外面将其开启而不留下任何痕迹等。

3. 条件性实验。条件性实验是指为了查明某一结果发生必须具备哪些条件的实验。条件性实验先要通过对已知结果的分析研究，弄清产生这种结果假设具备哪些条件，然后按照这些条件进行现场实验，以检验先前假设的那些条件是否成立，从而分析判断某结果产生的真实条件。例如，验证形成现场的某种

痕迹,是用什么工具在什么条件下形成等。

二、现场实验的规则

为了保证现场实验结果的客观性、准确性、科学性和合法性,进行现场实验必须遵守以下基本规则:

(一)最大限度地接近案(事)发时的各种条件

1. 实验应尽可能在与原案(事)件发生一致的时间进行。由于时间具有"一维性",即不可停顿、不可逆转。所以,实验的时间与原案(事)件发生的时间绝对一致是不可能的,只能是相对一致,即一年中的哪一月,一月中哪一天,一天中哪一时间段或时间点。因为即使在同一地点,如果时间不同,其气候、光线等条件存在差异,这些差异又必然影响实验结果。当然,有些现场实验结果不受时间的影响,则不必考虑时间条件。

2. 实验应尽可能在原案(事)件发生的地点进行。现场实验应尽可能在原案(事)件发生的地点进行,以保证所要重演的事实或现象和当时的情况相一致。如果原地点不具备实验条件,可以另选条件相同或相似的地点进行。只有受检验的事实或现象与地点条件确实无关时,才可以在任何地点进行实验。

3. 实验应尽可能在与原案(事)件发生一致的自然条件下进行。现场实验的自然条件,包括光线、温度、湿度、风力、风向以及其他环境条件,应当与原案(事)件发生时的自然条件相一致,或者最大限度地接近于原案(事)件发生时的自然条件,以保证实验结果的准确性。

4. 实验应尽可能使用原案(事)件发生时的工具和材料。现场实验应尽可能使用原案(事)件发生时的工具和材料,以保证实验结果的可靠性。如果因某种原因不能使用原有的工具和材料,应当选用相同种类、品牌、型号、特性的工具或材料代替,但要保证代替的工具或材料对实验结果没有影响。

(二)同一实验应反复多次进行

现场实验是一种重新演示再现的勘查活动,实验时的各种条件不可能与事发时完全一致,可能会造成现场实验中出现偶然性结果。因此,对同一现场实验应当反复多次进行。在具体实验过程中,既要在相同条件下反复实验,又要在变换条件下反复实验,以避免实验的偶然性结果,保证实验结果的准确性和可靠性。

(三)严格遵守有关法律规定

为保证现场实验的合法性,在进行现场实验时,应严格遵守以下有关法律规定：
 1. 应当经县级以上公安机关负责人批准；
 2. 必须在侦查人员的主持下进行；
 3. 必须邀请两名见证人到场见证；
 4. 必须尊重民族风俗习惯；
 5. 禁止一切足以造成危险、侮辱人格或有伤风化的行为；
 6. 实验不公开进行，实验的过程和结果应当保密；
 7. 如果审查两个以上的人陈述中的同一个问题，实验应当分别进行；
 8. 应当制作现场实验记录。

第四节　现场实验的步骤和方法

现场实验的步骤是指在实验实施过程中应当遵循的一般流程顺序，勘查人员在按照步骤进行现场实验时，也应当讲求方式方法，利用科学手段和逻辑思维进行实验，这是现场实验的程序性要求，也是现场实验的科学性要求。严格遵循现场实验的步骤方法，有助于现场实验的顺利开展，提升现场实验的效率和质量。

一、现场实验的步骤

（一）制定现场实验方案

在现场实验实施之前，必须制定实验方案，以确保实验的顺利进行。尤其是一些较为重要、复杂的现场实验更应如此。现场实验方案应包括以下内容：
 1. 实验的目的、任务；
 2. 实验的内容、方法；
 3. 实验的步骤；
 4. 实验的时间、地点；
 5. 实验的环境、天气及其他条件；
 6. 实验的工具、器材及其他材料；
 7. 实验的参加者及其分工；
 8. 实验的记录；
 9. 实验的警戒。

（二）准备现场实验
 1. 明确实验的目的和任务。勘查人员应当仔细研究与案（事）件有关的材料，询问与案（事）件有关的人员，把要通过实验验证的问题以及要达到的目的确定下来。如果实验是为了查明某种现象发生的原因，在实验前最好对有关材料集中进行研究，以便确定该现象能不能做出某种客观的解释；如果实验是为了审查有关人员陈述的真伪，最好对他们再进行一次详细的询问，分析疑点是否由以前询问中的误述、误听、误记或理解上的错误等形成。如果通过上述工作，疑点已有了合理解释，则可避免空耗人力、物力和时间进行实验。相反，如果经过分析研究对某种现象形成的真正原因仍不清楚或者被询问人经再次询问仍坚持原来说法，这样就可以使实验要达到的目的和要解决的问题更加明确，实验结论也就更加具有说服力和证明力。

2. 确定实验的内容和方法。现场实验的内容和方法，主要是根据其目的、任务来确定，实验之前就应事先予以确定，以保证实验能够顺利地进行。实验的具体内容包括实验的方法、次数、顺序、同样条件的反复实验与变换实验方法的具体方案等。实验的方法是指实验操作的具体步骤、程序和要领。这两方面对现场实验都十分重要，直接影响实验的顺利进行和结论的准确性。其中有关细节内容应当充分考虑，如果材料中没有关于细节内容的说明，则应通过调查加以了解。对于实在难以确定了解的细节内容，应在实验中设计多种不同的方案反复操作。

3. 确定实验的时间和地点。正确地选择实验的时间、地点是使某种现象得以客观再现的重要条件之一。所以，安排实验的时间、地点，要尽可能与案（事）件发生时的时间、地点相同，以保证实验结果具有可靠性。实验前，应到气象部门查询气象资料，进一步核准发案当时当地的气象气候情况，以保证实验时的条件与案（事）件情况尽量统一。

4. 确定参加实验的人员。任何现场实验都应该有侦查人员、实验项目的操作人员和两名以上的见证人参加，其他人员是否参加，应视实验的种类和内容而定。侦查人员是现场实验的组织指挥者，但不应自行操作实验的具体项目，以免影响实验的公正性。参加实验的侦查员数量，应视实验是否分组、分处进行而定。如果实验需要利用某种专业知识或具有一定危险性，还应邀请具有这种专门知识或能够预见和有效地预防危险发生的人员参加，并让他们担任实验项目的操作执行者。见证人一般为两人，如果实验要分组、分处同时进行，见证人的人数还要相应增加。现场实验的见证人应当与被验证的案（事）件无关，且具有理解实验内容、评断实验结论的知识，不具备这些条件的人员则不能担任见证人。当现场实验所要审查的情况同某人的个人特点有密切联系，或者实验是为了审查某人陈述的真伪,应当让其参加,这样可以促使作虚假陈述的人转变立场。为了保证现场实验的顺利进行,还应指派一定的人员担负实验现场的警戒工作,尽量使实验不受围观群众的干扰。

5. 准备实验所需的工具、器材和材料。实验所需的工具、器材和材料是保证实验顺利进行的必备条件,在实验实施之前必须充分准备,例如实验所需的工具、仪器、设备、照相机、摄像机、记录书写用具等。

(三) 实施现场实验

在进行现场实验之前,对于实验场地要布置警戒,防止无关人员进入实验场地。实验的主持人要对实验场所及环境进行巡视,审查是否符合案(事)件发生时的条件,是否存在隐患和漏洞,如果存在应及时采取措施排除和补救。要对实验使用的器材、设备、工具等逐件进行清点,在数量、性能等方面是否符合实验要求。要对参加实验的人员安排各自到位、各负其责。实验记录人员应对实验的参加人员、实验场地情况、实验环境条件、实验时的气候条件等作以如实记录,之后便可以进行实验。

实验的主持人应向参加实验的人员讲明纪律,要求参加人员必须服从统一指挥,各负其责,互相配合。实验所解决的具体问题及各自所承担的任务事先也应告知每位参加人员,但是实验的具体方案和内容则不宜事先告知,因为如果把实验的具体方案和内容事先告知每个参加人员,可能会使他们的心理状况、注意力的方向及感知的敏感程度发生变化,从而对实验结果产生不良的影响。

在进行实验的过程中,侦查人员始终是组织指挥者,不应亲自去执行具体的实验项目,也不应让见证人去执行,以免影响实验的质量及结论的公正性。有些实验活动应当事先邀请具有专门知识技能的人执行;有的实验项目可由参加实验的被害人、证人等执行;有的实验活动应由数个具备不同条件的人依次分别执行,例如,为了验证能否通过现场上发现的孔洞进入现场,可由不同年龄、不同体态的若干人,依次分别实验。

实验中出现了某种结果或现象,应提醒实验的参加者,特别是见证人注意。实验参加人员要认真负责,详细观察实验中发生的各种现象及其发展、演变的过程,对实验中出现的相同或差异点,要进行认真的分析,找出原因,反复实验,取得可靠数据。

二、现场实验的方法

现场实验所采取的方法是否科学,直接关系到实验的成败。实验的方法应根据实验的种类、目的、内容来确定。在现场勘查中经常使用的实验方法，主要有重演法、模拟法、逻辑法、物理法和化学法五种方法。

（一）重演法

重演法是指为了证实与案（事）件有关的某一事实或现象是否存在，或者在某种条件下能否发生或怎样发生，而参照案（事）件原有条件将该事实或现象加以重新演示的一种方法。现场实验一般要求应尽可能使用重演的方法，在案（事）发现场原地进行，使用原有工具和物品，在相同的自然条件和人为条件下进行实验。人为条件是指体验、感受案（事）件发生时的本人情况。例如本人身体、精神状态、饥饿状态等。人在精神兴奋和醉酒、乏困等不同情况下，观察能力、分析能力、反应能力都是不一样的。所以，体验、感受案（事）件发生的情况就有所不同。

（二）模拟法

模拟法是指在实验室或实验场地先设计出与某个被研究现象或过程相似的模型，然后通过模型，间接地研究原型规律性的实验方法。模拟法也要求参照案（事）件原有条件进行实验，只是没有在事发现场，或没有使用原有工具和物品，甚至不是体验、感受案（事）件发生的本人进行实验，而是性别、年龄、身高、体态等相同的人代替进行。影响这种方法的因素很多，实验结论可靠性较差。例如，骑一辆相同的旧自行车，影响快慢的因素就不完全一样；背一具尸体和背一具模仿尸体就有不同感受。

（三）逻辑法

逻辑法是指采用形式逻辑中探求事物内在因果关系的实验方法。逻辑法是在现场勘查中经常使用的实验方法，包括求同法、求异法、求同求异并用法、共变法和剩余法五种方法。

1. 求同法。如果探求现象 X 的原因，在几种有 X 出现的事例中，其他情况都不同，只有一个情况 A 是每个事例中共同的，那么这一共同的情况 A 就是所研究现象 X 的原因。

例如，在某抢劫案中，证人甲陈述他当时路过现场附近听到呼救声。为了证实甲的陈述是否真实可靠，以确定发案时间，在侦查人员的主持下，按甲陈述的事实情节，分别由乙和丙进行实验，结果乙、丙都听见了从现场方向传来的呼救声。考察甲、乙、丙三人，他们的年龄不同、性别不同、所在的具体位置也有差异，只有一个共同情况，即都路过现场。可见，"发案时路过现场就能听到呼救声"。这里用的就是求同法。

求同法可以用下列图式表示：

事例	相关情况（条件）	所研究的现象
事例1	A、B、C	X
事例2	A、D、E	X
事例3	A、F、G	X
……	……	……
结论	A 和 X 有因果关系	

求同法得出的结论具有或然性，因此，在运用求同法时，必须注意以下几点：其一，要注意寻求不同事例中的唯一共同条件，排除不同条件，以防不同条件中实际存在的共同条件没有被发现。其二，提供比较的事例要尽可能多一些，这样得出的结论可靠性大一些。其三，求同法通常只在现场实验的最初阶段使用，要进一步探求现象间的因果关系，还需结合采用其他方法进行实验，综合进行判断。

2. 求异法。如果探求现象 X 的原因，在第一个事例中出现了 X，在第二个事例中不出现 X，而第二个事例与第一个事例的其他情况均相同，只是没有第一个事例所具有的条件 A，那么这个条件 A 就是所研究现象 X 的原因。

例如，某市郊外水塘中发现一女性右臂尸块，勘验发现，尸块露出水面部分有一圆形褐色斑迹，其余浸泡水中部分没有这种斑迹。开始怀疑是失踪女青年甲的，因为甲右臂上也正好有一块"黑记"（母斑）。为了确定褐色斑迹是否为母斑，勘查人员进行了现场实验，结果发现，尸块露出水面部分在阳光下腐败数日即可形成褐色斑迹，浸泡水中部分（不在阳光下腐败）则无此现象。于是得出结论，"尸块在阳光下腐败是形成褐色斑迹的原因"。而某甲的"黑记"是母斑，不是这种斑迹，所以这一尸块不是失踪女青年某甲的。这里用的就是求异法。

求异法可以用下列图式表示：

事例	相关情况（条件）	所研究的现象
事例1	A、B、C	X
事例2	B、C	X 不出现
结论	A 和 X 有因果关系	

求异法得出的结论比求同法得出的结论更为可靠，因为在求异法实验中，实验人员可以加上或减去某一个条件，以观察所研究的现象出现或不出现。这一点恰好反映了客观事物因果联系的基本特征。所以勘查人员在现场实验时经常采用求异法，并常用它来验证求同法得来的结论是否可靠。但是，在运用求异法时要注意，在研究的两个事例中除一个不同条件外，是否还有其他不同的条件，并仔细分析不同的条件是所研究现象的全部原因还是部分原因，以便进一步深入研究。

3. 求同求异并用法。如果在某一组事例里，具备某一个条件 A 时，就有所研究的现象 X 出现，而在另一组事例里，不具备这个条件 A 时，就没有所研究的现象 X 出现，那么这一个条件 A 就是所研究的现象 X 的原因。

例如，某地银行营业所发生一起巨款被盗案。现场勘查发现，保险柜的弹子锁是用钥匙打开的，弹子锁内有微小擦痕。为了确定该擦痕是怎样形成的，勘查人员进行了现场实验。实验分两组进行，一组用选配钥匙开锁，一组用原配钥匙开锁。结果发现，凡是用选配钥匙开锁，锁内就会留下擦痕，而凡是用原配钥匙开锁则不留擦痕。于是断定："用选配钥匙开锁是锁内微小擦痕形成的一种原因"。这里用的就是求同求异并用法。

求同求异并用法的图式如下：

事例	相关情况（条件）	所研究的现象	事例组
事例1	A、B、C、F	X	正事例组
事例2	A、D、E、G	X	
事例3	A、F、G、C	X	
……	……	……	
事例1	B、C、G	X 不出现	负事例组
事例2	D、E、F	X 不出现	
事例3	F、G、D	X 不出现	
……	……	……	
结论		A 和 X 有因果关系	

当研究两组事例，它们有一个条件不相同，而其余不必都相同时，就要运用求同求异并用法。求同求异并用法可分三个步骤进行：第一步，在正事例组中只有一个共同条件，可用求同法得知：共同条件 A 和所研究的现象 X 有因果

联系；第二步，在负事例组中，可把"没有条件 A"看做一个共同条件，这样又可用求同法得知：没有条件 A 和不出现所研究的现象 X 有因果联系；第三步，再把正事例组所得的结论和负事例组所得的结论比较，应用求异法可得知：某个共同条件 A 和所研究的现象 X 有因果联系。

由此可见，求同求异并用法不是求同法和求异法的连用，而是求同法的补充。求同法只要求有一个共同现象和条件的一组事例。求同求异并用法则不仅要求有一个条件和共同现象的一组事例，还要求没有那一个条件和共同现象的另一组事例，然后根据对这两组事例正反两面的比较分析，得出结论。因此，求同求异并用法得出的结论比单纯求同法得出的结论或求异法得出的结论可靠得多。

4. 共变法。在其他条件不变的情况下，如果某一个条件 A 每次发生一定的变化，所研究的现象 X 也随着发生一定的变化，那么这一个条件 A 就是所研究的现象 X 的原因。

例如，某仓库夜间被撬，初步清点物资并未发现被盗。现场勘查发现作案人进入和逃离仓库时，在仓库外的沙地上遗留有鞋印各一趟，且鞋印大小、型号等都一样，据分析是同一人所留，但逃离仓库的鞋印显然比进入仓库时的鞋印深。后经现场实验，发现同一人负重量增加，在沙地上所留的鞋印就深。由此断定："作案人从仓库盗得重物背走，是造成出入仓库鞋印深浅不同的一种原因。"于是重新仔细清点物资，果然发现丢失重 40 公斤的铅锭一块。这里用的就是共变法。

共变法的图式如下：

事例	相关情况（条件）	所研究的现象
事例 1	A_1、B、C	X_1
事例 2	A_2、D、E	X_2
事例 3	A_3、F、G	X_3
……	……	……
结论	A 和 X 有因果关系	

共变法和求异法关系密切，有时可以结合在一起使用。如果把两个具有共变关系的现象改变到极限，就得到求异法的条件。例如，通过上一案例运用共变法获知，随着人的负重量的变化，就能引起沙地上鞋印深浅的变化。如果将

人的负重完全去掉，鞋印的深浅就不发生变化，那就是求异法的运用了。

当所研究的现象 X 和某一个条件 A 有共变关系时，就需要运用共变法。共变法比求同法和求异法有更多的优点，它不但能找出原因，还能求出原因与结果之间的数量关系，而且共变法比求异法更简单易用。但是，共变法得出的结论也具有或然性，因为一切事物都在变化着，如果把两个变化着的事物之间的那些非必然联系看成是必然联系时，就会导致实验结果失真。因此，运用共变法如果能分析出条件和现象之间的因果关系，结论就比较可靠；如果所研究的现象不随着某一个条件发生相应的变化，那么就证明它们之间没有因果联系。

5. 剩余法。如果已知所研究的某一复合现象 g（由 a、b、c 构成）的复合原因是 G（由 A、B、C 构成），而且又已知 B 是 b 的原因，C 是 c 的原因，那么剩下的 A 是 a 的原因。

例如，某水泵房三台电机被盗，侦查人员已抓获甲、乙两个作案人。经讯问，他们分别承认只偷过一台电机，并当场将赃物交出。经反复调查发现，他们当中没有人两次从水泵房偷窃电机。现场实验证实，甲、乙两个作案人，其中任何一个都不能同时拿动两台电机。于是推断："还有另外的作案人偷盗第三台电机"。这里用的就是剩余法。

剩余法的图式如下：

已知	所研究的某一复合现象 g（由 a、b、c 构成），其复合原因是 G（由 A、B、C 构成）
又知	B 是 b 的原因，C 是 c 的原因
所以	A 和 a 有因果关系

剩余法是用来研究复合因果关系的。从上例和上述形式中可以看出，运用剩余法必须先除掉已知有因果联系的部分，因此，剩余法不可能是探求因果联系开始阶段的方法，它必须以前述几种方法推出的结论为基础。

运用剩余法必须注意：剩余部分 a 不能是已知条件 B、C 之一或共同作用的结果，否则推断 A 是 a 的原因就不能成立。剩余法的作用是引导侦查人员继续寻找所研究的复合现象里剩余部分的原因，为侦查破案提供新的线索和证据。

以上五种现场实验的方法，在实践中不能孤立或彼此分离地运用，要注意各种实验方法的综合运用，使之相互补充和相互印证。例如，运用求同法实验的结果是肯定的，就应在与这种结果相反的条件下，运用求异法实验，以验证求同法实验的结果。

（四）物理法

在现场实验中，也经常遇到对一些自然现象和人为现象不能确定的情况，这就要使用物理方法进行实验，以验证某种现象发生的真正原因。

1. 叠加法。物理学中常常把微小的、不易测量的同一物质叠加起来，测量后求平均值的方法俗称"叠加法"。

2. 控制变量法。自然界发生的各种现象，往往是错综复杂的。决定某一个现象的产生和变化的因素常常很多。为了弄清事物变化的原因和规律，必须设法把其中的一个或几个因素用人为的方法控制起来，使它保持不变，然后来比较、研究其他两个变量之间的关系，这种研究问题的科学方法就是控制变量法。

3. 实验＋推理法。有一些物理现象，由于受实验条件所限，无法直接验证，需要我们先进行实验，再进行合理推理得出正确结论，这也是一种常用的科学方法。如果将一只闹钟放在密封的玻璃罩内，当罩内空气被抽走时，钟声变小，由此推理出：真空不能传声。

4. 转换法。一些看不见、摸不着的物理现象，不好直接认识它，我们常根据它们表现出来的看得见、摸得着的现象来间接认识它们。例如，根据电流的热效应来认识电流大小，根据磁场对磁体有力的作用来认识磁场等。

5. 等效法。在研究物理问题时，有时为了使问题简化，常用一个物理量来代替其他所有物理量，但不会改变物理效果。例如，用合力替代各个分力，用总电阻来代替各部分电阻，用浮力来代替液体对物体的各个压力等。

6. 类比法。在认识一些物理概念时，我们常将它与生活中熟悉且有共同特点的现象进行类比，以帮助我们理解它。例如，认识电流大小时，用水流进行类比。认识电压时，用水压进行类比。

（五）化学法

化学法是根据化学实验目的，实验者运用实验仪器、设备、装置等物质手段，在人为特定的实验条件下，变革化学实验对象的状态或性质，通过实验观察获得各种化学科学事实以探究化学问题的一种科学的研究方法。有些化学实验方法也能运用到现场实验中。

1. 对照实验。设置两个或两个以上的相似组样，一个是对照组，作为比较的标准，其余的是实验组，通过某种实验步骤，判定实验组是否具有某种性质或影响。

2. 析因实验。为了寻找、探索影响某事物的发生和变化过程的主要原因而安排的一种实验。这种实验的特点是：结论是已知的，而影响结论的因素特别是其主要因素是未知的。析因实验，首先要尽可能全面掌握影响结论的各种因素。为此，就要进行详细、周密的调查研究，不放过任何微小的可疑线索。因为有时恰恰是那些微不足道的因素，就是造成某种结论的重大原因。如果有两个因素影响，可采用对照实验来确定其主要影响因素。对于有多个影响因素的析因实验，可采用逐步排除的方法，即每次在控制几种因素不变的情况下，只改变其中的一个因素，以确定每一个因素的具体影响，最后找出其主要原因。有时造成某种变化或现象的原因并不是哪一个因素单独起作用的结论，就要同时进行多变因素的析因实验。

3. 模拟实验。在科学研究中，有时由于受客观条件的限制，不允许或不能对研究对象进行直接实验，为了获得对研究对象的认识，人们可以通过模拟的方法，选定研究对象的代替物（即模型）、模拟研究对象（即原型）的实际情况，对代替物进行实验。

第五节　现场实验的记录和结果评断

现场实验通常会产生一定的结果，对于现场实验过程和结果，应当以笔录等形式加以记录和固定，现场实验记录是对现场实验过程和实验产生结果的客观记载。现场实验结束，应对现场实验结果的可靠性和证据意义进行评断。公正是法治的生命线，必须牢牢把握社会公平正义这一法治价值追求。对现场实验进行客观记录，对实验结果进行科学评断，有助于充分发挥现场实验的作用，实现现场实验的目的。

一、现场实验的记录

现场实验是重要的勘查措施，实验结果具有重要的价值。因此，应采用笔录、照相、绘图、录音、录像、制作模型等方法，及时、全面、客观地记录现场实验情况。

根据《公安机关刑事案件现场勘验检查规则》第72条的规定，对现场实验的过程和结果，应当制作《现场实验笔录》，参加现场实验的人员应当在《现场实验笔录》上签名或者盖章。现场实验记录以笔录为主。笔录的内容一般由前言、叙事和结尾三部分构成：

第一部分：前言部分。主要记录实验的基本情况。应写明实验的起止时间（年、月、日、时、分），实验的地点，侦查员的姓名、单位，实验的目的等。

第二部分：叙事部分。主要记录实验的过程和结果。应写明整个实验过程是如何组织实施的，进行了哪些实验，有哪些人参加，他们在实验中各自担任什么角色，实验结果如何。对实验的各项基本条件（地点、自然条件、工具和材料等），特别是那些无法再现的条件，要逐项加以评述。如果实验不是使用原物，也要在笔录中反映出来，说明代替物的形状、质地、特点等。对实验的内容、顺序、次数，用了几种实验方法，每种方法改变了哪些基本条件，产生了什么结果，对实验的进程和结果是怎样固定的等均应详细写明。总之，凡是能够影响到实验结果及其评价的一切实验情况，均应详细记载。

第三部分：结尾部分。由侦查员、记录人员以及其他实验参加人员在笔录上签名或盖章。

对现场实验的地点、环境、房屋结构、布置，各部位的布局、实验参加者所在的位置，各个有关物质所在的地点、形状、大小，以及其他一些对实验结果可能产生实质性影响的东西，应根据需要与可能相结合的原则，分别采用照相、绘图、录音、录像、制作模型等方法将其精确、形象地记录下来，作为笔录的补充。

二、现场实验结果的评断

（一）现场实验结果可靠性的评断

评断现场实验结果是否具有可靠性，应着重审查以下几个方面：

1. 实验时的条件与案（事）件发生时的条件是否一致。主要包括实验的时间是否与原案（事）件发生的时间一致；实验是否在原案（事）件发生的地点进行；实验的自然条件是否与原案（事）件发生的自然条件一致；实验是否使用原案（事）件发生时的工具和材料等。

2. 实验人员是否符合实验的要求。主要包括实验人员是否具有某种专业知识和解决有关问题的能力；与案（事）件有无利害关系；生理、心理状态是否正常等。

3. 实验组织实施是否正确。主要包括实验方案是否可行；实验准备是否充分；实验步骤是否合理；实验的方法是否科学；重演的模拟活动是否准确等。

4. 反复实验是否出现相同的结果。主要包括在相同条件下反复实验是否会出现相同的结果；在变换条件下反复实验是否会出现相同的结果。

5. 实验结果是否有充分的事实依据。主要包括从实验所确定的事实材料能否必然推出实验结果；对实验过程中产生的矛盾、疑点有无做出充分的、合理的、科学的解释；实验结果是否得到了其他证据的印证等。

（二）现场实验结果证据意义的评断

现场实验结果的证据意义，应当根据实验所要解决的问题和实验结果的性质进行综合分析。有些实验所解决的问题，只能为确定事件性质、分析判断案情、确定侦查方向和范围提供依据，不能直接作为诉讼证据。有的实验结果能否作为证据，以结果是肯定还是否定、是单义还是多义为转移。

　　肯定的结果表明，被验证案（事）件在特定条件下确实可以发生，具有发生的可能性。但这并不表明该情况实际上确实发生过。该情况是否确实存在，还要结合其他证据作进一步审查。因此，现场实验的肯定结果只能对所审查问题作出推测性的结论。例如，证人提供，事发当晚12点在自己家里听见被害人在隔壁房间的呼救声。经实验证实，确能在证人家中听见隔壁房间的呼救声。但这不能证明事发当晚证人确实听见隔壁房间的呼救声，这一情形应视为可能存在，但并不是已得到证实的客观事实。

　　现场实验否定的结果如果经过审查，认为真实可靠，这表明被查证事实不曾发生过，而且也没有发生的可能性。显然，真实可靠性的否定结果证据意义较大，对于甄别陈述或供述的真伪、确定事件的性质具有十分重要的意义。例如，某单位仓库被盗，值班人员称作案人从挖开的墙洞进出，盗走了大量大件物品。但实验结果表明，该种大件物品无法通过此洞进出。这个实验结果就可以作为证明值班人员作虚假陈述的一个重要证据。

　　在有些情况下，现场实验的结果是多义的，即几种不同的原因都可能导致同一结果，或同一原因可能导致多种结果。例如，通过实验确定，从里面扣上的门，从外面只能用某一种方法开启；在另一种情况下，则可以用几种不同的方法开启。前一种情况属于单义的结果，后一种结果属于多义的结果。单义的实验结果根据其是肯定的或否定的来评断其证据意义，多义的结果只能是勘查人员确定事件性质、分析判断案情的参考依据，其证据意义只有在收集到其他有关证据后，才能作出评断。

　　总之，现场实验不可能将原来的事实或现象彻底地反映出来，任何现场实验结果都不能单独作为认定或否定某一事实或现象的依据，应当与案（事）件的其他证据结合起来综合运用。只有当现场实验结果与其他证据互相印证时，才能成为认定案（事）件某一事实或现象的根据。

-------- 思考题 --------

1. 现场实验的概念是什么？
2. 现场实验的作用是什么？

3. 现场实验的任务是什么？
4. 现场实验的种类有哪些？
5. 现场实验的规则是什么？
6. 现场实验的方法有哪些？
7. 如何评断现场实验的结果？

| 参考文献 |

1. 郭金霞、李小恺：《立体现场勘查学》，中国政法大学出版社 2021 年版。
2. 许大鹏：《犯罪现场调查》，中国法制出版社 2020 年版。
3. 倪春乐主编：《现场勘查》，知识产权出版社 2020 年版。
4. 张颖主编：《犯罪现场勘查》，法律出版社 2020 年版。
5. 卫红泽：《刑事现场勘查学》，中国人民公安大学出版社 2019 年版。
6. 裴煜：《犯罪现场勘查理论与实践》，华中科技大学出版社 2019 年版。
7. 蒋健主编：《犯罪现场勘查》，中国人民公安大学出版社 2014 年版。
8. 朱巧红、盛永彬主编：《犯罪现场勘查》，暨南大学出版社 2013 年版。
9. 杨正鸣、倪铁主编：《犯罪现场勘查案解》，复旦大学出版社 2011 年版。
10. 许爱东：《现场勘查学》，北京大学出版社 2011 年版。
11. 马丽霞主编：《现场勘查》，中国检察出版社 2010 年版。
12. 陈亚玲：《侦查实验制度存在的若干问题与完善》，载《湖北警官学院学报》2015 年第 6 期。
13. 杨东亮：《侦查实验笔录简论》，载《证据科学》2011 年第 5 期。
14. 许静文：《浅议侦查实验笔录的证据能力与证明力》，载《中国刑警学院学报》2015 年第 1 期。
15. 米双鹏：《侦查实验笔录的审查与运用——对办理的一起污染环境案的思考》，载《中国检察官》2018 年第 12 期。

第十章

现场痕迹、物证的发现与提取

🔍 [内容提要]

根据物质交换原理，现场痕迹、物证是作案人在实施犯罪活动的过程中，出入犯罪现场或接触与犯罪活动有关的物品时留下的。在现场勘查过程中，勘查人员应采用科学方法及时发现现场痕迹、物证，准确提取现场痕迹、物证，将其规范运用于信息比对、信息研判，使现场勘查工作充分融入大数据侦查模式。现场勘查所获取的痕迹、物证主要有手印、足迹、工具痕迹、枪弹痕迹、生物物证、微量物证等。勘查人员首先要分析并确定犯罪痕迹、物证经常出现的部位，再根据其不同的物理、化学、生物属性，采用科学的步骤、方法发现、提取和保存。让人民群众在每一个司法案件中感受到公平正义是司法工作的价值追求，案件中公平正义的实现与现场勘查所获得的痕迹、物证密切相关，因此为保证实体正义的实现，要确立严格规范公正的取证理念，遵守发现、提取、固定、保存证据的规范性要求，保证现场痕迹物证提取的合法性与客观性。

🔍 [重点问题]

手印的发现与提取；足迹的发现与提取；工具痕迹的发现与提取；枪弹痕迹的发现与提取；生物物证的发现与提取；微量物证的发现与提取。

第一节 现场手印的发现与提取

手印是指由于手指、手掌皮肤花纹上的汗液或附着物，在肌力的作用下接触客体时引起客体表面形态变化而形成的痕迹。手印是犯罪现场经常遇到的一种形象痕迹。利用手印不仅可以分析案件性质、作案过程、作案人数以及作案人的个人特点，而且可以缩小侦查范围，甚至直接查明作案人。因此，在现场勘查中，应重视对手印的发现和提取。

一、现场手印的发现

（一）发现手印的重点部位

1. 现场进出口和来往路线。进出口是作案人进出现场的必经之路。由于进出口的高低、大小、结构不同，作案人进出现场的方法也不相同，但无论作案人通过什么方法进入现场，一定会触碰到进出口的物体，如门窗玻璃、门窗框、把手、插销、锁等，从而留下手印。

2. 作案活动的中心部位。作案活动的中心，是作案人为排除有关障碍而进行破坏的重点部位，如保险柜、抽屉、箱盖等，这些部位的物体常常会因作案人的行为而被移动、翻倒、毁坏等。作案人要完成这些动作，必然会对其加以触摸从而在物体表面留下手印。现场也有一些物体很难直接判断是否被作案人破坏和翻动过，需要通过询问被害人、事主与知情人来确定，若是被作案人动过，就可能留下其手印。

3. 现场遗留物。现场遗留物是作案人带入现场遗留的，留有手印的可能性极大，所以应重点勘查、发现，如作案凶器、工具、纸张、包装袋、饮料瓶、眼镜等，都可能留下作案人的手印。

4. 与作案活动相关的某些设备或物品。如电源开关、灯泡等部件，洁具、移动过的家用电器等物品。

（二）发现手印的方法

发现手印必须根据承痕体的不同性状和手印的不同种类采取不同的方法。立体手印和平面有色手印，因为有立体感或有颜色，在普通光照下用肉眼仔细观察即可发现。对于平面无色手印，则需要采取一定方法来发现，常用的方法有以下几种：

1. 透光观察法。该方法适用于遗留在透明客体上的无色汗潜手印的寻找发现。操作方法就是让光线从物体的背面照射，人的眼睛从物体的正面（留有手印的一面）进行观察。因手印纹线部分与客体的透明度不同，会显示出反差，勘查人员可以根据反差来看清手印。为了便于观察，操作时可用深色背景作为衬托，光线角度和视线角度也应调节，直到看清手印为止。

2. 仪器观察法。该方法主要是利用特殊光源，如多波段光源、长、短波紫外灯、蓝光灯等进行观察。这种方法常用来寻找汗液、油质等物质形成的手印。

运用这些光源进行观察时，要注意佩戴防护眼镜和其他防护设备，以免给人体造成伤害。

3. 正面投射光线法。该方法适用于表面有光泽的非透明体上汗潜手印的发现。操作方法就是用光线从物体的正面照射，人的眼睛也从物体的正面观察。因手印纹线部分与物面的反射能力不同，会出现反差，通过区分便能看清手印。操作时，光线角度、视线角度以及光源都可以进行适当的调节。因手电携带轻巧，且发出的光线集中，故而常被用于此方法。在勘查中，为了排除其他光线的干扰，最好在黑暗情况下用光源直接照射观察。

4. "哈气法"。此法只适用于吸水性较弱的光滑物体。操作方法就是用嘴对着物体哈气，使物面形成一层水汽，因手印纹线部分与客体部分附着水分的程度不同，在哈气后会形成反差。要注意的是，用哈气法发现的手印，必须等水分蒸发干燥后再用其他显现方法进一步处理，以免手印被破坏。

5. 显现法。该方法主要适用于各类物体上潜在手印的寻找发现。应当根据承痕体的性质和形成手印的物质情况，选用不同的方法进行手印显现，具体方法有：

（1）粉末法。粉末显现法是现场勘查中寻找手印最常用的方法。该方法之所以能显现手印，是因为手印中的汗液和油脂具有一定的吸附力，能与粉末产生强烈的亲和作用，故而可使其黏附在手印纹线上着色而被显现。在勘查实践中，有的粉末（如铝粉、青铜粉）适用于玻璃、搪瓷、陶瓷、塑料、油漆木、电镀等物体上的手印；有的粉末（如磁性粉末）适用于所有的无油脂光滑物体上的手印，如玻璃、瓷器、油漆木、纸张、竹器、人造革等；有的粉末（如石墨粉）适用于光滑塑料、纸张和白色瓷器上的手印；有的粉末（如四氧化二铅粉，又称红铅粉或丹铅）适用于少量附油的物品，如蜡纸和陈旧性的油垢手印。操作时需要注意，选用粉末的颜色与被刷显物体的颜色要有明显反差；要使用清洁干燥的毛刷；被显现的物体必须干燥，表面不能有油和黏液；含铁的物体不能用磁性粉末来显现。

（2）熏染法。熏染法是利用碘气化后产生的气体与手印物质发生化学反应而将手印染色并被发现。该方法适用于浅色纸、蜡纸、复写纸、本色木、竹器、浅灰色墙面的新鲜或较陈旧的手印。由于碘具有强烈的挥发性和腐蚀性，平时要保存在封闭的棕色瓶内，熏染时也要注意碘对皮肤、呼吸道等产生的刺激和伤害。

（3）硝酸银显现法。硝酸银溶液与潜在指纹中的氯化钠产生反应后，会在阳光下产生灰黑色的指纹。该方法适于浅色纸张、单色彩色纸、较新的本色木上的汗液手印。操作方法是用镊子夹住棉球蘸少许硝酸银溶液，轻轻涂抹到客体表面，置于阳光下或强烈灯光下曝晒，即可显出手印。显现完后要及时拍照固定，然后放入暗袋保存，以防继续曝光，也可夹入书本中保存。由于硝酸银有毒且腐蚀性强，操作时一定要戴手套。

（4）宁西特林（茚三酮）显现法。该方法适用于显现浅色纸张、本色木上的陈旧手印，显现出的手印颜色呈紫色。操作方法是用棉球蘸取茚三酮溶液涂到客体表面，或将物体浸入溶液一分钟，或用喷雾器将溶液均匀地喷到物体表面，然后在室温下让其自然显出纹线。一般情况下 1~2 小时显出淡紫色纹线，随着时间延长，色调逐渐加深，完全显出需要 4~6 小时以上。

（5）"502"显现法。"502"粘合剂是比较容易挥发的物质，尤其是加热后，挥发速度更快，用这种方法显现手印灵敏度高，应用范围广。如果用物理方法不能显现的手印，使用"502"粘合剂就可以显现，且显现出的手印清晰，不易破坏。该方法适用于塑料制品、金属、玻璃、瓷器、胶木、风化油漆制品、橡胶、皮革和尼龙绸等非吸湿性物体表面上新鲜的汗液手印和动植物油脂手印，皮肤上的手印也可用"502"显现，但不适用于渗透性客体、陈旧汗液手印、干燥灰尘和血手印。"502"显现法的具体操作方法有四种：冷熏、热熏、强碱催化熏、滤纸贴附熏。

（6）烟熏法。烟熏法是利用一定物质燃烧所产生的烟末被手印中的汗液或油脂粘附染色而显出手印。常用的烟熏物质有：松香带、樟脑粉、煤油灯、烟熏蜡烛、牙刷，这些物质燃烧后都能产生细腻、均匀的黑色烟末，易与手印中的汗液、油垢黏附，从而显出手印。该方法适用的客体有：搪瓷、陶瓷、玻璃、金属、油漆木和塑料等光滑物面上较陈旧的汗垢手印（五天以内）以及竹器、人民币、纸张上的新鲜汗液手印。

（7）多波段光源显现法。多波段光源是由一组或两组特殊设计的滤色镜将光源发出的白光分成不同的波段输出，或通过导光管将光输出，多波段光源一般具有 6~8 个波段，甚至更多，在现场勘查时可以根据不同的手印选择合适波段的光。这种方法显现速度快，效率高，反差强。

（8）DFO 荧光显现法。DFO 是一种黄色粉末，能与汗潜手印中的氨基酸反应生成一种淡紫色物质，在蓝绿光源的激发照射下可产生强烈橙红色荧光，显出率是茚三酮的 2~4 倍，适用于渗透性表面上新鲜或陈旧的汗潜手印及血潜手印，不适用于荧光表面和非渗透性客体表面。具体操作方法是：将客体浸于配制好的 DFO 显现液中不超过 5 秒，或用毛刷将显现液涂在疑似有手印的客体上，将客体平放在干净干燥的厚纸或先在白纸下观察显现效果，再用多波段光源蓝绿波段激发，戴橙色观察眼镜观察显现效果，最后在相机镜头前加装滤镜进行照相提取。

（三）发现、寻找手印的注意事项

1. 戴手套进入现场，不要随意触动物品，如必须接触时，则应接触物品的边缘、棱角或他人不易接触的部位，以免留下新的手印。

2. 先重点后一般。进入现场后，首先要将主要精力和时间放在发现手印的重点区域、重点物品上，然后再对一般部位、一般物品进行勘验。

3. 先静观后动观。未动手前，应认真观察发现疑有手印的部位，然后再移动物体，使之适应不同的光照和视线角度，以便仔细寻找手印。

4. 先观察后显现。首先用一定的方法观察物体表面，尽量发现手印的准确位置，然后再选择适当的方法显现无色手印。切忌以显代寻，造成手印的损坏和遗漏。

二、现场手印的提取

（一）提取现场手印的方法

1. 照相法。手印一经发现或显现，就必须进行照相。照相法能反映出现场手印的原始状态，反映现场手印的清晰程度，同时又不破坏现场手印，因而在固定、提取手印时，照相法是首选方法。同时，照相法还能保证在其他提取方法失败的情况下仍有照片可利用。

2. 胶带粘取法。这是现场勘查中最常使用的固定、提取粉末法和熏染法显现出手印的方法。除了用透明胶纸外，还有专用指纹胶纸（有黑、白、透明三种）。使用此种方法需注意，提取手印之后应立刻在衬纸背面注明案由、发案时间、地点以及手印遗留的具体位置。

3. 制模法。可以通过石膏制模或硅橡胶制模，前者的制作方法与制作足迹模型类似，后者的制作方法与采取工具痕迹相同。

4. 提取原物法。经研究之后，若认为现场的手印可能为作案人所留，而此时现场又没有很好的显现方法，或是为了长期保存原物证，就可以采取提取原物的办法。但要注意在提取过程中将带有手印的物体固定在适宜的包装容器中央，避免在运送过程时发生擦碰，损坏手印物证。同时，提取原物需经有关人员同意，并办理提取手续，注意用后归还。

（二）提取现场手印的注意事项

1. 做到确有把握，万无一失。

2. 严格保全手印清晰、完整的特征。
3. 对与犯罪有关的手印,坚持多取的原则。
4. 做好手印原始状况的记录。
5. 对提取的手印妥善保管,防止破坏和遗失。

第二节 现场足迹的发现与提取

足迹是指人体在运动中足部作为造痕体与地面等承痕体表面接触所形成的痕迹。足迹是犯罪现场经常遇到的一种形象痕迹。利用足迹不仅可以分析案件性质、作案过程、作案人数以及作案人的个人特点,而且可以寻迹追踪,查获作案人。因此,在现场勘查中,应重视对足迹的发现和提取。

一、现场足迹的发现

(一) 寻找作案人足迹的重点部位

1. 现场进出口。现场的进出口是作案人进出现场的必由之路,容易留下足迹,常见的进出口,如门、窗等;特殊的进出口,如孔洞、坑道等。勘查时,对这些部位及附近的地面和用于踩踏、攀登的物体,都必须认真细致地寻找足迹。

2. 中心现场。中心现场既是实施作案的地点,也是被侵害的目标所在。常见的中心现场,如杀人地点,尸体周围和尸体所在的地面上;盗窃案中被盗物品原存放地点及其周围地面;强奸案件中控制被害人地点和周围地面等。这些部位是作案活动最集中的部位,足迹较多,应仔细寻找。

3. 作案人来去路线。根据来去路线上的足迹能判断作案人实际的来去方向,便于追踪或寻找其他痕迹、物证,有时还能找到未进入中心现场的同案犯的足迹。

4. 作案人预伏处。一些作案人在作案时,还有躲藏、预伏等作案过程。因此,在其藏身伺机作案的场所一般会留下相应的足迹,如墙角、窗下、门后、树林中等。

(二) 发现足迹的方法

立体足迹和平面有色足迹因有立体感或有颜色,容易被观察和发现。平面粉尘足迹大多数颜色很浅淡,反差弱,不容易看清楚,需要采取相应的方法才能发现。发现足迹时,常用到的方法有:

1. 室外现场的寻找方法。室外现场往往利用自然光进行观察,观察时一般应站在逆光或侧光的位置，不断调整观察的位置和角度，直到看清为止。当光照太强时，可用遮光板挡住直接投射到承痕体上的光线，然后用反射板在一侧反射光线，使之成为侧光进行观察。

2. 室内现场的寻找方法。室内现场的光线一般比较暗，足迹反差弱，不容易看清楚。这种情况下可将室内其他散射光遮挡住，只留一侧的光照，或将全部的自然光遮挡住，使用现场勘查灯或多波段光源，不断调整角度，俯视观察。

3. 夜晚的寻找方法。夜晚观察足迹一般使用各种照明设备进行配光观察。因在夜间没有杂散光的干扰，足迹的反差较强，容易看清楚。

二、提取足迹的方法

（一）照相法

照相法也是提取足迹的一种很适用的方法，这种方法能保留现场足迹的原始状态。在拍照时，要求保持足迹不变形，在足迹内纵弓部边缘外附近平放比例尺。立体的、平面的、单个的、成趟的足迹都要拍照固定。

（二）静电复印法

利用静电有吸附力的原理，可将带电的塑料板、锡箔、塑料膜等盖在粉尘足迹上，使粉末被吸附在这些载体上从而提取粉尘平面足迹。一般常用的方法有静电发生器复印法和摩擦生电复印法。

（三）制模法

勘查中常用的是石膏制模法，该方法主要适用于常见的泥土或沙地上立体足迹的提取。对于其他较特殊的立体足迹，如粉尘立体足迹、雪地足迹和水中立体足迹等，其制模方法有所不同。由于粉尘遇石膏液易被冲走或漂浮起来，而使粉尘足迹遭到破坏，所以在制模前，应先对足迹进行加固处理。一般用5%松香酒精液或5%糖水液均匀喷洒在足迹表面，注意喷嘴平行对着足迹，在距离足迹50～70厘米处，让液雾垂直下降，不破坏粉尘足迹，也可以用细筛在足迹表面均匀地筛撒一层石膏粉做保护层。

（四）胶纸粘取法

在现场勘查中，常用比较宽的胶纸（提取掌纹用的胶纸）或复写纸粘取较清晰的粉尘平面足迹，或者是经过粉末加工显现的汗液足迹。由于足迹面积较大，在黏附时可用小滚子将胶带纸压平，防止出现大的气泡，同时注意不要破坏现场足迹。粘取后的足迹要覆盖透明塑料膜或贴在玻璃上。

（五）提取原物法

如果足迹遗留在桌椅、纸张、衣物等轻便物体上，为了保持足迹的原始状态，便于分析研究和检验，可以提取有足迹的原物，但提取之前必须经被害人、事主同意，并注意在包装和运送过程中采取妥善的保存措施，以免破坏足迹特征。

综上所述，在现场勘查时，应根据各种足迹的种类特点，分别采用适当的方法进行提取，以便保存痕迹、物证，进行足迹检验。在提取时应先用照相法固定，然后再采用其他方法提取。对于在现场不便直接处理的足迹，可对原物进行提取，送实验室处理。

第三节　现场工具痕迹的发现与提取

工具痕迹是指工具在机械力作用下，使承受客体在与其相接触的部位发生塑性变形或断裂形成的立体反映形象。工具痕迹是犯罪现场经常遇到的一种形象痕迹。利用工具痕迹不仅可以分析作案工具、作案手段，而且可以分析作案人的个人特点，揭露伪造现场，为串并案件提供依据。因此，在现场勘查中，应重视对工具痕迹的发现和提取。

一、现场工具痕迹的发现

（一）发现工具痕迹的重点部位

发现工具痕迹的重点部位一般有：现场中心、作案人破坏的客体、现场的进出口和来往的路线、犯罪嫌疑人住所及其周围。

（二）发现工具痕迹的方法

工具痕迹大多是立体痕迹，用肉眼在普通光线下即可发现，也可以借助侧光或逆光进行观察发现。

1. 光照观察法。利用反射光和侧射光直接发现工具痕迹。
2. 仪器观察法。对于比较细微的工具痕迹，用眼睛直接观察难以分辨时，可使用放大镜或其他仪器观察。

二、现场工具痕迹的提取

现场工具痕迹常用的提取方法有以下几种：

（一）照相法

拍照时，先拍摄遗留有工具痕迹客体的原貌，然后用比例照相的方法进行拍摄。

（二）原物提取法

如果工具痕迹遗留在轻便物体上，为了保持工具痕迹的原始状态，便于分析研究和检验，可以提取有工具痕迹的原物，但必须经当事人同意。

（三）制模提取法

1. 硅胶制模法。主要用于深浅不同、面积大小不等的金属及木质客体上的凹陷痕迹及线条状痕迹。操作时需要将适量硅胶与固化剂按 8∶1 的比例用调墨刀调匀，轻轻地涂注在抹过甘油的工具痕迹中，约 1 小时晾干后剥脱即可。

2. AC 纸制模法。AC 纸又名醋酸纤维薄膜，是一种有高渗透性的材料，主要适用于金属表面的细小条状工具痕迹。操作要领是：取一块适量 AC 纸，经丙酮液浸泡变软后，贴在工具痕迹表面，另外再取等大的 AC 纸覆盖在上面，压平，待其固化后从边缘处剥脱即可。

3. 硬塑料制模法。硬塑料即打样膏，通常用来做假牙，加温后塑性好，冷却后硬度高。常用于浅表的木质或金属客体上的凹陷状工具痕迹提取。操作时先将甘油涂在工具痕迹表面，再将硬塑料加温软化，取适量去掉水珠按压在痕迹内，待冷却后取出即可。

4. 软塑料制模法。软塑料即橡皮泥，适用于金属或木质客体上的凹陷痕迹。操作时取适量压入涂过甘油的工具痕迹中，垂直取出即可。

5. 易熔金属制模法。在现场勘查中常用的易熔金属包括锡、铅、铋，操作时按特定比例混在一起加热熔化，注入涂过甘油的金属客体表面的工具痕迹内，冷却后取出即可。

第四节　现场枪弹痕迹的发现与提取

枪弹痕迹是枪支射击时在弹头、弹壳与弹着点上所形成的痕迹的总称。枪弹痕迹是犯罪现场经常遇到的一种形象痕迹。利用枪弹痕迹不仅可以判断发射枪支的种类，认定发射枪支，而且可以判断作案人的射击距离、射击角度、射击顺序，确定案件的性质，为侦查提供方向。因此，在现场勘查中，应重视对枪弹痕迹的发现和提取。

一、枪弹痕迹的发现

（一）射击弹头的发现

射击时弹头击中障碍物、目标物时，有的能够穿透，有的射入而未穿透；有的遇到坚硬的物体时碰落在地，有的反弹到别处。寻找射击弹头时可先观察射入口、射出口、弹头飞行的方向、角度，在被击中的物体内、弹着点及弹着点的周围去寻找。

（二）射击弹壳的发现

各种类型的枪支排壳的方向和远近不同，一般情况下弹壳散落在射击点附近 1～5 米左右范围内。但由于射击时地理条件和环境不同，弹壳抛出的距离可能在 5 米以外甚至滚落得更远。寻找时应认真、全面，必要时可借助于某些仪器进行搜寻。如果射击枪支是非自动枪支或转轮枪，发现枪支后可在枪支的弹膛或鼓轮内寻找。

（三）射击残留物的发现

射击残留物，也称射击物或射击残渣，是指击发枪支时，从枪口中喷出或从枪管末端逸出的气团中所夹带的火药颗粒和金属粉末等组成的烟灰。它们通常留在弹孔的内缘和周围，射击者手背、手指间，弹头表面，枪管内壁和有关机件表面。因此，寻找发现的重点是犯罪嫌疑人的手上及腕部、射入口的周围、弹孔内缘、弹道内壁、射出口的背面、弹着点附近、目标物表面等。对反差微弱的目标物及衣服、纺织品，可借助放大镜、紫外光、多波段光源及红外照相技术等方法发现。

由于射击残留物的寻找及检验具有一定的局限性，因此勘验时要注意：其一，残留物可以被擦去或洗掉，在枪支射击后通常须尽快搜集；其二，射击残留物的检验并不是确信无疑的，因为这种检验并不能认定某个人就是某个案件的开枪者。同时，在枪支射击时，残留物可以附着在任何靠近该枪的人手上，也有人可能在接触武器或者拆卸部件时粘上残留物。

二、枪弹痕迹的提取

（一）射击弹头弹壳的提取

将找到的所有弹头、弹壳分别用柔软的白纸或纱布包装，放入小盒内，并注明发现的时间、地点等有关情况。

（二）射击残留物的提取

1. 射击目标物表面、弹孔周围等处的残留物。提取方法主要是复印法，包括湿复印和干复印两种。湿复印是在滤纸上喷淋一些有机溶剂，如乙醇、丙酮、四氯化碳等，然后覆盖在残留物表面，再盖上一层薄纸片，用电熨斗烫几分钟，从而将射击残留物提取到滤纸上。干复印主要用于对衣服、皮革、纸张、纺织品等柔软、薄层、光洁物体上残留物的提取，方法是将滤纸放在干净的桌面上，将衣物等物体上有疑似残留物附着的地方覆盖在滤纸上，然后在衣物上面垫上纸片，用电熨斗加热几分钟即可取下。

2. 犯罪嫌疑人手背等部位残留物。提取方法有两种：一种是溶解法，即用棉签浸渍5%的硝酸溶液，然后擦拭犯罪嫌疑人的手背等部位，将残留物提取到棉签上；另一种是石蜡膜法，即用60℃左右的熔融热石蜡均匀地覆盖在犯罪嫌疑人的手背等部位，待石蜡凝固后取下石蜡膜，从而将残留物提取到石蜡膜表面。

3. 枪管里的残留物。提取方法是将滤纸卷成纸筒插入枪管内，然后注入10%的氨水，等氨水全部浸湿滤纸后将其取出，从而将枪管内的射击残留物提取到滤纸上。

（三）嫌疑枪支的提取

提取枪支前，应对枪支发现的地点和位置进行拍照和记录。提取时，要注意枪支及包装物上的手印等痕迹。同时要注意枪支是否上膛，防止走火伤人。

第五节　现场生物物证的发现与提取

生物物证是指来自于生物体的、对案件真实情况具有证明作用的物质。生物物证是犯罪现场经常遇到的一种物质。利用生物物证不仅可以明确犯罪现场、作案人数、作案人，而且可以确定侦查方向，帮助现场重建，为串并案件提供依据。因此，在现场勘查中，应重视对生物物证的发现和提取。

一、生物物证的发现

（一）发现生物物证的重点部位

1. 血迹的发现。血迹常附着于现场各类物体的表面，如现场的地面、门窗、墙壁、衣物、被褥床单、家具、电器、钱币、卫生纸、水池浴室、下水道及各类致伤工具、车门窗、脚垫等。明显的血迹只要勘查人员认真仔细，通过肉眼观察即可发现，必要时可借助联苯胺、四甲基联苯胺等化学药品显现。

2. 毛发的发现。在凶杀、盗窃、强奸、交通肇事等案件中，常有毛发遗留在案件现场或肇事车辆上。应注意被害人的内裤、外阴部、大腿间或被害人的手中有无异常毛发附着，搜查现场时应注意浴室、下水道、卧室或嫌疑凶器上有无毛发附着，交通肇事案件还应仔细检查嫌疑车辆的撞击部位和底盘。

3. 精斑的发现。一般来说，精斑多附着在短裤、报纸、被褥床单、卫生纸、避孕套、毛巾和被害人的腹部、外阴、大腿上。在检验女性尸体时提取阴道拭子应注意分外阴、阴道、窍隆部多层次提取，必要时剖验宫腔和输卵管提取。

4. 唾液斑、汗斑及脱落细胞。唾液斑及汗斑是除血液、精斑以外一类非常重要的生物物证。搜查现场时应注意发现吃剩的水果、食物、口香糖，用过的茶杯及痰迹、烟头等可能附着唾液的检材。重视对现场遗留物品和作案人可能接触的物品的检验，以发现作案人的汗斑物证。

（二）发现生物物证的方法

1. 观察法。通过肉眼或者可见光寻找发现血迹、毛发、痰、涕、大小便等物质。

2. 技术检验法。对现场上发现的人体分泌物、排泄物、呕吐物等用物理、化学方法进行检验，确定这些物质的成分，分析是否与案件有关系。

3. 紫外光观察法。通过紫外灯的照射，可以发现遗留在深暗色纺织品、家具、纸张上的精斑、汗斑、鼻涕、唾液等，这些物品在被照射时能够产生荧光，勘查人员要及时拍照记录。

二、生物物证的提取

（一）血迹的提取

提取的基本方法有原物提取法和转移提取法。

1. 湿润血液的提取。对于湿润血液，可以直接进行检验，也可以放入试管内、冰壶中迅速送检。若短时间内不能检验或送到实验室，则需要用干净纱布黏附血液，待自然干燥后用纸质物证袋包装，置于冰箱内保存。

2. 干燥血迹的提取。对附有干燥血迹且不沉重的物品，要整件提取、分别包装。如果干燥血迹附着在沉重、固定或不易携带的物体上，可将血迹连同邻近小块无斑痕部分共同取下，也可用生理盐水浸湿的纱布擦拭血迹，待自然干燥后包装送检。

（二）毛发的提取

提取的基本方法有原物提取法和胶带纸粘取法。

对于现场上发现的毛发，不论遗留在何处，均应提取、分别包装，同时作好标记。提取时注意不要清理掉毛发上的附着物。

（三）精斑的提取

提取的基本方法有转移提取法和原物提取法。

1. 体内精斑。用干燥的纱布块擦取，提取后置于阴凉处晾干。

2. 体外精斑。用生理盐水浸湿的纱布擦取，提取后置于阴凉处晾干。

3. 其他物体上的精斑。对附有精斑不沉重的物品要整件提取，分别包装。如果精斑附着在沉重、固定或不易携带的物体上，可将精斑连同邻近小块无斑痕部分共同取下，也可用生理盐水浸湿的纱布擦拭精斑，待自然干燥后分别包装送检。

（四）唾液斑、汗斑及脱落细胞的提取

提取的基本方法有转移提取法和原物提取法。

1. 唾液斑的提取。用纱布块擦取，提取后置于阴凉处晾干。
2. 烟蒂唾液斑的提取。用镊子提取，按不同的提取部位分别包装、标记。

（五）生物检材的保全

生物检材容易因腐败、发霉、变质而失去检验鉴定的价值，所以应特别注意保全：

1. 尚未干燥的检材应自然干燥后保存，不可暴晒或置于高温环境内。
2. 液体检材应放在冰箱内冷藏，或者用干净纱布或滤纸黏附后晾干保存。
3. 软组织检材应冷藏或用10%的福尔马林固定后保存。
4. 一般用玻璃瓶或白纸进行包装。

只要按照正确的方法进行保存，很多生物物证就能够长期存放，保留证明价值。

第六节　现场微量物证的发现与提取

微量物证是能够证明案件真实情况的微细物质材料。微量物证是犯罪现场经常遇到的一种细小物质。利用微量物证不仅可以判断原始现场、作案时间、作案工具、作案人的工作或生活环境，而且可以确定案件的性质，帮助现场重建，为串并案件提供依据。因此，在现场勘查中，应重视对微量物证的发现和提取。

一、微量物证的发现

（一）发现微量物证的重点部位

微量物证在犯罪现场的空间分布会因案件的不同、现场环境的不同而有所差异。现场勘查中，应根据案情及现场具体情况，确定发现微量物证的重点场所和部位。一般而言，以下现场和部位是微量物证存在的重点场所和部位：

1. 现场进出口。由于作案人必须要经过进出口，甚至对进出口进行过撬压等破坏活动，因而可能会留下微量物证。尤其是侵入口往往会留下作案人鞋底的沙土、被打碎的玻璃碴、蹬擦痕迹以及衣服上被擦挂下来的纤维等。如果作案人使用破坏工具破坏门窗侵入，撬压痕迹中亦经常发现诸如金属镀层、锈蚀、油污或油漆等类微量物证。

2. 现场中心部位。如作案人行凶杀人的处所、尸体所在地点、翻找窃取财物的地点、放火案件现场的起火点、引火物周围等。

3. 作案人来去路线。作案人来去现场的路线上可能留有某些表明其从何处经过等信息的微量物证。

4. 被侵害客体。杀人案件，要注意从尸体创口、头发、手掌、手臂的表面、指甲缝、衣服的口袋、衣领、下摆、裤子的折边等处发现、搜集尸体上的附着物及铁锈、油污等。盗窃案件应对被撬的箱柜、门、锁、锁扣、门框以及相应地面等处进行重点观察以发现微量物证。强奸、抢劫案件，应注意从受害人身上、受害部位发现作案人的毛发以及作案人身上所特有的附着物。此外，对于现场的遗留物、可疑工具等，要注意观察、发现上面附着的微量物证。

（二）发现微量物证的方法

寻找微量物证，应根据案件及现场的具体情况，结合微量物证的种类、特点来确定寻找的重点方法。勘查时可以用普通光源辅助照射，并利用放大镜进行观察，查找破碎的玻璃、撕碎的纸张；可以用磁铁吸附金属碎屑、爆炸的碎片等；可以用多波段光源照射，再用放大镜去发现细小的破碎物、线头、残片等；可以用紫外灯发现各种纤维或沾有特殊物质的纸片、织物等。

二、微量物证的提取

（一）不同类型微量物证提取的方法

1. 固体物质均可用镊子夹取，如砖、石、弹头、金属等物体碎屑等，用非金属镊子（竹镊子）夹取收入包装袋中，此方法又称为直接拿取法。

2. 土壤及粉末状物质，可视其量的多少和状态来提取，量多的用扫取法，量少的用粘取法，颗粒块状态的物质用拨挑法及片状刮取法。

3. 对于纤维物质的提取，可用醋酸纤维胶带纸直接粘取，并将提取到物质的胶带纸粘在玻璃板上，盖好、包装。

4. 对于附着力不强的油脂、涂料，可直接用牙签、细针挑下；对于附着力较强的油脂、涂料，可用干棉球或浸有酒精的棉球擦拭，将擦拭后的棉球保存在标本瓶中。

5. 对于衣服或纺织品上的附着物，可采用塑料薄膜保护法提取。

（二）提取微量物证的注意事项

1. 提取前要拍照。

2. 凡一证多用的物质要协同提取。

3. 提取时工具、环境及包装物要保持清洁，不能被污染，禁止未经清洗就重复使用。

4. 除提取犯罪嫌疑人的有关物质外，还应提取有关地区该案物质的样品以便对照检验。

5. 提取载体上微量物质的同时，要提取无微量物质部分的载体，以准备空白检材和对照检材。

6. 提取微量物质时，物质的原貌、形状及化学组成成分不能改变。

| 思 考 题 |

1. 发现现场手印的方法有哪些？
2. 提取现场手印的方法有哪些？
3. 提取现场足迹的方法有哪些？
4. 提取现场工具痕迹的方法有哪些？
5. 提取现场枪弹痕迹的方法有哪些？
6. 发现生物物证的重点部位有哪些？
7. 生物检材的保全要注意哪些问题？
8. 发现微量物证的重点部位有哪些？

| 参考文献 |

1. 单大国主编：《刑事科学技术》，高等教育出版社2021年版。
2. 倪春乐主编：《现场勘查》，知识产权出版社2020年版。
3. 张颖主编：《犯罪现场勘查》，法律出版社2020年版。
4. 裴煜、段蓓玲：《刑事案件现场勘查方法》，华中科技大学出版社2020年版。
5. 许爱东主编：《公安技术实验教程》，法律出版社2018年版。
6. 沙贵君、陈志军主编：《犯罪现场勘查学》，中国人民公安大学出版社2015年版。
7. 张书杰、辛大勇主编：《痕迹检验学》，中国人民公安大学出版社2015年版。
8. 闵银龙：《法医学》，法律出版社2015年版。
9. 杨瑞琴主编：《微量物证检验》，中国人民公安大学出版社2013年版。
10. 许爱东：《现场勘查学》，北京大学出版社2011年版。

11. 马丽霞主编：《现场勘查》，中国检察出版社 2010 年版。

12. 滕彦麟、吕晓森、张艺腾：《三维枪弹痕迹自动识别技术的探讨》，载《云南警官学院学报》2021 年第 3 期。

13. 陈明凯、于金虎：《足迹在现场勘查中的主导作用》，载《广东公安科技》2020 年第 2 期。

14. 巫家盛、江煜灵、熊晨：《浅谈接触性生物物证前期采集与保护的重要性》，载《广东公安科技》2020 年第 1 期。

15. 夏桂珍：《犯罪现场微量物证的发现和提取》，载《湖北警官学院学报》2013 年第 12 期。

第十一章

现场勘查记录

🔍 [内容提要]

现场勘查记录是勘查人员运用文字、图形、照片、影像等形式记录现场和勘查情况的法律文书。现场勘查记录包括现场勘查笔录、现场图、现场照片和现场录像四种形式。现场勘查笔录是勘查人员将现场和勘查情况以文字的形式记录下来所形成的文书资料。现场图是勘查人员利用绘图原理和技术，借助各种符号和图像对现场的情况进行复制所形成的图像资料。现场照片是勘查人员利用刑事摄影技术，将现场及痕迹、物证等以摄影的方法进行固定所形成的图像资料。现场录像是勘查人员利用摄像技术，将现场和勘查情况进行固定所形成的视频影像资料。勘查人员应及时、规范制作现场勘查记录。现场勘查记录不仅是法定证据之一，还可以为现场分析、复查现场和审查言词证据提供重要依据。因此现场勘查记录既要具有证据的客观性，又要具有证据的合法性，并通过记录保证现场勘查活动的公正性、合法性与全面性，强化对勘查活动的监督，促进司法公正的实现。

🔍 [重点问题]

现场勘查笔录；现场绘图；现场照相；现场录像。

第一节 现场勘查记录概述

现场勘查记录包括现场勘查笔录、现场绘图、现场照相和现场录像四种方式。现场勘查记录的四种方式各有所长，又各有不足。这几种记录方式互相配合、互相补充，从不同的角度将现场及勘查情况客观、全面、系统、准确地记录和固定下来。现场勘查记录不仅是法定证据之一，还可以为现场分析、复查现场和审查言词证据提供重要依据。

一、现场勘查记录的概念

现场勘查记录是指勘查人员运用笔录、绘图、照相、录像等方式，依法制作的反映现场和勘查情况的法律文书。现场勘查记录的概念主要具有以下几个方面的含义：

（一）现场勘查记录的主体是勘查人员

现场勘查是确定事件性质、查明犯罪事实的重要措施，现场勘查的结果直接影响后续活动的开展。现场勘查记录能够全面地反映现场勘查活动的情况，制作记录的人员如果没有参与现场勘查，就不能对现场和勘查情况进行客观记录。因此，现场勘查记录必须严格按照法律法规的规定，由参与现场勘查的勘查人员如实制作。

（二）现场勘查记录的内容是现场状态和勘查情况

勘查人员运用笔录、绘图、照相、录像等方式，首先应将现场的客观状态记录和固定下来，然后把整个勘验、检查的过程和结果完整、真实地记录下来，包括对场所、物品、痕迹的勘验，对人身的检查，对尸体的解剖等。

（三）现场勘查记录的方式是笔录、绘图、照相、录像

现场勘查记录是勘查人员运用笔录、绘图、照相、录像等方式，以文字、图形、照片、影像等形式记录现场和勘查情况，其中笔录为主要记录方式，绘图、照相、录像等为辅助记录方式。

（四）现场勘查记录的性质是法律文书

《中华人民共和国刑事诉讼法》第50条第2款规定："证据包括：（一）物证；（二）书证；（三）证人证言；（四）被害人陈述；（五）犯罪嫌疑人、被告人供述和辩解；（六）鉴定意见；（七）勘验、检查、辨认、侦查实验等笔录；（八）视听资料、电子数据。"现场勘查笔录是法定诉讼证据之一，现场图、现场照片、现场录像作为辅助记录形式，也是刑事诉讼中必不可少的法律文书。

二、现场勘查记录的作用

制作现场勘查记录，既是现场勘查工作的重要内容，又是法律法规的基本要求。现场勘查记录既是真实反映现场和勘查情况的客观材料，又是一种法律文书，因此，现场勘查记录在刑事执法以及刑事诉讼活动中都具有十分重要的

作用。

(一) 现场勘查记录是立案侦查的基本依据

现场勘查记录是勘查人员对现场和勘查情况所作的如实记录，是证明犯罪事实是否发生的基本依据。立案是刑事案件侦查的程序性要求，根据《中华人民共和国刑事诉讼法》相关规定，有犯罪事实发生是刑事案件立案的首要条件，而犯罪事实是否发生就需要通过相关证据来予以证明。现场勘查记录可以证明痕迹、物证等现场证据的来源与出处，以及证明在现场发生了特定的犯罪行为并造成了相应的犯罪后果。作为现场和勘查情况的客观记载，现场勘查记录自然成为犯罪事实是否发生的主要依据，必然也成为刑事案件立案侦查的基本依据。反之，如果通过现场勘查，不能确定犯罪事实是否发生，或者能够确定犯罪事实并未发生的，现场勘查记录自然便成为不予立案的基本依据。

(二) 现场勘查记录是分析案情的重要依据

现场勘查工作结束后，如果认为有犯罪事实发生，需要追究刑事责任，则必须立案侦查，接着就要全面开展侦查活动。在开展侦查活动以前，需要对案情进行一系列的分析，并在此基础上制订侦查计划，用以指导侦查工作。分析判断案情，制订侦查计划，采取侦查措施，其客观依据都是集中反映勘查成果的现场勘查记录。例如，分析案件性质、作案动机、作案目的、作案时间、作案地点、作案手段、作案方法、作案工具、作案过程、作案人数、作案人个人特点等，都是建立在现场勘查记录基础之上的。如果没有勘查记录，或者勘查记录不全、不符合要求，对现场的再认识就会缺乏依据，也不可能分析和吃透案件情况。

(三) 现场勘查记录是审查言词证据的重要依据

现场勘查记录是对现场的客观状态以及现场勘查过程与结果的记载。现场勘查记录详细记载了作案的时间、地点，现场上遗留的痕迹、物证，作案人在现场的活动等情况，这就为审查言词证据提供了重要依据。有些犯罪嫌疑人为了逃避法律制裁，供述中会避重就轻或者真假参半；有的被害人为了能够尽快追回损失、打击报复犯罪嫌疑人，陈述中会夸大其词；有的证人为了达到非法目的而作伪证。侦查人员通过对现场勘查记录中记载的信息进行研判，可以对这些言词证据是否客观、真实、全面进行甄别或者印证，如果这些言词证据和现场勘查记录一致，那么这些言词证据较为可靠。反之，这些言词证据不可靠。

(四) 现场勘查记录是揭露和证实犯罪的有力依据

《中华人民共和国刑事诉讼法》第 50 条所列举的八种证据中，将勘验、检查笔录列为证据之一。现场勘查记录之所以能起到证据作用，是由犯罪现场的客观性所决定的。犯罪现场具有客观性，决定了其能够客观地反映出作案人的犯罪行为以及作案过程，而现场勘查记录正是对于这种犯罪现场中客观反映的如实记载。现场勘查记录的事项包括犯罪发生的时间、地点、作案人在现场的犯罪过程、遗留在现场的痕迹、物证状态以及犯罪行为造成的后果等内容。现场勘查记录上记载的这些内容，都与犯罪行为与犯罪嫌疑人有着直接的联系，具有揭露犯罪事实、证实犯罪人的重大意义。

三、现场勘查记录的组成

现场勘查记录是勘查人员运用文字、图形、照片、影像等形式记录现场和勘查情况的法律文书。每一种记录形式各有所长，又各有不足，将这几种记录形式互相配合、互相补充，才能从不同角度将现场和勘查情况完整、全面、客观地记录和固定下来。

（一）现场勘查笔录

现场勘查笔录是勘查人员将现场和勘查情况以文字的形式记录下来所形成的文书资料。现场勘查笔录是《中华人民共和国刑事诉讼法》规定的一种法定的诉讼证据，是现场勘查记录中最重要的部分。每一个现场都要进行勘查，勘查之后必须形成勘查笔录。由于现场勘查笔录随同现场勘查工作一同进行，因此其记载的内容真实可靠，记录结果全面、细致，制作和使用时不受场地和器材的限制。同时，正因为是以文字形式记录的，勘查人员在记录时容易受到主观判断的影响，并且具有一定的抽象性，所以现场勘查记录还需要由其他形式的记录材料来补充和完善。

（二）现场图

现场图是勘查人员利用绘图原理和技术，借助各种符号和图像对现场的情况进行复制所形成的图像资料。现场图是现场勘查笔录的重要补充，尤其是在案（事）件较为复杂的情况下，现场图必不可少。现场图直观地反映了现场的具体方位，各种痕迹、物证的位置以及状态，在比例图中还能准确反映出痕迹、物证的大小。然而大部分的现场图都需要借助特定的软件才能完成，且具有一定的专业性，在现场勘查中操作性较弱。

（三）现场照片

现场照片是勘查人员利用刑事摄影技术，将现场及痕迹、物证等以摄影的方法进行固定所形成的图像资料。现场照片是现场勘查笔录的重要补充，可以最大限度地还原现场以及痕迹、物证的原貌。现场照片是利用摄影器材制作的，具有记录速度快、记录结果形象逼真、可操作性强的优点，但同时也容易受到摄影技术、不可避免的光影变化以及明暗层次的影响。

（四）现场录像

现场录像是勘查人员利用摄像技术，将现场和勘查情况进行固定所形成的视频影像资料。现场录像是现场勘查笔录的补充。现场录像的信息量大、画面生动连续，既能记录现场以及痕迹、物证的原始状况，又能记录勘查人员的勘查活动，是证明现场勘查活动真实、有效、合法的有力证据。但是，现场录像也容易受到现场光影、明暗程度以及摄录角度变化的影响，且现场录像只能粗略记录痕迹、物证的情况，不能反映痕迹、物证的精确尺寸。

四、制作现场勘查记录的要求

现场勘查记录作为一种法律文书，又是刑事诉讼法规定的证据之一，不仅应当符合现场勘查的技术规范，也应当符合刑事诉讼法对证据收集的相关规定。因此，制作现场勘查记录，必须遵循以下基本要求。

（一）及时

所谓及时，就是要求第一时间制作勘查记录并在规定时间内完成。勘查人员到达现场后，应立即对现场进行勘查并制作勘查记录，做到边勘查边记录。勘查记录是在现场勘查中制作，因此，要随着现场勘查的进行制作勘查记录，在现场勘查结束时，勘查记录也要制作完成。不允许只勘查现场，不制作记录或者案（事）后再补作记录。

（二）全面

所谓全面，就是要求对现场上的客观状态和勘查过程、勘查结果都要记录下来；现场勘查笔录、现场绘图、现场照相、现场录像四个部分齐全，缺一不可；多次勘查的现场，应单独制作勘查记录；一案（事）有多个现场的，应分别制作勘查记录；勘查中采取了尸体检验、现场实验、现场搜索等措施，应单独制作勘查记录。

（三）细致

所谓细致，就是要求勘查记录内容详细、具体，不要有遗漏。勘查记录应对现场的全貌、痕迹、物证的分布与特征、勘查的组织与实施、勘查中发现的重要情况都要有比较详尽的记载。特别是在勘查中发现的与犯罪有关的痕迹、物证，对这些痕迹、物证遗留的部位，痕迹、物证的形状、大小与特征以及彼此相互之间、与其他物品之间的距离关系和最后提取的情况，要进行准确、详细的记叙。

（四）客观

所谓客观，就是要求勘查记录应当客观地反映出现场的状态以及勘查活动的情况。在记录的过程中必须坚持实事求是的工作态度，如实地记载现场以及勘查活动的实际情况，不允许将任何主观臆断的分析与推断记入勘查记录中，也不允许记录的内容含糊其辞、模棱两可，严禁杜撰和伪造勘查记录内容。

（五）规范

所谓规范，就是要求勘查记录的内容、格式必须符合有关法律法规的规定；使用的计量单位必须符合国家有关标准；语言文字必须准确规范，不能使用非标准化的字、词、句；填写文字时，必须打印或者使用蓝、黑色墨水笔书写；在勘查记录制作完毕后，应当在制作日期上加盖负责勘查单位的公章。

第二节　现场勘查笔录

现场勘查笔录是指在勘查现场的过程中，勘查人员运用文字对现场及勘查情况所作的客观真实的记录。现场勘查笔录是最重要的现场勘查记录方式。现场勘查笔录不仅全面、详细地反映现场及勘查情况，还清楚、具体地反映案（事）件发生、发现的情况。现场勘查笔录不仅是法定证据之一，还可以为现场分析、复查现场和审查言词证据提供重要依据。

一、现场勘查笔录的特点

（一）清楚、具体

文字记述的显著特点是清楚、具体，不仅能把案（事）件发生、发现情况记录地非常清楚，还能把现场及勘查情况记录得非常具体，这是绘图、照相、录像无法比拟的。但现场笔录也有明显的不足，对物体、环境的反映比较抽象，不能给人直观感觉，笔录内容有时不那么容易理解。

（二）全面、详细

笔录内容全面，是说勘查笔录记录了从发现案（事）件开始到勘查结束的全过程，只要看了勘查笔录，就能对发案、报案的情况，出动和到达现场情况，现场保护和现场勘查情况，现场的原始状况、勘查步骤的安排和勘查的结果等全过程有比较全面的了解。笔录内容的详细，是说现场痕迹、物证遗留的部位、方向、角度以及体积、形态、有关物体的距离等细微之处都作了详细记录。

二、现场勘查笔录的内容

现场勘查笔录是叙述型法律文书，主要包括四个部分：封面、前言、正文和结尾。

(一) 封面部分

1. 标题。依据公安部刑侦局《现场勘验检查工作记录》的要求，该法律文书的标题应写明"现场勘验检查笔录"。

2. 文号。标题右下方为笔录文号，应当反映出现场勘查的单位、笔录的性质与类别、笔录的年份及编号等相关信息。例如，公（ ）勘［20　］×号，"（）"内填写当地公安机关简称，"［20　］"内填写工作年度，"×"为年度内笔录的编号。

(二) 前言部分

1. 报案情况。接到报案的时间、单位、部门、人员；报案人或报案单位的情况；报案经过等。

2. 赶赴现场情况。赶赴现场的人员情况；出动现场和到达现场的时间等。

3. 勘查的起止时间。勘查开始的时间（年、月、日、时、分）；勘查结束的时间（年、月、日、时、分）。

4. 现场地点。在城市：市、区、街（路）、门牌号、单位、楼号、单元、楼层、户号等；在农村：县、乡、村（东、西、南、北）、户主等。

5. 天气情况。温度、湿度、风力、风向、阴、晴、雨、雪、雾等。

6. 勘查前现场的条件。原始现场、变动现场。

7. 勘查利用的光线。自然光、灯光等。

8. 发生、发现情况。发现人的情况和发现经过；被害人的情况和发生经过等。

9. 现场保护情况。保护人员的情况；保护的时间；采取的保护措施；保护中发现的情况等。

10. 见证人的情况。见证人的姓名、性别、年龄、职业、单位、住址等。

11. 勘查指挥员的情况。勘查指挥员姓名、单位、职务等。

(三) 正文部分

1. 现场方位。现场所在地点四周相邻的街道、单位、公园、桥梁、江河的名称及距离等。

2. 现场周围环境。现场处在城市街道、繁华地区、住宅区，还是在郊区、田野、山林、农田，现场周围有无公路、铁路、机场，来往行人、车辆的流量等。

3. 中心现场情况。进出口、房间结构、室内陈设物等。

4. 现场变动情况。

5. 痕迹、物品。名称、部位、数量、性状、分布等。

6. 尸体。位置、姿势、衣着、随身携带物品、损伤、血迹的分布、形状和数量等。

7. 现场上发现的矛盾和反常现象。

（四）结尾部分

1. 提取痕迹、物品的名称、提取部位、提取方法、数量和提取人。

2. 现场上尸体的处理情况。

3. 现场绘图的数量。

4. 现场照相的数量。

5. 现场录像的时长。

6. 现场勘查记录人员。包括笔录人、绘图人、照相人、录像人、录音人的单位、职务、姓名。

7. 现场勘查人员签名。包括现场勘查指挥员、现场勘查侦查员、现场勘查技术员、在场有关人员（如邀请的专业人员）的单位、职务、职称、姓名。

8. 现场勘查见证人签名。包括姓名、性别、年龄、住址。

9. 现场勘查时间（年、月、日）。

三、现场勘查笔录的制作要求

现场勘查笔录是法律文书，也是刑事诉讼证据之一，其制作必须符合以下要求：

1. 笔录记载的顺序应当与实际勘查顺序一致，避免因记录顺序紊乱而发生重复记载或者漏记的情况。

2. 笔录记载的内容要客观，不得将个人的判断和推测记入笔录。

3. 笔录用语要准确，不能使用"大约""左右""估计""旁边""不远"之类不确定的语言。

4. 笔录用语要规范，不能使用非标准化的字、词、语句，不滥用方言土语，不用生造词语，尽量避免使用专业术语和生僻词语，度、量、衡单位应符合现行新的国际、国内标准。

5. 在勘查过程中，凡是进行了尸体检验、人身检查、现场实验、现场搜索等措施，均应单独制作笔录，但应在笔录中注明。

6. 多次勘查的现场，应制作补充笔录；一案（事）有多个现场的，应分别制作笔录。

7. 笔录应当场制作定稿，一经签字后，原则上不能改动；如发现错误或遗漏之处，可另作更正或补充笔录。

第三节　现场绘图

现场绘图是指在勘查现场的过程中，勘查人员运用绘图学的原理和方法，用几何图形反映现场情况的一种记录手段。现场绘图是现场勘查笔录的重要补充，可以直观地反映现场以及痕迹、物证的真实情况，对恢复特殊现场原貌有特殊的表现力。现场绘图不仅是法定证据的重要组成部分，还可以为现场分析、复查现场和审查言词证据提供重要依据。

一、现场绘图的特点

（一）专业性强

现场绘图是借助于工程建筑、地理测绘、城市规划以及绘画透视等绘图的方法和原理而形成的一门综合绘图技术。它不仅要求现场绘图人员熟练掌握相关的绘图技巧，还要求其他勘查人员对相关的绘图原理有所了解，这样才能够快速、准确地审查识别现场绘图，使现场绘图在侦查（调查）过程中能真正发挥作用。

（二）反映性强

现场图不受空间形状、大小等因素的限制，可以将现场整体空间以及该空间内的所有物体清晰地在图纸中进行反映。现场方位图、现场全貌图、现场局部图等图纸，如实地记录了现场所处的位置和周围环境、现场内部情况以及现场中某个局部空间的状况。利用各种类型的现场图，可以全面地反映各个现场以及现场整体空间内的各种情况。

（三）形象性强

现场绘图中使用的投影、剖视等绘图方式，将无法用肉眼直接观察到的建筑物以及各种物体的内部结构如实进行记录。尤其是某些位置关系复杂或情况特殊现场，单靠文字进行描述难度较大，而用透视、剖视、截图等绘图方法能将遮蔽物的遮挡作用去掉或选择一个角度进行空间透视，使得在全面反映位置关系的同时又将复杂结构现场或物品上需要侧重反映的局部表现出来，达到形象、直观地反映现场及现场中物体内部的情况的目的。

（四）准确度高

现场绘图借助于几何图形以及文字说明的形式，在实地测量的基础上，按照一定的比例标准，将现场上痕迹、物证的形状尺寸、体积大小、位置关系、距离远近等具体地反映出来。与现场勘验检查笔录中的文字记载不同，现场图可以利用平面图、立体图、透视图等不同的表现方式，准确地记录现场中痕迹、物证的实际情况。

二、现场图的种类

（一）按表示范围划分

1. 现场方位图。现场方位图是反映现场在周围环境中的位置的图形。现场方位图的重点不在于反映现场本身，而在于反映现场周围的具体情况，因此现场方位图的表现区域较大，概括了现场的位置以及周围的环境，绘图时可以参照当地的地图、行政区划图。如果一个案（事）件有多个现场，在方位图中需要集中表示。

2. 现场全貌图。现场全貌图是反映现场内部状态全面情况的一种图形。现场全貌图反映现场内部的情况，主要是现场内部的整体情况。绘图时要将所见的现场全部绘于图纸上，重点内容应当包括被害客体的具体形态、位置，与犯罪有关的痕迹、物证等信息。

3. 现场局部图。现场局部图也叫现场中心图，是反映现场重点部位被侵害客体的特点，痕迹、物证的分布位置以及相互距离关系的一种图形。现场局部图虽然反映出的只是现场的一部分，不能反映现场的全貌，但是能比现场全貌图更加清晰地反映出关键部位的情况。

（二）按绘图原理划分

1. 现场平面图。现场平面图是以平等垂直投影原理绘制的一种水平俯视图。现场平面图一般只反映描绘对象一个面的情况，其优点是能够简明、清晰、准确地反映描绘对象。

2. 现场平面展开图。现场平面展开图是以平面图的形式反映现场上水平俯视面、平视面和仰视面上物体、痕迹以及相互间关系的一种图形。现场平面展开图反映描绘对象多个面的情况，其优点是能够比较准确地反映描绘对象。

3. 现场立面图。现场立面图是运用平行投影原理将现场某一个或几个垂直面上的实际状况反映在图纸上的一种图形。现场立面图比平面图更生动、直观，通常在表现物体外形或立面上的痕迹、物证时采用。

4. 现场剖面图。现场剖面图就是利用剖切的原理制作的图形。它是切除与案（事）件无关的，而又遮挡视线的某一部分建筑、地物、物体，从而暴露出现场内部各种关系以及现场同外界的关系。现场剖面图主要用于贯穿性现场，反映现场楼上楼下、室内室外、地面地下等的联系。

5. 现场立体图。现场立体图是利用中心投影原理将现场上的物体、痕迹的位置以及相互间关系反映出来的一种图形。现场立体图可以同时反映描绘对象水平面、正立面和侧立面三个面的情况。现场立体图的优点是形象、生动、真实感强，缺点是只能反映物体的外部形象。

6. 现场透视图。现场透视图是按透视原理把现场内部相互联系的各个部分、各种物体、痕迹的位置和相互关系标示出来的一种图形。现场透视图属于立体图的一种，也可以同时反映描绘对象水平面、正立面和侧立面三个面的情况。现场透视图的优点是形象、生动、逼真，缺点是画法较为复杂。

（三）按表现方法划分

1. 现场比例图。现场比例图是现场的大小和现场上的物体、痕迹的位置以及相互间的关系都按照一定比例绘制在图纸上的一种图形。现场比例图能准确反映现场的大小形状和现场上物体以及有关痕迹、物品的位置和相互关系，适用于表现范围不大的现场。

2. 现场示意图。是对现场上各种物体的形状、位置以及相互关系按照大致情形绘制在图纸上的一种图形。现场示意图与描绘对象实体之间不是完全严格按照比例绘制，它只大概地反映描绘对象。现场示意图不要求有准确的比例，但也不能明显比例失调。

3. 现场比例示意结合图。对现场以及现场上的物体、痕迹及其相互关系采用比例和示意两种方法绘制在图纸上的一种图形。现场比例示意结合图一般是现场中心部位较小范围按比例绘制，而现场外围较大范围按示意图绘制；对重要物体、关键部位按比例绘制，其他则按示意图绘制。现场比例示意结合图的优点是繁简得当，表现力强。

三、现场图的构成

现场图的种类较多，但是各种类型的现场图有其共同的若干部分组成，缺少了哪个部分，现场图都是不完整的。因此，要绘制各种现场图，首先要掌握现场图是由哪些部分构成的。现场图主要由以下八个部分构成：

（一）图号

图号是根据现场图的类别、顺序进行有序编排的号码。有的图号则是以案件名称进行命名的，如"12·1枪击案现场图"。

（二）图题

图题是现场图的标题、名称。一般都写在现场图的上面。主要是反映现场图的内容。例如，"某某被杀案现场方位图""某某财会室被盗案现场平面图"。

（三）指向标

指向标是现场图中必不可少的元素，用指南针的符号表示现场图的方位，一般将其绘制在右上角，也可以根据需要绘制在左上角。但是绝不能绘制在图的两侧或者是左右下角的位置。指南针指向的北方位应当与地图一致。

（四）比例尺

在绘制现场比例图时，比例尺是必不可少的标志。比例尺的表示方式主要有三种：

1. 文字式。用文字和数字表示现场图与现场实地之间的比例关系。例如，图中1厘米等于实地100厘米。

2. 数字式。用数字直接表示现场图与现场实地的比例关系。例如，1∶100（厘米）。

3. 线段式。用数字和线段的形式表示现场图与现场实地的比例关系。

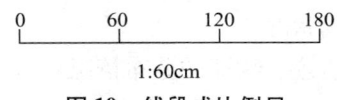

图10 线段式比例尺

（五）图线

图线是构成现场图最基本、最主要的部分，没有图线就不能绘制成现场图。

1. 标准实线。线的宽度为0.4mm～0.8mm，一般用于绘制建筑物或铁路、公路、桥梁等重要物体的外形轮廓。

2. 中实线。线的宽度为1/2标准实线，一般用于绘制门、窗、桌、椅等。

3. 细实线。线的宽度为1/4标准实线，一般用于绘制尺寸线、引出线、图例线。

4. 点线。线的宽度为1/4标准实线，一般用于绘制行走路线。

5. 虚线。线的宽度为1/4标准实线，一般用于绘制不可见的轮廓线。

6. 折断线。线的宽度为1/4标准实线，一般用于表明图面断开。

7. 尺寸线。线的宽度为1/4标准实线，一般用于表明物体的形状、大小。

8. 引出线。线的宽度为1/4标准实线，一般用于进一步的说明，数字或文字说明一律写在横线上面。

9. 标高线。线的宽度为1/4标准实线，一般用于标明物体的高度。标高数字一律以米为单位，一般注至小数点以后第二位。

（六）图形

图形是现场图中的主体部分，用来表现现场内部的具体特征。

(七) 图例

图例是图形的简化版，在有些地形复杂或者现场情况较为复杂的案情中，用图形难以突出主题时，可以选择图例进行简化标注。

(八) 注记

注记是对现场图进行的文字性的补充说明。包括某物品的长、宽、高，或者是现场与现场之间的距离等。

四、现场绘图的步骤

现场绘图是一项细致的工作，建立在熟悉现场情况的基础上，需要选择相应的图形对现场的原始情况，现场上的痕迹、物证等进行准确表现。因此，在绘制现场图时需要严格按照现场勘查的结果进行规范操作。具体步骤如下：

(一) 掌握现场情况

1. 全面了解案情。
2. 巡视现场，了解现场状况。
3. 掌握被侵害客体、痕迹、物证的分布情况。

(二) 确定图形的种类

在掌握现场情况后，绘图人员应根据案情需要，决定采用哪种现场图形式，可以绘制单个种类的现场图，还可以选择两种以上的现场图形式。例如，对于案情较为简单的现场可以只绘制现场全貌平面图，对于案情较为复杂的现场可以选择现场方位平面图及现场全貌平面图两种类型，从而相互补充，更加完整地展现现场情况。

(三) 构思画面

确定好图形种类后，绘图人员需要根据现场的具体状况进行画面构思，合理安排、设计现场图所需要反映的内容。如现场图所需要的构成元素如何排列，绘图时的先后顺序等。只有将画面进行合理的设计，现场图才能既美观又突出重点。

(四) 确定现场图的方向

现场平面图的方向应与地图上的方向保持一致，立面图的方向可以视情况而定。绘图人员首先需要确定现场的具体方位，然后按照地图显示的方位进行平面绘图。一般情况下绘图人员会选择面朝北进行绘制，以防出现方向性错误。

(五) 确定现场图的表示方法

绘图人员需要决定在绘图时是否需要绘制现场比例图。如果需要绘制比例图，就需要确定好比例尺的大小，然后按照倍数关系换算现场的实际大小，再进行绘图。

（六）绘制现场草图

绘制草图是绘制现场图的必经过程，绘图人员根据绘制好的草图，进行审稿、修改以后，形成正式的现场图。在绘制草图时要先确定中心现场在纸上的具体位置和方向，再将各种图形按照构思绘于纸上，最后加工制作成草图。

（七）审图

审图时需要重点审查两部分内容：

1. 现场图所反映的内容是否与现场一致，是否还有遗漏和错绘。

2. 现场图与现场勘查笔录是否吻合，是否是按照现场的真实情况进行绘制，如果发现有不符合的情况，应当综合现场勘查笔录进行修正。

（八）完成墨线

描绘墨线要用绘图笔和绘图墨水按照各种图线规格（粗细）进行细致描绘。描绘图线应按照先下后上、先左后右、先曲线后直线、先细线后粗线的顺序进行。

（九）标注及签名

绘制出现场图后，应在图纸上填写图题、指向标、比例尺、图例、文字说明、绘图单位、绘图时间、绘图人姓名等信息。

五、现场绘图的要求

（一）内容完整

现场绘图主要是依靠各种图形、图例来表现现场的具体情况的，因此，现场绘图的内容必要严格按照构成元素进行绘制，缺一不可。在现场图上标明案件名称、案件发生、发现的时间，案发地点，测量方法、比例、方向、图例、绘图单位、绘图日期和绘图人。

（二）绘图准确

绘图准确是指在绘图时需要准确反映出现场的地理位置，现场周围的环境，现场的范围，同时还要准确反映与犯罪活动有关的主要物体，标明痕迹、物证的具体位置，所用图形和图例能够正确反映出痕迹、物证的具体形态和大小。在现场比例图中，所设置的比例应当时严格按照实际大小进行换算。

（三）布局合理、重点突出

现场绘图不仅要求内容完整、准确，还要求在构思画面时，将各种要素和图形进行合理布局，保持画面整洁、标识规范，只有布局合理才能确保重点突出。

第四节　现场照相

现场照相是指在勘查现场的过程中，勘查人员利用普通照相技术，记录和固定现场的状态以及痕迹、物证遗留情况的一种技术手段。现场照相是现场勘查笔录的重要补充，可以清晰、完整、准确地反映现场状况以及痕迹、物证的特征。现场照相不仅是法定证据的重要组成部分，还可以为现场分析、复查现场和审查言词证据提供重要依据。

一、现场照相的特点

（一）客观性

现场照相过程中，通过规定的拍摄程序以及照相方法得到的照片影像，能够客观真实地反映出现场的本来面目。照相程序以及记录方法的客观性，是现场照片形象真实的必要前提。例如，勘查人员依据由远及近、由大到小、由整体到个别的拍摄程序，在照相方法上运用相向拍摄、多向拍摄、直线连续拍摄等照相方法，所拍摄的相片能够客观、真实地记录相机物镜成像范围内所有客观存在的景物。

（二）纪实性

照相机的基本功能，即是将摄影镜头成像范围内的所有现场景物真实地予以再现，利用纪实手段形成清晰的图像。现场照相的纪实性决定了其对于现场的客观写实，反映了客观事物的真实面貌。现场照相的纪实功能，不仅可以帮助勘查人员获得现场的客观图像，更有利于侦查（调查）工作以及后续诉讼活动的顺利开展。

（三）快捷性

现场照相技术相对于现场勘查笔录、现场绘图等记录手段而言，具有快捷固定、记录现场情况的特性。随着科学技术的进步与发展，数码成像技术在各个领域中的运用也日益普及。数码相机在现场照相工作中的运用，为节省现场勘查时间，提高现场勘查工作效率提供了技术手段上的保障。

（四）形象性

现场照相技术是以相片形式反映现场实际状态，相片具有的形象性特点，使之能够生动逼真地反映出现场实物的形态、尺寸、颜色等特征。现场照片所记录反映的形象与现场实际景物的外部形态完全一致，侦查人员以及其他诉讼参与人通过阅览相片，可以清楚地了解现场上的实际情况。

二、现场照相的种类

（一）现场方位照

现场方位照是以整个现场以及现场周围环境为拍摄对象，记录和反映现场的具体情况以及现场与周围环境之间关系的照相。现场方位照所拍摄的范围较大，拍摄人员需要选择一个较高、较远的地方作为拍摄点，将现场以及现场周围的地理环境都拍摄出来，包括道路、桥梁、河流、标志性的建筑物等。在拍摄构图时，要将现场作为中心，同时要注意显示出确定现场位置的参照物。选择的参照物要有较强的稳定性和持久性。如果拍摄现场没有标志性的参照物，就需要将现场位置标记出来。现场方位照根据现场的具体情况，可以选择一张或是多张。

（二）现场概貌照

现场概貌照又称现场全貌照，是以整个现场为拍摄对象，记录和反映现场的全貌以及现场内部各部分之间关系的照相。现场概貌照的拍摄范围较小，但是需要将现场上的具体情况都反映出来，尤其是现场的范围，内部的空间结构，被侵害客体的具体形态，痕迹、物证的分布及其相互之间的关系。现场概貌照的本质在于全面反映现场的情况，因此在拍摄时需要谨慎构图，不能产生重叠、遮挡等情况，对于现场的重点部位仍需要主次分明。

（三）现场重点部位照

现场重点部位照是指以现场上重要部分或者地段的状况以及与犯罪有关的痕迹、物品所在位置为中心的照相。现场重点部位照是现场的局部照，范围较小，需要清晰地反映出重点部位的位置、特征等信息，对清晰度的要求较高且拍摄角度不能使重点部位变形。根据现场的具体情况而言，可以拍摄一张或是多张重点部位照片。

（四）现场细目照

现场细目照是以中心现场的局部状况、关键性痕迹、物证为对象，反映其形态、细节特征、大小的照相。虽然现场细目照拍摄范围最小，但是要求最高，尤其是对照片清晰度的要求较高，需要将拍照对象的细节特征凸显出来，为勘查人员进行现场分析打下良好基础。在拍摄时，为了保证被拍摄对象在拍摄时不发生折射、变形等问题，要保持镜头和被拍摄对象相互垂直。

三、现场照相的步骤

（一）了解情况

现场照相人员在到达现场以后，应当与其他现场勘查人员一同了解、掌握案（事）件及现场的基本情况，包括案（事）件发生、发现的时间、地点和经过，现场原始情况、变动情况以及采取的保护措施，出入现场的人员情况以及具体原因等。

（二）巡视现场

现场照相人员在初步了解案（事）件情况之后，应当与其他现场勘查人员一同对案（事）件现场进行实地巡视。通过静态观察，了解并掌握现场的周围环境、现场所涉及的空间范围、现场内部各部分的结构状况、现场进出口的位置以及痕迹、物证的分布位置及其相互关系等。

（三）现场构思

现场照相人员在了解情况、巡视现场以后，应当根据现场实际状态，明确现场照相的反映内容以及重点部位，构思安排需要拍摄的画面之间的组合结构，确定采用何种方法来反映整个现场情况。

（四）制订计划

现场照相人员在了解基本案情、熟悉现场情况以后，应当按照现场光照条件，选择合适的拍摄位置，并按照现场照相的具体要求，制订出现场照相的拍摄计划。当两人以上共同承担负责现场的拍照时，应共同研究制订拍摄计划，统筹安排拍摄内容的先后顺序，并分工明确具体任务和责任范围。

（五）实际拍摄

实际拍摄时，在确保现场勘查的顺利进行和对原始现场全面、客观反映的前提下，根据现场情况和现场勘查工作的要求，按照一定顺序拍摄。在实际拍摄中，有以下几种拍摄顺序：先拍概貌，后拍中心、细目；先拍原始，后拍移动；先拍易被破坏消失的，后拍不易被破坏消失的；先拍地面，后拍上部；先拍急，后拍缓；先拍易，后拍难；现场方位的拍摄，应根据情况灵活安排。

（六）查漏补缺

整个现场拍摄完毕以后，现场照相人员应当及时检查是否存在漏拍、错拍或者技术失误等现象，如需要对全部现场或部分现场进行保留时，应及时向现场指挥人员提出。

四、现场照相的方法

（一）相向拍照法

相向拍照法是从两个相对的方向分别对现场中某一地段或某一物体进行拍照。这样拍摄的两张照片可以反映出被拍照对象前后或左右与周围环境的关系，或者反映出现场中心部位与周围痕迹、物品的关系。

运用相向照相法拍照时，方向相对的两个拍照点与被拍照物体的距离、角度应尽可能一致，这样拍得的两张照片上的被拍照物体的大小才会基本相等，具有对应关系。运用相向照相法对现场尸体进行拍照时，两个相向的拍照点应当分别选择在尸体的两侧，而不能从头和脚两个方向拍摄，以免拍出来的尸体影像变形。

（二）交叉拍照法

交叉照相法又叫十字交叉照相法。它是从被拍照对象的前后左右四个不同的拍照点进行拍照的，可以视为是两组相向照相的交叉，所以它与相向照相法的要求基本相同。这种方法适用于拍摄地形空旷的露天现场中的客体，如尸体等。它能从四个不同方向把被拍物体及其与周围痕迹物品的关系充分展示出来。

（三）分段拍照法

分段照相法是在被拍照对象范围较大，或者是狭长状态，拍摄一张照片不可能反映其全部内容时采用的一种方法。这种方法是将被拍对象分成几段，按照一定的顺序连续拍照几张照片，然后将所拍照片依据拍摄顺序拼接起来而形成一幅完整的照片。分段照相法按其拍照点和拍照角度的不同又分为直线分段拍照法和回转分段拍照法两种：

1. 直线分段拍照法。直线分段拍照法是在与被拍照对象相隔一定距离而又平行的直线上，确定若干个拍照点，然后用照相机在同样的高度进行分段拍照的方法。这种方法适宜于拍摄那些处于同一平面上的客体，每个拍照点必须与拍照对象保持相等的距离，否则不能做到平行。

2. 回转分段拍照法。回转分段照相法是将照相机固定在一个地点，按一定方向转动照相机的角度对客体进行分段照相的方法。这种方法适宜于在下列场合使用：一些要拍摄的客体处在不同的平面上或彼此形成一定的角度；或者对这些客体便于从一个点上进行拍摄。

不论采用直线分段拍照法或回转分段拍照法，均应注意以下几点：其一，被拍照对象的分段，反映在照片上段与段之间一定要有所重复，以便连接；重复的部分以占照片画面的 10%～15% 为宜。其二，拍照时每张照片的光线条件、光圈、快门速度，以及照相机距地面的高度都应相同。其三，冲印放大照片时，放大的比例、感光时间、显影、定影时间和放大纸号码等都要一致。

（四）比例拍照法

比例拍照法是把带有刻度的分度尺，放在被拍照对象的一侧进行拍摄的一种方法。比例拍照的目的是便于恢复或测量被拍照对象的实际数据，主要用于拍摄指纹、伤痕以及较小的痕迹、物证等。

采用比例拍照法，应注意以下几点：其一，在浅色物面上放置黑色比例尺，在深色物面上放置白色比例尺，以增强反差。其二，比例尺要放置在与被拍照对象同一水平面上，以免造成远小近大的差别。其三，比例尺不要放置在被拍照对象上，以免覆盖被拍照对象表面的特征。其四，镜头光轴要垂直于被拍照对象的中心，以保证被拍照对象不变形。

五、现场照片的编辑、制卷

（一）现场照片的编辑

1. 现场照片的选择。现场照片的用纸应当选用光面纸，要求纸面平整、清洁，无白点、斑渍、划痕，照片不留白边、不切花边。在照片的尺寸上，现场方位、概貌、重点部位以及反映案（事）件性质的细目照片要求使用3.5英寸×5英寸或5英寸×8英寸左右的尺寸；辅助画面的场景照片、特写照片等，可以选择2.5英寸×3英寸左右的尺寸。现场照相中属于从属画面的痕迹、物证照片，应当根据比例尺来放大尺寸。通常情况下，指纹放大3倍、掌纹原大、足迹放大1/2倍、弹底痕迹放大4倍、弹头痕迹放大10倍，其他痕迹、物证的照片应当能够清晰反映其形象以及特征，照片尺寸可选择2.5英寸×3英寸左右。现场照片的选择应当坚持与案（事）件有关联的原则。但凡拍摄的照片画面与现场无关，或者虽有一定关联，但画面内容不能反映出所要表现的主题，都应当予以剔除。如一组照片中有多张照片反映的内容相同或相似，应当按照形象逼真、清晰反映、色差适中、层次丰富等要求进行选择，综合比较后，选取其中最为合适的一张照片进行后续编辑。

2. 现场照片的编排。现场照片画面的编排顺序应当能够清晰反映案（事）件地点、性质、手段、过程，造成的客观后果以及现场痕迹、物证所在的位置与特征，有条理、有层次地进行展示。现场较为简单、拍摄照片数量较少的案（事）件，可以根据现场方位、概貌、重点部位的顺序，将现场细目照片穿插其中进行编排；现场较为复杂、拍摄照片数量较多的案（事）件，则需要根据照片的内容、类别进行分层编排。例如，空间范围较大的现场，可安排第一现场、第二现场等层次对现场照片进行编排，在每一段落层次内，又可依据照片的内容进行进一步分类并编排层次。在现场照片的后续编辑过程中应当将重点部位照相以及痕迹、物证照相作为编排工作的重点，在编排中注意将需标引的现场细目照片与反映其遗留部位和环境的照片画面相互印证。

3. 现场照片的粘贴。粘贴现场照片所使用的纸基，应当选用纸张较为硬的白色 A4 型卡纸。纸基应采用连续折页的方式，以保证所粘贴照片的内容连贯、完整性。在设计现场照片的粘贴版面时，必须保证照片粘贴的疏密有序，照片与照片之间不得过于拥挤或松散。相邻照片之间应保持适当的间距，粘贴单幅照片时须将其处于纸基中心偏上部位，粘贴指纹照片时须保持指尖朝上，足迹照片须保持足尖朝上，其他现场细目照片的标引定位，也应当同所属的主画面方位基本保持一致。在黏合剂的选择上，务必使用不与照片乳剂、成色剂发生化学反应的物质，以防止现场照片发生变色。

4. 现场照片的标引。现场照片主画面与从属画面组合在同一版面或相邻版面时，有时需要通过标引的形式来反映主题内容以及位置关系。具体进行标引时，应当使用粗细适中的连贯单线条。现场照片中的标引线主要以红色为主，其他颜色线条为辅，在具体颜色的选择应当坚持与照片影像颜色明显反差的原则。标引线的指向线端应当准确，线条之间不得交叉，且应与照片一边平行，标引线在转折时应当为直角，一般转折不得超过两次。

5. 现场照片的说明。现场照片的编辑制卷除了对图像画面进行编排外，还必须运用文字形式进行表述，并附文字说明。文字说明要求简洁明了、表述准确，多采用打印的方式，并附于照片下方。现场方位、概貌、重点部位照片，应当附有具体拍摄方向的文字说明，而使用特殊照相技术所获取的现场细目照片，应当在照片下附有具体拍摄方法的文字说明。

（二）现场照片的制卷

现场照片在编辑完毕以后，应当按照内容分类以及数量多少进行加装封面，并根据实际情况装订成一卷或者数卷。

六、现场照相的要求

（一）内容完整、清晰

现场照相时要注意将现场以及现场上的重点部位完整地呈现在照片中，影像清晰，同时要注意确保照片的层次分明、主题突出、画面整洁。每张照片上都应当有文字说明，说明拍摄时间、地点、人员等基本信息。

（二）拍摄准确

在拍摄时要确保能够准确记录现场方位、周围环境及原始状态，记录痕迹、物证所在部位、形状、大小及其相互之间的关系。

第五节 现场录像

现场录像是指在勘查现场的过程中，勘查人员运用录像技术，记录和固定现场及勘查情况的一种技术手段。现场录像是现场勘查笔录的重要补充，可以完整、形象、直观、真实地反映现场的状态、勘查的过程与结果、勘查人员的组成及活动情况。现场录像不仅是法定证据的重要组成部分，还可以为现场分析、复查现场和审查言词证据提供重要依据。

一、现场录像的特点

（一）客观性

现场录像能把现场所处的位置，现场与周围环境的关系，现场上各种物品的位置、状态、颜色、变化情况以及遗留的各种痕迹、物证客观地记录下来。此外，现场录像也能客观地记录现场勘查人员的组成情况，现场勘查的方法，现场勘查的过程与结果。

（二）形象性

现场录像不仅能客观地记录现场的空间位置，现场上各种物品的形状、颜色，各种痕迹、物证的种类、特征和尸体面貌、伤痕等，而且这些记录直观、形象、逼真，使人看后能够对现场情况有更深刻的印象，产生身临其境之感。

（三）迅速性

现场录像不受场地、时间的限制，只要有摄像机，可以随时随地开展记录。现场录像人员赶到现场后，可以在很短的时间内，通过录像设备将现场以及勘查的一切情况拍摄下来。当现场勘查活动完成之后，现场录像工作也随之结束，能够做到同步制作。

（四）连续性

通过推、拉、摇、移、跟、平、仰、俯等拍摄方法，可将现场情况不间断地记录下来，反映更清楚、更具体、更明显。同时也能记录现场勘查人员在现场勘查中的活动情况，为分析案情、检查勘查工作中的失误和漏洞提供原始记录。

二、现场录像的种类

（一）现场方位录像

现场方位录像主要用以反映现场所处位置与周围环境、地形地物之间关系的专门摄录种类。现场方位录像需要反映的信息多、范围广，因此在选择具体的拍摄地点时应当选择距离现场较远、位置较高，能够清楚看到现场位置的地点为宜，在拍摄时采取俯角远景的方式进行摄录。为了在拍摄的录像带中准确反映现场的具体地址，在摄录时应当将带有明显标志的客体或者门牌号码等用近景或者特写镜头予以拍摄。在后期制作中可以在画面中加入指示现场所处具体位置的箭头，以便于在视频中明确现场的方位。为保证摄录的效果，具体操作时，录像人员在有条件的情况下应当尽量使用三脚架，对所要拍摄的画面需经过细致观察后再正式进行摄录。

（二）现场概貌录像

现场概貌录像主要用以反映整个现场的全貌以及现场内部各部分之间关系的专门摄录种类。对现场概貌进行录像时，应当将整个现场的全貌、范围，现场内与犯罪活动有关的痕迹、物证，现场上客体的设置、被翻动、破坏的情况等，客观、全面、完整地进行摄录。例如，一个案（事）件中存在多处现场时，应当将每一处现场都进行详细摄录，防止存在遗漏或疏忽，并将所有现场之间的联系用录像的方式表现出来。现场概貌录像时，要求先使用摇镜头或者移镜头的方法将整个现场的全貌概况以及现场的空间范围完整、全面、系统、真实地摄录下来。随后再使用推镜头的方法如实反映出现场上环境、物体、痕迹、物证之间的相互联系。现场概貌录像是现场录像中的重点内容，应当使用数个甚至数十个镜头来进行反映。当有多处现场时，在进行录像时应当将几处现场相互连接起来。

（三）现场重点部位录像

现场重点部位录像主要用以反映现场上重要部位或者区域的实际状态以及与犯罪活动有关的痕迹、物证及其所在地点的专门摄录种类。不同的案（事）件性质、动机、手段、现场环境等，往往造成现场状态差异较大，不同现场中的重点部位也有所差别。因此，现场录像人员在对现场进行重点部位录像时，应当结合案（事）件的实际情况，确定现场中的重点部位后再予以摄录。现场重点部位录像时，要求先使用全景摇镜头的方式反映出现场重点区域、重点部位的实际境况，再使用推镜头或者拉镜头表现出现场重要物体、痕迹、物证与周围事物之间的关系。根据现场的实际状态以及现场勘查工作开展情况的不同，现场重点部位录像既可以在静态勘查阶段中进行，又可以在动态勘查过程中展开。

（四）现场细目录像

现场细目录像主要用以反映现场上发现的与犯罪活动有关的细小局部状态

以及各类痕迹、物证形态、尺寸、色泽、特征等的专门摄录种类。现场细目录像的摄录对象主要是现场上具有检验、鉴定价值以及证据价值的各类痕迹、物证。例如，现场上遗留的作案工具形态、尺寸、特征，尸体的损伤情况，血迹的喷溅方向、滴落形态，手印、足迹、工具痕迹、枪弹痕迹等反映形象痕迹。现场细目录像时，要求先使用全景镜头固定痕迹、物证所在的地点和位置，再使用推镜。

三、现场录像的步骤

（一）了解情况

现场录像人员在到达现场以后，应当与其他现场勘查人员一同了解、掌握案（事）件及现场的基本情况，包括案（事）件发生、发现的时间、地点和经过；现场原始情况、变动情况以及采取的保护措施，出入现场的人员情况以及具体原因等。

（二）巡视现场

现场录像人员在初步了解案（事）件情况之后，应当与其他现场勘查人员一同对案（事）件现场进行实地巡视。通过静态观察，了解并掌握现场的周围环境、现场所涉及的空间范围、现场内部各部分的结构状况、现场进出口的位置以及痕迹、物证的分布位置及其相互关系等。

（三）现场构思

现场录像人员在了解情况、巡视现场以后，应当明确录像的具体内容，构思现场画面、镜头的组合，决定采取哪些具体方法反映出整个现场的实际状态。

（四）制订计划

现场录像人员根据现场实际情况以及构思的画面，应当及时制订录像计划，对于摄录对象的先后顺序、摄录镜头采用的具体景别、画面表现的技巧效果等，应当予以明确。

（五）实际摄录

实际摄录时，在确保现场勘查的顺利进行和对原始现场全面、客观反映的前提下，根据现场情况和现场勘查工作的要求，按照一定顺序摄录。在实际摄录中，有以下几种摄录顺序：先拍概貌，后拍中心、细目；先拍原始，后拍移动；先拍易被破坏消失的，后拍不易破坏消失的；先拍地面，后拍上部；先拍急，后拍缓；先拍易，后拍难；现场方位的摄录，应根据情况灵活安排。

（六）查漏补缺

整个现场摄录完毕以后，必须检查有无漏摄、错摄等情况发生。如需保留全部或部分现场时，应及时向现场指挥人员提出。

四、现场录像的方法

（一）选择摄像景别

景别就是在摄像中不同取景范围的画面。景别是由摄像机与被摄像物的距离变化或改变摄像机镜头的焦距等因素形成的。常用的摄像景别有远景、全景、近景和特写四种。现场录像通常按照从整体到局部再到个体的顺序，先远景，再全景，最后是近景加特写的方法进行的。

1. 远景。远景是摄像机从较高较远的位置进行记录的画面。远景的视野广阔，包含的现场内容较多，可以反映出现场与周围环境之间的关系。远景镜头的拍摄时间较长，一般在 5 秒以上。

2. 全景。全景是记录现场整体内容情况的画面。全景画面能够清晰地反映出现场内部结构，现场各个部分之间的状态以及相互关系，保存了现场的全貌。

3. 近景。近景是指摄像机从较近的位置上拍摄现场重点部位的画面。近景画面可以清楚地反映出现场重点部位的状态、大小以及细节特征，凸显关键部位，忽略周围的背景环境。

4. 特写。特写是指摄像机从一个更近的距离来拍摄现场中的痕迹、物证的画面。特写画面可以凸显痕迹、物证的细节特征。拍摄时要注意特写时间保持在 10 秒以上，被拍摄物应当占画面的 1/3 以上，如果被拍摄对象过于小，可以加装近景摄像装置。在特写之前需要将特写对象周围的情况进行简单拍摄。

（二）选择摄像角度

1. 平视摄像。所谓平视摄像就是指摄像机与被拍摄对象处在同一高度，以水平角度进行拍摄。这种拍摄角度是最符合人们视觉习惯的角度，被拍摄物不会因为拍摄的角度而变形。

2. 俯视摄像。所谓俯视摄像就是指摄像机位置高于被拍摄物体，从高向低拍摄。俯视拍摄可以最大限度地展现物体的空间位置，反映犯罪痕迹、物品的位置关系，在表现现场方位和全貌时，更具表现力。

3. 仰视摄像。所谓仰视摄像是指摄像机位置低于被拍摄物体，从低向高拍摄。这种方法拍摄出来的物体下部宽大、上部窄小，适用于拍摄悬挂的尸体、建筑物等。拍摄时要注意避免选择广角镜头。

（三）选择摄像方向

1. 正面摄像。让摄像机从被拍摄物体的正面进行拍摄，能够清楚地反映被摄物的正面特征。

2. 斜侧摄像。让摄像机从被拍摄物体的正面与侧面之间的任意一点进行拍摄，可以反映出被拍摄物体的形象和背景，是使用最多、画面变化最丰富的摄像角度。

3. 背面摄像。让摄像机从被拍摄物的背后进行拍摄，可以弥补从正面拍摄所看不到的镜头。例如作案人进出现场的录像。

（四）选择镜头运动方式

1. 摇摄。是指保持摄像机位置不变，通过调整镜头进行的摄像。根据不同的运动方向可以分为水平摇摄和垂直摇摄。水平摇摄可以反映出被拍摄物体左右的情况；垂直拍摄适用于反映被拍摄物体上下之间的关系。注意摇摄时要匀速运动。

2. 推摄。是指摄像机的镜头焦距由短逐渐变长的拍摄，摄像范围由大变小。相当于人不断走近被拍摄物体，突出表现重点部位。

3. 拉摄。是指摄像机逐步从被拍摄物体直线后退的一种录像。给人一种即将远离被拍摄物体的感觉，主要是为了强调被拍摄物体在现场中所处的位置以及与周围事物、环境之间的关系。

4. 跟摄。是指摄像机位置离开镜头的光轴，在运动中拍摄的方法。相当于人边走边录制，可以反映现场遗留的痕迹在现场的长度，同时重点反映物体每个面的状况等。

五、现场录像的编辑

现场录像的编辑就是将现场上拍摄的各个分镜头，按照一定的顺序进行组合，配以文字说明、解说词，使其成为一部完整的现场录像片的过程。现场录像编辑包括现场画面的编辑、编写解说词和配音三部分。

（一）现场画面的编辑

现场录像往往有时因各种原因不能按事先构思计划进行拍摄，这样拍摄的镜头画面之间会出现杂乱无章的现象，只有通过剪辑，将现场所拍摄的各个镜头片段按照一定的顺序进行重新组合，才能使录像有系统性和条理性。现场录像一般按照方位、概貌、重点和细目录像的顺序进行编辑，也可按照作案人在现场的活动顺序进行编辑。编辑时，画面的选择要本着全面、客观、真实、系统地反映现场真实情况的原则来确定，切不可只追求艺术效果。

（二）解说词

解说词是对案情进行简要介绍的语言、文字。解说词要层次清楚、叙事准确、文字简练，其内容主要包括：标题，如"××案件现场录像"；简要案情，如案发时间、地点、案发经过等；单个镜头画面需要文字或语言叙述予以补充和说明等。

（三）配音

配音是通过录音将所需的声音信号录在录像上。现场录像的配音有两种：一种是现场实况录音，一种是事后加工配音。特别是后期配音与画面必须一致，各画面上的解说词要与画面相同，力求做到声画交融、恰到好处。

六、现场录像的要求

（一）迅速、及时

现场录像所需器材设备平时应准备妥当，接到任务能及时投入现场使用。在现场录像时，要遵守勘查秩序，服从统一指挥，与其他技术勘验、检查工作协调配合开展。

（二）全面、系统

现场拍摄人员在录像前，应对拍摄内容和表述方法筹划构思，录像时应依照一定步骤和顺序，系统连贯、有条不紊地进行。现场拍摄人员要积极、主动地对现场所有场景、细目进行全面、细致地拍摄。对一时难以甄别是否与案（事）件有关的痕迹、物证，也应按要求拍摄。在现场录像时，对不同场景、内容的画面转换组接时应拍摄过渡镜头。如无编辑条件，录像时应尽可能依照一定顺序，拍摄成直观明了的现场素材片。

（三）重点突出

现场录像的画面应主题明确、主体突出。录像摇、移到重要场景或部位时，应做短暂停留。对其他勘查人员要求拍摄的画面镜头，如不明白拍摄意图和要表现的主题内容时，应主动问明。现场录像应合理使用推、拉、摇、移等技巧，镜头转换场景时要有不少于5秒的起幅和落幅时间。画面运动速度要符合人们的视觉习惯，不可太快或太慢。

（四）客观、准确

现场录像，尤其现场概貌、现场重点部位录像，应尽量避免将勘查人员和勘查器材、车辆等摄入画面，同时也应尽量避免将无关声音录入现场。现场录像时，要以清晰、准确地反映被拍摄景物的主题内容为目的，合理地选择光源种类和光照角度。在使用灯光照明时，要防止反光和不良阴影破坏画面主题内容。

────── 思考题 ──────

1. 现场勘查记录包括哪些形式？

2. 现场勘查记录的作用是什么?
3. 现场勘查笔录的要求有哪些?
4. 现场绘图的步骤有哪些?
5. 现场照相的方法有哪些?
6. 现场录像的方法有哪些?

———————————| 参考文献 |———————————

1. 阳雁、罗光华主编:《犯罪现场勘查实训教程》,中国政法大学出版社2022年版。
2. 郭金霞、李小恺:《立体现场勘查学》,中国政法大学出版社2021年版。
3. 许大鹏:《犯罪现场调查》,中国法制出版社2020年版。
4. 倪春乐主编:《现场勘查》,知识产权出版社2020年版。
5. 张颖主编:《犯罪现场勘查》,法律出版社2020年版。
6. 卫红泽:《刑事现场勘查学》,中国人民公安大学出版社2019年版。
7. 许爱东主编:《公安技术实验教程》,法律出版社2018年版。
8. 蒋健主编:《犯罪现场勘查》,中国人民公安大学出版社2014年版。
9. 朱巧红、盛永彬主编:《犯罪现场勘查》,暨南大学出版社2013年版。
10. 杨正鸣、倪铁主编:《犯罪现场勘查案解》,复旦大学出版社2011年版。
11. 马丽霞主编:《现场勘查》,中国检察出版社2010年版。
12. 高源、李瑾、李涛:《现场勘查记录制作"五步训练法"》,载《山西警察学院学报》2017年第1期。
13. 秦大乐:《现场勘查笔录制作中应注意的几个问题》,载《应用写作》2009年第1期。
14. 胡竞成、蔡竞:《增强现实技术在犯罪现场立体绘图中的应用研究》,载《刑事技术》2020年第6期。
15. 钟华锋、陈绍荣:《刑事照相技术中现场照相的方法与技巧》,载《黑龙江科技信息》2017年第11期。

第十二章

现场分析与现场重建

🔍 [内容提要]

现场分析是指勘查指挥员在现场勘查活动结束时组织勘查人员就现场勘查所获进行分析研究的活动。现场分析是现场勘查的重要阶段，在现场勘查的后期进行，其主要目的是确定事件性质、分析判断案情、制定侦查方案。现场分析是对现场进行的系统认识和总结，是集体智慧的集中，与侦查工作紧密衔接。现场重建是指通过分析犯罪现场的痕迹、物证的位置、状态和相互关系，运用科学技术对犯罪行为的发生经过进行再现。现场重建的目的是认知现场事件发生的过程和现场犯罪行为的过程。现场重建不仅有利于确定事件性质、查明犯罪事实，而且有利于推动我国侦查工作现代化，促进证明制度由人证本位模式转变为物证本位模式，完善刑事诉讼制度。

🔍 [重点问题]

现场分析的任务；现场分析的步骤；现场分析的方法；现场分析的内容；现场重建的原则；现场重建的分类；现场重建的步骤；现场重建的方法。

第一节 现场分析

万事万物是相互联系、相互依存的。只有用普遍联系的、全面系统的、发展变化的观点观察事物，才能把握事物发展规律。因此现场分析要将现场勘查所获得的的材料信息，进行关联分析与重建，最大程度回溯案件发生发展的情况。现场分析是基于现场重构的深层次认识，其主要目的是确定事件性质、分析案情。对现场分析进行研究，有助于提高勘查工作的质量，确定侦查方向和范围，增强侦查主体的战斗力，推动后续侦查工作的展开。

一、现场分析概述

（一）现场分析的概念

《公安机关刑事案件现场勘验检查规则》第 73 条规定："现场勘验、检查结束后，勘验、检查人员应当进行现场分析。"

现场分析，又称现场讨论，是指在现场勘查过程中，勘查指挥员组织侦查人员、技术人员等有关人员，根据现场访问和实地勘查所获得的材料，对在现场上发现的各种情况进行充分的讨论，力求作出符合客观实际的分析判断活动。

现场分析由现场勘查指挥人员主持，侦查人员、技术人员参加。当现场分析的内容涉及专门性问题时，可邀请有关专业人员参加。现场分析是现场勘查的重要阶段，在现场勘查的后期进行，即现场访问和实地勘查等工作结束以后，秘密地在现场附近展开现场分析。现场分析的主要目的是确定事件性质、分析判断案情、制定侦查方案。现场分析是对现场进行的系统认识和总结，是集体智慧的集中，与侦查工作紧密衔接。

（二）现场分析的意义

临场分析是现场勘查的一个非常重要的环节，通过对犯罪现场的分析研究和明确认识，可以为侦查工作提供方向和范围。因此，现场分析在侦查过程中起着承上启下的作用，有非常重要的意义，具体表现在以下几个方面：

1. 有利于提高勘查工作的质量。现场情况常常包含着自然、人为的复杂因素。在勘查过程中，由于分工实施，勘查人员各自负责某一方面的工作，再加上时间紧迫，就可能在这一过程中出现某些疏漏。通过现场分析，勘查人员从整体上进行分析研究，可以及时发现勘查工作有无遗漏和不完善之处，以便及时采取有效的弥补措施，这与之后发现问题再组织补救是大不一样的，因为许多信息时间久了后期就再也无法收集了。现场分析的可贵之处就在于它的临场性。因此，临场分析是对现场勘查的总结和检查，有利于发现现场勘查中存在的问题，提高现场勘查工作的质量。

2. 有利于推动侦查工作的展开。现场分析的好与坏，对于确定是否需要立案侦查，正确确定案件性质、侦查方向和范围，制定侦查计划，采取侦查措施等都有着直接的影响。侦查工作的正确部署来源于正确的决策，正确的决策来源于对案情的正确分析判断。一般说来，凡是现场分析进行得认真、细致、准确的，破案率和破案质量就比较高。反之，现场分析做得不好，破案率和破案质量就比较低，有时甚至还会把侦查工作引向歧途，长期破不了案。如果说，现场访问、实地勘查是侦查工作的基础，那么现场分析则起着承上启下的作用，并且还常常预示着以后的结果。可见，对于现场分析的重视程度，关系到侦查工作的成败。因此，现场分析是制定侦查计划、全面展开侦查工作的前提，其质量的高低，直接影响着案件侦查工作的进程。

3. 有利于增强侦查主体的战斗力。由于知识、经验、思维习惯等方面的不同，勘查人员对事件、案情的认识总是存在着差异。如果各执己见、各行其是，必然给案件侦查带来不利影响。从某种意义上说，案件的侦查过程，也是侦查主体不断地沟通、协调，从实际出发求同存异，不断缩小差异，直至最终消除差异的过程。在这个过程中，现场分析具有阶段性意义，它不同于随机、自发进行的协同。在现场分析中，通过勘查人员集体性的相互启发、争辩，可以突破勘查人员个体认识的局限，集个体之长形成知识、能力上的互补，从而使认识水平大为提高。因此，临场分析是现场勘查过程中集体性的讨论与研究，它有利于集思广益，形成共识，有组织地配合行动，增强侦查主体的战斗力。

（三）现场分析的任务

现场分析是现场勘查的重要环节，对于后续的侦查工作具有重要作用。通过现场分析，可以对现场勘查过程中获取的分散的、零碎的材料予以汇集，经过去粗取精、去伪存真、由此及彼、由表及里的分析、研究，使勘查人员对现场及事件的认识由片面过渡到全面，由现象深入到本质，由感性上升到理性。具体地讲，现场分析的任务是：

1. 判明事件性质。按照现场上是否发生犯罪活动，事件性质分为犯罪事件和非犯罪事件，判明事件性质就是判明现场上发生的事件是犯罪事件还是非犯罪事件。对已发生的事件，判明事件性质是决定是否立案、开展侦查的前提。有些现场事件性质的判明并不难，而有些现场事件性质的判明则比较困难。事件性质的判明是现场分析的首要议题，关系到是否进行下一步工作以及如何进行。因此，应组织勘查人员，开阔思路，多方设想可能的性质，反复分析，进而判明事件性质。如果判明事件性质是犯罪事件，就要进一步确定是否立案侦查；如果判明事件性质是非犯罪事件，则停止勘查工作。

2. 决定是否立案。如果判明事件性质是犯罪事件，就要根据《中华人民共和国刑法》《中华人民共和国刑事诉讼法》等相关法律的规定，进行立案审查。审查的主要内容包括：材料是否真实，是否符合法定的立案材料，是否确有犯罪事实发生，是否需要追究刑事责任，是否属于自己管辖的范围，是否必须要经过侦查，是否有直接侦查的权利等。经过审查，对有犯罪事实发生，需要追究刑事责任，属于自己管辖，只有通过侦查才能查明案件事实和查缉犯罪嫌疑人，且符合具体的立案标准的，决定立案，进而开展侦查。

对于没有犯罪事实的，符合《中华人民共和国刑事诉讼法》有关规定不追究刑事责任的，符合《中华人民共和国刑法》有关规定不负刑事责任的，不予立案，视情况分别做出处理。

3. 分析判断案情。在做出立案决定之后，犯罪事件即成为犯罪案件，这时就需要对案件的情况作出详细、准确的分析判断。分析案情是制定侦查计划的基础，是指导和组织侦查活动的依据，是现场分析最关键的环节，也是现场分析中心任务之一。对案情分析判断的准确与否，往往直接关系到下一步侦查工作能否顺利开展，甚至能否及时破案。勘查人员通过现场访问及实地勘查收集了有关材料之后，首先应对收集的材料进行审查甄别，然后利用这些经过审核的材料对案情作出分析判断，主要包括：分析研究案件性质、作案时间、作案地点、作案工具、作案手段、作案过程、作案人数，作案人应具备的条件及个人特点等。

4. 制定侦查方案。在分析判断案情之后，应依据得出的结论立即制定侦查方案，因为如果不及时考虑如何行动，前期对案情的分析判断便失去了意义。制定侦查方案是现场分析的重要任务之一。侦查方案的正确性来源于现场分析对现场情况所作出的准确判断，即案件侦查应从哪里入手，侦查途径是什么，应采取的侦查措施的种类等。因为只有通过现场分析，才能弄清案件性质、作案意图、作案过程和作案人的个人特点等，才能确定下一步侦查工作的起点和重点。侦查方案应围绕侦查工作的指导思想、工作重点、推进步骤、具体行动计划等内容设计，应因时、因地、因情、因案而异，使其真正发挥有效的指导作用。

5. 决定对现场的处理。在完成上述工作之后，现场是否需要保留、如何保留、保留多大范围等，也是现场分析需要解决的问题。在分析现场情况的基础上，现场勘查指挥人员应提出处理现场的意见，经讨论决定后交有关人员执行。处理现场的意见应根据具体案情确定。通常情况下，对没有必要继续保留的现场，则告知有关人员进行处理；对需要全部保留或部分保留的现场采取适当的保护措施。对死因不明、身份不清的尸体，一般应保存起来。对需要提取带有痕迹的贵重物品、文件，应当场开列清单，一式两份，由侦查人员、见证人和当事人签名、盖章，一份交当事人，一份附卷备查。对提取的痕迹、物证要指派专人运送、保管。

（四）现场分析的步骤

现场分析的参加人员较多，需要分析、讨论的问题也较多，而现场分析的时间又相当有限。因此，为保证现场分析的有序进行，必须按照一定步骤有条理地进行。现场分析的步骤主要有：汇集材料、单项分析、综合分析和论断决策。

1. 汇集材料。汇集材料是全面汇集现场保护、现场访问、实地勘查及其他方面的情况，是正确、科学地进行现场分析的基础。在全面汇集材料时，勘查指挥人员应当要求各勘查小组按照分工，分别汇报相关情况。每个勘查小组可先由主要汇报人进行汇报，本勘查小组其他人员可就有关细节和技术性问题进行补充说明。其一，应当由先期到达现场的人员汇报接报案的情况，到达现场时看到的、听到的与现场有关的情况，现场保护的情况以及先期处置的情况。其二，应当由现场访问人员汇报现场访问的情况，例如，对于被害人、事主以及证人的访问，证人证言收集的具体情况等。其三，应当由实地勘查的技术人员汇报勘验检查的范围、顺序、重点部位，痕迹、物证的发现、提取情况，尸体的位置、死亡原因、作案工具以及尸体检验结果等。其四，由机动组人员汇报现场搜索、追踪、调查核实以及其他相关情况。有条件的，应边播放实况录像边汇报，以增强所有现场分析人员的直观感受。每个汇报人应当实事求是地反映客观情况，不得加入个人的主观臆断，更不得对现场勘查中获取的材料进行随意取舍。现场分析人员应当充分听取各方面的汇报情况，应注意实地勘查的材料与现场访问的材料之间是否能够相互印证，判断证人证言以及收集到的痕迹、物证是否真实可靠。

2. 单项分析。单项分析是在全面汇集材料的基础上，通过一定的技术手段和集体的智慧，对所汇集的材料进行逐个部分、逐个项目地分析，从而为综合分析打下基础。单项分析应重点从三个方面进行：其一，分析各种材料的可信度。受各种主客观因素的影响，勘查人员汇集的各种材料往往真假混杂，可信度各不相同，因此，必须通过单项分析，对汇集的材料逐项进行深入剖析研究，对其真伪进行甄别与审查。其二，分析材料与犯罪之间的关联性。现场分析时，应当从现场当时所处的具体环境、特点条件等前提出发，重视材料与犯罪之间的相互联系。通过现场分析，排除表面的、偶然的、与犯罪无关的材料，将现场分析建立在准确、可靠的基础之上。其三，分析材料的证明力及应用价值。现场分析中，应重点对于作案人伪装的假象，访问对象的不实陈述以及获取的失真材料、信息进行审查判断。此外，现场访问、实地勘查以及搜索追踪等环节中作出的初步判断性意见，仍需要通过集体分析讨论来加以反复验证。验证时，应将现场访问情况和实地勘查情况，不同访问对象陈述情况和现场上各种痕迹、物品情况相互印证对比，多方验证单项分析结论的准确可靠性。对于因客观条件限制或工作尚未做完，一时难以得出结论的，更需要经过集思广益来凝聚众人的智慧，攻克难关。

3. 综合分析。综合分析是在单项分析的基础上，把现场的各个部分、各种问题的全部材料汇集起来，从总体上对有关材料、有关问题进行考量和评估，对现场和案件的相关问题作出较为全面、系统的分析判断，从而形成对现场和案件的整体认识。综合分析是勘查人员对现场由浅入深、由片面到全面、由低级到高级、由感性到理性认识的必然环节，该环节充分考验勘查人员对于材料、信息的分析能力和思辨能力。综合分析是现场分析中最为关键的阶段，只有经过综合分析，才能抓住事物之间的内在联系，才能从整体上达到对现场和案件有关问题的本质认识。针对这一阶段所要解决的主要问题，应进一步分析材料的应用价值，并通过对单项分析所得出的明确认识加以比较和抽象，找出其中的内在联系与共同特征，从而达到为侦查破案提供正确的侦查方向和范围的目的。在综合分析时，应抓住主要矛盾，解决关键性问题，并按照案件现场的逻辑顺序进行讨论。其逻辑顺序是先分析事件、案件性质、作案时间、作案地点、作案工具、作案手段、作案过程，然后研究作案人的个体特征、犯罪心理活动，最后通过上述情况分析、判断案情后再确定案件性质，最终划定侦查范围，采取相应的侦查措施。综合分析要求勘查人员在分析、讨论时，不得将与案件有关的事项割裂进行分析，而必须将所有相关事项有机地联系后，进一步明确现场材料、信息与整个现场、案件的关联，确保勘查人员能够对案件相关问题作出准确、系统的分析判断。

4. 论断决策。论断决策是在综合分析的基础上，对事件性质、整体案情进行评断，对下一步侦查工作以及现场的处理进行详细的部署。论断决策是现场分析最后的环节。在综合分析结束以后，现场勘查指挥人员集中各种正确意见，对重要的问题做出结论和部署。其一，确定事件性质。事件性质分为犯罪事件和非犯罪事件，如果是非犯罪事件，则停止下一步工作；如果是犯罪事件，则部署与立案及侦查相衔接的工作。其二，确定是否立案及案件管辖。通过现场分析，如果认定有犯罪事实后，应当根据《中华人民共和国刑事诉讼法》的相关规定，做出立案侦查的决定，明确案件的管辖。其三，制订侦查方案、部署侦查工作。根据案情和初步掌握的证据材料，制定侦查方案，确定侦查范围和侦查方向，选择合适的侦查途径，部署下一步侦查工作。其四，确定对勘查后现场的处理。现场分析环节中，应确定勘查后的现场是否需要保留以及复勘、复查。如果无需保留，应及时通知当事人予以妥善处理；如果需要复验和保留，应及时安排复验或采取措施保留现场，并通知相关单位和部门；对现场提取的痕迹、物证等证据材料必须立即送往有关部门进行鉴定等等。

（五）现场分析的方法

现场分析结论是否准确，除了与分析所依据的材料多少、准确程度相关外，还与参与现场分析人员是否掌握科学的分析方法息息相关。现场分析的方法主要有以下几种：

1. 辩证分析法。辩证分析法是在认识事物时，对事物的矛盾及其发展、转化过程进行分析、研究的一种思维模式。它是观察客观事物、分析认识客观世界的基本方法，在现场分析中具有重要地位。利用辩证分析法分析现场时，既要注意研究现场中各种矛盾的共性，又要研究现场各种矛盾的个性；既要分析现场上某个事物的主要矛盾，又要分析现场上某个事物的次要矛盾；既要研究现场中出现矛盾的主要方面，又要研究现场中出现矛盾的次要方面；既要充分考虑到现场上存在矛盾的必然性，又要考虑到现场存在矛盾的偶然性。

2. 逻辑推理法。逻辑推理法是根据已知的案件事实或科学推断，推导出新的判断结论的思维模式。逻辑推理法是用客观事实或科学推断来推断未知案情的重要手段。例如，在现场发现被害人的四肢，现场没有血迹及其他尸体组成部分，则可以推断出作案人杀人后可能将尸体肢解，并进行了移尸，在这个分析的基础上可以推断出发现四肢的地点可能不是杀人的主体现场。在现场分析中，最常用的逻辑推理方法有判断、假说和推理。现场分析中的判断主要是指在现场勘查过程中对案件事实进行判定的思维形式，包括必然性判断、或然性判断、选言判断和假言判断。现场分析中的假说是指根据已有的事实材料和科学判断，对未知事物或现象的存在状况、产生原因和发展规律所作的假定性解释和说明，其包括假说的提出和假说的验证。现场分析中的推理是指在现场勘查过程中根据一个或几个已知判断，推导出一个新的判断的思维形式，包括演绎推理、归纳推理、类比推理和回溯推理等。

3. 心理分析法。心理分析法是指参与现场分析的勘查人员根据证人或作案人的心理活动及其外在表现之间的内在联系，结合犯罪现场反映出的各种心理痕迹，分析和推断证人或作案人的心理状态或个性特征的认识活动。对作案人的心理分析应包括：犯罪动机、实施犯罪行为时的心理状态、实施犯罪行为的方式、实施犯罪行为后的心理状态和外在行为表现。例如，为什么现场上贵重物品很多的情况下作案人只盗走了一些不值钱的物品；为什么作案人已将被害人扼死而又用钝器将其头部砸烂；为什么死者在室外被杀后赤裸全身而阴部却用一些树叶加以遮盖。类似这些情况必须通过心理分析的方法进行推断，才能搞清犯罪的动机、作案人的心理状态和个性特征，从而缩小侦查范围。

4. 数学推导法。运用相关数学知识，对现场痕迹、物证所反映作案人的一些特征进行计算推导，也是现场分析中一种行之有效的方法。例如，根据现场遗留的足迹、手印长度，利用均值计算作案人的身高；根据已知时间，结合现场上尸体现象、痕迹、物证的新旧程度等，利用数学知识中的加减法来计算作案人的作案时间；根据现场上破坏现场障碍物的工程量的大小和被盗、抢物品的体积、数量，利用数学知识中的乘除法来计算作案人的人数；利用概率论和数理统计等方法，排除和认定嫌疑，收集、储存情报资料信息等，使痕迹、物证检验由经验型认识上升到科学的量化，使分析判断更科学、更准确。

以上现场分析的方法，必须互相配合、灵活运用，才能全面、客观、准确地分析现场和案件情况。

二、现场分析的内容

（一）分析事件性质

分析事件的性质，就是要判明所发生的事件是不是一起犯罪事件。根据是否有犯罪活动发生，事件的性质分为：犯罪事件；非犯罪事件。例如，现场发现有人死亡，存在他杀、自杀、意外事故死亡、病死、老死等多种可能。其中他杀属于犯罪事件，其他的情况属于非犯罪事件。又如，现场发生火灾，可能是故意放火也可能是不慎失火，还可能是自然起火或者是雷电起火。其中故意放火属于犯罪事件，其他的情况则属于非犯罪事件。事件性质以刑法的犯罪构成和具体的罪名为划分依据，着眼点在于判明事件本身是否具有社会危害性和应受惩罚性。如果是非犯罪事件，就不立案。如果是犯罪事件，就要立案，并进一步分析案情、开展侦查工作。通常情况下，依据现场访问、实地勘查的结果，判明事件的性质并不难。但是，在实践中遇到的情况往往很复杂，所以，必须深入研究，综合分析，才能准确地判断事件的性质。分析事件性质的依据主要有：

1. 根据实地勘查情况分析。现场上发生的事件是否属于犯罪事件，现场情况往往最能反映出来。这是因为犯罪活动所形成的现场与其他原因所形成的现场有诸多不同特征。因此，对现场进行勘验、检查所获得的种种材料，往往是判明事件性质最重要的依据。其一，分析现场环境态势。应注意分析主体现场与外围关联现场是否有内在联系；现场内部迹象是否因自然或人为因素遭到改变；现场上发生的变化是否是某种自然条件或其他不可抗拒的原因造成的；现场环境态势与现场外部显露的迹象的内在联系；等等。其二，分析现场痕迹、物证。应注意分析现场上遗留的痕迹，包括尸体上和活体上损伤痕迹，是否符合犯罪事件的一般规律，例如，发现伤痕是死者自己无法形成的，或有些行为是他自己不可能完成的，说明是他杀而不是自杀；现场上是否有外来物质；现场痕迹与留在现场上的造型物是否相吻合；现场上痕迹与痕迹之间的关系。其三，分析现场上的反常现象。应注意分析现场有无其他应该出现而未出现，不该出现却出现了的反常现象，或者出现没有必要的"多余动作"。还应特别注意一种犯罪掩盖另一种犯罪；犯罪事件伪装成非犯罪事件的情况，例如，把人卡昏后吊起来伪装成上吊自缢，或将人推入水中淹死伪装成失足落水；伪造现场或伪装痕迹、物证等。

2. 根据现场访问情况分析。在现场勘查阶段，访问的对象主要是被害人、知情人，他们所提供的情况都可以成为分析事件性质的依据。例如，在现场访问中被害人的陈述、目击者的证言、被害人邻居听到的搏斗、呼救声等，都可以成为判明发生犯罪事件的重要依据。为判明事件性质，对现场的访问情况应注意分析：被害人及其近亲属、其他证人的陈述是否有个人目的；陈述内容是否前后矛盾；陈述内容是否符合犯罪事件发生、发展的一般规律；陈述是否与其他证人证言相矛盾；陈述是否与勘验情况相一致；陈述的情况是否符合客观规律；陈述的来源是否可靠；陈述人的感知能力、可信度以及陈述内容的准确性等。

3. 根据现场实验结果分析。对于一时难以确认的事实和情节，根据需要可以依法进行现场实验。通过实验得到的结果，有时可以为分析事件性质提供重要依据。例如，为了确定某些物质在一定的环境条件下能否自燃或爆炸而进行的现场实验，其结果即是判断是否为他人放火或实施爆炸的重要依据。

4. 根据检验、鉴定意见分析。对于涉及死因、损伤的性质（自伤、他伤），以及某种物质的属性或痕迹的成因等事件中，法医检验、刑事化验和痕迹检验等刑事技术手段，对分析事件的性质有着十分重要的作用，通过刑事技术检验往往可以立即明确事件的性质。例如，对于现场上发现的尸体，可以通过法医鉴定来确定死者的死亡原因，是否为自杀或他杀；对于现场上发现被破坏的电缆，可以通过物证鉴定来确定被剪断的电缆是由工具剪切形成还是动物啃咬形成，从而为分析事件性质起到重要的帮助作用。

5. 根据周围群众对事件的反映分析。周围群众对事件的议论和反映也有助于分析判断事件的性质。应注意分析周围群众对所发生事件的议论和反映；对事主、被害人或报案人的职业状况、工作态度、道德品质、性格特点、经济状况、生活作风、家庭成员、社会关系和接触交往人员等情况的反映。

6. 根据具有专门知识的行家和专家的看法分析。对于涉及事故性质的，要分析是责任事故、自然事故还是破坏事故，应根据事件的具体情况来确定属于哪一类专门性问题，必要时，咨询具有专门知识的行家和专家，根据专家和行家的看法对事件性质作出分析。

一般而言，根据以上几个方面的综合分析，事件性质即可判明。但是，有时也可能由于掌握的材料有限，或事件本身的复杂性，作案手段的隐蔽性，作案人反侦查意识强等原因，一时难以确定事件性质，在这种情况下，不应急于对事件性质作出判断，而应进一步调查研究，待掌握了充分的事实依据后再作出判断。

（二）分析案情

1. 分析作案目的。作案目的是指作案人进行犯罪活动所希望达到的结果。除精神病人以外，其他任何人进行犯罪活动都是有目的的。例如，杀人的目的是非法剥夺他人的生命，盗窃的目的是将公私财物据为己有等。作案目的反映着犯罪活动的社会危害程度，在某些情况下，还直接影响到犯罪活动的性质。作案目的是犯罪主观方面的因素，它只存在于直接故意犯罪中。就多数刑事案件而言，作案目的是比较明确的，一般从犯罪活动本身及其危害后果就可以分析判断。但少数复杂案件，从犯罪活动本身和所造成的后果来看却很难划分，还需要结合现场情况、现场访问及其他方法所获得的材料综合分析研究才能确定。分析作案目的的依据主要有：

（1）根据现场情况分析。仔细研究现场所处的位置，现场周围的环境，现场上痕迹物品的分布情况，财物损失情况等，从中发现作案人的某种需求与企图进而推断作案目的。但在分析中应当注意作案人对现场的种种伪造或伪装，防止误入歧途。

（2）根据作案人所侵害的目标分析。仔细研究作案人所侵害的目标是针对整个社会或某个单位，还是针对某个个人，如果作案人所侵害的目标不是指向特定的人，而是针对整个社会或某个单位，作案的目的就可能是出于对国家、社会或单位的不满而进行的报复与破坏。如果受到侵害的是公民个人，就应考虑可能出于对该人的报复或者为了满足某种欲望。

（3）根据尸体状况分析。研究尸体的性别、年龄、姿势、衣着状态，是否存在被奸迹象、损伤部位、损伤程度、搏斗反抗情况、被害的人数、作案手段等情况。

要注意的是，作案目的的分析是一个比较复杂的问题，有时仅靠上述内容还无法作出明确的判断。所以，这种分析只能是初步的、推测性的，还有待进一步验证和修正。不仅如此，有时一起案件可能有多个作案目的，且作案目的在整个作案过程中可能有变化。考虑了这些复杂因素，才能使分析更加具体、客观。在分析作案目的时，应从多方位、多角度开展工作，防止走偏方向，贻误战机。

2. 分析作案动机。作案动机是指作案人进行犯罪活动的内心起因。除精神病人以外，其他任何人进行犯罪活动都是有动机的。例如，有的人杀人是因仇，而有的人是因财，也有人是因情等等。作案动机反映着犯罪活动的起因，在某些情况下，还直接影响到案件的性质。作案动机是推动犯罪活动发生的内驱力，是促使犯罪目的形成的主观因素。有的案件作案动机比较清楚，如盗窃案件、诈骗案件等；有的案件作案动机一时难以确定，特别是杀人案件的动机比较复杂，要结合现场情况、现场访问及其他方法所获得的材料综合分析研究才能确定。分析作案动机的依据主要有：

（1）根据现场痕迹、物品分析。主要是根据现场翻动、破坏的情况，被盗财物的种类、数量、价值及存放位置，尸体的姿势以及损伤部位、形态、程度，作案时间、作案地点等进行分析。

（2）根据作案手法和现场上活动情况分析。作案目的在很多情况下都能通过作案人的作案手法及其在现场上的活动情况表现出来。例如，通过现场上作案人的活动情况可以分析出作案人是基于占有财物杀人，还是基于强奸杀人，或是基于报复杀人。

（3）根据被害人及其家庭成员方面的情况分析。应当仔细研究被害人及其家庭成员的工作性质、政治态度、经济状况、性格特点、生活作风、社会交往、人际关系、爱好、恋爱、婚姻、债务以及发案前后的表现情况，根据因果关系进行分析。

（4）根据识别的伪装现场分析。要仔细勘查现场，善于识别伪装，发现反常现象。作案人的犯罪动机往往隐藏在伪装和反常之中。例如，被烧毁的物品中有作案人特别关心的物品（账目、档案），被烧现场有被盗迹象，这些现象都与作案动机息息相关。

应当注意,分析作案动机并不是件轻而易举的事情,而是一个复杂棘手的问题,其原因是:其一,动机属于"内心世界",较为隐蔽,难以窥测。其二,有的作案人故意把水搅浑,隐匿销毁罪证,移花接木,摆设疑阵,制造假象,转移视线。其三,结伙犯罪的成员"各怀鬼胎",往往难以同一而论。其四,有时一个作案人在同一个现场上同时存在两个以上的动机,甚至在现场实施犯罪过程中又产生新的犯罪动机。其五,动机与目的有着不可分割的联系,相互依存,"难分难解"。这就需要抓到作案人,通过讯问才能搞清真正的作案动机。

3. 分析案件性质。通过对事件性质的分析,确定事件性质为犯罪事件以后,就要立案侦查,进一步对案件的性质作出分析判断,有效地组织侦查活动,及时地揭露、证实犯罪。

案件性质的分析一般分为三个层次:其一,从作案人的行为结果进行分析,并依据《中华人民共和国刑法》分则所规定的罪名明确案件的基本属性,如杀人案件、盗窃案件、抢劫案件等。是什么罪,立什么案,罪刑法定,依法侦查。其二,从作案人的动机上进行分析,即依据作案人的行为特征明确该案的具体类别,如杀人案件要判明是私仇报复杀人、强奸杀人、奸情杀人或抢劫杀人等。其三,根据作案人的范围进行分析,例如,盗窃案件的性质可能是内盗,也可能是外盗,还可能是内外勾结盗窃。

案件性质的分析是以犯罪事件为前提的,但分析案件性质,并非刑法意义上的罪名认定,而是从侦查角度指明侦查工作的方向和范围,其着重点紧紧围绕侦查的需要。由于案件性质的分析直接关系到侦查工作的方向和范围的明确,因此,对案件性质的分析判断应认真、细致。同时,为了防止因判断失误而延误侦查,有关案件性质的结论最好是可能性的结论,不能太绝对化。分析案件性质时既要结合分析事件性质时的基本依据,又要着重从以下几方面进行分析:

(1) 根据现场的状况分析。现场出于何种环境之中(包括周边环境和现场自身的内环境),这种环境与作案人和被害人有什么必然或可能的内在联系,现场的进出口及进出现场的方式,作案人所侵害的对象(是人、是财、还是物,这种对象与作案人有着什么样的因果联系),现场上所反映出来的各种现象(包括正常的、反常的现象)等都可帮助判断案件的性质。

(2) 根据作案人所侵害的对象分析。侵害对象是某个单位或公共场所,如针对某个单位实施爆炸、放火等,应根据受侵害单位的性质,考虑有无出于政治性目的犯罪的可能。一般而言，如果受侵害单位是军事要害部门、政府机关、武器库、弹药库、油库、机场、车站等重要单位或场所，要考虑此种可能性。如果侵害对象是公民个人，则应通过调查了解其工作性质、政治态度、经济状况、生活作风、平素为人、与人有无仇怨等，分析作案人可能出于何种动机目的作案。

（3）根据犯罪行为方式分析。有些案件根据犯罪行为方式可判明其性质，例如图财杀人案件，如果是盗窃杀人，其行为方式较为隐蔽，在行窃过程中被发现或被追赶而起意杀人；如果是抢劫杀人，其行为方式较为公开，一开始就实施暴力或胁迫，从抢劫直接过渡到杀人，有的甚至是先杀人后劫财；如果是谋财害命，则行为方式与盗窃杀人、抢劫杀人均不相同，其显著特点是作案人预先设置圈套，且大多与被害人事先有交往，实施杀人行为前曾有一个与被害人周旋的过程，在此过程中趁被害人不备而下手杀人然后谋财。因此，判明作案人实施犯罪的行为方式，往往也可判明案件性质。

（4）根据作案人对现场的知情情况分析。在有些案件，例如盗窃案件，根据作案人的知情情况，可大致判断是内部人员或外部人员作案，从而判明案件性质是内盗或外盗等。

应当指出，由于现场的复杂性和有关作案人、被害人、证人的各种心理状态，在审查立案依据、确定案件性质时，有时会出现定性不准或一时难以定性的情况。这就要求勘查人员随着工作的深入，用发展的眼光和实事求是的态度随时予以必要的补充和修正。

4. 分析作案时间。作案时间有广义和狭义之分。广义的作案时间是指作案人进入现场前准备犯罪、在现场上实施犯罪以及逃离现场后掩盖犯罪的时间。狭义的作案时间是指作案人在现场上实施犯罪的时间，即作案人进入现场作案至作案完毕离开现场的时间，包括在现场上实施犯罪的起止时刻和持续的时间段。现场分析中的作案时间通常是指狭义的。正确判明作案时间，对于认定或排除嫌疑，采取追缉堵截等紧急性措施，审查被害人陈述、证人证言以及犯罪嫌疑人口供的真伪具有重要作用。分析作案时间的依据主要有：

（1）根据被害人、知情人提供的情况分析。主要是通过走访被害人、知情人，根据其提供的具有时间含义的情况进行分析。例如，发现现场的时间，发现门、窗被打开的时间，发现有异常变化的时间；被害人与作案人相遇、接触的时间；案发前、后发现可疑人的时间；听到呼救声的时间；听到有异常响动的时间；发案前最后离开现场人员的离开时间；最后看到被害人生前活动的时间；看到作案人逃离现场的时间等。

（2）根据现场上各种记载时间的物品所表明的时间分析。现场上记载时间的物品，最常见的有钟表、日历、报纸、信件、票据、电脑等，这些物品所表明的时间都是分析判断作案时间的重要依据。例如，钟表、手表、计时器停止的时间，日历停翻的时间，日记停记的时间，信件上邮戳时间、汇款单上汇款的时间、报纸上记载的时间，电影票、机票、车票、船票、旅游门票、演出门票、比赛门票、购物发票上的时间，电话上最后通话、接发信息和语音的时间等，电子数据上记载、存储的时间等。

（3）根据现场上物品的状态分析。可以通过现场上的陈设物以及物证的状态分析作案时间。现场陈设物的状态，例如，门窗是否开着，窗帘是否拉开，电灯是否亮着，空调是否开着，炉内是否有炉火以及炉子的温度，被褥是否铺开以及被褥的温度，暖水瓶中水的温度，餐具是否洗涮，剩余食物状况，垃圾存留状况，毛巾、香皂、牙刷等洗漱用具的状态等。现场物证的状态，如血迹、精斑、尿迹、粪便、水迹、油漆等的干湿程度、颜色变化、边缘的状态等，作案工具上的尘土堆积程度，烟头、蜡烛、蚊香的燃灭情况、气味散失情况等。

（4）根据现场上痕迹的状态分析。作案人在犯罪过程中往往要留下足迹、手印、工具痕迹、枪弹痕迹等，可以结合现场的具体情况分析作案时间。例如，室内现场留有的手印和工具痕迹上是否有灰尘覆盖，足迹是否有水迹，足迹粘附泥土的干湿情况，整体分离物断面的新旧程度，摩擦或切割痕迹的光泽度等；室外现场泥地上的足迹是否新鲜，有无虫爬鼠窜，有无刮进去的树叶、泥沙，有无雨打的麻点或被雪覆盖等。

（5）根据天气变化情况进行分析。在有些案件中，作案人有意选择雨雪等特殊天气作案，而气象部门对天气变化情况都有记载，因此应了解案件发生时的天气状况，结合现场痕迹、物证的状态，据此推断作案时间。例如，现场足迹有雨打的麻点或被雪覆盖，就可以分析发案时间为下雨或下雪之前；下雨天气，室外尸体所在地面没有完全潮湿，说明下雨之前尸体已在该处。

（6）根据现场所处的环境分析。现场总是处于特定的环境之中，因此，根据现场及周围单位的值班巡逻、交通状况、群众的活动规律、人员往来等情况，可以分析判断作案时间。例如，企事业单位内部发生的盗窃案，往往发生在职工上下班或开会的时间段内；公园内发生的杀人案，一般发生在游客数量较少的时间段内；铁路、公路、水路等交通沿线发生的盗窃案，若分析为外地人作案，可根据当地车船班次等交通状况推断作案时间。

（7）根据被害人的生活规律分析。每个人平时起床、吃饭、工作、学习、散步、休息、娱乐、睡觉等受集体的安排和"生物钟"的制约，久而久之会形成一定习惯或规律，可以根据被害人的习惯或规律分析判断作案时间。例如，某被害人生前是按时吃晚饭，而在餐桌上留有吃剩的食物，这就可以帮助判断作案时间或死亡时间是在晚饭后。

（8）根据电子记录信息分析。作案人在犯罪过程中有意或无意留下的电子记录信息，可以分析判断作案时间。如手机短信、通话记录、上网痕迹、银行卡消费记录、电脑文档处理记录、电子邮件、各类聊天记录、电脑日志、监控录像等。

（9）根据尸体现象分析。人死后，生命停止活动，随着时间的推移、环境气候的变化，尸体就会发生明显的变化，可以通过不同的变化情况来分析死亡时间，进而判断作案时间。常用于判断死亡时间的尸体现象主要有：①体温下降每小时 1 摄氏度左右，则系死后 10 小时以内；体温下降每小时 0.5 摄氏度左右，则系死后 10 小时以上。尸体腋下尚有温度，而且尸体没有僵硬，则系死后 8 小时以内。②口唇粘膜、阴囊、皮肤或表皮擦伤等处出现皮革样化，则系死后 2 小时以上。③眼角膜出现浑浊不清或有云雾状的东西，则系死后 8 小时～10 小时；瞳孔不能透视，则系死后 48 小时左右。④尸僵开始出现，则系死后 1 小时～3 小时，有的死后 10 分钟即可出现，也有的 7 小时～8 小时才出现；尸僵在用力破坏后还可再次出现，则系死后 5 小时～6 小时以内；尸僵开始缓解，则系死后 24 小时～48 小时；尸僵部分缓解，关节可转动，则系死后 2 天～3 天；尸僵完全缓解，则系死后 3 天～4 天。⑤尸斑开始出现，则系死后 1 小时～2 小时；尸斑指压褪色，则系死后 6 小时～8 小时以内；尸斑在翻动尸体时可以转移，则系死后 10 小时以内；尸斑形成后翻动尸体不能转移，则系死后 10 小时以上。⑥尸蜡形成，则系死后 6 周～8 周比较明显；完全形成，则系死后 18 个月～2 年。⑦尸体右下腹部腐败绿斑出现，则系死后 24 小时～48 小时；腐败血管网出现，则系死后 2 天～3 天。⑧尸体上蛆的出现，则系死后 22 小时左右；尸体皮肤受到蛆的普遍侵蚀，则系死后 3 天以上；蝇蛆吃尽尸体软部组织，则系死后 1 个月左右。⑨水中尸体手部浮肿，则系死后 3 天以上；水中尸体外层皮肤脱落，则系死后 5 天～6 天以内；水中尸体手上皮肤及指甲脱落，则系死后 8 天～10 天；水中尸体上有藻类生物，则系死后 8 天～10 天；水中尸体浮起，温水中则系死后 6 天～8 天，冷水中则系死后 2 周～3 周。⑩野外成人尸体白骨化，约在 5 周～6 周以上；野外小儿尸体白骨化，约在 4 周～5 周；成人土中白骨化，约在 7 年～10 年，小儿土中白骨化，约在 4 年～5 年；幼儿土中白骨化约在 2 年～3 年；骨风化，约在 5 年～10 年；土中骨风化，约在 10 年～15 年；骨崩坏，约在 10 年～15 年；土中骨崩坏，约在 50 年以上。

（10）根据胃内容物及其他情况进行分析。胃内容物及其他情况具体包括：①胃肠容物消化程度。各种咽下的食物在胃里停留的时间，取决于食物性质和所食量的多少。胃内充满未消化的食物，则系进食后不久死亡；胃内充满食物，但饭粒已变软，则系进食后 1 小时左右死亡；胃内食物已移至十二指肠，则系进食后 2 小时～3 小时死亡；十二指肠中有已消化的食物及残渣，则系进食后 4 小时～5 小时死亡；胃及十二指肠均已空虚，则系进食后 6 小时以上死亡。动物类食物则需 4 小时～5 小时才能由胃排到十二指肠和空肠，如果小肠也是空的，则系进食后 12 小时以上死亡。②膀胱内尿量。通常排尿后入寝者，如果膀胱充盈，则死亡可能发生在后半夜；如果无死后排尿情况而膀胱空虚则考虑可能在前半夜死亡。③肌肉兴奋状况。一般而言，人死后 1 小时～2 小时，打击肱二头肌，可使肌肉收缩。④尸体周围情况。尸体周围出现蛹壳，一般在 2 周～3 周以上。还可根据尸体下植物叶绿素的丧失情况来分析时间。夏天尸体下被压植物由青变黄约 6 天以上，由青变白约 15 天以上。还可以根据覆盖尸体的树枝、植物生长阶段与邻近类似树、植物的生长阶段进行比较，来分析作案时间。⑤衣服的腐烂程度。棉织物腐烂在 4 年～5 年以后；羊毛物腐烂在 8 年～10 年以后；皮革和丝的腐烂在 20 年。

应当指出，尽管推断作案时间的方法和途径是多种多样的，但要绝对准确地判明作案的时间并不是一个简单的问题。因此，在分析作案时间时，应当考虑当时的环境、气候、时间、作案人故意制造"时间差"、因发案时间久远人的记忆模糊、有人因某种原因作虚假陈述、勘查人员自身素质等因素的影响，综合地进行分析判断。同时，除了分析作案人在现场上实施犯罪的起止时刻外，有时还要分析作案人在现场上实施犯罪所需要的时间。这就要结合现场入口损坏的难易情况、现场面积的大小、被侵犯物的坚固程度以及翻动程度等综合起来进行分析。必要时，也可以进行现场实验来进行分析判断，如运输大量物品所需的时间、挖开古墓所需时间等。

5. 分析作案地点。作案地点是指作案人进行犯罪活动涉及的地域范围。作案地点包括预备犯罪、实施犯罪和掩盖犯罪的地点。在现场分析中，分析作案地点是指分析发现犯罪的地点是否为主体现场。多数情况下，发现犯罪的地点即是主体现场，无需对此进行分析。但在有些情况下，如拦路抢劫、拦路强奸、杀人移尸等案件，确认主体现场至关重要。一旦确定了主体现场，不仅可以发现更多的痕迹、物证，而且通过追查主体现场与某人的特定联系，有时还可以及时发现嫌疑对象。分析作案地点的依据主要有：

（1）根据现场所处的地理位置和周边环境的关系分析。特殊的地理位置和特殊现场周边环境往往决定了作案人实施犯罪的地点具有某种特殊性。例如，在山下发现尸体并有坠落痕迹，要注意从山上寻找杀人地点。在河的下游发现漂浮的尸体，要注意从河的上游寻找杀人地点。发现碎尸的肢体、组织，要仔细研究其分布位置、周围环境、抛尸地点之间的联系，从中发现抛尸的时间、路线、顺序、方法等，从而分析杀人的原始地点。

（2）根据现场上的痕迹、物品分析。现场上的痕迹、物品是分析判断作案地点的重要依据。例如，根据现场上的血迹线、拖拉痕迹、足迹、交通运输工具痕迹等，分析作案地点。根据尸体包装物、捆绑物、衬垫物、夹带物的产地、销售地、流行地、商标、用途、记号等，分析杀人的原始地点。根据尸体上不同于现场或当地的泥土、砂石、煤渣、金属屑、木屑、树叶、杂草、籽种、花粉、水藻等附着物，判断该现场不是第一现场，并根据这些物品分析杀人的原始地点。

（3）根据尸体检验获得的信息分析。对尸体进行检验可以获得各种信息，根据其中有些信息，可以分析作案地点。例如，根据尸体、尸斑花纹的形状、大小及数量，可以分析出被害人在被害时或被害后曾经躺在什么地方或躺在什么物体上。根据尸体损伤部位、数量、形状和轻重程度等，可以在一定程度上分析出原始杀人地点应当具有的环境和条件。有时还可以根据胃内容物研究被害人在哪里吃过东西，帮助分析杀人的地点。

（4）根据现场上的反常现象分析。事物的发展有其固有的规律性，受其规律性支配，若违反事物内在的规律性，必然会出现各种反常现象。在现场分析中，可利用现场上的各种反常现象来分析作案地点。例如，如被害人尸体呈俯卧状，但背部有网格状尸斑；尸体上有开放性伤口，但周围没有相应的喷溅血迹；现场上有他人留下的足迹，但无被害人的足迹；被害人躺在泥地上，但其鞋底并无泥土等。在注意这些反常现象的同时，还要注意作案人在实施犯罪行为时形成的各种痕迹，从中分析原始作案地点。

（5）根据有关人员提供的情况分析。根据被害人、知情人等有关人员提供的情况，可以分析作案地点。例如，被害人指认的作案地点，目击者看到实施犯罪的地点，周围群众听到某处传来的呼救声或其他异常响动的场所等。

6. 分析作案工具。作案工具，又称犯罪工具，是指作案人进行犯罪活动使用的器具、物品。作案工具包括凶器、破坏和排除障碍物的工具、攀登工具、探测工具、交通工具、包装工具、通信工具等。分析作案工具，主要是判断作案工具的种类、规格、尺寸以及工具上的细节特征。正确判明作案工具，不仅有助于分析作案人的职业特点、特殊技能、是否惯犯、隐藏范围等，还可以"以物找人"，发现嫌疑对象。由于作案工具种类繁多，没有固定的范围和形态，再加上承受客体的质料不同，工具接触面不同，作用力的大小、方向、角度不同，即使使用同一种工具，形成的痕迹也常常不同，因此，分析作案工具往往有较大难度。分析作案工具的依据主要有：

（1）根据现场上遗留的工具痕迹分析。观察、检验从现场上发现、提取的工具痕迹，是分析作案工具的重要途径之一。不同种类的作案工具一般会在作用对象上形成不同形态的工具痕迹，因而根据工具痕迹的形状、大小、角度、弧度、坡度和擦痕等，可以分析工具的种类及特征。分析作案工具的关键在于观察各种工具形成痕迹的状态。对于某些专业性较强的问题，可向该领域的相关专家进行咨询，或通过鉴定的方式予以解决。

（2）根据现场上遗留的可疑工具以及与工具有关的物品分析。现场上一旦发现遗留有可疑工具，应当将其与现场上的工具痕迹进行比对分析，观察两者之间是否吻合，从而判明其是否为作案工具。由于此类问题专业性较强，可以通过鉴定的方式对可疑工具与现场上的工具痕迹进行检验，以确定现场上遗留的工具痕迹是否为可疑工具形成的，如果鉴定意见为肯定，则能认定该可疑工具即为作案工具。此外，作案人常常将与作案工具有关的物品遗留在现场上，如工具袋、包裹物、外鞘、擦拭物等。遗留在现场上的此类物品，同样能够反映出作案工具的某些特征，从而为判断作案工具提供相应依据。

（3）根据遗留在痕迹、物体上的各类微量物质分析。作案人在利用作案工具实施犯罪活动时，常常会把工具上的油漆、涂料、纤维、铁锈、碎渣、断片以及粘附的泥土、灰沙、油垢等留在痕迹或某些物体上。对这些微量物质进行分析，有时可以判断出作案工具的种类、特征及用途，从而为寻找作案工具提供了更多的条件。找到嫌疑工具后，还可以检验这些微量物质，为认定作案工具提供依据。

（4）根据损伤检验结果分析。在杀人、伤害等案件中，根据法医等技术人员对尸体、人身或其他客体上因作案人实施犯罪所形成的创伤、创内遗留的物质以及其他物证的检验结果，可以分析判断致伤、致死的凶器种类和属性。例如，在死者体内直接发现并提取到射钉，分析作案人用射钉枪射杀被害人。

（5）根据有关人员提供的情况分析。在强奸、抢劫等被害人与作案人有过正面接触的案件中，被害人一般都能提供作案工具的种类。即使夜间发生的案件，被害人因能见度低等原因未完全看清作案工具，但也往往能提供作案工具的大致形状、长短及使用姿势等，可据以判断作案工具。此外，有些案件发生时有目击者，他们也可以提供作案人是使用何种工具作案的。

7. 分析作案手段。作案手段，是指作案人进行犯罪活动的具体方式。作案手段是犯罪活动的主要表现特征，也是作案人个性心理的外部反映。作案手段主要包括：预备犯罪手段，侵入现场手段，破锁手段，暴力、胁迫手段，徒手手段，伪装手段，灭迹手段，欺骗手段，逃离现场手段，伪造手段等。正确判明作案手段，不仅有助于分析作案人的职业、爱好、特长、是否为惯犯、是否残忍、是否狡猾等个人特点，也有助于串案分析、并案侦查。分析作案手段的依据主要有：

（1）根据现场状况和痕迹、物证分析。很多案件，可以通过对现场状况和痕迹、物证的分析推断出作案人是采用何种手段作案的。例如，投毒杀人现场上遗留的剩余毒物及其包装物，被害人食剩的食物、呕吐物、排泄物、麻醉物或混合某种药物的饮料、食品的残剩物；爆炸现场的爆炸抛出物、爆炸残留物；放火现场未完全碳化的引火物等，通过对这些物品的检验分析，结合现场状况和痕迹，一般可以推断出杀人的手段。

（2）根据死亡原因和现场环境分析。多数杀人案件，可以通过尸体检验明确死亡原因，推断出作案人杀人手段。但有的杀人案件，要判明作案人实施杀人的手段，必须结合现场所处的环境进行分析。如推人坠岩、推人入水等致人死亡案件，如果不结合现场的具体环境，是很难判明作案人实施杀人的手段的。

（3）根据有关人员提供的情况分析。根据被害人和知情人提供的情况，可以分析判断作案人实施犯罪的作案手段。例如，对于作案人与被害人有正面接触的抢劫、强奸等案件，可以根据被害人陈述直接判明作案手段。有些案件，被害人和知情人虽未与作案人直接接触，但他们所陈述的发现犯罪的情况，有时也可为判明作案人的作案手段提供重要依据。

8. 分析作案过程。作案过程，是指作案人进行犯罪活动的经过。作案过程包括预备、实施、掩盖等过程。其中实施过程主要包括：进入现场前在现场附近的活动情况，如何侵入现场（侵入的路线、入口、方式），在现场上进行了哪些活动，活动的先后顺序，如何逃离现场（逃离的出口、路线、方式），逃离现场后在现场附近的活动情况等。正确判明作案过程，有助于认定案件性质，刻画作案人应具备的条件，甄别犯罪嫌疑人口供的真伪。分析作案过程的依据主要有：

（1）根据现场状况和痕迹、物证分析。作案人遗留在现场上的各种痕迹、物证是作案过程的客观反映。因此，根据作案人遗留在现场上的各种痕迹、物证，结合现场的具体状况，往往可以分析作案人在现场上的作案过程。根据现场外围遗留的痕迹、物证，分析作案人进入现场之前和逃离现场之后的活动情况。根据现场上遗留的工具痕迹、指纹、蹬踏痕迹和门窗的开关状态，分析作案人在现场上的进口和出口。根据现场上的翻动、破坏情况和丢失财物所在部位，结合遗留的足迹、指纹（包括手套纹线印），分析作案人曾到过哪些部位，有什么行为动作。根据痕迹形成的先后顺序，分析作案人在现场上的活动顺序。例如，在粉尘较多的书房内，桌子上形成的是减层指纹，而在粉尘较少的卧室的桌子上形成的是加层灰尘指纹，据此可判断作案人先进入书房后进入卧室。根据作案人所破坏或触摸过的物品上的附着物，分析作案人在现场上的活动顺序。例如，东西两间屋的门上都有撬压痕迹，东屋门上绿色漆皮印压在西屋门上的黄色漆皮上，说明是先撬东屋后撬西屋。又如，在被开启的保险柜内留有血手印或有血迹，说明杀人在前，取钱在后。根据尸体的位置、方向、姿势、衣着、伤势、血迹、搏斗痕迹、拖拉痕迹等，分析作案人实施侵害行为的顺序。

（2）根据事物变化的因果制约关系分析。行为实施的先后顺序往往受到事物变化因果关系的制约，只有实施了先行行为，后行行为才能够实施。例如，在盗窃现场中，办公室铁皮柜被用原配钥匙打开，柜内贵重物品被盗，办公桌的抽屉也被撬，钥匙在发案前是锁在办公桌抽屉内的，不撬开办公桌抽屉是拿不到铁柜钥匙的，这种因果制约关系说明撬办公桌抽屉在先，用钥匙打开铁柜行窃在后。此外，作案人在现场上抛散物品的叠放位置，也可以反映作案人在现场上的作案过程。根据事物变化的因果制约关系，叠放物品中最上面的物品原来在现场上的位置，往往是作案人最后到达的位置，而叠放物品中最下面的物品原来在现场上的位置，往往是作案人最先到达的位置。

（3）根据有关人员提供的情况分析。由于部分案件中被害人亲身经历了案件发生的整个过程，其亲属和现场周围的知情人目睹了案件的整个或部分经过，其关于案件发生经过的陈述可以分析作案过程。

9. 分析作案人数。作案人数是指作案人进行犯罪活动的人员数量。分析作案人数，主要分析是一人作案还是多人作案。在条件较为充分时，还可以分析具体的作案人数。正确判明作案人数，有助于准确刻画作案人，排查嫌疑对象。分析作案人数的依据主要有：

（1）根据现场上的痕迹分析。现场上的手印、足迹、工具痕迹、伤痕等都是分析作案人数的主要依据。例如，现场上提取到的相同部位的手印在纹型、细节特征等方面不一致，现场上足迹的大小、鞋底花纹种类、磨损程度不同，现场上出现多种类别的工具痕迹，尸体上有多种凶器形成的伤痕，可判断现场上的作案人数为两人或两人以上可能性较大。

（2）根据现场上的物品分析。现场上的某些物品，其数量或其他方面的特征在一定程度上可反映出作案人数。例如，不同的人吸过的烟头，两支枪发射的弹头、弹壳，两副以上的手套、头套、面具等。如果作案人曾在现场上喝过茶、吃过饭、睡过觉，根据现场上碗筷、茶杯数量、被褥铺放情况、换穿衣服的种类和数量，甚至人体排泄物等，均可用以分析作案人数。

（3）根据犯罪的行为和结果分析。现场上的实际变化状态，如损失财物的数量、重量以及被害人损伤情况等，进行估算后得出可能的作案人数。例如，根据现场上被盗物品的数量、重量、体积结合运输方式，分析判断可能的作案人数；根据现场上发现的破坏工程量的大小，分析判断在特定的时间内需要多少人才可能完成；根据被害的人数、反抗能力，并结合杀人的手段、方法，分析判断可能的作案人数。对于某些复杂疑难问题，应通过现场实验予以验证。

（4）根据有关人员提供的情况分析。有的被害人或目击者直接与作案人有过接触或目睹了作案情况，他们所提供的情况可以判明作案人数。例如，在抢劫、强奸等案件中，被害人一般与作案人有面对面的接触过程，且亲身经历了犯罪的整个发生过程，其提供的作案人数一般比较准确。在某些案件中，目击者目睹了作案情况，或看到可疑人员进出现场，或曾听到过作案人的谈话声音，其陈述的情况也有助于分析判断作案人数。根据受害人、目击者提供的情况分析作案人数时，应注意由于各种原因而产生提供情况的误差，如看得不全面、心情紧张或自身感知缺陷等。

10. 分析作案人的个人特征。作案人的个人特征是指作案人的个人特点和其他基本情况。作案人的个人特征主要包括：作案人的人身特征，如作案人的性别、年龄、身高、相貌、发型、血型、衣着（款式、颜色、新旧程度等）、生理特征（生理残疾、疤、痣等）、病理特征、纹身、伤情、走路姿势、习惯动作、嗜好、生活陋习等；作案人的社会特征，如民族、职业、文化程度、特长、生活环境、居住范围、社会经历、生活水平、经济状态、社会交往、心理素质、狡猾程度等。正确判明作案人的个人特征，有助于准确刻画作案人，排查嫌疑对象。分析作案人个人特征的主要内容和依据有：

（1）分析作案人的性别。分析作案人性别的依据主要有：①根据现场上的手印、足迹分析。由于男女在身高、体型、骨骼、肌肉、脂肪等方面存在差异，因而男女遗留在现场上的手印、足迹也会不同，据此可以分析判断作案人的性别。例如，男性手印的外形粗壮，而女性手印较为瘦长；男性指头长圆、关节较凸出，而女性指头细长、顶部发尖、关节较平直。又如，男性脚掌压重，而女性脚掌压轻；男性足迹压力分布不均匀，而女性足迹压力分布均匀。②根据现场上的物品分析。由于男女在穿戴、爱好等方面存在差异，因此在现场上遗留的物品，可在一定程度上反映出作案人的性别。例如，现场上或被害人手中因搏斗过程而扯下的毛发、扯掉的纽扣、撕破的衣服碎片以及掉落在现场的随身物品等，均可为判断作案人的性别提供依据。③根据作案人的体力差异分析。男女在体力上存在差异，这种差异常常通过作案手段、使用器具、入室方式等显露出来。例如，女性作案由于受其体力条件制约，往往较少使用暴力手段，即使使用，在犯罪过程中往往也反映出"力不从心"。在入室盗窃等案件中，女性所作的案件大多不采用撬门破窗等破坏性方式侵入，而采用其他非破坏性方式进入。④根据有关人员提供的情况分析。有的被害人或目击者直接与作案人有过接触或目睹了作案情况，他们所提供的情况可以判明作案人的性别。例如，在诈骗、抢劫等案件中，被害人一般与作案人有面对面的接触过程，且亲身经历了犯罪的整个发生过程，其能够准确提供作案人的性别。在某些案件中，目击者目睹了作案情况，或看到可疑人员进出现场，或曾听到过作案人的谈话声音，其陈述的情况也有助于分析判断作案人的性别。

（2）分析作案人的年龄。分析作案人年龄的依据主要有：①根据现场上的足迹分析。不同年龄的人步法特征有所不同，根据步法特征可推断作案人的年龄。少年时期步幅不定型，前掌压重，后跟压轻，蹬、挖、抠、抬痕突出，后跟有擦痕和虚边等；青年时期拇指压重而清晰，前掌压更为清晰，后跟压较轻，有小虚边，蹬、挖、抠痕明显，抬痕较集中明显；壮年时期步长开始缩短，步宽增加，起、落脚重，前掌压力面移至后外侧，后跟压较前掌压重，擦、挑、耠痕增多，磕、挖痕减少；老年时期步长变短，步宽、步角加大，后跟压面积清晰，前掌前边缘虚边大，挑、耠、擦痕增大。②根据现场上的指纹分析。随着年龄的增长，人的指纹不断变化，根据指纹可推断作案人的年龄。生长期（18岁以前）指头轮廓小，多呈长圆形，边缘光滑整齐，纹线密度大（25条以上/cm），内部花纹、三角根基、外围线较为清晰均匀，乳突线宽，小犁沟窄，皱纹少；成熟期（19岁~40岁）因中心花纹部位比较突起，丰满有弹性，故中心花纹印较外围线模糊，纹线边缘由光滑逐步变粗，纹线密度稍小（24条以下/cm），乳突线和小犁沟的宽度相当，皱纹在指印两侧出现较多；衰老期（41岁以上）纹线浅而稀，纹线边缘粗糙，小犁沟宽，乳突线窄，皱纹开始向内部花纹中心延伸。③根据作案的行为能力分析。在作案过程中反映出来的破坏、攀登、跳跃、负重、行凶等行为能力，可以为分析作案人的年龄提供依据。例如，一个较强壮的人被杀死，而且凶器的威力又不是很大，这说明作案人比其更加强壮，那么中年、青年人的可能性比较大。④根据有关人员提供的情况分析。有的被害人或目击者直接与作案人有过接触或目睹了作案情况，他们所提供的情况可以判明作案人的年龄。例如，在诈骗、抢劫等案件中，被害人一般与作案人有面对面的接触过程，且亲身经历了犯罪的整个发生过程，能够准确提供作案人的年龄。在某些案件中，目击者目睹了作案情况，或看到可疑人员进出现场，或曾听到过作案人的谈话声音及内容，其陈述情况也有助于分析判断作案人的年龄。

（3）分析作案人的身高。分析作案人身高的依据主要有：①根据现场上的足迹分析。根据足迹的大小分析：如果是赤脚印，一般可以利用以下公式计算身高，即身高 = 63.7 + 4.45x，x 为平面赤脚印长；如果是鞋印，则先计算赤脚印长，然后再根据赤脚印长计算身高公式推算身高。赤脚印长 = 鞋印长 – 内外差 – 放余量，内外差是指鞋内长（即鞋楦长）与鞋底面长度之差，放余量是指脚在鞋内活动的余地。不同种类的鞋，内外差和放余量有不同的标准，例如，布鞋的内外差一般是 0.8cm，放余量一般是 1cm~2cm。根据单步长推算身高：对于成趟鞋印，先根据单个脚印测出单步长（左或右脚由起步向前，经摆动到落脚迈一步为一个单步），然后再加以一定的系数，即可求出高、中、矮身材者的身高。一般单步长加足迹长的 1/3 约等于高身材者（指 175cm 以上的身材者）的身高；单步长加足迹长的 1/2 约等于中等身材者（指 165cm~174cm 之间）的身高；单步长加足迹长的 2/3 约等于矮身材者（指 164cm 以下者）的身高。根据步幅长度推算身高：以正常的男性青年为例，高个身高在 176cm 以上，中个身高 165cm~175cm，矮个身高 164cm 以下，根据正常步的单步长推算身高的公式为：高个身高 = 单步长 + 1/3 足迹长；中个身高 = 单步长 + 1/2 足迹长；矮个身高 = 单步长 + 2/3 足迹长。根据步法特征推算身高：高个人的脚弓、脚跟常出现偏外压；中等个的人迈步较均匀；矮个人行走时前后摆动，习惯迈大步、蹬、挖、踏痕迹也比较明显。根据足迹遗留的高度推算身高：作案人攀登、翻越等行为留下的蹬、踏足迹距离地面的高度在一定程度上反映着身高。必要时，可以进行现场模拟推算身高。②根据现场上的手印分析。根据手印的长度推算身高：平面手印的长度乘上系数，即可求出人的大致身高。其公式为：手印全长×9.8＝身高；拇指平面印痕全长×58＝身高；食指（或中、环指）平面印痕全长×72＝身高。根据手印遗留的高度推算身高：手印遗留的高度在一定程度上反映着身高。通常情况下，一个人站着可用手直接拿取比自身高出25cm～40cm处的东西。③根据有关人员提供的情况分析。有的被害人或目击者直接与作案人有过接触或目睹了作案情况，他们所提供的情况可以判明作案人的身高。例如，在强奸、抢劫等案件中，被害人一般与作案人有面对面的接触过程，且亲身经历了犯罪的整个发生过程，其能够准确提供作案人的身高。在某些案件中，目击者目睹了作案情况，或看到可疑人员进出现场，其陈述的情况也有助于分析判断作案人的身高。但是，应注意部分目击者描述的身高往往受距离、位置、光线、心理等因素的影响可能会有一定的误差，需要结合当时的具体情况以及目击者的心理状态、个人特点等进行综合分析。

（4）分析作案人的职业。分析作案人职业的依据主要有：①根据现场上的痕迹分析。有一些作案人，由于长期从事某种职业，因而身上具有相应的职业性特点。例如，从事编织、修鞋的人手指常被刺破留下凹陷；木工常因开锯时左拇指内侧边沿与锯齿磨擦形成缺损；司机因平时常右脚用力走路时左右脚轻重不均衡；渔民因常光脚而脚趾间距大，等等。这些特点在手印、足迹等现场痕迹上往往有一定反映，据此可以判断作案人的职业。②根据现场上的物品分析。现场上的有些物品能够直接或间接地反映出作案人的职业。例如，遗留在现场上的工作证、身份证，某些带行业特征的作案工具，随身携带物品、穿戴物、附着物、包装物、捆扎物，以及这些物品上的油垢、泥沙、树叶、屑末等。因此，对现场上的各种物品应认真研究，发掘其中蕴含的能反映作案人职业的信息，据此分析判断作案人的职业。③根据作案人使用某种器具的熟练程度和技能特征分析。有些案件，作案人使用某种器具的熟练程度和技能特征可以反映出其职业。例如，使用切割方法开锁盗窃的，根据锁头上被整齐切割痕迹面较光滑，断端茬口平直，切屑均匀一致，分析作案人可能是从事切割工作的；杀人碎尸的，根据肢解部位选择得当、创面整齐，在骨骼上很少留下或不留下刀痕，分析作案人可能是外科医生或屠夫。④根据有关人员提供的情况分析。有的被害人与作案人有过接触或目击者直接感知了作案情况，他们所提供的情况可以分析作案人的职业。例如，根据被害人提供的作案人身上特殊的气味、皮肤颜色及粗糙细嫩程度、手指关节的粗细、是否有手茧及手茧的部位等，分析作案人的职业；根据目击者提供的作案人具有职业特色的衣着打扮、语言内容、行为方式等，判断作案人的职业。

11. 分析作案条件。作案条件是指作案人进行犯罪活动所应具备的条件。作案条件主要包括：作案动机条件，如犯罪因素条件、犯罪因果关系条件等；作案特征条件，如时间条件、空间条件、知情条件、熟人条件、智能条件、体能条件、技能条件等；作案物质条件，如工具条件、痕迹条件、物证条件等；作案后特征条件，如反常条件等。正确判明作案条件，有助于准确刻画作案人，排查嫌疑对象。分析作案条件的主要内容和依据有：

（1）分析知情条件。分析知情条件的依据主要有：①根据进出现场的路线和进出口是否合理分析。作案人进出现场路线和进出口是否合理，往往能反映出其是否知情。一般而言，作案人进出现场的路线隐蔽、进出口恰当，说明作案人了解现场及其周围环境，反之，则对现场及其周围环境不了解。例如，作案人从很少有人知道的侧门走近路逃离现场，说明作案人对现场及其周围环境十分了解。②根据进出现场的方法是否巧妙分析。作案人进出现场的方法是否巧妙，能在一定程度上反映出其是否知情。例如，有的作案人由于是内部人员，平时有机会进出现场，了解房屋及门窗结构等情况，没有选择费时费力的笨拙方法，而是采用拧松门窗的螺丝或拨开窗户插销等省时省力的巧妙方法进入现场。③根据作案目标是否准确分析。作案人选择的作案目标是否准确，往往能反映出作案人是否知情。例如，在盗窃案件中，只有存放财物的抽屉被翻动过，其他的房间和抽屉都没有动过；在入室抢劫案件中，作案人指名索要存放在某处的某财物或具体数额的钱款；等等。这些都说明作案人十分熟悉现场。④根据作案时间是否恰当分析。作案人选择的作案时间是否恰当，往往能反映出其是否知情。例如，在盗窃案件中，作案人正好选择在现场及周围无人的空当，或值班、保卫人员吃饭、交接班的间隙，或财会部门领取巨款之后，或仓库中放入贵重物品之时，等等，这些都反映出作案人十分了解内部情况。⑤根据现场的伪装迹象分析。有的作案人在作案后，为转移侦查视线、逃避打击，对现场进行伪装，这在知情的作案人身上表现得尤为明显。例如，在内盗案件现场中，作案人故意制造一些不知情的外部人作案的假象，以掩盖知情的内部人作案的真相。根据现场的伪装迹象，揭穿作案人的伪装，判断作案人是知情人。

（2）分析熟人条件。分析熟人条件的依据主要有：①根据现场上有无接待应酬迹象分析。现场上有无应酬接待迹象，往往能反映出作案人与被害人是否熟悉。例如，在杀人案件中，根据现场上是否遗留有新鲜果皮、瓜子壳、烟蒂、茶杯、酒杯、餐具等，分析有无坐卧、攀谈、吸烟、喝茶、饮酒、吃饭等接待应酬迹象，从而判断作案人与被害人是否熟悉。②根据被害人损伤的严重程度分析。被害人损伤的严重程度，往往能反映出作案人与被害人是否熟悉。例如，在杀人案件中，作案人如果是被害人熟悉的人，其杀人时往往担心被害人未死而致使事情败露，因而加大打击力度，造成被害人损伤严重，据此可判断作案人可能是被害人所熟悉的人。③根据作案人作案过程中的言行举止及有无伪装掩饰分析。作案人作案过程中的言行举止及有无伪装掩饰，往往能反映出作案人与被害人是否熟悉。例如，在强奸、抢劫案件中，作案人由于与被害人熟悉，因而在作案过程中不说话，或变换声调讲话，有的则化装、蒙面作案，根据这些情况，有时可判断出是熟人作案。④根据被害人被害时的状态分析。被害人被害时的状态，往往能反映出作案人与被害人是否熟悉。例如，在杀人案件中，可以根据被害人遭受犯罪行为侵害时在现场上所处的位置、姿势、衣着，正在干什么，是否有防备等等情况，来判明作案人与被害人之间的关系，判明他们之间是否熟悉。⑤根据有关人员提供的情况进行分析。根据被害人家属、邻居等有关人员提供的情况，可以分析判断作案人与被害人是否熟悉。例如，在杀人案件中，被害人的邻居听到发案前有人敲被害人家门，以及被害人招呼接待的声音；发生在农村的某些案件，在发案时间段内，没有听到被害人家里或现场周围人家狗的叫声。根据这些情况，可以判断作案人与被害人是否熟悉。

（3）分析案后反常条件。分析案后反常条件的依据主要有：①根据作案人案发后的行为反常分析。由于心理紧张或企图逃避打击，作案人在案发后的行为往往出现反常。例如，作案人在案发后突然消失，不知去向；突然辞职，远走他乡；突然搬家，改变住所；突然装修房间，粉刷墙壁；突然打扫卫生，清洗衣物；突然改变习性，减少交往；突然表现积极，主动示好；等等。②根据作案人案发后经济状况反常分析。由于挥霍享受或炫耀财富，作案人在案发后的经济状况往往出现反常。例如，作案人在案发后突然还清了各类债务；出手大方，购置了大宗商品；钱财来源不明；挥霍无度，进出高档娱乐场所；突然出现了来历不明的高档物品，披金戴银；等等。③根据作案人案发后心理情绪反常分析。由于担心事情败露，心理压力大，作案人在案发后的心理情绪往往出现反常。例如，作案人在案发后突然情绪低落，无精打采；诚惶诚恐，坐立不安；疑神疑鬼，求神拜佛；魂不守舍，答非所问；故作镇定，沉默寡言；等等。

（三）确定侦查方向和范围

1. 侦查方向和范围的概念。侦查方向，是侦查工作的目标指向，具体是指在什么样的人中寻找作案人。侦查范围有广义和狭义之分，广义的侦查范围包括人员范围（侦查方向）和地域范围，狭义的侦查范围仅指地域范围。我们通常所称的侦查范围是指狭义的侦查范围。侦查范围，是侦查工作开展的地域范围，具体是指在何处寻找作案人。

侦查方向和侦查范围是两个紧密联系、不可分割的术语，人们习惯于将两者统称为侦查方向和范围。确定侦查方向和范围，就是解决在什么区域内寻找什么样的人的问题。正确地确定侦查方向和范围，不仅有利于制定切实可行的侦查计划，选择准确有效的侦查途径，更有利于节省侦查资源、提高侦查效益。

2. 确定侦查方向的依据。确定侦查方向的依据主要有：

（1）根据案件性质确定。案件性质能够反映出作案人与侵害对象之间的某种必然联系，因此，根据案件性质可以确定侦查方向。例如，在杀人案件中，如果案件性质确定为私仇报复杀人，那么就要在与被害人有私仇的人中寻找作案人；在盗窃案件中，如果案件性质确定为内盗，那么就要在单位内部或管理物品的人员中寻找作案人。

（2）根据作案人的个人特征确定。作案人在进行犯罪活动时，其性别、身高、年龄、职业等个人特征必然得到暴露，因此，根据作案人的个人特征可以确定侦查方向。例如，在盗窃案件中，作案人路线选择合理，进出口选择恰当，直奔作案目标，现场遗留的痕迹较少，说明作案人熟悉现场，那么就要在对现场熟悉的人中寻找作案人。

（3）根据作案人的作案条件确定。有些案件作案人需要具备时空、技能、知情等条件，而这些条件又充分反映于犯罪现场及作案的全过程，因此，根据作案条件可以确定侦查方向。例如，在现场上出现了自制的弹药，该弹药具有明显的职业特征，那么就要在具备制作、使用该弹药技能或有条件接触该弹药的人当中去寻找作案人。

3. 确定侦查范围的依据。确定侦查范围的依据主要有：

（1）根据现场的位置确定。作案人总是要在一定的空间内活动，即使是流窜作案或连续异地作案，也不能离开一定的空间。作案的地方，也就是作案人活动的地方。作案地点的所在区域，同作案人有着这样或那样的联系，有的联系还十分紧密。因此，确定侦查范围一般应以现场所在地为中心向外扩展，至于扩展到什么地方，应根据每一起案件的具体情况来确定。对于系列案件，还可以用连点构图的方法，将发案地点连接而成几何图形，通过对现场空间构形进行分析确定侦查范围。

（2）根据现场环境确定。现场所处的环境条件，对于确定侦查范围具有重要意义。例如，现场周围的建筑、交通、地形，是繁华的商业区还是居民区，有哪些村、山林、河流、街道等；现场周围居民居住活动情况，他们上下班、上下学的规律特点；外来流动人员情况等；现场附近地区的社会治安情况，经常发生哪类案件，未破案件情况，嫌疑对象情况等，都是确定侦查范围的依据。

（3）根据现场遗留物确定。作案人在进行犯罪活动的过程中，由于种种原因可能会在现场遗留有各种物品，如作案人穿着、佩戴、携带的物品，作案工具，尸体的盛装物、包裹物、捆扎物、衬垫物等。这些遗留物往往可以反映出作案人的居住范围、职业特点等，应在调查这些现场遗留物的生产地、销售地、销售范围、使用范围的基础上，结合这些现场遗留物的自身特征来确定侦查范围。

（4）根据现场遗留痕迹确定。作案人在进行犯罪活动的过程中，往往会在现场遗留有各种痕迹，如撬压破坏痕迹、交通工具痕迹、爆炸痕迹、放火焚烧痕迹等，通过这些痕迹分析判断作案人使用的撬压工具、交通工具、爆炸物品、放火物品等，然后再通过这些工具和物品来确定侦查范围。此外，部分现场上的足迹、血迹不仅显示了作案人潜逃的方向，而且有时可延伸到作案人的居住区域或落脚点。

（5）根据作案手段、方法确定。作案人进行犯罪活动的手段、方法往往具有习惯性，这种习惯性要么是社会各行业或职业技能的反映，要么是犯罪技能的体现，但无论如何，根据作案手段、方法可以确定侦查范围。当作案手段、方法反映出作案人具有某种技能，可能从事某种行业或职业，那么侦查范围就可以根据行业或职业来确定。当作案手段、方法反映出其定型与否，破坏手段的熟练程度，以及犯罪活动规律性的强弱时，可据此判定其是否为惯犯，从而确定侦查范围。

（6）根据损失或未损失的财物确定。在盗窃、抢劫等侵财型案件中，如果盗窃、抢劫财物的数量、体积、重量较大，现场又没有发现交通运输工具的痕迹，应着重在现场附近的地域范围来寻找作案人。有些案件的现场摆放明显的财物，作案人却视而不见，就要针对这种情况分析作案人为什么没有拿走，是不便携带、还是拿来无用，还是由于其他原因。这些情况也可以用于分析是本地人作案还是流窜作案，进而为确定侦查范围提供依据。

(7) 根据赃款、赃物的可能去向确定。在盗窃、抢劫、诈骗等侵财型案件中，作案人的作案目标是公私财物，并以非法占有为目的，一旦作案得逞，作案人往往将赃款、赃物挥霍、使用、隐藏、转移、加工处理、变卖、兑换等，而这些活动可能具有明显的方向性和地域性，如古玩市场、二手市场、旧货市场、金银加工点、汽车修理厂、摩托车修理部、典当行等，因而应认真分析研究赃款、赃物的可能去向，并根据案件具体情况确定侦查范围。

(8) 根据有关人员提供的情况确定。在有些案件中，被害人和作案人有过一定的接触，在接触过程中可能会了解到作案人带有地域或职业特点的说话内容、口音、衣着、打扮，以及反映作案人地域或职业的证件、证明、合同、材料等。通过被害人提供的情况，分析判断作案人生活、居住、工作的地域范围，从而确定侦查范围。在有些案件中，通过目击者等知情人提供的看到、听到的情况，也可以确定侦查范围。

（四）决定对现场的处理

实地勘查结束后，实地勘查指挥员决定是否保留现场。对需要整体保留或者局部保留的现场，及时通知有关单位和个人，指定专人妥善保护。对不需要保留的现场，及时通知有关单位和人员进行处理。

对死因未定、身份不明或者其他情况需要复验的，将尸体妥善保存。对没有必要继续保存的尸体，经县级以上公安机关负责人批准，立即通知死者家属处理。对无法通知或者通知后家属拒绝领回的，经县级以上公安机关负责人批准，可以按照有关规定处理。对没有必要继续保存的外国人尸体，经县级以上公安机关负责人批准，立即通知死者家属或者所属国驻华使、领馆的官员处理。对无法通知或者通知后外国人家属或者其所属国驻华使、领馆的官员拒绝领回的，经县级以上公安机关负责人批准，并书面通知外事部门后，按照有关规定处理。

第二节 现场重建

现场重建是通过分析犯罪现场的痕迹、物证的位置、状态和相互关系，运用科学技术对犯罪行为的发生经过进行再现的活动。现场重建是现场勘查和后续侦查工作的桥梁，是对现场所有相关信息进行系统逻辑思维的结果。研究现场重建，有助于对案情进行分析和研判，还原案件真实情况，突破侦查困境，推动侦查工作现代化。

一、现场重建概述

（一）现场重建的概念

"现场重建"一词系舶来品，是从美国犯罪现场重建协会（The Association for Crime Scene Reconstruction）中的 Crime Scene Reconstruction 直接翻译而来。美国是世界上运用现场重建较早、较有成效的国家，侦查人员和物证鉴识人员在 20 世纪 40 年代的现场重建、60 年代末的犯罪剖绘、80 年代现场分析的基础上，于 90 年代初步形成了现场重建理论并对其予以运用。

现场重建，是指侦查人员通过对犯罪现场痕迹、物证的位置、状态、相互关系的观察和分析，利用物证检验结论及其他相关信息，结合已掌握的客观事实，合乎逻辑地以抽象、形象或实物模拟的方式，最大限度地将犯罪现场所发生的犯罪内容与犯罪过程予以再现的一项侦查活动。上述关于现场重建的概念界定，可从以下几个方面进行理解：

1. 现场重建是由侦查人员主导的一项侦查活动。在不同的诉讼制度中，有权进行现场重建的主体也不尽一致。由于我国采取的是职权主义侦查模式，仅有侦查机关享有侦查权，其他任何机关或个人不享有该项权力，因此只有侦查人员才能进行现场重建。需要注意的是，这里所说的侦查人员并非所有侦查人员，而是限于从事本案侦查工作的具备一定侦查理论和丰富实践经验的侦查人员。

2. 现场重建是在对现场痕迹、物证的位置、状态、相互关系进行观察和分析的基础上展开的。现场重建是运用技术实证分析的方法研究犯罪现场物态事实的自然属性，从而实现对犯罪行为的认知。在现场重建的过程中，现代科技手段和实验室检验结论都发挥了极为重要的支撑作用。可以说，现场重建是现代科技手段验证了的合乎客观事实的现场分析。

3. 现场重建是对现场所有相关信息进行系统逻辑思维的结果。现场重建是在对现场事实与物证检验进行系统而合乎逻辑的思维后所形成的关于犯罪内容和犯罪过程的合理解释，是一种科学缜密的判断推理。在现场重建过程中，除现代科技手段和实验室检验结论对完成现场重建起到重要作用外，调查访问、侦查情报等相关信息也在其中起到一定的作用。

（二）现场重建的意义

1. 有利于更好地认知犯罪。现场重建的目的是认知现场事件发生的过程和现场犯罪行为的过程。现场事件形成过程与犯罪行为过程是判断事件性质和认知作案人、犯罪行为必须首先解决的问题。对现场加以重建，不仅有利于进一步确定案件性质，查明事件形成原因，而且能够有针对性地查找作案人，分析研究与其有关的情况。从本质上讲,现场重建是一个挖掘犯罪信息或反复挖掘犯罪信息的过程,也是一个证实犯罪的过程。对现场的重建越逼真、越接近实际,就越有利于侦查人员挖掘更多能证实犯罪的信息,越有利于进一步认识犯罪。

2. 有利于推动侦查工作现代化。现代科技手段为现场重建提供了技术支持,各种技术手段在现场重建中得到了广泛应用。强化科技手段在现场勘查中的运用,有助于培育我国侦查工作的技术理性,提高现场勘查科技含量和质量,增强现场分析的科学性,推动侦查工作的现代化。

3. 有利于促进证明制度由人证本位模式转变为物证本位模式。科学技术是现代法治的重要支柱,是实现法律公正价值和公民权利保护的物质保障。在现代社会科学技术空前发展的背景下,法治对科学技术的需求越来越高。通过在现场勘查中引入现场重建这一侦查方法,正好契合了法治对科学技术的深层次需要,也适应了司法改革的目标要求,有助于推动我国侦查工作实现由收集言词证据为主的模式向收集实物证据为主的模式转变。

4. 有利于完善我国的刑事诉讼制度。自我国刑事诉讼制度改革进一步吸纳控辩式诉讼模式因素后,法庭审判的对抗程度加剧,对证据展示方式、证据质量、法庭辩论与证明方式都提出了新的更高的要求。而现场重建作为一种探究现场真相、演示客观事实的侦查方法,为控辩双方的证据展示与法庭证明做了事实与认知准备,满足了控辩式诉讼模式的需要。现场重建理论的引入,将在一定程度上改变我国刑事侦查工作与刑事诉讼制度改革相抵触的现状,进一步完善我国的刑事诉讼制度。

(三) 现场重建的原则

1. 客观性原则。客观性原则是现场重建首先要遵循的原则,是现场重建的前提。现场重建既然是对现场事件发生过程的重新构建,便不能脱离实际任意构筑,必须建立在客观存在的基础之上,如此才能保证现场重建这一侦查方法切实发挥它的积极作用。尽管在重建过程中,侦查人员可以对现场收集到的痕迹、物证进行大胆地推测和假设,但只有最终通过科学手段对所有现场事实进行检验之后,才能得出客观合理的结论。因此可以说,现场重建是在客观事实基础上的重建。

2. 科学性原则。刑事技术和法庭科学的高度发展推动了现场重建的产生,使得现场重建能够在各种科学理论依据的基础上,以现代科学技术手段为主,运用化学、物理、医学、动物学、植物学等各学科知识,结合信息技术、人工智能对犯罪现场所取得的痕迹、物证等信息进行研究检验。而在这一过程中,任何的技术性缺陷与失误都可能产生理论偏差甚至导致现场重建失败,再加上侦查人员在收集与取舍重建资料时,难免会因认识上的主观性、片面性或表面性而产生误差,在运用重建资料进行推理时,也往往会因出现失误而产生错误。基于此,就需要在现场重建中以科学性原则作为指引,从而帮助侦查人员减少各种偏差和错误,提高侦查水平。

3. 逻辑性原则。逻辑性原则是现场重建的思维保证。现场重建是对犯罪现场所发现的痕迹、物证等相关信息进行系统地思维整合和科学检验之后得出的合理结论,而赖以完成重建的现场事实却十分复杂,常常包含着各种各样的信息,因此,只有运用科学的逻辑方法和逻辑规则对这些复杂、繁琐的现场事实进行整合与分析,了解它们之间的相互关系,才能清楚地掌握现场的犯罪行为和犯罪过程,对现场重建结论进行合理解释。

4. 关联性原则。要想让现场重建更好地助益案件侦查,就需要侦查人员慎重地选取重建资料。客观存在的事实多种多样,并非所有的事实都可以被采用,只有那些与案件事实存在客观联系,对现场重建有意义的才可以。反之,凡是与案件无关的,不论其多么真实可靠都不能用做重建资料。那些具有假想联系、主观联系的事实,不但不能证明案件真相,有时反而会干扰侦查思维,影响侦查结果。

二、现场重建的分类

(一)根据案件性质不同进行划分

根据所发生的案件性质不同,可以将现场重建划分为:杀人案件现场重建、盗窃案件现场重建、投毒案件现场重建、爆炸案件现场重建等。

(二)根据重建内容多少或重建程度不同进行划分

1. 犯罪痕迹、物证重建。通常情况下,现场重建是从痕迹、物证的重建开始的,在此基础上,才能实现更为复杂的情节重建和过程重建。按特定痕迹、物证进行的现场重建是对现场各种形态不同的痕迹、物证的形成方式等问题进行研究、重建。这些痕迹、物证包括血迹、手印、足迹、枪弹痕迹、火焰燃烧、轮胎痕迹、伤痕、破坏物等。对现场痕迹、物证进行重建,可以解释它们的形成情况,在某种程度上展现现场的犯罪过程,并且能够给侦查人员进一步开展侦查工作提供线索和信息。

2. 犯罪瞬间状态重建。有时现场需要重建的只是一个关键性的瞬间状态,通过对这个瞬间状态的重建,可以了解犯罪过程中的一些重要信息。例如,重建爆炸案件中爆炸前现场的瞬间状态,得以判明爆炸点、爆炸方式。

3. 特定犯罪情节重建。犯罪情节的重建是基于对现场某一局部的行为顺序、方位、环境及可能出现的行为关系的分析，其目的是揭示犯罪现场上某种特定的联系。并不是每一个在现场发生过的犯罪情节都需要或者都可以重建，主要对现场上某个难以解释或存有争议的特定情节进行重建。例如，警察执行公务时开枪致人死亡，在面临谋杀或防卫过当的指控情况下，需要重建的是开枪现场的瞬间状态及开枪之前若干时间内的情节片段。情节重建比痕迹、物证的重建解决范围更广泛、更复杂，一般需要对多个痕迹、物证加以综合研究才能完成。

4. 犯罪行为全程重建。有时为了吃透整个案情，揭示犯罪全貌，需要对作案人进入现场、实施侵害行为、逃离现场等一连串犯罪情节构成的犯罪行为全过程进行重建。这种重建是最为复杂的重建，它既要借助痕迹、物证和特定情节重建的结论，还需要研究所有现场事实和其他信息才能进行，通常较少发生。但在对抗制诉讼模式的庭审过程中，辩护双方会要求控方对所指控的犯罪事实的任意一个情节予以说明，因此，控方的现场重建应尽可能地做到全面、系统。

（三）根据重建中所要解决的关键性问题不同进行划分

1. 以解决位置关系问题为目标的现场重建。例如，爆炸案件中对爆炸现场瞬间状态的重建，尽管其深层目的是判明爆炸点和爆炸方式，但重建的具体目标是重建爆炸之前的一瞬间，现场所有人与物的所在位置及其相互关系。

2. 以解决行为方式问题为目标的现场重建。案件中具体的行为方式有时也是确定犯罪情节的重要依据，所以有必要对有些行为方式不明的案件进行行为方式重建。例如，强奸或涉嫌强奸案件中，性交方式就成为重建的重点；枪击可疑死亡案件中，枪击的具体行为方式就成为重建的重点。

3. 以解决行为顺序或过程问题为目标的现场重建。行为的不同顺序或不同过程往往意味着作案人的不同状况，甚至意味着不同的案件性质，因此必须予以重建。例如，在一些案件中，现场上的痕迹、物品多而凌乱，现场上的尸体有七八具，这时就有必要根据尸体以及痕迹、物品的状况对行为人实施犯罪的先后顺序进行重建。

4. 以解决作案人人数问题为目标的现场重建。在一些特定案件如盗窃、杀人案中，作案人的人数也是需要判明的问题。这种判断有时比较简单，可以根据侵害物、被害人等进行，有时却比较复杂，如一人能否完成、几人才能完成、究竟有几人实施了犯罪等，针对这些问题，就需要借助现场重建来解决。

5. 以解决其他问题为目标的现场重建。

（四）根据重建意图与证明方式不同进行的划分

1. 立论性现场重建。立论性现场重建是指借助于痕迹、物证、客观事实等，通过对现场曾经发生的某一或某些犯罪瞬间状态、犯罪情节片段、犯罪行为全过程的重新演示，以证明其确实存在过。立论性现场重建具有客观性、严谨性、唯一性的特点，它必须以严密的痕迹、物证、事实体系为客观基础，不能同常识和一般经验相悖逆，并且在推理方法上具有无懈可击的逻辑性。

2. 驳论性重建。驳论性重建是为了驳斥某种观点而进行的现场重建。该种重建是基于某种观点，故意重新构建一个与之相适应的犯罪瞬间状态、犯罪情节片段或犯罪行为全过程，进而指出支撑该重建的痕迹、物证或客观事实存在不足或缺陷，甚至抛出与之相矛盾的痕迹、物证或客观事实，从而推翻该重建以及作为该重建基础的相应观点。驳论性重建不需要考虑重建内容的系统性，只要能基于特定观点重建起与已知痕迹、物证、事实相悖的致命之点，就可满足否定相应观点的需要。

（五）根据重建开始的时机不同进行划分

1. 清理前的现场重建。清理前的现场重建是指侦查人员在未对犯罪现场予以清理的条件下所展开的现场重建。由于重建人员介入现场较早，重建过程在现场未变动或变动尽可能小的情况下开展，因而难度较小，进展相对较快，客观性和直观性较强。

2. 清理后的现场重建。清理后的现场重建是指在现场勘查已经结束并且犯罪现场已经被清理的条件下展开的现场重建。这时的犯罪现场虽然场所还在，但表明犯罪活动的痕迹、物证等已被改变，现场重建必须将对现场的感受、研究同对现场记录的研究、利用结合起来进行。

三、现场重建的依据

犯罪现场重建过程是建立在侦查假设之上：假设遗留在犯罪现场的所有证据已经按其原始面目被寻找到，并已记录、收集、鉴别、比对识别、复位。以这个假设为基础进行证据收集和分析，得出的犯罪现场重建结论才能被认为是对现场情况的真实写照。因此，犯罪现场上所有反映犯罪活动的证据是犯罪现场重建的基础。

（一）现场痕迹、物证

犯罪现场的痕迹、物证是现场的主要组成部分，是犯罪活动在案件现场所引起的最直接的外在物质表现，从不同角度真实记载了作案人在案件现场所进行的犯罪活动，所以无论何种现场重建，都必须依据现场的痕迹、物证等来进行。

痕迹一般是由两个表面互相接触而形成的，这种接触形成了立体、平面或附着痕迹，这些立体痕迹可以来自静态或固定的接触、动态或移动的接触，也可以是二维和三维的接触。在实际案件中，这些接触可以是物质从一个表面转移到另一个表面，以附着物等形式形成痕迹和物证的转移，也可以由于物体的破碎、断裂、剪切形成痕迹、物证。案件现场上所能发现的痕迹、物证一般有：血迹、指纹、足迹、毛发、工具痕迹、枪弹痕迹、车辆痕迹等。因此，为了获得这些痕迹、物证，应当进行全面、细致的现场勘查，这是犯罪现场重建的基础和关键。从犯罪现场上得到的现场痕迹、物证越多、越详细，能够证实犯罪行为的证据也就越充分、符合实际，认知犯罪行为的条件也越充足。

（二）现场痕迹、物证的状态、位置及相互关系

通常情况下，现场的痕迹、物证不会以孤立的形式存在，这就要求现场重建人员认真研究所有现场痕迹、物证的排列组合关系，包括某个具体痕迹、物证在现场整体背景中所展现出的状态，整体痕迹、物证背景下某个痕迹、物证的形成方式、形成过程，以及某个痕迹、物证和其他痕迹、物证的位置关系等。

以现场重建中对血痕迹利用为例，血迹要揭示的并不是与案件相关的人，而是可以表明与血迹分布情况相关的犯罪行为和犯罪过程，它有时候甚至比血清或者DNA分析结论更具价值。因此，对于血迹形态的研究不能是孤立、静态的，而要通过以下诸多侧面进行：血迹种类；血滴运动的方向；血源与目标物表面的距离；血滴下落的角度；血液痕迹、方向和相对运动速度的测定；导致出血的力的性质；导致出血的物体的性质、打击的次数以及出血点附近的人、物的相对位置；与出血有关的多个事件的先后发生顺序；接触形态或者转移形态的解释；出血经过的时间和出血数量的估计。

（三）现场痕迹、物证的检验结论

在现场重建中，如果仅靠肉眼对现场痕迹、物证进行直接观察和研究还远远不够，因为部分痕迹、物证是否与犯罪有关、有何种关联、反映了哪些信息等，都难以用肉眼加以判断，因此就需在实验室运用科学的方法对其加以检验和鉴定，进一步确定它们的物理、化学等属性，为判明案件真相提供客观、充分的依据。尤其在对一些比较复杂的案件，例如杀人案件、爆炸案件进行现场重建时，实验室检验更是不可或缺。在杀人案件中，现场所发现的血迹只有通过实验室检验才能甄别是否为人的血迹、是几个人的血迹、每个人的血迹遗留位置，从而以此为基础对杀人案件进行准确的现场重建。在爆炸案中，要对现场提取的炸药成分进行实验室检验，从而对整个爆炸案件进行现场重建。

（四）目击者、被害人等提供的有关情况和信息

被害人陈述、证人证言、犯罪嫌疑人供述或辩解等言词信息不但能从不同

角度反映犯罪活动的发生、发展经过，同时也蕴含着现场重建的重要信息。侦查人员可以通过对这些信息综合分析后得出犯罪现场的一些假设，之后再结合现场痕迹、物证及现场状态等对犯罪行为进行推理，最终得出合情合理的结果。可见，这些言词信息对于现场重建非常重要，侦查人员在通过现场访问获得信息时，要详细了解案件的发生过程、案发前情况、现场原始状态、现场保护情况等，同时还要做好相应记录。

（五）现场实验结论

对于现场勘查中的部分疑难问题，例如，某种事实或现象是否存在，或者在某种条件下能否发生及怎样发生，如果采用常规的现场访问和实地勘查方法无法查明时，只有依靠模拟重演的方法加以再现。现场实验的结论不仅可以验证某种现象是否发生、如何发生，还可以辨别现场访问和实地勘查结论的真伪，有助于进一步查明案件真相，这为侦查人员根据某些已知的案件情节提出假设，并且通过现场重建进行验证提供了条件和可能。

四、现场重建的步骤

现场重建是一个收集相关事实并在此基础上大胆假设、小心求证的过程。这个过程包括了以下五个步骤：

（一）收集并判断现场信息

现场重建是在对现场收集到的各种信息进行科学研究的基础上所做出的结论，因此全面、准确地收集并判断现场信息便成为现场重建的前提。这些信息包括现场遗留的痕迹、物证以及从被害人及其他知情人那里所能获得的以各种形式存在的言词信息或书面信息。需要注意的是，侦查人员在收集信息时要本着客观、全面、科学的要求，认真做好对现场各种信息如痕迹、生物检材、实物证据等的发现、记录、固定、提取、保存工作。同时，现场信息的收集并不是盲目的，而是有目的性的，侦查人员在收集过程中还应加以判断，根据信息的本质属性，结合案件具体情况进行审查、鉴别和分析，留下与案件有关的信息，去除与案件无关的信息。总而言之，收集现场信息是认识过程的感性阶段，是现场重建的物质基础，而审查判断信息则是认识过程的理性阶段，是现场重建的进一步深化，侦查人员要从系统的观点出发，形成一个"去粗取精、去伪存真、由此及彼、由表及里"的逐步深入的认识过程，从而得出信息与信息之间、信息与案件之间的联系程度，进而对整个案件事实有较为全面的认识。

（二）进行推测

在对现场信息进行收集和判断的基础上，还要进一步依据现场重建的内容对犯罪瞬间状态、犯罪情节片段以及犯罪行为的全过程等情况作出初步的推测性解释，这种推测仅仅是事件发生的或然的、可能的推测。在形成推测时，要更多地运用归纳的逻辑方法，主要以逆向（即由事实到思维）发散性思维为主。通过推测，侦查人员可以确立解决问题的模型，理清重建分析思路，使重建思维在多个方向展开，为进行更大范围、更高程度的系统思维打下基础。为了防止下一步的假设先入为主或由于思路局限而使假设陷于偏颇，侦查人员必须在推测过程中考虑到各种可能性。

（三）提出假设

假设是侦查人员运用个人经验和科技手段，充分观察、研究、利用现场痕迹、物证的自然属性、状态和关系等信息，比较、论证各种推测，对痕迹、物证的形成、犯罪的情节或过程作出的具有现实可能性的说明与解释。假设是在全面、深入细致地分析所掌握的犯罪信息的基础上，以现场客观事实及科学的检验结论为依据，对犯罪现场进行的一种带有或然性的推断，是对案件事实的更深层次的认识，是合乎逻辑的思维成果，是推测性和科学性的统一。根据现场事实提出假设，是完成现场重建十分重要的方式和环节。侦查人员可以围绕假设展开合乎逻辑的推演，进行测试与验证，找到实现认知犯罪行为的途径，实现对事件发生过程和犯罪行为过程的认知。形成假设，必须充分研究现场具体状态与细节，运用各种实验室检测结果，同时，也是对各种推测肯定、否定或修正后得到的结论。对现场痕迹、物证的研究及其实验室检测结论的利用，更多地运用了实证分析的方法，而对各种推测的判断则更多地运用了分析、比较、综合的逻辑方法。

（四）合理论证

由于重建假设仅仅是根据有限的案件事实材料而作出的，因而它带有猜测的性质，而且针对某一情况作出的重建假设往往不止一个，而是在该种情形下实际可能的所有情况。犯罪行为的唯一性，说明现场重建假设不可能与案件的真相都相符合，建立的重建假设是否与案件的真相相符，需要进行验证。验证重建假设一般分为两步来进行：第一步是根据侦查人员的知识和经验，从提出的重建假设出发，分析是否能够合理地、符合逻辑地推导出侦查人员已知的犯罪信息。这一步的主要内容是从重建假设出发，运用侦查人员自身的认知背景和实践经验，分析重建假设与已知信息之间的关系。如果重建假设与已知犯罪信息是相一致的，说明假设是有根据的；如果相矛盾，说明侦查人员所提出的重建假设是不符合实际的，应当理智地抛弃，转而求证新的重建假设的科学合理性。第二步是从重建假设出发，演绎出一些必然的、未知的推论，而后查证新的犯罪信息，分析新的犯罪信息与未知推论之间的关系，为了保证犯罪现场重建结果真实可靠，应综合运用分析推理再现法、回忆再现法、技术检验再现法和实验再现法。

（五）得出结论

推理的内容就是在假定重建假设为真的前提下，推导出除已掌握的信息外，还应有哪些新的事实、新的条件和新的现象存在或不存在，这些未知的新情况为侦查人员进一步验证重建假设指明了方向，侦查人员应在此指导下采用各种侦查措施，有目的地去发现和寻找这些信息。如果发现了这些信息，就说明所建立的重建假设为真，在这种情况下重建假设也就成了现场重建的结论。反之，如果得不到证实，而是出现了与之相反、相矛盾的情况，那么重建假设就应该被推翻，需在此基础上提出新的重建假设。当然，重建假设的验证结论为真实的情况较为复杂，只有查清的犯罪信息形成一个完整一致、无懈可击的信息链条时才能认为重建假设是正确的、必然的。但是，当对重建假设的验证结论为虚假时，则这种重建假设必然不成立，应予否定。在有些情况下，所建立的重建假设的可能范围是非此即彼的两种截然相反的情况，如果否定了所建立的重建假设，那么，与该重建假设相反的那种可能情况就应当被认为是能够成立的，而成为重建的结论。

由于受到种种主客观条件的限制，重建不可能与实际情况完全一致，而只能做到相对准确。重建中的有些情节，特别是侵害人或被害人在现场的情况，不可能十分精确。简单的犯罪现场重建，如重建一种现场瞬间状态，相对而言容易一些；复杂的犯罪现场重建，如重建犯罪行为全过程则要繁琐得多，它需要先重建出一个个犯罪情节片段，再对每个情节片段进行时序排列与定位，逐步形成对犯罪情节整体以及犯罪行为全程的重建，至此，已经完成了犯罪现场重建。

现场重建完成后，侦查人员应撰写现场重建报告。报告要说明重建的依据、过程、方法及其结论，并在文字报告中附上图片、照片、模型等直观资料，形象地展示重建结论或重建原理。

五、现场重建的方法

现场重建的关键之处还在于现场重建的方法。只有使用正确的方法重建现场，得出的结论才能更接近于犯罪活动发生时的真实情况。目前，犯罪现场重建的方法主要有以下几种：

（一）几何学重建法

几何学重建法包括了 Extrapolation 法、拉线法、探针法、激光法，主要适用于具有一定的运动规律,可以确定相应运动轨迹的痕迹、物证,如血迹、枪弹痕迹等。几何学重建法在精确的几何学和数学运算的基础上,通过拉线、探针和激光可见地重建了痕迹、物证的运动轨迹,并且可以灵活地延伸运动轨迹,或者可以在一定的范围内变换轨迹线在现场空间内的位置,从而使作案人的行为轨迹重建更加符合现场环境条件和现场痕迹、物证条件。因此这种方法远远比想象或者推测更为客观和精确,得到的犯罪现场重建结论也就较为准确。

(二) 实验重演法

并不是犯罪现场所有的痕迹、物证都具有一定的运动规律,甚至有可循的运动轨迹能够用来进行现场重建,这种情况就需要用实验重建法来解决其中的一部分问题。如指纹、脚印、齿印等和行为人肢体运动直接相关的痕迹。在确定该痕迹是行为人哪一部分肢体所留下的之后,就可以通过实验重演法来研究留下该痕迹时的姿势以及做出该姿势时行为人的动作。另外,有些与行为人肢体运动间接相关的痕迹、物证,如作案人移动物品所留下的痕迹、使用工具所留下的痕迹、身上所携带物品掉落留下的痕迹等也可以采用实验重演法。通过研究这些痕迹、物证,可以确定行为人如何作用于物品可以留下哪类痕迹,从而得以确定作案人当时所做的姿势和动作。虽然有时候实验重演法并不足以确定作案人当时的行为过程,但是可以验证某个犯罪行为是否成立,或者可以排除一些动作或者姿势。

(三) 计算机模拟法

计算机模拟法从 20 世纪末开始兴起,在运用的成熟度上相对于几何学重建法和实验重演法还稍逊一筹。目前域外部分国家主要将计算机模拟法运用于痕迹、物证的模拟与重建、现场空间的模拟与重建、行为动作姿势的模拟与重建、爆炸现场的模拟与重建等。计算机模拟法模拟犯罪行为过程可以分为瞬间姿势的模拟、动作的动态模拟和空间漫游。目前主要用来模拟被害人受伤的一瞬间,被害人、作案人、犯罪工具的相对位置和姿势,以及模拟多名作案人和被害人在某一行为发生时的相对位置与姿势。使用计算机模拟法模拟作案人的行为过程有如下几个优点:可以通过计算机模拟一些真人无法进行实验的动作;可以随意摆弄模型,不用顾忌真人实验时所需承担的风险;可以从各个角度全局性地审视整个现场空间,这些都是真人模拟实验无法比拟的。

| 思 考 题 |

1. 现场分析的概念是什么?

2. 现场分析的任务有哪些?
3. 现场分析的步骤是什么?
4. 现场分析的方法有哪些?
5. 现场分析的内容有哪些?
6. 现场重建的概念是什么?
7. 现场重建的原则是什么?
8. 现场重建的分类有哪些?
9. 现场重建的步骤是什么?
10. 现场重建的方法有哪些?

───────── 参考文献 ─────────

1. 郭金霞、李小恺:《立体现场勘查学》,中国政法大学出版社2021年版。
2. 倪春乐主编:《现场勘查》,知识产权出版社2020年版。
3. 张颖主编:《犯罪现场勘查》,法律出版社2020年版。
4. 许大鹏:《犯罪现场调查》,中国法制出版社2020年版。
5. 卫红泽:《刑事现场勘查学》,中国人民公安大学出版社2019年版。
6. 裴煜:《犯罪现场勘查理论与实践》,华中科技大学出版社2019年版。
7. 胡向阳:《犯罪现场分析》,中国法制出版社2015年版。
8. 蒋健主编:《犯罪现场勘查》,中国人民公安大学出版社2014年版。
9. 朱巧红、盛永彬主编:《犯罪现场勘查》,暨南大学出版社2013年版。
10. 许爱东:《现场勘查学》,北京大学出版社2011年版。
11. 马丽霞主编:《现场勘查》,中国检察出版社2010年版。
12. 关鹏:《犯罪现场分析中的行为节点分析法》,载《中国人民公安大学学报(社会科学版)》2012年第4期。
13. 王超强、王红敬:《大数据视域下犯罪现场分析研究——以入室杀人案件为例》,载《北京警察学院学报》2019年第3期。
14. 李娟、杨帆:《论结构主义视角下犯罪现场的重建与再现》,载《山西警察学院学报》2020年第3期。
15. 左倪娜:《融合三维激光扫描技术与虚拟现实技术的犯罪现场重建》,载《广西警察学院学报》2019年第3期。

第十三章

杀人案件的现场勘查

🔍 **[内容提要]**

杀人案件现场是指作案人实施杀人的场所,以及遗留有与杀人犯罪有关的物品、痕迹、人身、尸体等相关证据的场所。由于作案人的主观因素及作案时的客观因素各不相同,杀人案件的现场也表现得相当复杂,具有现场多留有被害人的尸体、尸块、尸骨,现场多留有血迹,现场遗留痕迹、物证较多等特点。常见的杀人案件有:枪杀、毒杀、缢死、溺死、碎尸等案件。公安工作始终强调全心全意为人民服务,将维护人民根本利益,增进民生福祉作为公安工作的指导。鉴于故意杀人行为严重侵犯被害人的生命权,具有较大的社会危害性,在我国,杀人案件历来是侦查机关侦办的重点。因此,对于杀人案件的现场,勘查人员要充分掌握其所具有的特点,及时、全面、客观、细致地进行勘查,收集与杀人案件相关的材料,尽可能地解决与案件相关的问题,以完成杀人案件现场勘查任务。

🔍 **[重点问题]**

杀人案件现场的特点;杀人案件现场勘查的任务;杀人案件现场访问的重点;杀人案件实地勘查的重点;杀人案件现场分析的重点。

第一节 杀人案件现场的特点

杀人是以剥夺他人生命为目的社会危害性极大的严重犯罪行为,杀人案件是具有重大社会影响力的犯罪案件。因此,与一般犯罪案件现场相比,杀人案件现场更为复杂，具有自身的特点。出于现场重建和还原案件事实的客观需要，对杀人案件现场特点的研究和把握，有助于指导勘查人员有的放矢，有序推进勘查工作。

一、现场多留有被害人的尸体、尸块和尸骨

杀人案件以人为侵害目标，由于作案人受时间、现场环境、个人能力及心理等方面的条件制约，杀人后往往来不及或不具备客观条件掩埋尸体、尸块，只能使其处于暴露或部分暴露的状态，因此在现场就会不同程度地遗留有被害人的尸体、尸块或尸骨。例如，在一些非熟人作案的案件中，作案人可能认为没有必要处理尸体，或者有的作案人在作案后心理紧张，急于逃离现场，未对尸体进行处理，而使尸体直接暴露在现场环境中；在一些熟人作案或因果关系突出的案件中，作案人有可能在作案后进行移尸、分尸、碎尸、焚尸，所以在侦查开始时，现场只发现被害人的残肢或尸体的某一部分，经过现场搜索或进一步展开侦查会发现更多的尸体或尸块。由于大多数案件都是在发现被害人的尸体、尸块或者尸骨之后才加以侦查，因此杀人案件的现场勘查往往以此为起点和重点，并不断对侦查工作进行深化，以便发现更多的线索和证据。

二、现场多留有血迹

血迹是许多杀人现场的一个明显特征，是现场重要的证据之一。不管作案人使用刀、斧、棍棒、砖头，还是使用枪支、炸药等不同种类的杀人工具，只要被害人尸体有开放性损伤，尸体上和第一现场就会遗留有不同形态、不同数量的血迹。由于血迹所具有的生物学、痕迹学特性，以及客观性、稳定性、广泛性和实用性的特点，在杀人案件的侦查过程中往往具有其他痕迹、物证难以比拟的重要作用。例如，对血迹的勘查、分析，可以作为判断死亡方式的重要手段，可以作为确定现场是否为原始现场的依据，可以作为现场重建的主要方法，可以作为确定身源的可靠依据，可以作为认定或排除作案人的有效方法。侦查实践表明，正确地分析、解读血迹中所包含的犯罪信息是侦破命案的一个重要环节，甚至成为破案的关键和突破口。

三、现场遗留痕迹、物证较多

在杀人案件中，由于杀人行为会遭到被害人的强烈反抗，被害人往往与作案人进行激烈搏斗，因此杀人案件现场通常遗留大量的痕迹、物证，包括血迹、毛发、分泌物、衣物碎片、随身物品、杀人工具、搏斗痕迹、破坏工具痕迹等。在实施完杀人行为后，有的作案人还可能会进行分尸、碎尸、抛尸、埋尸等后

续行为，同样也会在现场遗留痕迹、物证，例如，切割尸体的痕迹、拖拉痕迹、包裹物、捆扎物、附着物等。所以现场遗留的痕迹、物证较多，并且这些痕迹、物证能够直接或间接地揭示作案人与案件的内在联系。

四、现场状况的多样性

由于作案人使用不同的杀人工具，出于不同的杀人动机，每个杀人案件的现场状况、尸体的状态都会有所不同。例如，有的作案人为了造成社会影响，会使用爆炸破坏、枪杀无辜的方法杀人；有的作案人为了发泄私愤，会在杀害被害人之后进一步破坏尸体，多砍数刀或者把尸体砍成数块，使被害人死无全尸；也有的作案人为了逃避侦查，对现场进行处理后造成若干假象等。这些都需要勘查人员对现场状况、尸体状态进行综合分析和判断。

五、现场易受破坏性

杀人案件现场的易受破坏性主要表现在以下几个方面：其一，作案人为了逃避公安机关的打击，在许多杀人案件，特别是在有预谋的案件当中对犯罪现场进行不同方面、不同程度的伪装和掩饰，使犯罪现场真假并存。其二，由于被害人被发现之后可能还未死亡，发现人和周围群众会对其进行抢救，在发现和抢救的过程中，不可避免地会使现场发生变动和破坏。其三，杀人案件的很多证据是生物性的，会随着时间的推移发生腐败或者变质，尤其是室外现场，由于受到天气和动物啃咬等自然因素的影响，尸体和现场更易发生变化。虽然这些因素都使得勘查工作变得复杂、困难，但通常情况下，这种破坏和变动只是局部的，只要勘查人员认真、仔细地勘查现场，仍然可以发现有价值的线索和证据。

第二节 杀人案件现场勘查的任务

杀人案件现场勘查的任务是指在杀人案件的现场勘查过程中，勘查人员所担负的责任，或者应当完成的工作。明确杀人案件现场勘查的任务，是杀人案件现场勘查工作的前提和基础，有助于勘查人员明确自身职责，依法、严格、全面、有序地开展勘查工作，以达到预期的勘查目的，并最终实现勘查价值。

一、确定事件性质

确定事件性质即确定现场的死亡事件是否属于犯罪事件，这是进行立案侦查的前提。死亡事件是不是犯罪事件主要根据死者的死亡原因来确定。在实践中，死亡事件的情况较为复杂，就死因而言，就有老死、病死、意外事故死亡、自杀、他杀等，在上述死亡原因中，只有他杀且只有非法他杀才属于刑法中界定的犯罪行为，才能将其确定为犯罪事件进而立案侦查。

通常情况下，结合现场情况及证人证言可以较容易地判断死亡事件的性质，但也有一些死亡事件的性质较难分辨。例如，他杀、自杀和意外事故都可能造成相似的死亡结果。另外，作案人在作案后可能对杀人现场进行伪装和掩饰，例如，把推人坠楼伪装成跳楼自杀，把勒死伪装成上吊自杀等，使得现场真假难辨、是非难分。因此，对死亡事件性质的确定，要求勘查人员小心、细致，既要遵循、掌握各种死亡的规律和特点，又要具体问题具体对待，善于抓住现场中的蛛丝马迹，特别是对于可疑的死亡事件现场，要寻找反常的、与表面死亡现象不相符合的线索，从而揭开表象抓住本质，确定死亡事件的性质。

二、查明案件性质

在确定了事件性质是他杀之后，勘查人员应进一步查明杀人案件的性质。对案件性质分析的准确性直接关系到侦查途径、方向和范围的选择。杀人案件的性质是根据作案人实施杀人行为的动机来确定的，杀人动机不同，案件性质也不同。在侦查实践中，一般将杀人案件的性质划分为政治目的杀人以及非政治目的杀人，非政治目的的杀人又包括了私仇杀人、奸情杀人、图财杀人、强奸杀人等。

通过勘查，根据现场的各种痕迹、物证及现象，再结合访问了解的情况，可以推测作案人犯罪动机的产生、发展过程，从而确定杀人案件的性质。

三、查明被害人的情况

查明被害人的基本情况是案件侦破的前提。杀人案件现场一般会留有被害人的尸体、尸块或尸骨，勘查人员可以通过尸体检验和现场访问来查明被害人的基本情况。被害人的基本情况包括：姓名、性别、年龄、身高、身份、生理状况、衣着及随身携带物品、病理特征、致死原因、家庭状况、经济状况、社交情况、性格和思想情况等。通过掌握这些情况，能够寻找到被害人和作案人之间的某种因果联系，以便快速发现、锁定作案人。

四、查明作案人的情况

作案人的情况是确定侦查方向和侦查范围的主要依据。在杀人案件的现场勘查中，应当根据得到的各种线索，对作案人的情况进行分析。包括作案人的人数（一人作案还是多人作案）；作案人的体貌特征（包括身高、体态、五官及其他外貌特征）；作案人的心理特征（包括报复心理、图财心理、强奸心理、反侦查心理等）；作案人的基本情况（包括姓名、性别、年龄、住址、职业、文化程度、生活习惯、个人喜好、经济状况、思想状况等）；作案人与被害人的关系。

五、查明作案情况

（一）推断作案时间

明确作案时间是杀人案件现场勘查的重要任务，也是排查作案人的重要条件之一。在杀人案件的现场勘查中，推断作案时间的依据主要有：

1. 根据被害人的死亡时间推断作案时间。被害人的死亡时间可根据尸表检验和尸体解剖的结论来确定，例如尸体表面现象、胃内容物的消化程度、排空情况，以及尸体上的蛆、蛹、蝇等情况。需要注意的是，有的案件杀人时间与被害人的死亡时间不一致，从杀人行为实施完毕到被害人死亡可能相隔了一段时间，这就要首先确定被害人死亡的时间，再根据伤势、痕迹等判断杀人的时间。

2. 根据调查访问的内容推断作案时间。侦查人员可以通过对被害人的家属、朋友及周围群众的访问，例如被害人家属最后一次见到被害人的时间、听到呼救的时间、离案发时间最近的一次与被害人通话的时间等，来推断大致的死亡时间或作案时间。

3. 根据现场上痕迹、物品推断作案时间。现场上的有些痕迹会随着时间的变化而变化，例如痕迹的颜色、形状、干湿程度等。勘查人员可以利用在现场发现的血迹、精斑、分泌物、排泄物、手印、足迹等痕迹，以及现场遗留的车票、彩票、报刊、钟表等物品来推断作案时间。

4. 根据现场所处的环境以及人群的活动规律推断作案时间。作案人总是倾向于选择有利的环境及时间实施杀人行为，所以可根据现场及周围环境情况、周围群众的生活规律等进行推断。

（二）确定作案地点

在大多数杀人案件的现场勘查中，作案地点都是比较明确的，一般为发现尸体、尸块的地方。但有的杀人案件有时会存在数个现场，这就导致发现尸体或者尸块的地点并不是实施杀人行为的具体地点，而仅仅是一个关联现场。此种情况下，勘查人员就要进一步确定发现尸体或尸块的地点是否为作案地点，确定的依据主要有：

1. 根据现场有无反常现象进行分析。反常现象是指与案件发生的自然过程相矛盾的地方。在勘查过程中，勘查人员要注意尸体的损伤与血迹是否一致，例如，尸体上有开放性损伤，但现场血迹很少；还要注意尸体外表的印痕与周围环境是否一致，例如，在野外发现的尸体上却有凉席的印痕。

2. 根据尸体上的附着物进行分析。很多杀人案件在发现尸体的时候，往往会在尸体上或尸体附近发现一些物质，这些物质与发现尸体时现场周围的物质有区别，这时就可以根据这些物质判断发现尸体的地点不是作案地点，并且可以通过这些物质来寻找作案地点。

3. 根据现场的痕迹进行分析。在发现尸体的地点寻找有没有被害人反抗时形成的痕迹，例如扭打、搏斗、翻滚痕迹，移尸时形成的血迹滴落痕迹、拖拉痕迹，以及碎尸时的碎尸痕迹。如果没有，初步分析发现尸体的地点不是杀人地点，这时就需要根据现场的痕迹重新寻找作案地点。

（三）分析作案过程

了解作案人的犯罪过程是认定作案者实施杀人犯罪的重要证据，应当在现场勘查中对这一过程进行逐步分析和再现。勘查人员通过对现场访问、实地勘查等方法获得的信息进行综合分析、推理，可以形成就作案人进出现场的路线、作案人在现场实施过哪些活动，接触过哪些物品，使用过何种犯罪工具，留下哪些痕迹、物品，作案人身上是否黏附血迹等微量物质，被害人在什么情况下、处于何种状态被杀害，被害人与作案人是否有过交谈，有无搏斗等主要问题的系统、完整的认识。

第三节 杀人案件现场访问的重点

现场访问是一种以寻访谈话的方式服务于案件侦查的专门活动。现场访问具有快速、高效、直接等特点，在侦查前期收集线索与证据方面极具优势。分析和研究杀人案件现场访问的重点，有助于侦查人员全面准确地收集现场情况，识破作案人的伪装和掩饰，从而帮助侦查人员深入挖掘有关犯罪信息，尽可能准确地查明案件事实真相。

一、现场访问的主要对象

对于杀人案件现场，在实地勘查的同时还必须在一定范围内及时地开展现场访问，搜集各种人员所反映的情况，将其与实地勘查所得结论互为补充、互为联系，为分析判断案件情况、发现侦查线索提供更全面、更准确的依据。

杀人案件现场主要的访问对象是：被害人的亲属；案件的发现人、报案人和现场保护人；目击者、现场周围的群众以及其他知情人。

二、现场访问的重点内容

在杀人案件的现场访问中,侦查人员面对访问任务重、目的不明确等情况,必须具有高度的责任感,充分发挥主观能动性,在现场周围进行细致访问,并且掌握访问要点,为实地勘查和现场分析提供线索。针对主要访问对象,应重点查明以下问题:

(一)发现案件的情况

通过对案件发现人、报案人和现场保护人的访问,向其了解现场、尸体、尸块的发现时间、地点及详细经过;发现现场的原始状况;尸体的位置、姿势、状态、尸块的抛散状态;现场与犯罪有关的痕迹、物证的分布状态等;现场是否变动,变动的原因及变动、变化时的具体情况;发现现场时是否有人在现场或从现场经过;对现场采取何种保护措施。

(二)被害人的情况

通过对被害人的亲属、同事、朋友、邻居等进行访问,了解被害人的基本情况,包括被害人的姓名、性别、年龄、生理特征、衣着装束、随身物品、职业、住址、家庭婚姻情况、社会关系及经济情况;被害人与家庭成员之间、被害人及家庭成员与他人之间有无矛盾冲突、经济纠纷,有无私仇或奸情关系,产生利害冲突的原因、时间及经过等;被害人生前的性格、爱好、生活习惯,有无赌博、盗窃等违法犯罪行为;被害人生前的活动情况及当时的精神状态,有无自杀因素以及是否有精神病。

(三)作案人的情况

对于有现场目击者的杀人案件,可以向目击者了解作案人的主要情况。对于被害人受伤而未死亡的案件,要对被害人及时施救,与此同时,还应在不影响抢救的前提下快速、简要问清作案人的主要情况。对于没有现场目击者的杀人案件,要向现场周围的群众、知情人了解可疑人员的主要情况。作案人、可疑人员的主要情况包括姓名、性别、年龄、人数、身高、体态、外貌、口音、衣着特征、突出特征、逃跑方向与路线、逃跑时携带的杀人凶器及其他物品、是否受伤等。

第四节 杀人案件实地勘查的重点

任何犯罪行为的实施都必须依托于一定的空间进行,杀人案件现场往往留存着大量的犯罪信息。对杀人案件的现场进行高质量的勘查,有助于勘查人员判断案件性质，为后续的现场分析重建、刻画作案人、串并案件等提供重要依据，并最终有助于显著提高案件侦破效率，是决定侦查进程的重要环节。

一、尸体所在场所

杀人案件的现场虽然以检验尸体为中心，但是，由于尸体所在的地点、环境有很大差异，如果先检验尸体，必然会改变现场的原来状况，尸体周围留有的痕迹、物证也可能受到破坏。所以，杀人案件的现场勘查不能一开始就动手检验尸体，应当根据现场的环境制定勘查方案，有步骤、有计划地进行勘验、检查。

（一）勘验尸体周围的地面

在室内杀人案件中，一般室内现场即为主体现场。若被害人的尸体上有开放性损伤，应注意观察尸体周围的地面上是否有血迹、毛发、纽扣、可疑足迹、杀人凶器以及其他痕迹、物证。如果在现场发现了痕迹、物证，应当先进行固定、记录、提取。地面情况比较复杂，障碍物较多，需要长时间勘验的，为了不影响检验尸体，加快勘验速度，可以由一名有经验的勘查人员先划出通道，在固定现场状况和尸体姿势、位置后，将尸体搬运到其他地方进行检验，然后再勘验地面。

如果杀人案件的现场在室外，所发现的现场不一定为杀人案件的主体现场。若尸体上存在开放性损伤，应先观察尸体周围地面是否有血迹，以此判断该现场是否为第一现场。如果不是第一现场，则应观察尸体周围有无拖拉痕迹、成趟足迹等，并且检查尸体上所黏附的树叶、泥土、杂草等客体，由此分析作案人通过什么路线、使用什么交通工具移动尸体，从而进一步寻找杀人案件的主体现场或其他关联现场。

（二）勘验尸体周围的空间

对于室内现场而言，应注意门窗、墙壁、屋顶等是否完好、有无破坏迹象。如果尸体处于桌下、床下、井下、箱柜内时，勘查人员不应急于将尸体搬移或者拖出，应先仔细检查一下尸体周围空间，上下左右各个部位有无泥土、纤维、血迹、足迹、手印以及挖掘、蹬踩、擦划、手扶等痕迹、物证。如果发现了痕迹、遗留物，要加以保护、固定、提取，然后再移动尸体进行检验。

二、尸体

尸体检验应以法医为主，侦查员和技术员协助配合。根据检验尸体的程序，应当先进行尸体外表检验再进行尸体解剖检验。

（一）尸体外表检验

尸体外表检验的结果是推断死亡原因、死亡时间、死亡过程及死者基本情况的重要依据。主要应检查以下几个方面：

1. 尸体的位置和状态。主要观察、检验尸体所处的位置和具体部位；尸体与周围环境和其他痕迹、物证之间的内在联系；尸体的姿势与状态，是抱头状、蜷曲状、还是自然伸展状；尸体头、脚的具体朝向；四肢的伸展状况；身上有无捆绑物；面部的表情等。

2. 尸体的衣着打扮和随身物品。检查时，应按照从外到里、从上到下的顺序，对每件衣物进行层层细致的检查。要注意检查衣服的数量、式样、名称、新旧程度，注意观察衣服有无撕破、缝补；纽扣有无丢失；拉链是否完好；衣服上有无油垢、泥土、血迹、粪便、精液及其他附着物。还要检查每个口袋有无翻动，口袋里有无现金、名片、通信工具、通讯录、证件、信件、纸张等遗留物，以及被害人随身携带的各类物品的特征，并对其加以详细记录。

3. 尸体附着物。尸体衣着检验完毕后，要脱掉尸体上的衣物，检查尸体皮肤和伤痕处有无泥土、毛发、皮屑、血迹、药物等附着物，同时还要注意尸体隐蔽部位，例如头发、腋下、阴部及口、鼻、耳朵等有无附着物；检查死者指甲缝、手中有无因搏斗而抓住的作案人的头发、皮肉、纽扣等。

4. 尸体外部伤痕。检查时从尸体的正面开始，由头部依次向下，先检查头顶、前额、脸面部（包括五官），再到颈部、胸部、腹部、生殖器及四肢。然后翻转背部，从头后枕部、颈部、背部、腰部、臀部到肛门、腿部和双脚。要仔细检查尸体表皮有无脱落，尸体各部位有无伤痕、血迹、附着物及其种类、形态、数量、分布状况。对尸体上的各种伤痕应进行细致检查，确定伤痕的长度、宽度、面积和深度，对附着物应提取并进行分析研究。

5. 尸体现象。人死后，新陈代谢便会停止，会在物理、化学、生物诸因素作用下出现尸冷、尸僵、尸斑等现象。检验尸体时，要测量尸体的身长、体重、尸温；检验尸冷、尸僵的程度；观察尸表有无尸斑，尸斑出现的部位、颜色、形状、大小；尸体是否腐败，腐败的程度如何；以及尸体有无驼背、鸡胸、多指、跛足、文身、黑痣、疤痕等特征。

（二）尸体解剖检验

经过尸体外表检验，若仍未查明死因，或者需要进一步查明伤势情况的，可以对尸体进行解剖。根据《中华人民共和国刑事诉讼法》第131条的规定："对于死因不明的尸体，公安机关有权决定解剖，并且通知死者家属到场。"解剖尸体时，经刑侦部门的领导批准可以就地解剖，也可以在公安机关认为合适的地点解剖。

解剖检查，主要检查死者头部、胸部、腹部、动脉等部位及各脏器是否正常，有无出血、损伤或病理变化及其他异常现象。同时还要对胃内容物进行检验（包括胃内容物的消化程度、胃内容物是否排空）。对于女性尸体，还要检查子宫内有无怀孕，阴道、处女膜是否破裂出血，有无精液或者其他异物等。必要时可提取某些器官组织作为检材，以便作进一步的理化检验。

尸体检验结束后，应当进行尸体十指指纹捺印，收集检材，化验血型，检验 DNA，然后由担任检验的法医制作《尸体检验笔录》。

三、现场痕迹、物证

杀人案件现场一般留有较多的痕迹、物证，包括血迹、杀人凶器等，勘查人员通过对这些痕迹、物证仔细勘验、检查，为分析案情、确定侦查方向和范围提供重要依据。

（一）血迹

血迹是杀人案件现场一种常见的重要痕迹。大多数杀人案件，特别是当作案人用钝器、锐器、枪支、炸药等作为杀人工具时，一般都会在现场留下大量的被害人血迹。有时被害人与作案人搏斗，作案人在搏斗中受伤，也会将其血迹遗留于现场。无论是被害人血迹还是作案人所留下的血迹，对于后续的侦查工作而言，都是极为重要的线索和证据。

1. 血迹的颜色。新鲜血迹是鲜红色的，血液流出体外，经过一段时间变为暗红色，随着时间的延续，在温度和湿度的作用下，血迹逐渐变为红褐色、褐色、淡绿褐色直至灰褐色。在潮湿的环境中，血迹容易腐败，腐败的血迹呈淡绿色或浅绿色。

2. 血迹的形态。人体受到损伤会造成血管破裂，血液从动脉喷出或从静脉流出，血液流到客体物上，由于距离、方向、速度和客体的属性不同，形成血迹的形状也不同。

血迹的形态主要有以下几种：其一，点状血迹。由于重力作用，血液垂直滴落在承受客体上，一般呈圆形，周围有许多突起的斑点。等量血滴落下时，与承受客体的距离越远，形成的斑点越大，斑点周围的小突起也越多。此外，血液落地后，由于飞溅作用，在大斑点周边会形成许多更小的斑点。若人在行走，则滴落的血迹呈椭圆形，且呈星芒状的一端为行走方向。其二，流柱状血迹。一定数量的血液从承受客体上流下，形成带状血迹，血迹下端因血量较多而膨大。尸体上的流柱状血迹，可表明受伤时的姿势和位置。其三，喷溅状血迹。喷溅血迹是血液从动脉血管呈斜角喷溅或因甩溅到承受客体时形成的。血迹多成惊叹号状，尖端是喷射方向。血液喷溅方向与物体平面角度越小，形成的惊叹号则越细越长。其四，擦蹭状血迹。沾有血液的物体或身体出血部位与其他物体在擦蹭后会形成擦蹭状血迹。这种血迹很不规则，血迹面积的大小跟血液的流量、擦蹭时的接触面积以及作用力大小有关。其五，接触状血迹。当人体的某一部位沾有血迹时，接触到某一物体就会留下接触状血迹。例如，作案人行凶杀人后，手上沾有血迹，在凶器、门窗、玻璃、纸张等物体上留有血指纹、掌纹或血手套印，作案人的鞋上沾有血迹，现场上也可能留下血足迹。其六，血泊。从人体受伤部位流出大量血液积聚在某一处会形成血泊。血泊一般出现在死者受伤部位附近。根据血泊面积大小，可以推断出血量，这也是推断第一现场的重要依据。

3. 寻找、发现血迹。发现杀人现场的血迹并不是很难，因为大部分杀人案件现场或多或少都会留有血迹，而且血迹的颜色和周围物体的颜色反差比较明显，容易被发现。但在某些情况下，例如一些作案人在作案后破坏现场，用冲洗、布擦、土埋等方法消除血迹，或是血量比较少、颜色较暗，或是血迹依附在颜色较深的物体上，或是血迹在不为人注意的地方，或是血迹已经陈旧淡化等，这些情况都会给血迹的发现造成一定困难，但只要仔细寻找总能发现，因为作案人不论采用何种方式都不可能完全消除血迹。

勘查室内现场时应注意在地面、墙壁、门窗、天花板、家具、被褥、凶器、室内陈设以及其他有关物品上仔细寻找；勘查室外现场的血迹时应注意在现场及有关物品，例如瓦块、树叶、草丛、石块等表面仔细寻找；对尸体进行勘验时，应在死者的身体、手、衣袖、鞋袜、头发、指甲、裤缝等部位寻找；对当场抓获的作案人，应在其头发、衣服、鞋袜等部位寻找。

寻找血迹时，可采用以下方法：其一，目力观察法。现场上血迹的颜色会随着时间的推移、自然气候的影响而逐渐变化，因此在实地勘查时，可注意观察现场上褐色、棕色或灰色的斑点。观察颜色可疑的痕迹时，要结合承受血迹物体本身的颜色进行判断。浅色物体上的血迹比较明显，深色物体上的血迹则不甚明显，有的甚至不能用肉眼辨别出来。其二，借助光源观察法。在现场，通常利用多波段光源、紫外光、蓝光灯帮助寻找、发现血迹。例如，利用多波段光源的纯白光照射观察，或者利用激发荧光的方法，使沾有血迹的背景发出荧光，从而增大血迹与背景之间的反差来发现血迹。其三，水浸法。针对白墙涂料上的血迹擦洗干净或者重新粉刷后表面不易看出原来曾沾过血迹的情况，勘查人员可以向疑似留有血迹的局部墙面喷少量水浸湿，从而观察发现。因为沾过血迹的地方颜色会比周围其他地方的颜色要深许多。其四，试剂显现法。在现场有较多疑似血迹时，可用邻联甲苯胺溶液或安替比林溶液检验，如果呈蓝色，则可能是血迹。

但要注意的是，不能将类似血迹颜色的斑点都当做血迹处理，因为酱油、油漆、颜料、染料等斑迹与血迹容易混同。同时，也不能将现场发现的血迹都认为是人血，必须经过种属鉴定再作出结论。

4. 记录、固定和提取血迹。一般情况下，发现血迹后都应先用文字、照片、摄像等方式将其记录、固定下来，这不仅是为了记录血迹的状态、数量、形状等情况，也是为了记录血迹所在现场的原始状况，然后再对血迹进行提取。

提取时要注意区分不同类型：其一，对沾有血迹的小物体，例如，衣物、手套、纸张等，可直接装入干净的塑料袋里。其二，对沾有血迹的刀、斧等凶器，可用清洁纸张包扎提取。其三，对于物体上的新鲜血迹，可用干净的纱布将血迹擦下，装入干净的玻璃器皿中。其四，对墙壁和其他物体上的血迹，可用小刀将血迹刮下，用洁白纸包装好放入信封或瓶内。其五，在密取中用橡皮膏将血迹粘下。其六，用浸湿的脱脂棉将原物上的血迹吸附下来，在室温下自然阴干，包好。

上述所有提取血迹的方法，均要注明血迹所在的部位、被提取的时间，提取人的姓名及案件的名称等。提取后要注意妥善保管，防止血液腐败。此外，无论采用何种方法提取血迹，都应在提取血迹的同时提取对照样本。尤其是到作案人的住所或在作案人的身上提取血样本，一定要采取密取的方式。

（二）杀人凶器

在侦查实践中，很多杀人凶器就遗留在现场附近，比较容易找到。对遗留在现场的凶器，首先要进行现场细目照相，固定其原始状况，然后进行仔细观察，注意遗留其上的指纹、血迹等，在此基础上进一步分析凶器的来源，是犯罪分子随身携带还是就地取材；凶器是否是死者家中之物；凶器的种类、特征、用途及使用范围。同时还要注意观察凶器上的毛发、人体组织、染料、油漆以及尘土等微量物证。但也有个别案件，作案人为了逃避打击，常将凶器故意隐藏或随手丢掉，此时应根据被害人身上的伤痕特征，分析判断出凶器的种类，然后在现场周围及作案人逃跑路线上的垃圾桶、下水道、厕所、池塘、草丛等隐蔽场所认真进行搜索。一旦发现凶器，应先进行拍照、记录，然后再提取。

(三) 其他痕迹、物品

除了血迹、杀人凶器外，作案人既可能在现场遗留手印、足迹、工具痕迹、枪弹痕迹、拖拉尸体的痕迹以及其他痕迹，也可能在现场遗留衣服、帽子、鞋袜、手套、纸张、烟头、证件、绳索等物证。勘查人员要及时发现、提取、检验这些痕迹、物证，收集与犯罪有关的信息，为确立侦查方向和范围提供依据。

四、几类常见杀人案件的实地勘查

(一) 枪杀案件的实地勘查

1. 现场射击痕迹、物证的勘验。弹头一般应在弹着点附近搜寻，而枪支、弹壳应在发射地点附近搜寻。现场上有遗留枪支、弹壳、弹头的，可作常规的提取和检验（检验枪支时，一定要先检验枪膛内是否还有子弹）。同时，还要认真勘验现场上的弹孔及弹着点的位置，距离地面的高度、方向、角度，以分析作案人射击时的具体情况，有时甚至可以直接将射击位置确定到某固定地点，并在该射击现场找到弹壳、实弹及足迹等。若遇到远距离射击，现场没有枪支、弹壳的情况，这些勘验就更为必要，勘查人员可以根据测量出的弹着点的有关数据，推断出弹道轨迹，并据此搜寻弹头。

用猎枪射击的，在提取了弹丸的同时，应注意测量弹丸在墙壁、橱柜上的分布面积，以正确地推算射击距离。猎枪杀人案件现场上，因为猎枪的有效杀伤范围相对较短以及猎枪弹本身的特殊结构，常可在现场上留有猎枪弹壳、弹托等，都要注意搜寻。

2. 尸体上射击痕迹、物证的勘验。枪杀案件尸体上射击痕迹、物证的勘验重点是射入口的勘验和射出口的勘验。

(1) 射入口的勘验。射入口的勘验结果常可用来分析射击距离及自杀或他杀。勘验的主要内容包括射入口的位置、形状、创口的面积、有无火药残留、擦拭轮烧灼痕迹等。近距离（通常指射击距离不超过1m）及贴近距离（通常指射击距离不超过5cm）射击的，射入口周围皮肤常见擦拭轮、挫伤轮、火药烟晕等；远距离射击的一般没有上述特征的出现；自杀的，多为贴近射击，除了可见擦拭轮、火药烟晕外，还可能在死者手上检见射击残渣、喷溅血迹等；霰弹枪射击的，还要测量各弹丸在皮肤上的分布面积。

(2) 射出口的勘验。射出口一般大于射入口，创缘外翻，没有擦拭轮、火药成分等。只有射入口而无射出口的（即盲管伤），要注意在尸体内部寻找弹头；有射出口的（即贯通伤），要结合死者受到枪击时的位置、射击方向等推断弹道轨迹，并在现场上搜寻弹头。

(二) 毒杀案件的实地勘查

1. 现场环境的勘验。毒杀案件中，现场环境与中毒死亡者之间有密切的联系。在现场不仅会留下被害人自身的痕迹，还会留下作案人的痕迹、物品。因此，在勘查毒杀现场时，一定要对现场环境进行仔细的观察和搜集，从而发现作案人在实施犯罪过程中留下的脚印、手印、盛装毒物的用具以及其他遗留物品，这对于确定毒物的来源、投毒方式、毒物种类，进而确定作案人具有重要作用。

2. 尸体检验。毒杀案件尸体检验的重点是尸体的位置、状态、衣着、外表等。

（1）尸体的位置和状态。因中毒而死亡的尸体，要弄清楚其位置在什么地方，是室内还是室外。如果是室内，要弄清是在他人的房间、办公室，还是在自己的家中；是在地上还是在床上。如果是室外，要弄清是在公共场所还是在僻静处或荒郊野外；其姿态是仰卧还是俯卧；是自然姿态还是呈抽搐痉挛状态。

（2）尸体衣着。要查看衣着是否整齐，有无拉扯迹象、衣着上特别是两肩、衣领、前襟等处有无毒物流痕、呕吐物及泡沫粘液等附着；衣物口袋内有无药袋、药瓶，有无剩余药液及药片。

（3）尸体外表。在现场勘查阶段，对尸体的检验主要是尸体外表，包括尸体的口腔、体表、瞳孔、气味等。对尸体口腔的检查，主要是检查口腔周围和口角处有无泡沫或粘液，泡沫和粘液的颜色；口腔粘膜有无腐蚀或烧伤痕迹；牙缝中是否有毒物残留等。对尸体体表的检查，主要是查看体表有无暴力性伤痕或机械性窒息死亡的征象；皮肤上有无注射针孔。同时，还要特别注意体表的尸斑有无颜色，因为尸斑的颜色与毒物的种类有直接的关系，不同的毒物中毒，尸斑的颜色也不尽相同。对于瞳孔的检查，主要看瞳孔的大小。一般性死亡（包括枪杀、勒杀等），尸体瞳孔呈放大状，但一些特殊毒物中毒引起的死亡，瞳孔大小有其特殊之处。对于气味的检查，主要是分辨味道。不同的毒物有不同的气味，可以据此初步判断是哪一种毒物致死。

(三) 缢死案件的实地勘查

1. 缢死场所的勘验。缢死案件缢死场所勘验的重点是现场环境、垫脚物、悬吊点及缢绳等。

（1）现场环境。观察缢死现场是否封闭；有无外人侵入的迹象；现场有无搏斗痕迹、拖拉痕迹；现场上的物品是否有变动；财物有无短少等。

（2）垫脚物。缢死中，多为悬吊而死，因此常会涉及垫脚物的勘验。勘验时应注意观察现场有无桌、凳等垫脚物；垫脚物距死者的距离；垫脚物上有无足迹、手印等痕迹，该痕迹是否是死者所留；垫脚物的高度等。

（3）悬吊点及缢绳。悬吊点是指缢死时缢绳与房梁等支撑物体的接触点。实地勘查时，应注意观察悬吊点附近有无加层、减层手印，该手印是否是死者所留；该处灰尘有无摩擦印痕，印痕的多少、深浅；悬吊点两侧的缢绳上有无因擦刮而形成的明显的毛刺生成。一般情况下，自缢而死的，在房梁等支撑物体上可能留下死者的手印，悬吊点两侧的缢绳上没有因拖拉而形成的毛刺；他缢的，则不大可能于支撑物体上留下死者的手印，而且因为拖吊死者悬空时用力较大，常会在悬空点附近的支撑物上形成较重的摩擦痕迹，悬空点两侧的缢绳上也可能有很明显的毛刺生成。

勘验缢绳时，除了查明其股数、材质、硬度、粗细、宽窄之外，还要注意观察、记录缢绳绳结的打法，因为绳结的打法常可以反映打结人的习惯手法，将其与调查所得的死者的打结手法相对照，常可作为区别自缢、他缢或印证作案人口供的重要依据。勘验时，应先固定绳结的形状，不得已需要剪断时应在无绳结的地方剪断，并用细绳将两端断头连接复原。

2. 尸体检验。缢死案件尸体检验的重点是尸体衣着和外表。

（1）尸体衣着。自缢而死的，其衣着一般情况下较为整洁，有的甚至在自缢前化妆、换上新衣物；他缢的，则可能会因搏斗或挣扎而致衣着翻卷、撕裂、纽扣缺损或沾有血迹等。

（2）尸体外表。①应重点检验尸体的尸僵、尸斑情况。悬空自缢而死的，脚尖一般会自然下垂，尸斑常位于躯干及下肢；他杀后伪装成自缢的，如果在尸斑、尸僵形成后才将死者吊起，则尸斑因不同的停放体位可能分布于腹、背部，并且死者的脚尖也会因已成尸僵而不会呈现出自然下垂状。②要重点勘验索沟。索沟是缢绳压迫死者的颈部所形成的痕迹，一般呈马蹄形，下深上浅，逐渐提空（这是与勒死的重要区别之一）。勘验时，应注意观察索沟的形状、位置、方向、宽度、深度、颜色等细节，看索沟与现场上的缢绳是否相符，以及索沟处的皮肤组织有无出血、水泡等反应，以判断是自缢还是他杀后伪装成自缢。③还要检查尸表有无其他伤痕。尸体上有其他伤痕，一般应考虑他缢。当然，前提是排除了自缢时因垂死挣扎碰撞附近物体形成的相应痕迹，以及自缢前尝试其他自杀手法而形成的自伤。

需要注意的是，如果现场条件比较差，难以下结论，还要考虑到被害人是被人以药物、酒精等方式在丧失意识的情况吊死的可能性。这种情况与自缢在很多尸体现象上是相似或相同的，容易以假乱真，这时就需要进行尸体解剖、提取、检验胃内容等，做进一步的分析化验，以免放纵犯罪。

（四）溺死案件的实地勘查

1. 入水地点的勘验。溺死案件中，仅凭尸体检验往往难以确定死亡性质，而死者入水地点的寻找和勘验就显得非常重要。在水井、湖泊等水不流动的地方，发现尸体的地点即入水地点，而在江、河等水流动较快的地方，发现尸体的地点则可能与入水地点不相符，此时，应根据水流方向、速度，再结合尸体的腐败程度、气温等综合分析，以判明溺死者的入水地点。

勘验入水地点时，应首先观察该处的环境，包括现场所处的位置是否隐秘以及现场周围的交通情况。其次要注意勘验现场上有无可以查明溺死性质的痕迹、物证。例如，现场上有无踩断的树枝、花草，滴落的血迹、扯掉的纽扣、撕碎的布片等搏斗痕迹；有无运输工具痕迹、拖拉痕迹、坐卧痕迹及吃剩的食品、饮料等；入水处的坡度大小、水流缓急程度；入水时的斜坡上有无擦划、抓抠痕迹；水底有无死者成趟的、由浅入深的下水足迹；岸上有无足迹，该足迹是否系死者一人；有无同行的足迹，该足迹是否步态正常，判断有无"打横"现象，以分析被害人是否被劫持而来。

2. 尸体检验。对于水中的尸体，首要的任务就是识别该尸体是生前入水还是死后入水。生前入水溺死的尸体通常有以下几个特征：口、鼻有蕈状泡沫产生；尸斑呈淡红色；皮肤呈鸡皮样变化；手中握有水草、泥沙等物。而死后入水的一般不具备上述特征。

在勘查实践中，还要注意两种特殊情况：其一，将被害人按入脸盆、水缸中溺死后再移尸于江河湖泊；其二，用药物、毒物、酒精等致被害人丧失意识后将其投入水中溺死。遇有这些特殊情况时，既要重视入水地点的勘验、尸表检验，又要重视尸体的解剖检验和现场访问工作。

（五）抛尸、碎尸案件的实地勘查

1. 抛尸现场的勘验。抛尸现场的勘验重点是现场环境以及现场的痕迹、物证。

（1）现场环境。勘验抛尸现场所处的具体位置，观察其是否隐蔽，是否容易被发现，有哪些道路可以与此地相通。抛尸现场一般位于较隐蔽的水井、涵洞、公共厕所、下水道、垃圾箱或江河湖泊、荒山野岭，有的现场在当地也鲜为人知，知情的人少而特定，更具侦查价值。

（2）现场的痕迹、物证。抛尸现场上常留有交通或运输工具痕迹、拖拉痕迹、滴落血迹等，要注意根据这些痕迹、物证的指向寻找杀人的主体现场。同时，还要注意勘验现场上有无足迹、火柴、打火机、塑料片、布片等痕迹、物证。

2. 碎尸现场的勘验。杀人碎尸的现场一般比较隐蔽，并且作案人碎尸后往往会清洗、粉刷现场，不易在现场上发现明显的痕迹、物证。但碎尸现场或多或少会留有血迹、碎骨渣，勘验现场时既要客观全面、又要突出重点。

碎尸现场多在室内，室内碎尸最常见的场所就是厨房和卫生间。勘验时，要注意观察疑似碎尸处所有无残余血痕，尤其要注意地板缝、地毯、水泥地面的裂缝或土质地面的土中有无血迹、碎骨渣；水池里、马桶里、水盆里有无血性液体；现场的毛巾、抹布、拖布上有无血迹、碎骨渣等；可能用来碎尸的尖刀、菜刀、斧头、锯子、铁锤等工具上有无血迹残留，工具刃部是否翻卷或缺损；现场上发现的可疑塑料纸、床单、窗帘布等物品有无整体分离的痕迹，该物品与尸体现场上的包裹物是否属同一种类，整体分离痕迹能否吻合。

3. 尸块的搜寻。通常情况下，作案人杀人碎尸后多将尸块抛于多处，每个抛尸现场只有一个或数个尸块。因此，每当发现一个抛尸现场，在对该现场及尸块进行勘验、检查的同时，都要及时发动一切可以利用的力量，搜寻其他尸块和现场，并且必须做到边发现边勘验，边勘验边发现。这是勘验碎尸案件的必经程序。

4. 尸块的检验。尸块的检验重点是尸块表面以及尸块的包裹物、捆扎物。

（1）尸块表面。①要检查尸块皮肤的颜色、细腻程度，毛发的粗细、长短、密疏、颜色，尤其要注意尸块上有无明显的人身识别的生理、病理特征，例如痣、伤疤、文身等，以及有无伤痕。②要详细检查尸块的断面是否整齐，选择碎尸的部位是否符合解剖学原理，以及共有几种工具作用的痕迹，从而分析碎尸人的碎尸技能及碎尸工具的数量、锋利程度等。③还要详细勘验尸块上有无草籽、鸟粪、毛发、体液等附着物，以分析杀人碎尸或存放尸块的地点。有必要的话，还可以做血型及 DNA 鉴定，以最终确定死者身份。

（2）尸块的包裹物及捆扎物。主要应查明包裹物及捆扎物的种类、新旧、质地以及生产、销售、使用范围，以分析作案人的职业、居住地区等重要信息。

第五节　杀人案件现场分析的重点

杀人案件现场分析的任务，就是确定案件性质，明确立案依据，研判作案人所具有的作案条件和作案方法、作案人与被害人之间的关系、分析作案动机和作案目的等。对杀人案件现场分析的重点进行梳理和归纳，有助于勘查人员确定事件性质，判断案件性质、分析案情和刻画作案人，从而为后续的侦查提供线索和方向。

一、确定死亡原因

确定死者的死亡原因是勘查杀人现场和尸体检验需要解决的重要问题，只有确定了死因确属非法他杀，才能进行立案侦查。此外，确定死因对分析判断作案人使用的杀人工具、杀人方法、作案人的职业等也有一定作用。

在现场勘查中，死者的尸体状况有时比较复杂，其复杂性主要表现为致死原因不明。有些杀人现场，从尸体上遗留伤痕的数量、部位及其严重程度等表面现象，就能判断出是他杀。但有些尸体外表没有明显伤痕，有些虽然有明显伤痕，却不能从这些外表伤痕断定死者系自杀、他杀还是因事故死亡，因此，只有通过尸体检验才能确定致死原因。

尸体检验是查明和确定致死原因最直接、最有效的方法。通过尸体外表检验和解剖检验，首先要确定死者系正常死亡还是非正常死亡。如果是非正常死亡，还要进一步查明是机械性窒息死亡还是机械性损伤死亡，是自杀、他杀还是因为发生事故致死，然后再作出结论。

在进行尸体检验时，还要对尸体所在地点或场所进行全面细致的勘查，根据尸体检验所确定的死亡原因进一步寻找有关痕迹、物证加以辅证，例如，用绳索勒、吊而导致机械性窒息死亡的，要在现场上寻找绳索、铁丝等工具；用炸药爆炸方法致死的，要在现场上寻找爆炸残留物；用刀具、石块、砖头、棍棒等锐器、钝器而导致机械性损伤致死的，要在现场寻找有关的锐器、钝器等工具。此外，还要寻找可能遗留的血迹、毛发、手印、脚印等其他痕迹、物证。

经过尸体检验等实地勘查仍不能确定死亡原因的，就需要对死者的生前状况进行全面、细致的调查，根据掌握的各种材料综合分析判断，主要分析死者生前有无自杀因素，然后作出结论。

二、研究死者被害过程

研究死者被害过程，实际上是要研究作案人具有的作案条件和作案方法、作案人与被害人之间的关系，这些问题对分析判断案件性质和刻画作案人有重要作用。研究死者被害过程主要是分析以下三个问题：

（一）作案人进出口的选择和进出现场的方法

进出口是作案人进出现场的必经之处。在大多数杀人案件中，作案人都有犯罪预谋，而进出口的选择和进出现场方法就属于犯罪预谋活动的一个重要方面。一般情况下，作案人要先观察或了解被害人居住、工作或沿途行走的环境以及建筑物的结构，尤其是门窗、凉台，然后决定从何处、用什么方法进出现场。有些作案人甚至会利用他与被害人的关系策划入室方法。因此，从现场进出口的选择和进出现场方法可以分析判断作案人与被害人之间的关系，是生人还是熟人，或者故意在彼此关系上进行伪装。

从现场的进出口和进出现场的方法研究作案人与被害人之间的关系，还要进一步结合室内、外现场的不同特点进行分析研究。室内杀人现场，勘查人员要注意检查现场进出口处有无撬压破坏痕迹和攀蹬爬越的蹬踏足迹。如果没有发现这些痕迹，就要检查门锁是否有被配制钥匙打开的痕迹，或者使用塑料片拨锁入室遗留的痕迹。如果这些痕迹也没有，就需要考虑作案人有无使用原配钥匙开锁入室，或者通过其他方法入室作案。室外杀人现场，要重点分析现场所处的位置、现场周围环境以及作案人和被害人之间的联系，看杀人现场所处的地点是作案人熟悉的场所，还是被害人日常工作、生活的场所。如果是作案人比较熟悉，但一般居民百姓却很少涉足的场所，那就说明作案人极有可能为当地人，并且作案人与被害人有一定程度的联系。

（二）被害人是在什么状态下被杀的

被害人在被作案人杀害之前可能处于睡眠状态，也可能正在从事某种活动。若为后者，那么被害人在反应过来之后定会与作案人进行反抗搏斗，这样一来，被害人的尸体就会反映出与现场上某些物品以及凶手的行为动作比较明显的内在联系。对此，勘查人员应从被害人尸体在现场上的位置、躺卧的姿势、伤痕的部位及轻重程度，现场上有关物品摆放的位置及变动状况等方面入手进行勘验，分析判断被害人在被杀害之前处于什么状态，正在干什么，是否发生了搏斗，是生人还是熟人作案以及作案手段、过程等。

（三）现场上的血迹状况

血迹不仅是重要物证，也是研究杀人现场的重要依据。勘查人员不仅可以根据被害人血迹的数量，血迹形成的形状和血迹的分布状况，分析判断作案人行凶杀人的位置、尸体停留的部位以及尸体所在地点是第一现场还是第二现场，还可以分析出作案工具、作案手段，以及作案过程等重要问题。

三、研究作案人的杀人动机

研究并确定作案人的作案动机是各类案件在进行现场勘查时需要解决的重要问题，而在杀人案件现场勘查中，研究确定杀人动机就显得更为重要。但有时作案人出于掩盖犯罪和逃避打击的心理，会对犯罪行为、犯罪现场及杀人动机进行各种伪装，这就使现场上的情况变得十分复杂，准确地分析、确定杀人动机就变得比较困难。勘查人员能否对杀人动机作出准确判断，可以从以下五个方面展开：

（一）研究被害人的尸体现象

从尸体现象研究杀人动机，主要是根据尸体上遗留伤痕的数量、部位，伤势的轻重程度，使用的杀人工具及杀人方法来分析作案人是在什么条件下将被害人杀死，作案人有无故意破坏尸体的行为，作案人是生人还是熟人，与被害人之间有无仇恨等。

（二）研究被害人的思想道德品质

思想道德品质是决定一个人综合素质的重要因素。思想道德品质不好，往往是导致一个人走上犯罪道路的主要原因。研究被害人的思想道德品质，可以分析是否因被害人自身的不良道德品质而激起别人的仇恨被杀，或者是否因被害人坚持原则和正义而被杀害等。

（三）研究被害人的经济状况

近年来，由于经济原因引发的杀人案件大幅度上升，在全部杀人案件中占据了较大比例，因此，研究杀人动机就不能不研究被害人的经济状况。侦查人员可以从被害人的职业、职务、经济来源、年收入，在明面收入之外是否还有隐性收入等方面，分析被害人有无引起受害的可能性。然而需要注意的是，被害人的钱财多少只是引发杀人犯罪的一个重要原因，并不是绝对的，有些被害人也会因随身携带现金，或者是家中存有贵重财物而被害，这就要求侦查人员根据现场情况进行全面分析。

（四）研究被害人的社会关系

研究被害人生前的社会关系，主要是研究被害人生前经常来往接触的都是哪些人；社会关系是否复杂；与被害人来往关系密切的人的道德品质如何，有无犯罪劣迹或犯罪前科；是否存在暧昧关系或奸情关系，从这些社会关系中进一步分析哪些人有可能对被害人加害。

（五）研究现场的翻动破坏和有无财物丢失情况

现场上有无翻动破坏和财物丢失是分析杀人动机的一个重要因素。一般情况下，图财杀人现场都会有不同程度的翻动破坏和不等数量的财物丢失，然而在勘查时，还需要在这一基础上进行全面分析，例如，翻动破坏部位和范围大小，丢失财物存放的部位，丢失财物的数量、价值，如此才能作出更为准确的判断，避免被一些假象蒙蔽。

思 考 题

1. 杀人案件现场的特点有哪些?
2. 杀人案件现场勘查的任务是什么?
3. 杀人案件现场访问的重点是什么?
4. 杀人案件实地勘查的重点是什么?
5. 杀人案件现场分析的重点是什么?

参 考 文 献

1. 郭金霞、李小恺:《立体现场勘查学》,中国政法大学出版社2021年版。
2. 倪春乐主编:《现场勘查》,知识产权出版社2020年版。
3. 张颖主编:《犯罪现场勘查》,法律出版社2020年版。
4. 裴煜、段蓓玲:《刑事案件现场勘查方法》,华中科技大学出版社2020年版。
5. 许大鹏:《犯罪现场调查》,中国法制出版社2020年版。
6. 卫红泽:《刑事现场勘查学》,中国人民公安大学出版社2019年版。
7. 姜克峰:《罪案终结:犯罪现场调查》,中国法制出版社2018年版。
8. 朱巧红、盛永彬主编:《犯罪现场勘查》,暨南大学出版社2013年版。
9. 杨正鸣、倪铁主编:《犯罪现场勘查案解》,复旦大学出版社2011年版。
10. 马丽霞主编:《现场勘查》,中国检察出版社2010年版。
11. 胡蕾:《法医缉凶》,中国人民公安大学出版社2009年版。
12. 陈锐、付强、林琼:《杀人后自杀案件现场特点及勘查重点》,载《广东公安科技》2021年第1期。
13. 向静、高滢:《一起杀人碎尸案的犯罪行为与心理剖析》,载《中国刑警学院学报》2020年第6期。
14. 孙海平、倪伟勇:《杀人现场被害人的时空状态在现场分析中的应用》,载《刑事技术》2018年第4期。
15. 王超强、王红敬:《大数据视域下犯罪现场分析研究——以入室杀人案件为例》,载《北京警察学院学报》2019年第3期。

第十四章

盗窃案件的现场勘查

🔍 [内容提要]

盗窃案件是一种发案率高、破案率低的刑事案件,在全部刑事案件中占相当大的比例。盗窃案件具有作案成员复杂、侵害目标广泛、作案手段方法多样、当事人与作案人之间关系不明显以及流窜性、系列性和团伙性等特点。因此盗窃案件勘查应坚持问题导向,聚焦盗窃案件现场勘查中的新问题,完善勘查程序与勘查方法,提高盗窃案件取证效率,让人民群众感受到社会秩序稳定所带来的幸福感和安全感。常见的盗窃案件有入室盗窃案件、扒窃案件、盗窃机动车案件以及盗窃供电、电信设施案件等。盗窃案件现场多有秘密行窃的迹象,多有变动,多能反映作案人的习惯性,多有赃款、赃物可查。盗窃案件的现场勘查是侦破盗窃案件的重要措施,勘查人员应在了解盗窃案件现场的特点及明确盗窃案件现场勘查任务的基础上,运用专业知识和技能,严格按照法定程序、遵循科学规范开展盗窃案件的现场勘查工作,提高勘查工作效率,确保勘查工作质量。

🔍 [重点问题]

盗窃案件现场的特点;盗窃案件现场勘查的任务;盗窃案件现场访问的重点;盗窃案件实地勘查的重点;盗窃案件现场分析的重点。

第一节 盗窃案件现场的特点

盗窃案件现场是指作案人以非法占有为目的,秘密窃取并占有他人数额较大的财物,或多次盗窃、入户盗窃、携带凶器盗窃、扒窃的场所。由于盗窃案件作案成员复杂、侵害目标广泛以及作案手段方法多种多样，所以盗窃案件现场的表现形式既有共同特点，也存在一定的差异。

一、现场多有秘密行窃的迹象

（一）现场进出口明显，留有痕迹、物证

入室盗窃在全部盗窃案件中占有相当大的比例。作案人想要进入室内行窃，并且在达到犯罪目的后，将其所窃取的财物带离现场，都需要经过一定的通道，这样就形成了进出现场的路径。现场的门、窗、洞往往是作案人进出口的首选，作案人会在此实施一些作案行为，如撬门、爬窗、挖洞等，因此现场进出口往往会留下相应的形象痕迹和其他物证。这些都可以在一定程度上反映出作案人的作案方法和手段，作案人对现场熟悉程度，是否为熟人作案以及有无作案经验等。

作为室外盗窃案件的现场，虽然没有确定的进出口，但要秘密地将公私财物转移占有也一定会进出现场，并且形成来往途径，这就需要勘查人员锁定范围，仔细地寻找、观察并加以确定。

（二）现场遗留有较多的痕迹、物证

一般情况下，作案人想要达到犯罪目的，必须破坏两种障碍物：其一，现场的进出口，作案人一定会采取相应的手段，如撬、踹、挖、开锁等进入现场，这就必然会留下相应的破坏痕迹；其二，存放财物的场所，即勘查工作常说的"中心现场"，作案人常常也会采取一定的方式进行破坏，而因此留下相应的破坏痕迹，中心现场是遗留痕迹、物证最多，反映作案状况最直接的场所。此外，作案人为了寻找财物所进行的翻动或触碰现场上的物品，其行为动作也会留下相应的痕迹、物证。作案人在犯罪现场实施犯罪行为时，还有可能遗留下原本就属于自身的物品，这些物品往往能够反映作案人某些方面的信息。上述痕迹、物证不但能揭示和证实作案人的犯罪活动，而且能够反映作案人的人身特点、心理活动、职业特征以及对现场的熟悉程度等，这些痕迹、物证对侦查破案有着十分重要的作用。

二、现场多有变动

在盗窃案件现场，尤其是被盗的居民住宅里，当事人发现异常后往往不是先向公安机关报案，而是先查看有无财物丢失，发现失窃后才报案，甚至有些现场被盗现象不明显，经过一段时间以后，当事人才发现被盗，这时勘查人员所见到的现场已被破坏，现场的物品也已发生变动，痕迹或有灭失。此外，随着人们汲取信息渠道的多样化，作案人的反侦查意识在逐步加强，作案时往往

会戴手套、鞋套，或者是在作案后对现场进行擦拭、破坏以及其他伪装，因此，相当一部分现场都属于变动现场，在勘查时应更加细致，以免造成失误。

三、现场多能反映作案人的习惯性，系列犯罪多

根据心理学和人体工学原理，人在活动中必然会暴露出自身行为的习惯性。盗窃案件中的惯犯较多，因此从作案时间、作案地点、进出口选择以及作案手段上都形成了一个动力定型。大多数作案人在长时间的连续作案过程中积累经验，往往积行成习，总结出一套得心应手的、定型的盗窃手法。例如，入室盗窃的作案人有的习惯于撬锁，有的习惯于踹门，有的习惯于墙上挖洞，有的习惯于使用万能钥匙等。若习惯性的盗窃手法在作案过程中一再得逞而未被揭露，那么作案人一般是不愿改变的，往往会下意识地连续使用。勘查人员就可以根据这些习惯性特征推断出作案人的体貌特征、社会职业、习惯特点等，也能为串并案件提供线索和依据。

四、作案人在经济方面有反常表现，多有赃款、赃物可查

作案人实施盗窃行为的目的是非法占有公私财物，既然是为了非法占有，那么必然会对盗窃所得财物进行藏匿、转移、变卖、使用等活动，在实施这些行为的过程中，必然会留下蛛丝马迹。还有一些作案人是为了满足自己的某种生活需要，并且大多数是用于挥霍享受，那么作案人的收支方面就会出现很大不平衡，尽管所有的作案人都力图掩盖这一矛盾，但是其与赃款、赃物之间的客观联系是掩盖不了的，不论是在搬运环节、藏匿环节还是销赃环节，侦查人员都可以"以赃查人"，寻找发现案件线索。

第二节 盗窃案件现场勘查的任务

根据盗窃案件现场的特点，可以确定盗窃案件现场勘查的任务。盗窃案件现场勘查的任务是确定事件性质，查明基本案情，收集线索和证据，部署紧急措施等。研究盗窃案件现场勘查的任务，有助于勘查人员明确盗窃案件现场勘查的目标，顺利开展现场勘查工作，收集线索和证据，确定侦查方向和范围，从而侦破案件。

一、确定事件性质

在报案的盗窃现场中，并非所有的现场都是真实的盗窃案件现场。例如，有的人为了骗取保险金或出于其他动机而故意伪造盗窃现场；有的现场财物是

被动物破坏或发生自然灭失，却让当事人误以为发生了盗窃犯罪等。这就要求侦查人员和技术人员在到达特定场所之后，留意判明该现场是否为实施盗窃行为而形成的现场。如果没有盗窃案件的发生，应该根据具体情况做出妥善处置；如果确有盗窃案件发生，则首先应确定盗窃案件的具体性质。

通过对现场的实地勘查，并结合现场访问所获得的信息，确定该现场是经济性盗窃现场还是非经济性盗窃现场；是内盗、外盗、内外勾结还是监守自盗的盗窃现场；是本地人作案还是流窜犯作案；作案人是偶犯还是惯犯。从而得以确定盗窃案件的具体性质，并据此划定侦查范围，明确侦查方向，开辟正确的途径推进侦查。

二、查明基本案情

要通过对盗窃案件现场的实地勘查和对当事人等有关人员的访问，分析作案人的作案时间、进出口、作案手段和方式、作案人数、使用的作案工具、作案过程、作案人对现场的情况是否熟悉以及作案人是否系惯犯等。对于盗窃机关、团体、企事业单位的案件，应判明是内盗、外盗、内外勾结还是监守自盗；对侵入民宅盗窃的案件，则应判明是近处人还是远处人或是外来流窜犯作案。

三、收集线索和证据

勘查现场痕迹、物证，访问当事人和知情人是盗窃案件现场勘查的中心任务，通过勘查，发现并收集盗窃现场的痕迹和其他物证，查清被盗窃财物的种类和数量，收集当事人陈述和证人证言。结合现场其他情况，对作案时间、手段、工具、人数以及作案人的有关情况作出初步的分析，使侦查工作得以迅速推进。现场勘查中发现并收集的痕迹、物证，访问所获得的情况，不仅是有价值的侦查线索，同时也是重要的破案证据。

四、部署紧急措施

盗窃案件的特点之一就是有赃物可查，在勘查盗窃案件现场时，要根据现场的不同情况及赃物的特征、数量等情况，具体问题具体分析，及时采取相应的紧急措施，快速反应，以达到控制赃物转移、改装、销售以及确定并查获作案人。

（一）追缉堵截

对案发时间不长、作案人逃跑不久、逃离不远，其体貌、衣着、随身携带物品以及所使用交通工具等方面的特征明显或被盗物品特征比较明显，并且具有追缉条件的，应及时组织力量追缉堵截。

（二）搜索、寻找赃物，张网抓捕作案人

根据现场情况和赃物的体积、重量、数量及运输工具状况等，判断出赃物可能隐藏于现场附近时，应及时组织力量对现场外围进行全面搜索。如果发现了作案人遗落的物品或隐藏赃物的处所，不要轻举妄动，应保持其原状并组织力量守候，以捕获可能返回取物的作案人。在作案人返回无望时，则应当仔细对现场周围发现的物品、赃物进行勘查。

（三）紧急部署、控制赃物

如果被盗财物中有外币，应加强对外汇储存、兑换和使用的控制；如果被盗财物中有银行存折、支票、国库券、取货单等物，应及时通知有关单位，在挂失的同时，请相关单位在开展兑换、支取、发货等有关业务时提高警惕、加强控制，以协助缉捕作案人或其他关系人。如果现金、货物已经被作案人取走，应及时向有关人员了解领取的时间和领取人的体貌特征、衣着、口音等有关情况；如果作案人取赃之处设置有监控装置，应及时调取监控录像，获取作案人的影像资料，然后根据具体情况进一步采取相应的侦查措施。

（四）对作案人可能继续实施盗窃犯罪的场所进行控制

如果通过现场勘查，分析作案人很有可能继续对相关单位实施盗窃犯罪，则应及时通报相关单位加强防范，并组织力量守候，争取直接抓获作案人。

第三节　盗窃案件现场访问的重点

盗窃案件现场访问的对象主要包括报案人、被害人、财务保管人、值班巡逻人员、现场周围的群众以及其他知情人等。侦查人员在现场针对不同的访问对象，采用不同的方法，有针对性地进行询问，从而获取有价值的线索和证据，为确定事件性质、查明犯罪事实提供依据，为后续案件侦查工作的顺利开展打下坚实的基础。

一、发现被盗的情况

是谁在什么时间、什么地点发现被盗；发现时有谁在场；发现人为什么到达现场；发现被盗后，是否采取了相应的措施，如组织追缉、保护现场等；发现时现场的状态如何；现场的原始状况如何；案发后现场是否被变动，即是否有人进入现场（如清点财物等），到过什么地方，碰触了哪些物品等。

二、被盗财物的情况

被盗财物的种类、数量、价值、特征，特别是只有使用人才知道的特征和暗记；被盗财物的来源、运送、保管和使用情况、知情范围；被盗财物是否有某种特殊用途或需要特殊的渠道转卖，哪些人可能有此需要或具备销售条件；保管财物的门窗、箱柜是否上锁，钥匙放在什么地方，是否丢失或被人借用过；有无专门看管人员；被盗财物的所有人是什么人；财物被盗后直接负责人和经济损失承担者是什么人等。

三、现场的有关情况

现场的原始情况。包括现场上发现的工具和物品哪些是当事人家中之物或现场原有之物，具体的存放部位以及如何进行保管的；门窗是否关闭，是否反插或上锁；有无报警装置；哪些物品是经常使用、移动的，哪些物品是很少接触的等。

现场的变动情况。包括发现被盗时的现场情况，即发现被盗时现场处于什么状态，门窗是否被撬，是关闭、半开还是全开；玻璃是否破碎；门锁是否被撬掉，丢在什么位置；是否进入过现场，经过哪些部位，触摸碰动了什么物品；进入现场时穿什么鞋，具体干了些什么；发现现场哪些是作案人遗留之物等。

四、可疑人员和可疑迹象

当事人、财物保管人有无谎报案件或监守自盗的可疑情况；发案前是否有人到现场附近窥探、踩点、试探，其体貌特征、口音及探听内容如何；案发过程中是否发现可疑人或可疑现象，是否听到某种声响；案件侦查过程中是否有人打探相关信息，过分关心案件的侦破进程；案发前单位内部及现场周围是否有人急需用钱，其案后表现如何；周围是否有类似案件发生；当事人、财物保管人和群众提供了哪些怀疑对象，怀疑的根据是什么。

五、财物所有人和保管人情况

财物所有人的经济状况如何，其被盗财物有无保险，以及保险的日期与价额；所有人的思想品质如何，是否可能诬陷他人；所有人是否与某人有债务纠纷，是否有婚姻、恋爱、奸情等方面的关系；所有人的生活规律如何，其家庭成员是否有动用财物的可能等。

财物保管人的经济状况如何，是否有结婚、购房等经济上的急需；其保管的账目是否混乱；其思想品质如何，是否有侵占、盗窃、赌博、贪污等违法犯罪行为；其结交人员如何，作风是否正派，发案前是否散布流言，发案后是否情绪反常等。

第四节　盗窃案件实地勘查的重点

绝大多数盗窃案件在案发后都有可供勘查的现场,实地勘查一般应当由外到内,沿着作案人在现场的活动路线,以作案人选择的现场进出口和被盗财物存放的处所为重点开展进行,对于部分案件也应在外围进行勘查。根据不同的盗窃案件类型,实地勘查的重点也有所不同。及时采取合理、有效的勘查措施,提高盗窃案件现场勘查工作的效率和质量。

一、入室盗窃案件实地勘查的重点

（一）对进出口的勘验

进出口既是遗留痕迹、物证较多的部位,又是入室盗窃案件作案人根据客观环境和自身条件的必然选择,有的进出口明显,有的进出口隐蔽。勘验研究这些痕迹,可以为分析研判案情、确定侦查方向提供重要的依据。

在勘验现场进出口前,应全面观察现场状态,大致确定作案人出入现场的部位和方式,了解进出口遗留痕迹的形成及种类,然后仔细勘验每个部位。入室盗窃案件现场常见的侵入方法和手段主要有：门上侵入,例如,撞门、踹门、撬门、劈门、卸门、拨门闩、破门锁、乘隙混入等；窗上侵入,例如,锯铁栅、破窗纱、砸玻璃、钻气窗、拔插销等；攀登侵入,例如,翻围墙、爬阳台、登梯、攀绳、爬杆、爬下水管道等；钻洞侵入,例如,挖墙洞、破篱笆、捣房瓦、钻地沟等。这些侵入的方式因案而异、因人而异,因此在实地勘查时,现场无论有无明显的进出口,只要是可能被作案人用来作为进出现场的部位,都要仔细检查、细致勘验。

1. 观察现场各门窗、房顶及周围墙壁是否有被踩踏、攀登过的痕迹。一般来说,如有人为的活动,这些部位的浅表灰垢、水渍、青苔等会因受外力作用而发生形态变化。

2. 勘验现场门窗有无撬压、打击、钻锯等痕迹。要观察门窗有无被破坏,是怎么被破坏的,门上的痕迹分布情况如何,痕迹是用何种工具以什么方式留下的；门锁是如何打开的,如果是非破坏性开锁,则应将锁具提取,在实验室里进行理化和痕迹检验,注意观察锁内和锁舌上是否有异物颗粒的附着；门板上是否有踢、蹬、踹的痕迹,门窗的周围有无足迹、手印,窗框、窗台上有无擦、蹭、蹬、踩痕迹,有无手套印；窗栅栏的距离、高度能否被人钻过,栅栏是否弯曲,是否有钻、剪痕迹,有无纤维附着,有无血迹附着；窗下是否有碎玻璃片，玻璃上是否有手印，固定玻璃的油灰或钉子是否缺少或松动，根据这些痕迹之间的关系来判断作案人的动作是否熟练。

3. 对洞的勘验，这里包括对墙洞、地洞部位的勘验。查明洞所在的位置，挖的方向是否准确，洞的大小、形状、泥土和砖块放置得如何，挖掘的方向怎样，挖洞的工具种类、形状、大小，挖掘的时间长短，洞口边缘是否有手印、足迹和遗留物等。

4. 对揭房瓦、钻天花板等部位的勘验。要仔细观察相关部位的高度，洞口的大小、形状，周围有无手印、足迹及其他遗留物，要注意送检，以确定有无潜在痕迹。

5. 对预伏潜入地点的勘验。作案人乘隙潜入室内，往往会选择隐蔽、阴暗的角落藏身，因此对于没有明显进出口的，要注意结合现场条件，对每一个可能的隐蔽角落进行仔细的勘验，观察这些部位有无人为活动的痕迹，有无一些反常的现象，如足迹、手印、烟头、口痰、尿渍、粪便、擦蹭痕迹等。

（二）对现场中心部位的勘验

被盗财物的存放、保管处所一般是盗窃案件现场的中心部位。由于被盗财物的存放地点是作案人的主要目标地点，作案人在此处的活动时间较长，盗窃行为的实施也比较集中，如触摸、翻动、钻、锯、撬、砸等，是留下痕迹、物证较多的地点，作案人在该部位走动频繁，情绪较紧张或兴奋，也最容易遗留下痕迹、物证。仔细、全面地勘验盗窃案件现场的中心部位，不仅可以获取重要的犯罪证据，而且有助于对整个犯罪活动过程的全面认识。

1. 对现场变动物品的勘验。要明确物品的具体位置，是否有保护装置，被盗前的使用情况，有关人员是否开启、挪动、翻找过，被盗物品与周围物品之间的关系，被盗物品有何特征，它的数量、大小、价值、用途、性能等。

2. 对被盗物品保护装置的勘验。观察这些装置有无被破坏，被何种工具破坏，形成的痕迹怎样，如痕迹遗留的部位、方向、形态、种类、先后顺序等，被破坏的部位是否准确，使用的技术方法是否熟练，有无职业特征和习惯性。同时，还要检查是否有被盗走的物品，看它与被盗走物品之间是什么样的关系，并注意在这些装置和物品上发现手印或其他的微量物证。

3. 对室内地面、墙壁等部位的勘验。主要是寻找作案人遗留的足迹或物品，如毛发、烟头、衣物纤维及随身携带的物品等。由于作案人不可避免地要在室内行走，因此作案人的足迹一定会遗留在现场，这时可利用各种光源和仪器来寻找、发现、固定和提取，对地面上可能留下的遗留物要注意观察，发现时用专用仪器和方法进行提取。

4. 对室内其他物品的勘验。这里既包括室内陈设，也包括室内其他装饰品，要注意这些物品上有无足迹、手印、工具痕迹以及其他微量物证等，物品的位置是否被变动，变动的原因及其痕迹的关系如何。

（三）对现场外围的勘验

现场外围常常是作案人作案前逗留、预伏，作案后逃离、分赃的地点，很有可能留下各种各样的痕迹、物证，因此，应组织力量对现场外围进行搜索和勘验。

1. 对现场外围的宏观勘验。观察、研究现场所处的具体位置和现场周围的环境状况，有助于分析已发生的盗窃案件是内盗还是外盗，是否流窜作案等。

2. 对作案人的来去路线进行勘验。在对现场外围宏观勘验的基础上，还要注意分析、发现、勘验作案人的来去路线。在作案人来去的路线上，常能发现成趟的、特征反映正常的足迹，丢弃的作案工具、赃物，等等，同时可以根据来去路线搜寻、发现、勘验其他相关的处所。

3. 对其他相关处所进行勘验。其他相关处所是指作案人潜伏守候、窥测踩点的地点。这些地点的痕迹、物证一般少有伪装，侦查利用价值较大。长时间的潜伏守候和徘徊往复的踩点窥测，常常会留下较多的痕迹和物品，如食物、烟头、唾液、大小便、纸张、足迹、坐卧痕迹等，有时甚至还会发现作案人未进入现场，而是在外望风的痕迹。

二、扒窃案件实地勘查的重点

（一）对现场中心部位的勘验

扒窃案件的作案人在实施扒窃行为时，有的习惯用纸张、报纸、杂志等作掩护。若发现或报案及时，要注意搜寻、检验可能丢弃在现场上的纸张、报纸、杂志等，据此往往可以提取到作案人的手印、笔迹，个别情况下甚至还可能发现被记载的电话号码、其关系人姓名等文字内容，根据纸张、报纸、杂志的种类，还可以分析持有人的个人爱好、职业特点、居住或工作范围等。同时，要注意搜寻扒窃作案人遗留的其他物品，如刀片、烟头、瓜子壳等，有条件的现场，还要注意寻找、发现、固定和提取其脚印。

（二）对被扒窃衣物、包裹的勘验

对扒窃手法的勘验。扒窃案件的作案人一般都有自己的习惯性作案手法，例如，有的习惯于掏包，有的则更喜欢割包。勘验中，要分析纽扣是怎样解开的，拉链是如何拉开的，是否有被划割的痕迹，划割的部位、次数、方向、轻重、长短等情况。通过勘验，综合分析作案人的作案手法、动作熟练程度等，可以为扒窃案件的串并案件提供重要依据。

对手印的勘验。如果衣物的纽扣、提包的光滑部位或金属饰物上有可能遗留下作案人的手印，勘验时还要注意搜寻并提取手印。

（三）对相关场所的搜索和勘验

扒窃案件的作案人在扒窃得手后，一般会迅速逃离现场，寻找僻静之处去清点财物或分赃。随后有可能将盗来的被害人盛放财物的钱包、提包以及证件、发票等特征较明显、价值较小的物品丢掉，以割断与案件的联系。如果是枪支弹药、机密文件被误窃，作案人很有可能将它们直接丢弃。此时，现场搜索不仅可以通过被丢弃物品发现作案人的手印、脚印等痕迹、物证，还可以及时挽回损失。

"洗赃"场所的搜寻。"洗赃"场所多选择于扒窃现场附近的厕所、僻静巷道、防空洞等地方，在车上作案的行为人，多选择于下车点附近的地方去"洗赃"。勘验时，要注意对"洗赃"场所的范围进行大致的界定并及时组织力量进行全面仔细搜索，找到"洗赃"场所后，要注意从作案人丢弃的物品以及其必经之路上寻找痕迹、物证。有时，对弃赃地点所处具体环境的分析，有助于推断作案人是否熟悉该地点，并可据此进一步分析其居住范围或落脚点，为侦查方向提供线索。

三、盗窃机动车案件实地勘查的重点

（一）对现场中心部位的勘验

1. 综合勘验现场的痕迹、物证，确定案件能否成立。在侦查实践中，假称车辆被盗而试图骗取保险金的案件时有发生，因此，勘验时要注意甄别案情真伪。仔细勘验当事人指称的停车处的情况，是光滑坚硬的土地还是柔软的土地，现场是否具备清晰留痕的条件；有无相应的停车痕迹，如所称被盗车辆的车胎印痕、油迹、水迹等，该油迹、水迹的分布面积及浸润深度与当事人自称的停放时间长短是否矛盾；现场上有无撬落的油漆、有无散落的玻璃碎片等；同时，再结合现场访问的情况，综合评断该案件能否成立。

2. 勘验轮胎印痕。勘验中应观察行车印痕，分析作案人的驾车技能和逃跑方向。主要是通过滴落的水滴、油滴的喷溅方向和车轮碾断的树枝、草棍等折断处方向等来确定行驶的方向。

3. 对其他痕迹、物证的勘验。在停车点的四周地面寻找有无作案人的足迹、烟头、车窗玻璃碎片、撬落的油漆、金属碎片以及掉落的零部件等；有无被剪断、锯断的锁具、电线断头、遗落的作案工具等。上述痕迹、物证既能用来分析、推断作案工具，也能够反映作案人的作案手法，还可以成为串并案件及印证作案人口供的重要证据。

（二）对现场外围的勘验

1. 对现场周围环境的观察。现场位于什么方位，是否偏僻；有哪些道路可以进出；周围有无围墙、大门、栅栏，有无值班、巡逻人员；周围有哪些建筑物及固定住户，有无商业网点、小摊小贩点、车站码头、影剧院等，哪些人在哪些地方可能看见现场上发生的情况；以及周围停放的车辆和监控设施，是否有行车记录仪或者监控摄像头可能拍摄到现场情况。

2. 对现场外围的搜索、勘验。①对作案人进入现场的路线及相关场所的搜索和勘验。在行为人窥探、伺机作案的有关场所及进入现场的路上，常可发现其足迹、烟头、瓜子壳、空水瓶等。②对作案人逃跑路线及沿途的勘验。作案人盗得机动车后一般会迅速逃离现场，为了逃避追缉堵截，往往会迫不及待地将车上特别明显的标识物扔掉，如卸掉、更换、擦刮车牌，卸掉车上装载的醒目物品，而这些物品常被作案人沿途随意丢弃。因此，要及时组织力量沿着作案人可能经过的逃跑路线进行搜寻，发现这些物品后及时勘验，争取获得有价值的线索。此外，还可以根据上述痕迹、物品确定作案人的准确逃向，为及时、快速追缉堵截提供有利条件。

四、盗窃供电、通信设施案件实地勘查的重点

（一）对现场中心部位的勘验

1. 勘验线杆及线杆周围的地面。作案人攀登线杆时，常会在线杆上留下印压、擦划痕迹，要注意观察、分析该痕迹是赤足形成、穿鞋形成还是脚扣形成。脚扣常在线杆上形成印压痕迹，有时胶垫与线杆摩擦会形成黑色擦痕。如果胶垫磨损严重，则裸露的金属会在线杆上形成擦划线条。勘验时，要测量、记录印压痕迹的整体形状和面积的大小以及所反映出的胶垫的纹线类型、数量、结构等。线杆周围则常留下爬杆人及收线人的足迹，一般为立体足迹，特征反映明显。

2. 勘验线杆之间的地面。爬杆人常在线杆之间来回往返，地面上留有他们的成趟足迹，在进行常规分析（如分析身高、体态、年龄等）的同时，还可作步法特征的分析。收线人的足迹比较集中且纷乱重叠，特征反映不完整，但根据收线时电力线及电缆在地面擦划痕迹的不同可以分析收线的方向，以进一步分析行为人的作案过程及特点。

3. 勘验现场上遗留的电力线和电缆的断头。电力线和电缆的断头常能反映出断线的工具种类。用克丝钳剪断的，在断头上常有多次钳剪的痕迹，有两个断面；用钢锯锯断的，往往能在断面上留下梯纹间隔，还可能附有锯屑，识别比较容易；用菜刀或镰刀切、砍断的，则可能在断头上留有多次切、砍的痕迹，而且只有一个断面。作案人为了截断电力线或电缆时，常需用手握持，故常在剩余的断头上留下其手印，尤其是电缆线上的手印形成条件较好。

（二）对现场外围的勘验

根据现场条件不同，作案人的交通运输工具可能放在离现场中心稍远的地方，要根据拖拉线的痕迹和作案人的足迹，结合现场环境综合分析争取找到停车地点。勘验停车点的轮胎印痕特征、轮距等，分析车辆的种类，还要根据行车痕迹确定车辆的来去路线。及时对现场外围进行搜索，还有可能发现作案人处理赃物的处所。

第五节　盗窃案件现场分析的重点

勘查人员通过现场访问、实地勘查等工作的开展，往往获取了一些有价值的线索、证据，侦查人员应组织有关人员对现场访问、实地勘查获取的有关信息进行分析、研究，重点分析是内盗、外盗还是内外勾结盗窃，是本地犯还是流窜犯，是偶犯还是惯犯等，确定侦查方向，划定侦查范围，有效推进后续的侦查工作。

一、内盗、外盗、内外勾结以及监守自盗的分析

（一）内盗案件

内盗案件是指机关、团体、企事业单位、公司内部人员以非法占有为目的，秘密窃取本单位财物的案件。其特点主要有：

1. 作案时机选择恰当，盗窃目标准确。由于内盗案件的作案人是发案单位的内部人员，他们对单位内部的情况比较熟悉，因而在盗窃目标和作案时机的选择上都较为准确。作案人能够准确地侵入财物存放处所，侵入路线常常能避开人们的视线和现场防范设施的监控。作案人入室后往往是直接撬盗存放现金或财物的箱柜、抽屉，在现场上一般很少出现四处撬盗箱柜的情况和搜劫财物的行为。案件发生的时间多是刚存入某种财物不久或某种财物未能及时上交之时，还有的作案人是趁财物保管人暂时脱离对财物的保管或利用值班人员交接班的间隙机会实施盗窃。

2. 进出口不明显，现场痕迹、物证较少。内盗案件的作案人在实施盗窃行为之前多有条件接触财物保管人或进入财物的存放处所，因此，作案人用事先盗取或暗中配制的钥匙开锁，进入财物存放处所进行盗窃；或作案人利用自身的便利条件，在作案前先做好准备工作，如拉开窗户的插销、不锁门、切断现场报警装置等，伺机侵入现场行窃，作案后又将门窗恢复原状；有的作案人还利用当事人、财物保管人暂时离开现场的机会"顺手牵羊"，窃取部分财物，使之不易察觉，往往是当事人、财物保管人在清点财物时才发现财物被盗，以上情况都很难在现场发现明显的进出口。内盗案件中，虽然有作案人仍采取撬锁破窗的方法，但因作案人熟悉现场环境和房屋建筑构造，对进出口的选择比较恰当，多选择既容易被破坏又不易被人发现的部位侵入现场。

3. 盗取的财物比较单一，作案后不急于处理赃物。内盗案件的作案人由于生活、工作在单位内部，熟悉被盗财物的性能、价值，作案时对财物的选择指向性比较明显，盗取的财物多为现金、贵重物品、单位内部使用的有价证券、产品的原材料等，被盗窃财物的种类比较单一。内盗案件的作案人多为见财起意行窃，因此，作案人中偶犯居多。作案人常常会迫于侦查破案的压力或畏罪心理的驱使，秘密地转移赃物或抛出赃物。内盗案件发生后，作案人一般不急于处理赃物，常常是将赃物隐藏在秘密的处所，等待一段时间后再决定对赃物的处理。内盗案件的这一特点，对于我们采取侦查措施，查获赃物提供了重要的条件。

4. 盗窃案件现场上多有伪装行为。内盗案件的作案人，为了达到转移侦查视线、逃避侦查打击的目的，在实施盗窃行为后，常常会将内盗案件现场伪装成外盗案件的现场。有的作案人在现场上故意制造盗口，或故意将现场弄得凌乱不堪，以掩盖其盗窃目标的准确性；也有的作案人故意将外单位生产、使用的工具以及其他有明显标识的物品丢弃在现场，或故意在出入现场的途中留下赃物、遗留物品和其他痕迹等。无论作案人在现场上如何进行伪装，通过对现场上有关的痕迹、物品的勘验和对现场情况的分析，一旦识破了作案人的伪装，就能更加进一步肯定是内部人员作案，为确定侦查方向和侦查范围提供依据。

（二）外盗案件

外盗案件是指机关、团体、企事业单位、公司外部人员以非法占有为目的，秘密窃取所盗单位财物的案件。其主要特点有：

1. 盗窃目标一般不准确。外盗案件的作案人由于来自单位外部或是外来的流窜犯，他们对单位内部的环境情况、房屋结构以及财物的存放部位不熟悉，因而在现场上常常反映出盗窃目标的不准确性。外盗案件中，一方面，作案人因不熟悉财物存放的具体处所，连续撬盗若干间办公室，入室后翻撬箱柜，搜寻财物的迹象明显，现场多出现乱而不准的现象。另一方面，作案人对进出口的选择不合理，有的作案人把进出口选在容易被人发现而又不容易被破坏的地方，这些都反映出作案人对现场情况的不熟悉，可以作为判断外盗案件的重要依据。但对于作案人在作案前经过"踩点"，凭借其经验准确地寻找到财物存放的具体位置，或因偶然的巧合找到贵重财物，盗窃得手后立即逃走，而没有在现场上继续翻找财物和连续撬盗的例外情况，在分析时，应综合现场上的情况与现象进行判断。

2. 多以破坏手法进入现场，进出口明显。外盗案件的作案人在实施盗窃之前，一般没有条件接触当事人、财物保管人或进入财物保管的处所，因而大多都不具备提前进入现场以及事先打开窗户、门闩或用钥匙开门的条件。作案人侵入现场大多采取破窗撬锁、割壁挖洞、攀壁翻窗等手段，这必然会在现场上留下明显的进出口痕迹，外部侵入的迹象显著。由于外盗案件的作案人得手后常常会迅速离开作案现场，一般不会对侵入和逃离现场的进出口加以掩饰或恢复原状，致使案件的发现一般比较及时。

3. 盗窃的物品种类多而杂。外盗案件的作案人大多是游手好闲、不务正业、贪图享受之徒，或者是以盗窃为职业的惯犯，他们在实施盗窃的过程中，不仅盗窃现金或贵重物品，同时也盗窃他们需要的日常生活用品以及其他便于销售的物品，因而在盗窃的物品种类上呈现出多而杂的特点。作案人在盗窃现场上一般会根据自身的情况对物品进行选择，有的作案人窃取的某些物品与作案人个人的兴趣、爱好有关；有的则是为了追求物品的经济价值；也有的与作案人的活动范围、销赃渠道有一定关系。而盗窃团伙或流窜犯作案，在对物品的选择上，一般具有习惯性特征，他们多选择易携带、易脱手的物品。分析外盗案件的这一特点，有利于采取相应的侦查措施，查找作案人。

4. 作案现场少有伪装。外盗案件的作案人在实施盗窃行为时，一般都无所顾忌，现场上毁证灭迹的情况较少，作案人多不对现场进行伪装，遗留在现场上的痕迹、物品较多，现场情况和现场现象的真实性程度高。由于外盗案件的作案人多为惯犯、流窜犯，其自认为具有逃避侦查打击的经验和手法，作案后多迅速逃离现场而不对现场进行伪装。另一方面，作案人在破坏障碍物及搜寻财物的过程中，触动的物品过多，现场破坏较大，难以再对现场进行伪装、掩饰也是造成外盗案件作案人作案后少有伪装的原因之一。即使有少数的作案人想消除现场上遗留的痕迹，但由于不熟悉现场的环境情况，害怕被现场周围的群众发现，不敢在现场上逗留较长的时间而放弃对作案现场的伪装。

5. 作案人员复杂。外盗案件的作案人员构成较为复杂。作案人员中有本地人员，也有外地人员，有偶犯也有惯犯，其中惯犯、流窜犯占有较大比例。作案人员中有不务正业、好逸恶劳且无正当收入的人员；有受过多次打击处理，释放后又重操旧业的人员；也有以盗窃为职业的惯犯。他们中的许多人因多次作案而积累了丰富的犯罪经验，作案手法熟练，胆大妄为，逃避侦查打击的伎俩较多，具有作案快、逃离现场快、销赃快的特点，并且常常进行跨区域作案或长途奔袭，城乡跳跃作案。许多作案人食无定点，居无定所，行无定向，并且在很多地方都有自己的落脚点和联系人，这都给外盗案件的侦破增大了难度。

（三）内外勾结盗窃案件

内外勾结盗窃案件是指机关、团体、企事业单位、公司内部人员与外部人员互相勾结，以非法占有为目的，合谋秘密盗窃所盗单位财物的案件，其主要特点有：

1. 作案时间、路线选择合理，作案目标明确。内外勾结的盗窃案件正所谓"里应外合"，内部人员负责提供有关信息，外部人员负责具体实施。由于内部人员会提供其所在单位的情况，因此外部人员所选择的作案时间、进出口路线都是很隐蔽的，盗窃路线清晰、盗窃目标明确，没有过多的破坏及翻动现象。

2. 所盗赃物多由外部人员处理。为了避免内部人员引起怀疑，内外勾结盗窃案件的赃物多由外部人员进行藏匿、运销。

3. 制造外盗假象，扰乱侦查视线。在内外勾结盗窃案件中，基于内部人员所提供的相关信息，案件本身体现出了内盗的特点，公安机关的侦查方向一般会朝向被盗单位的内部开展。因此，为了混淆视听，外部人员实施盗窃后，通常会刻意翻乱现场，制造外盗假象。

（四）监守自盗案件

监守自盗案件是指机关、团体、企事业单位、公司内部财物保管人员利用其职务之便，以非法占有为目的，将所保管财物据为己有，然后伪造现场，谎报财物被盗的案件。监守自盗案件属于特殊的内盗案件，其特点主要有：

1. 监守自盗者无法自圆其说，陈述漏洞百出。监守自盗案件的当事人即作案人，因此在陈述被盗过程时，会出现所陈述的事实与现场的情况相矛盾，或者前后几次的陈述都自相矛盾。但在侦查人员指出矛盾时，又一味盲目地改变自己原有的陈述，附和侦查人员。

2. 案发现场反常现象明显。由于监守自盗案件现场是由监守自盗者自己想象出来的，并非真实、客观存在的案发现场，即使作案人在案发前进行了精心设计，但仍难免会出现矛盾和反常现象。

3. 监守自盗者多有反常现象。案件发生后，监守自盗案件的作案人通常会格外关注该案件的进展和调查情况，会四处打听关于该案件的有关情况，这些反常行为，使其更加可疑。

在分析上述案件过程中应注意：一些内部人员作案后，敲门破窗，制造假进出口，伪装成外盗现场，对于这种现场的分析一定要细致入微，注意发现反常现象，必要时进行现场实验，看是否具有形成进出口的条件。有些案件虽不是内部人员作案，但由于某些原因也能做到对内部情况的熟悉，例如曾在被盗单位工作过，或者与被盗单位有过业务往来，或者在与内部人员闲聊中了解到内部情况。内外勾结作案，或者内部人员的亲属作案，也同样经常表现为内盗案件的特征。一些流窜犯或盗窃惯犯，有时通过细致踩点、周密策划也可以在一定程度上做到熟悉内部情况，作案时目标准确、时机恰当。以上情况在现场分析时都应予以充分考虑，尤其是案件侦查陷入僵局时，要从多角度分析案件的各种可能性。

二、本地犯和流窜犯的分析

1. 从现场遗留的物品分析。分析遗留物是本地产品还是外地产品，销售、使用范围如何，如果现场上出现有车票一类的物品，或是出现了当地鲜为少见的物品，则可以判断为外地人作案。

2. 从作案人所窃盗的财物分析。本地犯一般可能会盗窃笨重或不易变卖的物品，而流窜犯一般只盗窃现金、有价证券和金银首饰等便于携带的贵重物品；从销赃范围和抛赃范围分析判断，流窜犯多抛赃于交通要道周围，本地犯多抛赃于小街巷或隐蔽地点。另外，使用交通工具装运所盗窃物品逃离现场的多为本地人作案。

3. 通过查找分析串并案件的情况分析。如果若干起盗窃案件经过串并案件，发现案件分别发生在几个地区，则为流窜犯作案；如果若干起经过串并的盗窃案件都发生在本地，那么本地人作案的可能性较大。

4. 通过作案地点的选择情况分析。本地犯有着先天的地理优势，作案一般都会选择比较熟悉的地点，所选地点往往隐蔽，不易被人发现；流窜犯在潜逃、藏身和交通工具的选用上比较单纯。在逃窜路线和方向的选择上，集中于主干道、车站、码头等常规渠道。因此，流窜犯一般选择交通要道、车站码头附近的场所进行盗窃，以便得手后迅速转移。

5. 从作案手段、过程分析。本地犯凭借着自己对现场地形以及逃跑路线的熟知，在作案得手后大多会伪装现场，现场破坏翻动较大，很难发现明显的痕迹、物证；流窜犯在作案后，不管是否达到目的，一定会仓促逃离现场，并且一般不对现场进行伪装和破坏，现场留有较多痕迹、物证，甚至可能将作案工具遗留在现场。

三、偶犯和惯犯的分析

1. 从作案手段、过程分析。由于惯犯具有多次作案经验，因此在作案手法等方面有很明显的特点：采用多种工具作案，有的备有万能钥匙或专用的撬压工具，作案手法有一定的习惯性；撬压、破坏等技术熟练，动作干净利落，多余动作少，作案迅速；有逃避打击的经验，反侦查能力强；城乡流窜，多是 A 地作案，B 地销赃，C 地藏身。偶犯由于经验不足，思想上、精神上压力大，因此，在作案过程中和得手后常表现出：实施盗窃行为的技术不熟练；现场多遗留有痕迹或物品，多余动作多，缺乏逃避打击的经验；急于销赃、挥霍，易于暴露；有的常能反映出当下的某种欲望和需求。

2. 从犯罪经验以及犯罪心理上分析。惯犯作案技术高，有习惯定型动作，一般特点是作案的动作沉着老练，并且惯犯有作案经验与反侦查经验，常伪装现场、破坏痕迹、销毁证据。偶犯则盗窃技术不高，在实施盗窃行为的过程中容易出现冗余、重复动作。偶犯因缺少作案经验，往往计划周密，有些偶犯作案后也经常伪装现场，但临场很容易紧张，丢三落四，总是破绽百出。

3. 从盗窃案件性质上分析。惯犯胆大，敢做大案，涉案财物的金额较大、案件性质较为严重。偶犯胆小，作案时间不敢拖长，畏手畏脚，瞻前顾后，往往匆忙逃走，有些财物甚至都来不及拿走。

对惯犯、偶犯分析过程中应注意：在一般情况下，惯犯有前科，但有些惯犯却多次作案而从未失手，因此没有前科可查；有时候，惯犯采用新的盗窃手法也会表现为手法不熟、技术不高的迹象，例如，惯于撬门的作案人去盗窃保险柜，就可能表现为手法不熟练；少数偶犯心理素质较好，计划周密，也可以做到手法熟练，胆大心细。因此，在遇到案件时，应当根据现场情况，具体问题，具体分析。

| 思考题 |

1. 盗窃案件现场特点是什么？

2. 盗窃案件现场勘查任务是什么？
3. 盗窃案件现场访问重点是什么？
4. 盗窃案件实地勘查的重点是什么？
5. 盗窃案件现场分析的重点是什么？

| 参考文献 |

1. 阳雁、罗光华主编：《犯罪现场勘查实训教程》，中国政法大学出版社 2022 年版。
2. 孙建安主编：《刑事侦查实务教程》，知识产权出版社 2022 年版。
3. 张玉镶主编：《刑事侦查学》，北京大学出版社 2022 年版。
4. 郭金霞、李小恺：《立体现场勘查学》，中国政法大学出版社 2021 年版。
5. 许昆主编：《侦查学》，高等教育出版社 2021 年版。
6. 倪春乐主编：《现场勘查》，知识产权出版社 2020 年版。
7. 张颖主编：《犯罪现场勘查》，法律出版社 2020 年版。
8. 裴煜、段蓓玲：《刑事案件现场勘查方法》，华中科技大学出版社 2020 年版。
9. 王跃主编：《犯罪现场勘查实训教程》，中国人民公安大学出版社 2019 年版。
10. 卫红泽：《刑事现场勘查学》，中国人民公安大学出版社 2019 年版。
11. 蒋健主编：《犯罪现场勘查》，中国人民公安大学出版社 2014 年版。
12. 王彬：《盗窃案件侦查中的大数据方法及其运用分析》，载《贵州职业警官学院学报》2019 年第 5 期。
13. 乔顺利：《我国盗窃案件规律特点的新发展与对策研究——以四地盗窃案件统计数据为样本的比较分析》，载《政法学刊》2020 年第 1 期。
14. 王彬：《盗窃案件侦查的数据挖掘分析》，载《江西警察学院学报》2019 年第 4 期。
15. 冷冰、林超、王宇全：《浅析入室盗窃案件特点和现场勘查对策》，载《广东公安科技》2016 年第 3 期。

第十五章

爆炸案件的现场勘查

[内容提要]

爆炸案件现场是指作案人运用爆炸手段导致人员伤亡、公私财物损坏的场所以及其他遗留有与爆炸犯罪有关痕迹、物证的场所。爆炸案件现场的特点是物体破坏和人员伤亡严重、有爆炸残留物和抛出物、有爆炸破坏痕迹、有烟痕和燃烧痕迹。勘查的主要任务是搜爆排险、避免发生再次伤害,确定爆炸类型和事件性质,查明与案件有关的情况,收集与犯罪有关的痕迹、物证。勘查人员应重点询问报案人、目击者、被害人、被侵害单位管理者及其他知情人,了解现场、被侵害单位、爆炸物的存放及使用等情况,重点勘验炸点、爆炸残留物、爆炸抛出物,检验爆炸伤,重点分析事件性质、案件性质、炸药种类及数量、死伤人员中是否有引爆者,完成爆炸案件现场勘查任务,确保后续侦查工作的顺利开展。在爆炸案件勘查中要以人民安全为宗旨,以社会安全与国家安全为基础,优先现场紧急处置,规范勘查取证,提高勘查效果。

[重点问题]

爆炸案件现场的特点;爆炸案件现场勘查的任务;爆炸案件现场访问的重点;爆炸案件实地勘查的重点;爆炸案件现场分析的重点。

第一节 爆炸案件现场的特点

爆炸案件现场是指作案人运用爆炸手段造成人员伤亡、公私财物损坏的场所以及其他遗留有与爆炸犯罪有关痕迹、物证的场所。与一般犯罪案件现场相比，爆炸案件现场更为复杂。研究爆炸案件现场的特点，有助于勘查人员正确认识爆炸案件现场的特殊性，准确把握爆炸案件现场勘查的任务、重点，提高爆炸案件现场勘查工作的效率和质量。

一、物体破坏和人员伤亡严重

爆炸案件多发生在公共场所、私人住宅和交通工具（如火车、汽车）上，炸药爆炸反应速度快，在瞬间放出大量的热量和产生高压气体，形成强烈的冲击波，会对现场物体以及人体带来极大的破坏。

二、现场上有爆炸残留物和抛出物

爆炸残留物是指炸药爆炸后，遗留在空间、地面、物体上含有炸药分子的灰尘、气味和残存的起爆材料等。爆炸抛出物是指在起爆点及其周围原有的、受爆炸力的作用而被抛出散落在起爆点四周的物体。爆炸抛出物散落面积的大小，被抛出距离的远近跟炸药的威力和数量有关。通过发现、收集爆炸抛出物，研究抛出物散落的面积和抛出的距离，可以推断炸药的种类和数量。

三、现场及其周围留有爆炸破坏痕迹

爆炸破坏痕迹，是指炸药爆炸后产生的冲击波，对起爆点以及周围物质产生的机械破坏而遗留的痕迹。例如，墙壁或房屋倒塌、物体被击坏变形或燃烧等，距离起爆点越近的物体，破坏得越严重，破坏痕迹越明显。

四、现场上留有烟痕和燃烧痕迹

炸药爆炸后，由于爆炸产物和爆热的作用，在起爆点、抛出物的表面，会留下颜色不同、深浅不匀的烟痕，起爆点及其周围的可燃物质会引起燃烧。例如，衣物被烧坏形成破损并留有烟痕，人体被烧伤留有烧伤痕迹等。根据现场上烟痕的分布、颜色的不同和深浅程度的变化以及燃烧痕迹的轻重程度等，可推断炸药的种类与数量。

第二节　爆炸案件现场勘查的任务

爆炸事件发生后，急需通过现场勘查确定事件性质。爆炸案件现场危险性大、情况复杂、勘查任务紧迫，一般由县级以上公安机关组织勘查，市级公安机关可以支援县级公安机关勘查或者认为有必要时直接组织现场勘查。因爆炸现场危险性大，公安机关应当先安排专业人员排除险情，再进行勘查。

一、进行搜爆排险，避免发生再次伤害

由于爆炸犯罪作案人知识结构、犯罪动机不同，采取的爆炸装置各异，有时在现场会遗留未引爆的装置，这就要求在勘查现场时，尽量扩大警戒范围，控制围观人群，禁止非救援排险活动，约束媒体报道，以便迅速查明潜在安全隐患，避免再次造成人员伤亡。

对于存在的安全隐患可采用如下排险方法：其一，使用有毒气体探测器对现场进行检测，如果检测到有毒气体，使用抽风设备加大现场空气流通速度，或者打开建筑物的门窗通风。待重新检测确认安全后，才能进入现场；其二，派出专业人员对存在的安全隐患进行处理，搜寻未爆炸药。排爆技术人员要穿着防护设备，配备专业搜爆器材，尽量要使用遥控炸弹干扰器、排爆机器人和搜爆犬；其三，尽量扩大搜爆范围，重点检查车辆、垃圾桶、进出口等部位，特别注意检查设置指挥部的地点；其四，搜爆时注意保护现场痕迹、物证；其五，发现爆炸装置立即按照排爆方案安全处置。

待排爆排险后，其他人员方可按照指定的路线进入，进入现场的勘查人员要注意防止中毒，防止触电，防止倒塌的墙壁、屋顶伤人。

二、确定爆炸类型和事件性质

对于爆炸现场，首先要确定爆炸类型是气体爆炸还是炸药爆炸。由于两者性质不同，爆炸产生的能量对周围介质作用的机理和方式也不同，反映在现场的特征就会有很大差异，两者的主要区别是：其一，爆炸装置构成不同。炸药爆炸一般由炸药（含包壳）、起爆装置及发火能源三要素构成，爆炸的发生不受地点环境的影响和限制，在地下、地面、空中、水中皆可爆炸。而气体爆炸需要有爆炸性气体或蒸气存在，且要有造成高压气体的密闭容器，或使易爆气体与空气混合达到爆炸浓度的固定空间、发火能源等条件才能构成，因而气体爆炸要受环境限制。其二，发现炸点的难易程度不同。炸药爆炸，是在外部没有供氧的情况下受起爆能的作用而自行引起的高速反应，爆炸产物在爆炸发生的一瞬间占据炸药爆炸前本身的体积，因而能量高度集中，一般能产生明显的炸点。而气体爆炸，由于爆炸前气体所占的体积较大，爆炸时的能量不能像炸药爆炸那样高度集中，因而没有明显的炸点。其三，抛出物的状态与分布范围不同。炸药爆炸由于能量集中，击碎力强，抛出物体体积小、数量多。气体爆炸由于能量分散，击碎力弱，抛出物体积大、数量少，或没有抛出物。其四，烟痕、火光分布不同。炸药爆炸都是化学反应，爆炸时有火光、烟痕、燃烧等现象发生。烟痕多分布于炸点周围的介质上，燃烧也只存在于炸点附近的可燃物上。而气

体爆炸既可能是物理变化,也可能是化学变化。如果是物理性的气体爆炸,则没有烟痕、火光等现象;化学性的气体爆炸,需要外部供氧以混合成爆炸性气体,爆炸过程中会发生化学反应,从而生成新的物质,伴有火光、烟痕、燃烧等现象,但其烟痕不集中,通常分布于可燃气体存在空间的整个表面。

对于炸药爆炸事件性质的确定比较简单。如果现场是存放炸药的处所,要考虑能否排除意外事故的可能性,排除自爆和违规存放管理或作业的因素即可认定为爆炸案件。对于气体爆炸现场,要甄别爆炸原因是不可避免的自然因素,还是有关责任人玩忽职守,或是作案人的故意破坏,包括作案人自杀身亡的情况。

三、查明与案件有关的情况

主要是查明爆炸发生的时间、位置,炸药的种类及数量,炸药的外层包装,起爆装置和引爆能源,以及爆炸造成的损害后果,作案人实施爆炸的动机目的、作案条件等方面的情况。

四、收集与犯罪有关的痕迹、物证

炸药爆炸所产生的炸点形状位置,发出的声、光,产生的烟雾颜色、气味特征、残留物、抛出物的形态和范围以及尸体、人身伤痕等情况,是分析确定案情的基本依据,都要按规范方法进行发现、记录和提取检验。虽然有时案件现场上常规的痕迹、物证很少,但在勘查中仍不应该被忽视。在作案人使用了少量炸药的案件中,由于爆炸威力相对小一些,有时在一些外包装上也能发现常规痕迹、物证。在各类爆炸案中,要特别重视调取监控视频,发现外围现场窥视、受伤逃窜的可疑人员,并查找可疑人员活动轨迹。

第三节 爆炸案件现场访问的重点

爆炸案件的现场访问,先于实地勘查或与实地勘查同步进行。现场访问是爆炸案件处置的基础,贯穿于调查的全部过程。现场访问的主要目的是切实掌握爆炸之前、爆炸过程中以及爆炸之后的情况,并将其与实地勘查所得情况相结合,互相印证、互相补充,使勘查工作做到全面、细致,使案件分析更加客观和准确。

一、爆炸案件现场访问的对象

(一)被害人、被侵害单位管理者

被害人、被侵害单位管理者是指因爆炸受到身体伤害或财物被毁的当事人,或是因爆炸造成国家集体财产毁损的单位的管理人员。这些人员中的生还者熟悉案发前的情况，能够讲清与他们有深刻矛盾、利害冲突的人员情况，了解案发时间、地点、作案人的来去方向。

（二）报案人、目击者和其他知情人

报案人、目击者和其他知情人或者在现场逗留，或者工作居住在现场附近，或者途经爆炸现场，因此他们对现场情况有切身感受，通过对其进行访问，有助于确定爆炸当时在场人员的位置，分析所发出的声、光、烟火等情况。

二、爆炸案件现场访问的重点

（一）爆炸前一瞬间在场人员的活动状况

通过访问爆炸现场的幸存者，了解在案发前一瞬间，现场上每人所在的位置；如何发现或接近可疑物品；了解爆炸前有无闻到特殊气味或听到特殊声响；在场人员有无骚动现象。通过访问，以分析判断爆炸物投放者、引爆人和投放、引爆的方式。通常情况下，导火索引爆的，在爆炸前短暂的时间内会发出"咻咻"响声和火药味，同时伴有冒烟现象，在场人员容易出现骚动。如果是遥控引爆，则因事先没什么动静，不会出现任何异常情况。

（二）爆炸时出现的各种现象

炸药在爆炸瞬间，会出现光、火、声、烟、味等现象，因炸药种类不同，现象也各异。例如，TNT炸药爆炸呈黑色烟雾，黑索金、C4塑胶炸药爆炸呈白色烟雾，硝酸铵爆炸会立即伴随红褐色和白色的大量烟雾，汽油弹和空气燃料炸弹爆炸一般都会先出现巨大的火球或者燃烧带。通过现场访问查清爆炸时出现的真实情况，有助于准确判断炸药的种类和爆炸事件的性质。

（三）爆炸前后现场的变动情况

要详细了解案发之前，人员、财物的所在位置及建筑物结构，研究其变化是否与爆炸破坏有直接关系，受爆炸破坏发生的变化。

（四）相关的可疑人和可疑事

由于爆炸的特殊现象，极易被现场及其周围的人员感知，而且会很快引起群众围观。因此，通过侦查人员认真、细致的调查访问，往往能获取一些重要的可疑人和可疑事及其线索，使侦破工作取得突破性进展。

（五）被害人或被侵害单位的有关情况

对被害人的调查，主要包括政治、经济、社会关系、婚姻状况、精神状况、生活作风和近期表现等情况，以利于对案件性质等情况的分析判断。

对被侵害单位的调查，主要是了解其所从事的业务，了解其在经营过程中与管理对象、竞争对手之间产生矛盾、冲突的情况，有无接到警告、威胁、勒索等信息。

（六）爆炸物的存放及其使用情况

主要是对爆炸发生单位存放、使用爆炸物的情况，如爆炸物品种类、数量、消耗量以及接触爆炸物的人员情况进行调查。如有条件，还要索取发案前所拍的爆炸部位的照片、建筑图或同类实物，以供案件分析研究使用。

第四节 爆炸案件实地勘查的重点

爆炸案件实地勘查应遵循巡视现场、初步勘验、详细勘验的步骤。勘查人员到达现场之后，通过向报案人、发现人、事主、现场保护人了解案发前后的情况，结合对现场的巡视，确定炸点以及其他重点痕迹、物证所在区域，划定勘查范围，确定勘查的顺序。爆炸案件的实地勘查应重点勘验炸点、爆炸残留物、爆炸抛出物，检验爆炸伤。

一、对炸点的勘验

炸点也称起爆点，是指爆炸物瞬间爆炸时所处的部位，在该处接触或邻近炸药的介质和物质，被高温、高压的爆炸气体产物压缩、粉碎、抛出所形成的集中破坏痕迹。炸点的形状、大小、深浅、高度、烟痕、气味等，能够反映出炸药的种类、数量、装药形状等。往往距爆炸中心越近的物体，被破坏得越严重。

1. 确定炸点位置。由于爆炸物品的性能、装置及其安放部位和被炸客体物的性能、质地硬度等诸多因素不同，在现场上会形成炸坑、穿孔炸点、锥形炸点、球形炸点、塌陷炸点、截断炸点、粉碎炸点、悬空炸点、人体炸点等不同形状，对于这些炸点要仔细观察并做好记录。一般情况下，可进行整体目视，现场破坏最严重的地方，就是放置炸药的地方。

2. 测量炸点大小，弄清介质性质。炸点大小测量是推断炸药性能、种别、药量的重要依据。同时，不同的介质对爆炸力具有不同的阻抗作用，弄清介质特性对推断炸药和其他有关情况也有侦查价值。勘查人员需要测量的数据往往较多，如炸坑直径、深度、爆炸物埋入深度等。

二、对爆炸残留物的勘验

爆炸残留物是指炸药爆炸后的分解产物、未分解的炸药微量物原形，以及炸药包壳残骸和引爆装置残骸。这些残留物是分析爆炸药物种类、性能、炸药包装、起爆方式的主要依据，也是作案人遗留在爆炸现场最重要的物证。

（一）炸药原形及其分解产物的发现、提取

爆炸必然产生高温、高压、燃烧、冲击波，使爆炸产物迅速膨胀并随之向外抛散，少量未分解的炸药原形及其产物也被抛射离开爆炸中心，均以微粒的形式散落在现场，又与现场的粉尘混杂在一起，一般不能用肉眼发现，可通过对现场炸尘的提取、提纯，检验出炸药成份，从而确定炸药种类。

（二）现场炸尘的提取

以炸点为中心，在爆炸冲击波方向的各部位，以一定距离为间距，采集粉尘检材，分别装入备用袋内，并做好标记和编号。

（三）炸药外层包装碎屑物的提取

因炸药包装材料、炸药量、炸药放置、起爆装置的不同，爆炸包装物的碎屑物质在现场的分布及形态也不同，勘查时应注意发现、提取。

三、对爆炸抛出物的勘验

爆炸抛出物是指爆炸时，从炸点向四周抛散出去的物质。这里所指的抛出物主要是因爆炸作用被抛向炸点四周的介质，如尘土、水泥板、石块、人体组织等。爆炸现场的抛出物是研究爆炸瞬间现场物品的分布情况及炸点位置的重要依据。

爆炸现场抛出物的分布具有一定的规律：其一，抛得最远的物体离炸点最近；其二，离炸点距离相同重量不同的物体，中间重量的被抛得最远；其三，位于炸点同侧的物体被抛到炸点的同侧。对抛出物的勘验，在现场要观察、记录抛出物的抛出方向、散落的地点，以及与炸点的距离。在现场勘查记录时，可以炸点为原点，以东西、南北自然方向为横、纵轴，建立直角坐标系，详细记录抛出物在现场的位置及相互关系。

四、对爆炸伤的检验

爆炸产物直接或间接作用于人体而形成的各种损伤，称为爆炸伤。在爆炸案件实地勘查过程中，通过对伤亡人员爆炸伤的法医学检验，对判断炸伤与爆炸的关系，进一步弄清案情，特别是确立爆炸伤亡人员中有无嫌疑对象具有独特的作用。

（一）爆碎伤的检验

贴近或紧靠爆炸源的人体，受爆炸产物的直接作用会形成爆碎伤。其特征是人的肢体、器官、躯干等被炸断粉碎抛出，肌体组织缺损，拼凑不能复原；人体衣服破碎严重，有明显的穿孔现象。根据爆碎伤情况，可以分析判断死、伤人员与炸点的关系和爆炸时人的姿势以及有无引爆动作等。

（二）爆裂伤的检验

爆炸物膨胀产生的超压直接作用于人体会形成爆裂伤。其特征是组织撕裂，创面上常常留有爆炸装置残留物和隔离物碎片；创伤和分离的肢体组织无缺损，拼凑能复原。这种爆裂伤明显表现爆炸力作用的方向、角度、高度和距离。

（三）烧灼伤的检验

火药或炸药等爆炸产物直接作用于附近的人体，由于距离关系又达不到爆碎程度时，在朝炸点一侧会形成烧伤。烧伤多见于头面部、手部、脚部等裸露部位。皮肤一般有1~3度烧伤，头发、眉毛、睫毛、胡子被烧焦。据烧伤部位、面积、程度和具体特征，可以判明爆炸物的种类、烧死烧伤人员与炸点的距离以及生前伤还是死后伤。

（四）冲击波伤的检验

炸药爆炸生成的冲击波冲击人体会形成冲击波伤。其主要特征是尸体完整，衣着被撕裂、剥光，人体损伤外轻内重，体表仅发生片状、条状、波浪状挫伤，而内脏却有多处损伤；朝炸点的一侧冲击波伤重，有时形成大面积的皮内出血；伤亡人员衣着撕裂情况严重，但穿孔现象不明显。

（五）爆炸碎片击伤的检验

爆炸装置有金属外壳或坚硬填充物，炸点附近有坚硬物体时，往往导致距炸点较近的人被击伤，有的穿透后形成贯通伤，有的滞留在体内出现盲管伤；距炸点较远的人体容易造成钝器伤、刺创伤。被碎片击中致死、致伤的人员，多数是被害者。

除上述几种爆炸伤的检验外，还有摔伤、挤压伤、坠落伤等都属于爆炸间接伤，也需认真检验。

第五节　爆炸案件现场分析的重点

在现场访问、实地勘查完成之后，现场勘查指挥员召集所有参加现场勘查工作人员，共同对已获取的爆炸事件相关材料、信息进行汇总、讨论，对爆炸物的类型、爆炸的过程、爆炸事件的性质等进行分析。通过系统分析，确定事件性质，查明犯罪事实，确定侦查方向和侦查范围，顺利开展侦查工作，从而破获案件。

一、爆炸事件性质的分析

爆炸事件的性质需要根据现场勘查收集到的种种信息进行分析认定。爆炸事件的性质有多种，如自然条件促成的爆炸；产品设计不合理引起的爆炸；工作人员违反操作规程引起的爆炸；自杀性爆炸；为达到犯罪目的而实施的爆炸等。确定爆炸事件的性质，是立案的前提条件，对于已构成犯罪，需要追究刑事责任的爆炸事件须立案侦查。对于爆炸事件的性质可以从以下几个方面进行分析研究：

（一）根据爆炸物证分析

在现场勘查中，如果发现有引爆能源残片、引爆电池碎片、控制系统碎片、起爆器材碎片、导线、包装物碎片等爆炸物证，则可以认定为爆炸犯罪；如果无上述物证，而有其他自然原因造成爆炸的依据，通常为爆炸事故。

（二）根据现场环境分析

在城市繁华地带、商场、影剧院、车站、公共交通工具等公共场所发生爆炸，多为危害公共安全的爆炸犯罪或制造社会恐慌的恐怖犯罪；若在仓库、工厂、机关大院、企事业单位、居民区发生的爆炸，则要看有无自然条件引爆的可能，有无存放爆炸物品，现场有无可疑人员活动的迹象。如果排除了事故的可能，即可以认定为爆炸犯罪；在野外及偏僻处发生的爆炸，若没有明显的爆炸目标，则可能是有人进行试爆；若有人伤亡，则多为自杀。

（三）根据炸药爆炸还是气体爆炸分析

从现场勘查的实践来看，气体爆炸多为事故，少数为犯罪案件，而炸药爆炸多为犯罪案件，少数为事故。

二、对爆炸案件性质的分析

对爆炸案件性质的分析，可以从以下几个方面进行：

（一）通过爆炸目标判断

如果作案目标是党、政、军领导干部或党政机关、军事设施、重要工程、公共场所、公交车辆，则多是出于对现实的强烈不满危害公共安全或制造社会恐慌为目的；如果是针对特定的个人、住宅或其他个人私有财物，则可能是出了私仇报复而进行爆炸；如果被害人或被害单位受到过威胁勒索，则可能是为敲诈勒索而实施爆炸。

（二）通过作案时间与地点判断

爆炸案件的作案时间大体分为两种：一种是明显暴露型，这种比较容易判断；另一种是隐蔽型，即作案时间与爆炸时间接近或有一定间隔时间，这就使得作案时间复杂化，如遥控爆炸、雇佣爆炸、其他方式的延时爆炸，勘查中应以具体爆炸情况而定。绝大多数爆炸案件的地点很清楚，但也有少数爆炸地点表现出复杂化的情况：其一，由于作案人心理紧张误爆了预定目标；其二，由于意外因素导致爆炸场所并非作案人预定地点；其三，作案人无特定目标而实施爆炸。以制造社会恐慌或危害公共安全为目的的爆炸案，时间往往选择在重大节日、有意义或有影响的日期，地点多选择在公共场所、人员流动密集的处所；私仇报复多选择某个特定的时间段进行爆炸，地点多选择在特定人员必经之路、必去的处所。

（三）通过爆炸作案手段判断

以制造社会恐慌或危害公共安全为目的的爆炸案，引爆的方式往往比较先进，破坏性大，有的甚至采用国际最新的作案手段；而私仇报复爆炸和敲诈勒索爆炸的规模较小，引爆方式、所用装置及物品也比较简单。

三、对炸药种类及数量的分析

通过对爆炸装置中炸药的种类及数量的分析，能够为刻画作案人、发现犯罪线索提供依据。

（一）对炸药种类的分析

炸药种类繁多，按其性能和用途可分为起爆药、猛爆药、火药和烟火剂四类。在爆炸案件的侦查中，常见型的是 TNT 炸药、硝铵炸药、黑火药和氯酸盐炸药等。对炸药种类的分析判断，应综合多方面的情况，勘查实践中，常以炸药爆炸的特征进行判断。炸药爆炸时会产生火光、火焰、声响、烟雾、气味等，不同的炸药爆炸时产生的光、烟、声等现象也有所不同。TNT 炸药产生棕红色火光、声音响而脆，伴有较浓的黑烟，味苦，伸手触摸烟痕可将手染黑，对采集尘土进行技术鉴定，可以发现化学成分为二硝基甲苯。硝铵炸药爆炸产生白色火光，沉闷响声，伴有灰白色烟痕，味涩，对采集炸尘进行技术鉴定，可发现其化学成分为硝酸铵。黑火药爆炸产生白色火光，声响小于 TNT 炸药和硝铵炸药，烟雾为白色，有臭鸡蛋味。氯酸盐炸药爆炸产生紫色光，白烟，有硫化氢气味。

（二）对炸药数量的估算

炸药量的估算方法较多，但实践中最常用的是压缩坑法。一定量的炸药爆炸，在地面形成炸坑；反之，可据炸坑的大小、介质以及其主因素来反推估算炸药量。其公式为：

$$Q = \frac{4}{3}\pi\left(\frac{R}{K}\right)^3 d$$

在这个公式中：

Q——炸药量（克）；
R——炸坑半径（厘米）；
K——爆炸作用系数（1.5~3）；
d——炸药密度（克/厘米^3），通常为1。

爆炸作用系数K值的选定，取决于爆炸作用的介质性质及硬软程度。通常坚硬介质可选1.5~2，可塑性介质可选2.5~3。若炸药爆炸时位于地下，K值则可相应增大两倍，取3~6为宜。

（三）对爆炸装置与爆炸方式的分析

分析爆炸装置与爆炸方式，可以查明与爆炸装置有关的物品来源，判断作案人对炸药的了解情况，对爆炸技术的掌握及熟练程度，同被害人关系的疏密程度，对现场环境的熟悉程度。这些对于查找作案人、证实犯罪有着重要作用。

包装装置大致包括炸药包壳或盛装物的质地、形状、容量及其原本用途、制作方法；引爆与控制装置的构造、发火方式；爆炸装置中的填充物；爆炸捆绑物、悬挂物、支撑物；爆炸伪装物。勘查人员在对爆炸现场的有关物品进行收集、提取时，应进行筛选、归类、拼接、复原、分析，以判明起爆装置和爆炸方式。若现场发现锌皮、碳棒、填充物等电池残骸，则可判断为电雷管引爆，作案人熟知炸药常识，了解电学知识；如果发现钟表装置残骸，则可判断为定时爆炸，作案人对炸药、电学、钟表构造有一定了解或掌握；如果发现电池、弹簧残骸，可判断为压击或反拆卸爆炸。

四、对爆炸现场死伤人员中是否有引爆者分析

分析爆炸现场死伤人员中是否有爆炸装置的携带者或引爆者，可通过检验爆炸前人员的定位，爆炸后的尸体与衣物，综合分析调查结果以及查找尸源等方法来进行。爆炸装置的携带者未必是引爆者，对此要进一步加以确定，具体可从以下两个方面着手：其一，对爆炸现场的人员定位；其二，对爆炸装置残片的指纹进行提取或进行DNA检验。

思 考 题

1. 爆炸案件现场的特点有哪些？
2. 爆炸案件现场勘查的任务是什么？
3. 爆炸案件现场访问的重点是什么？
4. 爆炸案件实地勘查的重点是什么？

5. 爆炸案件现场分析的重点是什么？

| 参考文献 |

1. 单大国主编：《刑事科学技术》，高等教育出版社2021年版。
2. 郭金霞、李小恺：《立体现场勘查学》，中国政法大学出版社2021年版。
3. 张颖主编：《犯罪现场勘查》，法律出版社2020年版。
4. 裴煜、段蓓玲：《刑事案件现场勘查方法》，华中科技大学出版社2020年版。
5. 许爱东主编：《公安技术实验教程》，法律出版社2018年版。
6. 徐天合、徐倩：《现场勘查实务》，上海大学出版社2015年版。
7. 沙贵君、陈志军主编：《犯罪现场勘查学》，中国人民公安大学出版社2015年版。
8. 杨瑞琴主编：《微量物证检验》，中国人民公安大学出版社2013年版。
9. 张彦春：《爆炸现场勘验与分析技术》，中国人民公安大学出版社2013年版。
10. 许爱东：《现场勘查学》，北京大学出版社2011年版。
11. 杨正鸣、倪铁主编：《犯罪现场勘查案解》，复旦大学出版社2011年版。
12. 王新建、王洪沙：《爆炸装置排除现场若干问题研究》，载《中国人民公安大学学报（自然科学版）》2019第1期。
13. 章杰：《公安机关对自杀式爆炸事件的现场处置》，载《天津法学》2017第3期。
14. 孙玉友等：《天津港8·12爆炸事故现场勘验经验和启示》，载《工程爆破》2017第1期。
15. 贾永生：《论公共场所爆炸现场的快速处置与勘验》，载《政法学刊》2014第5期。

第十六章

抢劫案件的现场勘查

🔍 [内容提要]

抢劫犯罪既侵犯公私财物的所有权,又侵犯公民的人身权利,具有严重的社会危害性。由于作案人实施抢劫的地点、抢劫的对象以及抢劫时使用的工具、手段和方法不同,抢劫案件分为拦路抢劫案件、入室抢劫案件、抢劫银行案件、抢劫交通工具案件、持枪抢劫案件、麻醉抢劫案件、色情勾引抢劫案件等。抢劫案件的现场勘查是指勘查人员对与抢劫案件相关的场所、物品、尸体、人身等进行勘验、检查的活动。抢劫案件现场具有多位于偏僻处,多有反抗、搏斗迹象,遗留的痕迹、物证较多,多呈现出作案人习惯性的作案手法,少有破坏和伪装等特点,根据抢劫案件现场的特点,确定抢劫案件现场勘查的任务,以及不同类型抢劫案件现场勘查的重点,有助于提高抢劫案件现场勘查的效率和质量。

🔍 [重点问题]

抢劫案件现场的特点;抢劫案件现场勘查的任务;拦路抢劫案件现场勘查的重点;入室抢劫案件现场勘查的重点。

第一节 抢劫案件现场的特点

抢劫案件现场的特点是指抢劫案件现场本身客观所具有的、不同于其他案件现场的本质特性。研究抢劫案件现场的特点,有助于勘查人员正确认识抢劫案件现场的本质特性,准确把握抢劫案件现场勘查的任务、重点,提高抢劫案件现场勘查工作的水平。

一、现场多位于偏僻处

由于抢劫犯罪是以非法占有为目的，为了更快、更好、更安全地达到目的，作案人往往选择那些比较偏僻、来往人员不多、作案不易被人发现、容易逃离的地点作案。例如，入室抢劫案现场，作案人多选择偏僻的单居独院，当然也有可能选择公共场所（银行、商店、旅社等内部财会室）来进行抢劫；拦路抢劫案现场，作案人多选择城市的公园、街道、城乡结合部、工矿区和农村的公路、田野、偏僻的山道等来进行抢劫。

二、现场多有反抗、搏斗迹象

由于在实施抢劫时，被害人一般都不会轻易把钱、财物交出去，会尽量与作案人进行周旋、反抗、搏斗，往往有身体接触。因此，现场往往会出现因反抗、搏斗而留下的迹象。

三、现场遗留的痕迹、物证较多

作案人实施抢劫时多持有凶器，这些凶器有的是家中常用之物，有的是自制的，有的是从商店里购买的，在遇到被害人抵抗或叫喊时，有的作案人由于惊慌失措可能会把凶器、绳索等犯罪工具遗留在现场。作案人抢劫的目标是财物，在强行劫取财物的过程中，往往会遭到被害人的强烈反抗，在搏斗过程中，作案人的帽子、纽扣等会被扯落，头发、血迹、气味、弹头、弹壳也会留在现场。作案人在现场搜寻财物时，也会留下手印、足迹等印迹。

四、现场多呈现出作案人习惯性的作案手法

抢劫犯罪从动机萌发、选择作案方式到实施犯罪，都是由作案人的经历、智能、心理等条件决定的。他们通过长期的犯罪体验逐步形成了一整套具有自身特点的、运用自如的作案习惯手法，而且在多次作案时一般不会改变自己已形成的手法，因为一旦改变就会缩手缩脚，导致失败。所以，在抢劫案现场，作案人的手法往往带有习惯性，如有的习惯作案时戴口罩、抹脸、戴墨镜、戴面罩化装来抢劫，有的习惯在偏僻道路上预伏等候抢劫过往行人，有的习惯于手持凶器先伤人再抢劫等。

五、现场少有破坏和伪装

由于作案人在抢劫得逞后或在抢劫过程中发现有人来时，往往会迅速逃离现场，再加之被害人往往还会在现场，所以作案人一般不会对现场进行破坏和伪装。

第二节 抢劫案件现场勘查的任务

抢劫案件现场勘查的任务是指在抢劫案件的现场勘查过程中勘查人员所担负的责任，或者应当完成的工作。研究抢劫案件现场勘查的任务，有助于勘查工作贯彻以人民为中心的发展思想，顺利开展现场勘查工作，收集线索和证据，确定侦查方向和范围，从而及时侦破案件，回应人民群众的期待。

一、确定事件性质

一般情况下，接报的抢劫案大多都是真实可靠的，然而在侦查实践中，有时也难免遇到谎报被抢劫的情形。报案者出于种种目的，如有的是为了掩盖自己侵吞公款公物，有的是为了逃避罚款和征税，有的是为了得到补偿等。这些谎报者往往精心伪造现场，故意编造被抢经过，甚至自伤自残。因此，当被害人或群众报称发生了抢劫案时，首先应确定事件性质，即是否真正有抢劫犯罪事件发生。在现场勘查时，可从报案人的陈述、现场的客观事实状态中辨别是否存在反常现象或矛盾之处，用客观事实揭露事物的本来面目。具体而言，应从以下几个方面进行：

（一）详细询问被害人，发现可疑点

审查被害人反复陈述和强调的被抢情节，判断作案时间、地点、手段、过程、作案人数、体貌特征、被抢财物数量等细节上有无前后矛盾或与现实不符的情况，看其与家属、亲友和周围群众的陈述是否矛盾。同时也要审查被害人的经历和现实表现，了解其社会关系，分析其有无谎报案件的动机和原因，以及发案后有无反常表现等。

（二）检验被害人的伤痕，发现破绽

检验被害人身上的损伤、捆绑、衣服被撕破等痕迹，特别是仔细检查伤情和受伤部位，判断其有无自伤或他人参与制造假案的可能，检查伤口与作案凶器是否相符，有无不必要的损伤情况。

（三）研究痕迹物品，发现反常现象

观察和分析现场遗留物品的特点及分布情况，判断这些痕迹物品是否为被害人所有，是否与被害人陈述的案情相符，是否符合抢劫案件的一般规律和特点。

（四）核对财物是否被抢

注意审查被害人是否确实拥有自己声称被抢劫的现金或贵重物品，这些物品是否还在家中,有无转移、隐藏他处,或被挥霍、变卖、侵吞的可能。

（五）进行现场实验,确定是否具备实施犯罪活动的条件

审查被害人所指认的遭受抢劫的地点环境,判断被抢劫时周围群众是否能够看到、听到所发生的事件,作案人在当时是否能够抢劫,被害人在当时能否制造假案。

对接报的抢劫案件是否立案,应在询问被害人、知情人以及进行现场勘验的基础上,科学客观地进行鉴别,必要时可进行现场实验。对已证实为谎报的案件,还应查明谎报案件的原因,及时予以解决。

二、收集痕迹、物证

作案人实施抢劫都有具体的现场,作案人作案得逞后或作案过程中发现有人经过时,往往会迅速逃离,一般来不及对现场进行伪装和破坏;再加上被害人尚在现场,也失去了伪装和破坏现场的意义。因此,抢劫现场的痕迹物品往往能真实地反映出作案人实施抢劫的过程。在现场勘查中要注意发现和收集作案人留下的足迹、手印、指纹、作案人与被害人搏斗形成的痕迹,如倒伏的草丛、凌乱的脚印、滴落的血迹、随身携带的小物品、撕掉的衣物碎片或扯掉的纽扣等,作案人的作案工具以及在现场逗留、预伏时所丢弃的烟头、果皮、纸屑等各种遗留物品。

三、查明作案人的有关情况和作案过程

勘查人员通过现场访问、实地勘查以及现场分析,查明作案人的有关情况及作案过程,如作案人的体貌特征、口音、衣着打扮、人数、作案工具、行劫过程、来去现场的方向和路线,作案人是否受伤等。此外,对抢劫案件发生的时间、地点和周围环境的详细情况、作案人在实施犯罪前是事前预伏还是身后尾随或是突然闯入抢劫、是否化装等情况也应了解。对作案人的抢劫手段、方法,所用凶器的种类、特征以及是否自带亦或就地取用等情况也应调查清楚。

第三节　拦路抢劫案件现场勘查的重点

拦路抢劫是指作案人在野外或僻静的地方拦截行人抢劫财物或是尾随被害人伺机进行抢劫。拦路抢劫是抢劫中一种比较典型的案件类型。研究拦路抢劫案件现场勘查的重点,有助于勘查人员准确把握这类案件现场勘查的目标及侧重点,提高现场勘查的效率和质量。

一、现场访问的重点

（一）对被害人的访问

对被害人应由专人进行访问。由于受到作案人的暴力威胁或其他侵害，被害人的身心往往会遭受较大刺激，在精神上处于一种紧张与恐惧的状态。因此，访问被害人时，首先应给予一定的关心、劝说、安慰，使其情绪平静下来，从而冷静、客观地回忆被抢经过以及被抢前后的情况，并对这些回忆细致、全面地加以叙述。对被害人的访问，应主要查明以下几个问题：

1. 案件发生的时间、地点和有关情况。即被害人是在何时何地被抢劫，作案人是如何接近被害人的，作案人采用何种方式、何种凶器或工具实施抢劫；作案人作案后逃离现场的时间、方向、路线以及采用何种交通工具等。

2. 作案人的情况。包括作案人的人数、性别、大致年龄、体态、高矮、面貌特征、衣着打扮、口音、习惯动作及有无伪装。

3. 被抢财物情况。问明被抢财物的名称、种类、数量、颜色、大小、重量、标记以及价值大小、用途。

4. 被害人与作案人接触情况。包括被害人与作案人是有一定时间的接触、周旋过程，还是受到作案人突然袭击；在被害人与作案人接触、周旋过程中有无搏斗、反抗过程，如果有，作案人是否受伤以及受伤部位、严重程度等；作案人的衣服是否被撕破。如果被害人是女性，还应当问明是否有被侮辱、猥亵或强奸的情节。

（二）对其他有关人员的访问

其他有关人员主要是指案件的目击者、知情人及对案件某些情况有所了解的人员，通过对这些人的调查访问，应主要查明以下问题：

1. 反常及可疑情况。即案件是何时、何地发生的；案件发生前后看到、听到过什么可疑的事情或声音；是否发现有可疑人员在案发前于现场附近逗留、徘徊；现场所在地近期有无类似情况发生；案件发生时是否听到过被害人的呼救声。

2. 工作、生活规律情况。现场所在地区人们的活动、生活习惯，如上班、下班、末场电影、晚会结束时间，早班、末班车时间或早市、夜市时间等。

3. 被害人及其家庭情况。如思想品德、经济收入、社会关系、家庭成员等情况。

二、实地勘查的重点

（一）对实施抢劫地点的勘验

实施抢劫地点是指抢劫案件的现场中心部位，是作案人停留时间长、犯罪活动多的中心地点。作案人往往在这一地点遗留较多的痕迹、物证，勘验时应注意发现和提取。如作案人的足迹；搏斗过程中形成的滚压、擦蹭痕迹；搏斗中造成伤亡而留下的血迹、毛发、皮肤组织、衣服碎片、纽扣；作案工具或作案工具的碎片、碎块；等等。勘验时一般可以从外围向中心进行勘验，若遇到特殊情况，如现场中心突出，痕迹、物证集中的，在不破坏现场外围痕迹、物证的前提下，也可采用由中心向外围进行勘验的顺序。

（二）对作案人预伏地点的勘验

预伏地点是作案人伺机实施抢劫行为的部位。对作案人预伏地点进行勘验时，应注意发现、搜集作案人因逗留而形成的坐、卧、蹲、站痕迹，凡有坐、卧痕迹的还应该注意是否存在相应的垫坐物，如报纸、塑料布、塑料袋等。此外，还应注意搜集作案人在预伏期间留下的烟头、吃剩的食物残渣、痰液及大小便等。

（三）对现场外围及作案人行经路线的勘验

对现场外围和作案人来去现场所经路线进行勘验，是为了发现某些痕迹、物证。如从现场处被风吹到外围的纸张、塑料布、作案人来去路线上随意丢弃的物品。此时，要特别注意发现作案人可能丢弃的作案工具（如刀、枪、棍、棒、石块、砖头等）以及某些赃物（如空皮夹、被害人工作证、身份证、钥匙、空包、文件、车船票等）。在作案人来去现场行经的路线上，还应注意搜索作案人的足迹和烟头、手套、头罩等遗留物品。对现场外围，可以采用分片、分段的方法进行搜索检查。对于作案人行经的路线可以用循迹追踪的方法进行勘验和检查，必要时，还可以利用警犬协助搜索、检查。

三、现场分析的重点

（一）对作案人犯罪前有无预谋过程的分析

作案人犯罪前有无预谋过程，是判断作案人是否熟悉现场环境，了解被抢对象的关键。对拦路抢劫案件，重点根据被抢劫对象及其提供的相关情况，判断作案人实施抢劫是否针对特定的对象；是否携带犯罪工具事先预伏在被害人必经的途中，或尾随被害人至偏僻处所实施抢劫；作案人对被害人的活动规律、取送款时间、行踪方向以及途经的路线是否掌握准确。如果作案人在实施抢劫过程中目标不准确，见人就搜身，见物就实施抢劫，说明作案人在犯罪前没有预谋过程。

（二）分析作案的手段、方法与作案过程

对于部分拦路抢劫案件，由于作案人未能当场抓获，为了发现和寻找作案人，就需要侦查人员细致地勘验和分析。通常而言，作案人实施抢劫的手段、方法直接为被害人所知晓，通过对作案人作案手段、方法的分析研究，可以刻画作案人，缩小侦查范围。例如，根据作案人作案手段熟练程度，作案人对整个抢劫活动是否设计周全，以及其逃离现场的线路是否明确等情况，可以分析作案人是惯犯还是初犯，作案是临时起意还是有预谋和准备的，是本地人作案还是外地人流窜作案。如果作案人在实施抢劫过程中使用了犯罪工具或凶器，可以根据现场遗留的犯罪工具、凶器或其形成的痕迹及被害人提供的情况，分析犯罪工具、凶器的特征、种类、使用的范围及有无职业特点，判断作案人的职业以及可能具有的专业技能。

（三）分析作案人的人身形象及其他特征

对作案人人身形象的分析，主要是根据被害人提供的情况及现场遗留的痕迹物品进行判断。由于作案人在实施抢劫的过程中，与被害人有过正面接触，被害人多能提供作案人的人身形象和其他个人特征，如作案人的性别、年龄、身高、体态、衣着、发型、面貌特征，作案人在搏斗中损伤形成的部位和形态等情况。而对于某些被害人，由于某种原因无法看见或记住作案人有关情况的，则可以通过实地勘查对作案人进行分析。例如，现场出现不同的鞋印，在排除被害人与其他无关人员的鞋印后，可分析判断作案人数；根据鞋印的大小判断作案人的身高；根据鞋印反映出鞋的磨损状况分析判断作案人的年龄；根据鞋印的分布分析判断作案人的步法特征；根据鞋底花纹分析作案人鞋子的种类，从而推断作案人的经济状况、年龄层次等。

第四节　入室抢劫案件现场勘查的重点

入室抢劫是指作案人单独或结伙闯入居民住宅或机关、团体和企事业单位内部进行的抢劫。入室抢劫也是抢劫中比较典型的一种案件类型。研究入室抢劫案件现场勘查的重点，有助于勘查人员准确把握这类案件现场勘查的目标及侧重点，提高现场勘查的效率和质量。

一、现场访问的重点

（一）对被害人的访问

对被害人的访问应着重了解案件发生的时间、过程；作案人进出现场的部位和方式；作案人使用的工具、凶器；对所抢财物是指名索要还是见物就抢；所抢财物的名称、种类、数量、特征、价值；作案人的体貌特征、衣着打扮、说话口音、是否蒙面、化装；是否和作案人进行了搏斗等。

（二）对其他有关人员的访问

通过对现场周围群众及其他有关的知情人的访问，应了解和掌握案件发生的时间、地点、作案人数、体貌特征、衣着及口音；是否听到被害人的呼救声及搏斗声；案前、案后有无反常现象；有无可疑人员及可疑事件在现场地区出现；被害人的经济状况、思想品德、社会交往情况；发案当地的社情、治安情况、人员来往情况、生活习惯等。

二、实地勘查的重点

（一）对中心现场的勘验

入室抢劫的中心现场，是作案人实施抢劫活动的中心部位，很容易遗留与犯罪有关的痕迹、物品。因为进入中心部位抢劫时，被害人可能会与作案人进行反抗搏斗，或是作案人可能乱翻乱动、寻找财物，从而遗留较多的痕迹、物证。勘验时首先应注意现场的原始状态，用照相、摄像、笔录、绘图等方法进行记载，固定之后，方可进行具体勘验。勘验时应根据被害人的陈述和现场具体情况，在有关物体与部位上寻找并发现痕迹、物证。如作案人翻动财物时，可能在柜门、锁扣、抽屉表面、拉手等物体上留下手印；被害人与作案人搏斗时会在地面上形成滚压痕迹以及遗留有头发、血迹等；作案人用工具撬压箱、柜时会留下相应的工具痕迹等。另外，有的作案人会对被害人实行捆绑、塞嘴封口，这时就需要对捆绑的绳索和捆绑的方式加以收集和了解，对塞嘴封口物进行勘验、提取，以查清其出处。

（二）对进出口的勘验

进出口的勘验是入室抢劫案件现场勘查的一个重点。勘验时应主要查明作案人是从什么地方、什么部位，以什么方式进入现场、离开现场的，应注意从这些地方和部位去发现有无痕迹、物证。例如，经过分析，作案人是从门、窗侵入现场，就应先在门框、门锁、拉手、门前地面、窗台、窗框、玻璃、插销等部位寻找作案人可能留下的手印、足迹、工具痕迹、人体通过痕迹、攀蹬痕迹等。同时，也可根据这些痕迹、物证和现场情况来分析作案人进出现场的方式。例如，是撞门入室还是撬门入室，亦或是攀爬翻窗入室等。

（三）对现场外围的勘验

室内现场如果是楼房，应对现场相邻的房间、走廊、楼梯、墙外的落水管道等周围的相关部位进行勘验。如现场是成片住宅区内的平房，则应对现场房屋周围的道路、房舍、院墙等地方进行勘验。如现场是在单独的房屋内，则应注意周围的院墙、篱笆、树林、草丛、沟坑、道路等部位。在现场周围环境中常常会留下作案人的足迹、攀爬痕迹、坐卧痕迹以及烟头等痕迹、物证，所以在勘验时应注意这些地点和部位。此外，对于现场周围有安装视频监控设备的，还要注意依法调取这些监控设备中的视频资料进行查看，以扩大线索来源。

三、现场分析的重点

（一）分析作案的时间、地点、周围环境，以及与被害人之间的关系

分析作案的时间、地点、周围环境以及与被害人之间的关系，这对推断作案人具备的条件、缩小侦查范围有重要价值。案件发生的时间容易确定，可以通过询问被害人获得。对于地点，要注意研究作案人的进、出口和进、出现场的方法，分析作案人是否熟悉现场环境。同时，还要研究作案的时间、地点、对象与抢劫行为之间内在的因果联系，这些关系有的明显、有的隐蔽，但都与被害人的行动规律有关。如根据作案人选择的对象、作案时机，结合被害人日常生活、工作规律等，可以分析作案人是否了解或熟悉被害人及现场情况，以便缩小侦查范围。

（二）分析作案手段、方法与作案过程

在分析判断作案人的作案手段和方法时，对于入室抢劫，应注意分析作案人是如何入室的，是如何接触受害人的，同时分析使用这些手段、方法的熟练程度，看是否带有职业特点和习惯性，这为我们判断作案人是惯犯还是偶犯，以及作案人可能的职业范围提供了依据。惯犯在多次抢劫中往往会形成较为固定的习惯性手法，实施抢劫时往往神态镇静。而偶犯在犯罪手段上不具有习惯性的特点，实施抢劫时往往神色慌张，动作笨拙。作案人如果使用麻醉药物压制被害人反抗的，可以根据药物的种类、数量、对药物的选择、获取该药物的条件、使用该药物应具备的相关知识等分析作案人的职业范围。

（三）分析作案人的人身形象及其他特征

对作案人人身形象的分析主要围绕被害人提供的情况及现场遗留的痕迹、物品展开。由于作案人在实施抢劫的过程中，与被害人有过正面接触，被害人多能提供作案人的人身形象和其他个人特征，如作案人的性别、年龄、身高、体态、衣着、发型、面貌特征、作案人在搏斗中损伤形成的部位和形态等情况。在分析判断作案人人身形象时，对被害人陈述的有关情况，要考虑可能影响其陈述准确性的一些因素，如被害人遭到抢劫时的环境条件、光线情况、被抢劫时被害人的精神状态，这些都有可能致使被害人的陈述有误。因此，在分析作案人的个人特征时，对被害人陈述的情况，还应注意结合现场勘查中获取的痕迹物品及相关人员提供的有关情况来进行综合分析，相互印证。

―――――――――| 思 考 题 |―――――――――

1. 抢劫案件现场的特点有哪些？
2. 抢劫案件现场勘查的任务是什么？
3. 拦路抢劫案件现场勘查的重点是什么？
4. 入室抢劫案件现场勘查的重点是什么？

―――――――――| 参考文献 |―――――――――

1. 阳雁、罗光华主编：《犯罪现场勘查实训教程》，中国政法大学出版社2022年版。
2. 郭金霞、李小恺：《立体现场勘查学》，中国政法大学出版社2021年版。
3. 裴煜、段蓓玲：《刑事案件现场勘查方法》，华中科技大学出版社2020年版。
4. 倪春乐主编：《现场勘查》，知识产权出版社2020年版。
5. 裴煜：《犯罪现场勘查理论与实践》，华中科技大学出版社2019年版。
6. 蒋健主编：《犯罪现场勘查》，中国人民公安大学出版社2014年版。
7. 朱巧红、盛永彬主编：《犯罪现场勘查》，暨南大学出版社2013年版。
8. 金泽刚、张正新：《抢劫罪详论》，知识产权出版社2013年版。
9. 杨正鸣、倪铁主编：《犯罪现场勘查案解》，复旦大学出版社2011年版。
10. 许爱东：《现场勘查学》，北京大学出版社2011年版。
11. 马丽霞主编：《现场勘查》，中国检察出版社2010年版。
12. 滕文强、张磊、崔灏：《入室抢劫杀人案的现场重建》，载《广东公安科技》2016年第3期。
13. 胡江华、陈广旭：《重视现场分析的合理性——一起入室抢劫案现场勘查失误的原因分析》，载《湖北警官学院学报》2013年第6期。
14. 白俊丰：《海上抢劫案件现场勘查重点》，载《公安海警学院学报》2012年第3期。
15. 王天英、李英杰：《色诱型抢劫案件的现场勘查》，载《广东公安科技》2012年第2期。

第十七章

强奸案件的现场勘查

🔍 [内容提要]

强奸案件的现场勘查是指勘查人员对与强奸案件有关的场所、物品、尸体、人身等进行勘验、检查的活动。强奸案件现场多位于僻静处,多有反抗、搏斗迹象,遗留的痕迹、物证较多,多呈现出作案人习惯性的作案手法,少有破坏和伪装。强奸案件现场勘查的任务是确定事件性质,查明案情,收集痕迹、物证,记录现场及勘查情况。强奸案件的现场勘查是侦破强奸案件的重要措施,勘查人员接到强奸案件的报案,应迅速组织力量赶赴现场,围绕着重点问题对被害人等及时进行询问,运用专业知识和技能,严格按照法定程序、遵循科学规范开展强奸案件的实地勘查工作,根据现场访问和实地勘查获得的材料组织现场分析,确定事件性质,查明犯罪事实,确保后续案件侦查工作顺利开展。

🔍 [重点问题]

强奸案件现场的特点;强奸案件现场勘查的任务;强奸案件现场访问的重点;强奸案件实地勘查的重点;强奸案件现场分析的重点。

第一节 强奸案件现场的特点

强奸案件现场的特点是指强奸案件现场本身客观所具有的、不同于其他案件现场的本质特性。研究强奸案件现场的特点,有助于勘查人员正确认识强奸案件现场的本质特性,进而准确把握强奸案件现场勘查的任务、重点,提高强奸案件现场勘查工作的水平。

一、现场多位于僻静处

作案人实施强奸行为时，一般会避开人群，力图寻找被害人一人在室内或无人的僻静地点，因此往往选择偏僻小巷、公园、城郊结合部、工矿区以及独居的住宅等场所实施犯罪，也有些是利用人们上班，整幢住宅人去楼空时，入室强奸妇女；在农村，主要是选择在行人稀少的田野、山区小道或单家独户的房舍，对单身妇女进行强奸或轮奸。

二、现场多有反抗、搏斗迹象

除作案人采用麻醉、灌酒等手段外，作案人的强奸行为，往往会遭到被害人的强烈反抗。由于作案人实施此类犯罪行为时会与被害人有身体接触，被害人通常用嘴咬，用手抠、抓、挠，用脚踢等方式进行反抗。即使作案人采用威逼、恐吓等暴力手段，被害人也会尽量与作案人周旋，寻找机会进行反抗，甚至与作案人进行搏斗。因此，现场上往往会出现因反抗、搏斗而留下的迹象。

三、现场遗留的痕迹、物证较多

强奸是违背妇女意志，以暴力、胁迫或者其他手段强行与妇女发生性关系的行为。作案人与被害人之间必然会存在非虚拟的直接接触，由此决定了强奸案件具有以物理空间形态存在的具体发案地点。现场会留下作案人的足迹、指纹、倒卧痕迹、毛发、精斑和精斑的擦拭物等。有的现场还可能发现作案人遗留下的自己随身携带的物品。有的现场因作案人紧张、仓皇逃离，可能会遗留下犯罪所用凶器。此外，由于强奸违背了妇女意志，往往会遭到被害人的反抗，常常会触动现场有关物品，会留下反抗搏斗的各种痕迹。例如，有的被害人在搏斗中将作案人的衣裤撕破、纽扣扯掉，将作案人抓伤、咬伤，在现场留下混乱的搏斗痕迹和衣服碎片、纽扣、血迹等。这些现场遗留的痕迹、物证，对于确定事件性质，查明犯罪事实，确定侦查方向和范围，具有非常重要价值。

四、现场多呈现出作案人习惯性的作案手法

一旦作案人的强奸行为得逞，便很难改邪归正。同时，作案人对犯罪的时间、地点、方式、手段乃至对象的选择，也会在多次强奸犯罪活动中形成自己的惯用方式和定型手法，并继续实施强奸犯罪。分析作案人的习惯性作案手法，有利于采取预伏守候措施以及组织并案侦查。

五、现场少有破坏和伪装

作案人在实施强奸行为后，一般急于逃离现场，来不及对现场进行破坏、伪装，或由于被害人在场，破坏、伪装现场意义不大。因此，在现场和被害人

身上留下的痕迹、物证，能直接地反映出作案人的作案过程。各种痕迹、物证都可以从现场上获得，现场勘查条件较好。

第二节　强奸案件现场勘查的任务

强奸案件现场勘查的任务是指在强奸案件的现场勘查过程中勘查人员所担负的责任，或者应当完成的工作。研究强奸案件现场勘查的任务，有助于勘查人员顺利开展现场勘查工作，收集线索和证据，确定侦查方向和范围，快速侦破案件，从而践行以法治保障人民安居乐业，体现人民至上的立场。

一、确定事件性质

确定事件性质，是勘查强奸现场的首要任务。强奸犯罪的被害人多数是年轻女性，且这种犯罪又涉及被害人的隐私，会给被害人的身心带来极大伤害，对其生活产生极大影响。因此，在实践中，被害人报称被强奸的，大多数是真实的。但是，也有少数人出于某种目的，例如，为了诬陷他人，或为了掩盖与他人不正当的男女关系，或是恋人之间因发生矛盾为报复对方而故意伪造强奸现场，谎报案件。因此，勘查人员在接到报案，赶赴现场进行勘查时，必须在详细询问被害人及其他相关人员的基础上，认真勘验、检查，对事件性质客观地进行甄别。

二、查明案情

（一）作案时间

作案人进入现场的时间；开始实施犯罪的时间；离开现场的时间。

（二）作案地点

作案人预伏守候的地点；尾随跟踪的地段；实施强奸行为的地点；逃离现场的方向和路线。

（三）作案方式

作案人是否采用暴力、胁迫或是其他方式，如用酒灌醉或用药物麻醉；是否使用某种工具或凶器；采用何种方式实施犯罪。

（四）是否兼有其他犯罪活动

实施强奸犯罪的同时是否还有其他违法犯罪行为发生，如盗窃、抢劫、故意伤害等。

（五）作案人

1. 作案人的人数。作案人是一人、两人还是多人；如果是两人或多人，有几人实施了强奸行为。

2. 作案人的个体特征。作案人的身高、体态、大致年龄、外貌特征，特别是身体某些较为隐蔽的特征；衣着打扮；口音及语言特征；动作特征。

3. 作案条件。例如，作案动机；对被害人行踪的知情条件；是否具有违法犯罪前科等。

三、收集痕迹、物证

（一）人体物证

身体上、衣物上或地面上可能粘附的精斑、血液、毛发、皮屑等分泌物或者脱落物。

（二）搏斗痕迹

地面上可能形成的混乱的踩踏痕迹和倒卧痕迹；肢体、额面上形成的咬伤或抓伤痕迹；手部形成的抵抗伤痕迹；衣裤上形成的撕裂痕迹等。

（三）现场遗留物

作案人可能遗留下鞋帽、纽扣、钥匙、证件、票据等随身携带的物品；被撕掉的衣物碎片；临时铺垫物；扔下的凶器等。

（四）微量物质

犯罪现场的泥土微粒、灰尘微粒、油脂、漆类、纤维以及其他粉末性物质和化学物质，有的可能是作案人携带并遗留在现场的，要注意发现、提取和利用。

四、记录现场及勘查情况

现场勘查记录是法定的证据种类，记录现场情况不仅是揭露犯罪的需要，也是顺利推进诉讼活动的需要。在现场勘查中，运用文字笔录、绘图、照相、摄像等方法，将现场客观情况以及勘查所见、勘查工作过程，如实、客观、全面地记载下来，形成完备的现场勘查记录也是现场勘查的重要任务。记录的内容主要包括：现场方位和环境情况、中心现场情况、有关的痕迹和物品的名称、部位、数量、性状、分布等以及被害人的情况。

第三节 强奸案件现场访问的重点

强奸案件现场访问应及时进行，通过对被害人、现场附近住户、过往行人及其他有关人员的访问，有助于勘查人员在现场访问中及时、全面收集线索与证据，这对于勘查强奸现场、分析案情、划定侦查范围、确定侦查方向具有重要作用。

一、对被害人的访问

（一）案件发生的情况

具体包括什么时间、什么地点、什么情况下被强奸的，作案人是使用暴力或以暴力相威胁，还是使用麻醉剂或者是诱骗强奸的。

（二）作案人的作案情况

具体包括作案人是怎样进入室内现场并接触被害人，是闯入、撬门、翻窗还是以某种借口叫开门的；室外是预先埋伏等候，还是尾随被害人到现场的；是采取突然袭击还是先进行猥亵；作案人是否持有凶器，采用何种暴力，有无引诱、欺骗等情节；作案人有无伪装或破坏行为，如蒙面，用毛巾等遮住被害人的眼睛，故意改变说话的声调或口音，强迫被害人冲洗阴部或清洗留有精液的物品等。作案人在现场停留了多长时间，作案后什么时候逃离现场，逃跑的方向、路线，乘用的交通工具以及交通工具的型号、颜色、特征等。

（三）作案人的个体特征情况

具体包括作案人的体貌特征；身上有无特殊标记，如胎记、疤痕、纹身、痣等；作案人讲话的声音特征、语言特征；身上有无特殊气味，如口臭、汗臭、烟酒味或油漆味、消毒水味、香水味等；作案人的某些动作习惯特征，如左撇子、特殊走路姿势、习惯性表情、手势等。

（四）被害人反抗的情况

被害人是否与作案人进行过搏斗，作案人身上有无被抓、被咬的伤痕，受伤的具体部位和程度；被害人是否撕坏了作案人的衣物、扯落衣扣等；有无呼救情况。

（五）作案人实施强奸行为的情况

强奸行为是否得逞，实施强奸的方式，是否存在口淫、鸡奸、手淫等情况；作案人的性功能情况，如是否有早泄、勃起不足、延迟射精等；作案人有无性病，被害人有无感染。

（六）被害人与作案人是否熟人

被害人与作案人是否相识，是熟人还是有过一面之交，亦或完全是陌生人。

（七）是否伴有劫财的情况

作案人在实施强奸的同时是否盗走或抢走了某些财物，如现金、手表、首饰、手机等，这些物品的数量、规格、价值及有无特殊标识。

二、对附近住户、过往行人及其他有关人员的访问

（一）案件发生时的情况

案件发生的时间、地点、天气状况、光线条件；是否目击了犯罪；是否听到呼叫声、搏斗声以及其他声音。

（二）案件发生前后有无可疑情况

案发前有无可疑人员在现场附近窥视、滞留、徘徊；案发前是否有人对被害人盯梢、尾随、打探；案发后是否有人行为可疑，神色反常；案件发生后是否有人销售与案件有关的物品。

（三）当地的社会治安状况

当地或相邻地区以前及近期是否发生过流氓猥亵或强奸案。如有，具体情况如何。

第四节 强奸案件实地勘查的重点

强奸案件现场少有破坏和伪装，现场上的痕迹、物证能较好地反映作案情况，强奸案件实地勘查条件较好。研究强奸案件实地勘查的重点，有助于勘查人员准确把握这类案件现场勘查的目标及侧重点，提高现场勘查的效率和质量。

一、对实施强奸地点的勘验

强奸现场一旦确定，应及时进行全面、细致的勘验。这是强奸现场的中心部位，也是犯罪痕迹物品最为集中的地点。勘验中应注意发现和提取以下痕迹、物品：被害人的身体压痕，特别是头部压痕、臀部压痕、脚蹬痕、手抓痕等；作案人的足迹、手印、膝盖压痕、肤纹、衣服布纹等；搏斗过程中形成的摩擦、滚压、凹陷痕迹，遗留的血迹，咬掉的人体组织、器官，打落的牙齿，抓掉的毛发、皮肤、指甲，扯掉的纽扣、首饰以及被害人或作案人掉落在现场的随身所携带的物品等；作案人用于强奸的各种辅助工具，如捆绑被害人的绳索、皮带、电线、布条，用于堵嘴的毛巾、衣服、裤袜等；作案人遗留下来的各种凶器，如刀具、棍棒、石块等；作案人遗留下来的精液（斑）、阴毛、唾液、擦拭用的纸张、布片、手帕，一些临时铺垫物，以及被害人的内裤、裙子和其他贴身衣物；作案人还可能从现场粘附花粉、草籽、纤维、泥土等微量物质，勘验时可视需要提取适量样品，以便发现犯罪嫌疑人后进行比对、检验、鉴定，以证实其是否到过现场。

二、对强奸现场外围的勘验

强奸案件的外围现场,主要包括作案人预伏、尾随、拦截和劫持被害人的地点与路线。勘验时,要注意寻找、发现作案人的足迹、手印及其攀登痕迹,发现并收集作案人遗留的烟头、食物残渣、报纸、尿液、粪便等。对现场周围进行搜索,仔细勘验可疑痕迹物品,注意发现并收集现场外围的交通工具痕迹,有助于分析强奸者是否有交通工具以及借助何种交通工具等。此外,对于现场附近安装有视频监控设备的,还要注意依法调取这些监控设备中的视频资料进行查看,以扩大线索来源。

三、人身检查的重点

(一)对被害人的人身检查

1. 性器官检查。性器官检查主要是检查阴部是否有外伤;观察、检验处女膜有无破裂,是新鲜破裂还是陈旧性破裂;阴道内有无精液等分泌物,数量多少;有无出血,阴道壁有无损伤等。对被害人性器官的检查,需征得被害人本人或家长、家属同意,由女法医或女医生进行。鉴于一些作案人作案过程中强迫被害人口交或肛门交,因此要注意通过策略性的询问了解案情真相,并注意对被害人肛门进行检查,注意在被害人肛门和口腔提取精液。

2. 身体其他部位检查。身体其他部位检查主要包括:①检查头颈面部,观察有无损伤。特别注意被头发覆盖的部分。②检查手指、手掌、手臂以确定有无抵抗。③检查肘部、背部和臀部,观察有无擦划伤、按压伤。④检查乳房,观察有无抓伤、咬伤。⑤检查腹部、大腿内侧,观察有无抓伤、咬伤和其他伤痕,以及有无精斑、血迹附着。⑥检查指甲,以寻找抓、挠被害人时留下的血迹、毛发、皮肤、组织和纤维等,这都是抵抗时留下的迹象。⑦检查被害人身体某些部位黏附着的异物,如阴毛、泥土、纤维、木屑、草籽等。

(二)对犯罪嫌疑人的人身检查

对于被及时抓获和在现场勘查中发现的犯罪嫌疑人,也应迅速及时进行人身检查。

1. 检查有无因被害人的防卫、抵抗和搏斗而留下相应部位的损失,如面部、颈部、手臂、手指、大腿内侧等重点部位有无抓伤;嘴唇、舌等部位有无咬伤;阴部有无抓挤撕裂伤。

2. 检查有无因强迫被害人及压制被害人反抗而形成的伤痕,如手掌、肘部、膝盖等部位的擦划伤、按压伤等。

3. 检查提取阴茎龟头冠状沟处的异物,查明有无阴道上皮细胞或被害人的血迹等。

4. 检查身体的相应部位有无血迹、精斑、分泌物。

5. 检查身体某些部位有无粘附现场泥土、草籽、粉尘、被害人的化妆品、毛发、纤维等。

四、衣物检查的重点

（一）对被害人衣物的检查

1. 检查被害人衣物某些部位是否粘附有纤维、毛发。

2. 检查被害人当时所穿衣物与人体伤痕相对应的位置上有无损伤及痕迹。

3. 检查纽扣是否完整、裤子拉链是否完好、内衣内裤是否有撕裂等现象。

4. 检查被害人被强奸时所穿衣裤，特别是内裤，以发现可疑精斑、血迹并予以提取。

（二）对犯罪嫌疑人衣物的检查

1. 检查犯罪嫌疑人衣裤某些部位有无粘附毛发、纤维等。

2. 检查犯罪嫌疑人衣裤上是否留有血迹。注意检查内裤内裆部位是否留有血迹和分泌物。

3. 检查犯罪嫌疑人所穿的鞋子是否粘附有与现场相同的泥土、杂草、灰尘等。

第五节 强奸案件现场分析的重点

强奸案件现场分析是强奸案件现场勘查的一个重要组成部分，是强奸案件现场访问和实地勘查的继续和深入，是一个关键性的环节和步骤。现场分析不仅直接关系到现场勘查的质量，而且关系着后续侦查工作的成败。

一、分析事件性质

由于强奸犯罪涉及被害人隐私，因此，绝大多数报案都是真实的。但实际生活中，却也偶有谎报情况发生。例如，为了诬陷他人，或为了掩盖与他人不正当的男女关系，亦或是其他原因而故意伪装强奸现场，谎报案件。因此，必须明确事件性质，避免殃及无辜和浪费侦查资源。具体分析方法有：

（一）从实地勘查发现的细节着手分析

注意实地勘查中发现的细节，从细节处着手，分析现场情况与一般强奸案件现场情况有无不同之处，与一般强奸行为有无矛盾之处。首先注意分析被害人所陈述的细节自身前后有无矛盾之处，有无脱离客观实际之处；其次应分析被害人和犯罪嫌疑人身上的痕迹、物证在细节上与被害人的陈述有无矛盾之处。

（二）从被害人方面着手分析

注意收集被害人信息，挖掘被害人有无谎报案件的动机。要注意查明被害人的一贯表现以及被害人与犯罪嫌疑人之间的相关信息，同时还需注意在被害人告发前，他们之间有无出现矛盾冲突。被害人与犯罪嫌疑人的某种联系，可能会影响被害人陈述的真实性，应认真、细致分析，以判断被害人陈述的真伪，进而判明事件性质。

（三）从犯罪嫌疑人方面着手分析

不要忽略犯罪嫌疑人的陈述。由于我们主观思想的影响，往往对犯罪嫌疑人有敌视的态度，尤其是对于强奸案件的犯罪嫌疑人。在某些谎报强奸案件中，如果能抛弃成见，耐心细致地听取犯罪嫌疑人的陈述，或能发现案件中的矛盾之处、被害人的谎报动机，及时查清事件性质。

在综合以上的分析结果后，如果发现被害人可能谎报了案情，应该及时与被害人正面接触，告知其谎报案情、诬陷他人的法律后果，使其交代实情，避免侦查资源的更多浪费。

二、分析案情

（一）分析犯罪时间、地点、周围环境以及与被害人之间的因果关系

分析犯罪时间、地点、周围环境以及与被害人之间存在的因果联系，对推断作案人具备的条件、缩小侦查范围有重要价值。分析犯罪时间，主要是查明作案人在什么时间出现，什么时间接近被害人，什么时间逃离现场。分析犯罪地点，如果发生案件的地点在室内，则要查明作案人的进、出口以及进、出现场的方法，分析作案人是否熟悉现场情况；如果是室外现场，则要查明现场的具体位置和周围环境，有无明显标志，作案人尾随、拦截、劫持、强奸及逃跑的方向、路线等。

（二）分析作案人的个人特点

分析作案人的个人特点，主要是通过分析被害人的陈述和目击群众的证言来判断作案人的年龄、身高、体态、相貌、衣着、职业等。对作案人的个人特点的分析，可以为侦查人员在所确定的侦查范围中发现并确认作案人提供条件。

（三）分析作案人的范围

分析作案人的范围，就是分析作案人可能潜藏的区域、行业或单位。判断作案人的范围，可以通过对以下信息的分析来实现：

1. 通过分析被害人或周围群众反映的作案人的口音、方言特点来确定作案

人的范围。

2. 通过分析作案人的作案手段和方法有无职业特点，来推断作案人的职业。

3. 分析现场和被害人身体上有无遗留能反映作案人地域和职业特征的物品或微量物质。

4. 分析作案人作案时的手段和习惯性特点是否具有规律性，从而判断是否为系列强奸案件，能否进行案件串并，从而锁定作案人范围。

（四）分析作案人在强奸过程中形成的附加特征

作案人在实施强奸过程中，往往会遭到被害人的激烈反抗，可以根据被害人的陈述，分析作案人身上形成的伤痕位置、状态、附加特征，为确认作案人提供重要依据。

思 考 题

1. 强奸案件现场的特点有哪些？
2. 强奸案件现场勘查的任务是什么？
3. 强奸案件现场访问的重点是什么？
4. 强奸案件实地勘查的重点是什么？
5. 强奸案件现场分析的重点是什么？

参考文献

1. 阳雁、罗光华主编：《犯罪现场勘查实训教程》，中国政法大学出版社2022年版。

2. 郭金霞、李小恺：《立体现场勘查学》，中国政法大学出版社2021年版。

3. 裴煜、段蓓玲：《刑事案件现场勘查方法》，华中科技大学出版社2020年版。

4. 倪春乐主编：《现场勘查》，知识产权出版社2020年版。

5. 裴煜：《犯罪现场勘查理论与实践》，华中科技大学出版社2019年版。

6. 蒋健主编：《犯罪现场勘查》，中国人民公安大学出版社2014年版。

7. 朱巧红、盛永彬主编：《犯罪现场勘查》，暨南大学出版社2013年版。

8. 杨正鸣、倪铁主编：《犯罪现场勘查案解》，复旦大学出版社2011年版。

9. 许爱东：《现场勘查学》，北京大学出版社2011年版。

10. 梁健：《强奸犯罪比较研究》，中国人民公安大学出版社2010年版。

11. 周瑞华：《色魔幽灵》，中国人民公安大学出版社2009年版。

12. 倪晓峰：《熟人强奸理论与实证研究——心理、侦查和预防》，南开大学出版社2018年版。

13. 刘守芬、申柳华：《强奸案件的加害与被害——71个强奸案例的法律实证分析》，载《犯罪研究》2004年第4期。

14. 马忠红：《性侵害案件中女性被害人的调查访问》，载《中国人民公安大学学报（社会科学版）》2005年第5期。

15. 陈浩、李慧敏：《一宗系列强奸杀人案现场勘查的反思》，载《广东公安科技》2010年第2期。

第十八章

放火案件的现场勘查

[内容提要]

放火案件现场是指作案人故意实施放火行为，导致重要设施及公私财物毁损、人员伤亡的场所。放火案件现场具有形成的突发性或连续性，原始状态易遭受破坏，多留有能证明起火点、起火原因的痕迹、物证，多存在作案人强行进入的痕迹以及破坏现场物品、设施或封堵通道的现象等特点。放火案件现场勘查的主要任务是确定火灾事件性质，查明与案件有关的情况，收集与犯罪有关的痕迹、物证。勘查人员应重点询问发现人、报告人、救火人、值班人、被害人、知情人、围观群众，了解现场、被害人、周围群众的反映等情况，重点勘验起火点、现场进出口、损失财物，检验尸体，重点分析事件性质、放火动机、起火时间，完成放火案件现场勘查任务，确保后续侦查工作的顺利开展。

[重点问题]

放火案件现场的特点；放火案件现场勘查的任务；放火案件现场访问的重点；放火案件实地勘查的重点；放火案件现场分析的重点。

第一节 放火案件现场的特点

放火案件现场是指作案人故意实施放火行为，导致重要设施及公私财物毁损、人员伤亡的场所。与一般犯罪案件现场相比，放火案件现场更为复杂。研究放火案件现场的特点，有助于勘查人员正确认识放火案件现场的特殊性，准确把握放火案件现场勘查的任务、重点，提高放火案件现场勘查工作的效率和质量。

一、形成的突发性或连续性

由于放火是一种人为故意的犯罪行为且多在有预谋和准备的情况下实施，因此放火案件现场的形成具有一定的突发性或连续性。作案人为隐藏其犯罪行为，达到放火目的和效果，在放火时间上多选择一些特殊的时段，如节假日期间、上下班前后、深夜或被害人外出时等，使起火呈现明显的突发性。为达到作案目的，有些作案人可能会连续多处放火，形成多个起火现场。

二、原始状态易遭受破坏

救火人员灭火、救人、抢救财物，以及作案人为了掩盖自己的行为返回现场破坏痕迹、物证，上述各种事实、行为都容易破坏现场的原始状态，增加放火案件现场勘查的难度。若将放火及救火过程中造成的破坏定义为一次破坏，则可将之后的又对现场的破坏定义为二次破坏。二次破坏，最早一般发生在灭火后消防人员为彻底清除残火翻动火灾现场的过程中；影响较大的火灾发生后，地方政府、公安机关及消防部门的各级行政领导往往要到现场查看；有人死亡的火灾现场还需要有关人员进入现场，及时将尸体移出；其他调查访问人员也需要深入现场了解情况；甚至有一些作案人会再次潜回现场，对痕迹、物证进行破坏。这些情况都会导致放火案件现场在得到有效勘查之前遭受二次破坏。

三、多留有能证明起火点、起火原因的痕迹、物证

燃烧的蔓延存在一定规律，能够留下比较明显的痕迹；起火现场的热辐射和高温烟气，使得现场中心较难接近。如果火灾扑灭之后现场保护得力，那么证明起火点、起火原因的痕迹、物证则很难被带离现场或破坏，多保留在现场范围之内。由于放火行为及燃烧过程中都存在火光和烟雾，使得犯罪行为的暴露性增加，作案人往往会使用易燃物放火，实施多处点火，以达到迅速致火成灾目的。因此，在放火案件现场必然存在起火点之外，在其附近多存在打火机、起火电器等引火物体残余部件，存在汽油、酒精、纺织物等易燃物痕迹。

四、多存在作案人强行进入的痕迹以及破坏现场物品、设施或封堵通道的现象

虽然作案人的动机和目的各不相同，但多数放火案件现场都存在撬压、钳剪、击打等强行进入的痕迹。放火案件的作案人担心在现场遗留其指纹、手印和足迹，可能事先对现场进行翻动或踩踏，对物品进行破坏。在一些出于骗保或职务侵占等具有经济属性的案件中，作案人也会重点对账册、单据、电子存

储设备进行翻动、移动、破坏，这些因素往往导致放火案件现场的起火位置比较特殊。从现场设施上来看，放火案件的作案人出于阻碍救援或隐藏自己的需要，会对现场的消防、监控及电力设备等进行破坏，其破坏时间可能是放火行为的准备期或实施期。对现场通道的破坏多出现在一些报复型放火案件中，作案人为防止被害人逃跑，经常会将门窗、行走或排气通道闭锁或封堵。现场如发现故意的破坏迹象，往往能够从一定程度上反映出作案人与被侵害单位、被害人之间的情感矛盾、利益纠纷关系。

第二节 放火案件现场勘查的任务

放火案件现场勘查的任务是指在放火案件的现场勘查过程中勘查人员所担负的责任或者应当完成的工作。明确放火案件现场勘查的任务，是放火案件现场勘查工作的前提和基础，有助于勘查人员遵循坚持全面依法治国要求，明确自身职责，依法、严格、全面、有序地开展勘查工作，以达到预期的勘查效果，推进法治中国建设。

一、确定事件性质

火灾事件的性质一般可分为人为故意放火、失火和自燃起火三种。火灾发生后，由消防部门首先灭火排险，勘查痕迹、物证，确定是否有放火现场的特征、火场的性质，进而判定火场中所发生的事件性质。

二、查明与案件有关的情况

（一）确定起火点

起火点就是现场上的可燃物体最先开始燃烧的地点，即作案人实施放火行为时，物体被点燃的地点。起火点的位置往往存在炭化严重、金属结构变形严重、不可燃物开裂、变色等等现象，通过认真勘查能够获取到有价值的痕迹、物证。

（二）查找可燃物质、助燃物、点火方式，确定起火原因

燃烧是可燃物与氧或氧化剂化合时发生的一种放热和发光的化学反应，物质燃烧必须具备三个条件：可燃物质、助燃物及火源。可燃物是燃烧发生的基本条件，可燃物必须能与氧发生化合反应，产生火焰和热能。如纸张、木材、汽油、酒精、乙炔、钠、镁等，而沙石、砖瓦、水泥则不能成为可燃物。助燃物对可燃物的燃烧必不可少，如空气、氧、高锰酸钾、氯酸钾、过氧化钠等。点火方式包括使用明火点火、制造火花点火、蓄积高热引火、爆炸引火等方式，

跟作案人的职业技能有较多联系。对于有可燃液体或化学药品的放火现场，通过对可燃液体燃烧残留物的分析，可以确定起火原因；对于使用打火机或蓄积高热点燃可燃物的现场，通过燃烧模拟实验，得出可能的起火原因；对于可能由于电器短路失火的现场，要对失火部位电器零件的老化、破损情况及熔断痕迹进行检验。

（三）确定起火时间和燃烧的环境条件

起火时间是作案人实施放火点燃的时间。确定起火时间，对分析起火原因，确定现场访问的起点、重点，发现、甄别嫌疑线索都有重要作用。应调查现场是否有汽油、酒精等助燃物质痕迹，对燃烧发生的时间、气候、风向等自然情况进行分析，借以判定燃烧的过程。

（四）核实、统计火灾直接经济损失和人员伤亡情况

包括受损单位和个人的损失申报材料，价格鉴定机构出具的火灾直接财产损失鉴定意见，以及其他调查核实材料。

三、收集与犯罪有关的痕迹、物证

要检查起火点周围的有关物体、地面上留有的可疑痕迹。例如，门窗被破坏痕迹；地面上易燃液体流淌的燃烧痕迹，各种遗留物；物品翻动移位痕迹；损坏的燃气管道、燃气灶具阀门开关打开的痕迹等。现场上的档案柜、保险柜、办公设施等可能是作案人侵犯的客体，如无烧毁也应仔细检查有无被翻动或损坏的迹象，特别要结合访问结果区别是否为现场灭火时所造成。放火案件现场，多数都是变动现场。火势越大，燃烧时间越长，现场破坏得越严重，寻找和发现痕迹、物证就越困难。因此，在勘查现场过程中，必须非常细致，力争从变动和被破坏的现场中，寻找发现没有变动、没有被破坏的痕迹、物证。

第三节 放火案件现场访问的重点

放火案件的现场访问，先于实地勘查或与实地勘查同步进行。在访问中，主要以火场发现人、报告人、救火人、值班人、被害人、知情人、围观群众等为访问对象。针对不同的访问对象，采用不同的方法，有针对性地进行询问，从而获取有价值的线索和证据，为后续工作的顺利开展打下坚实的基础。

一、了解火情发现的情况

主要包括：谁是第一个发现火情的；是在什么时间、什么情况下发现的；火场当时的具体情况，如燃烧区域、火焰的颜色，散发的气味怎样，当时的气

温、风力、风向等如何；起火前后，火场及其周围有哪些可疑迹象。

二、了解救火的情况

主要包括：哪些人最早赶到现场扑救；哪些人参加了救火；最早救火的时间、部位；他们看到、听到了哪些情况；现场的原始状态及救火中的变动情况；救火的详细经过。

三、了解火灾现场及与其有关的情况

主要包括：火灾发生前的值班情况；谁最后离开现场的，当时现场的状态；起火前，现场上存放哪些可燃物品或易爆炸物品；燃气管道是否有漏气现象，电线有无短路，烟囱是否向外喷火；防火设施案前是否完好；火场是在居住区还是商业、生产、仓储或其他区域，起火前状态如何；现场是否有账目、票据、贵重物品或重要文件档案等，这些物品的保管情况如何；案后现场人员伤亡和财产损失的情况如何；伤亡人员基本情况；火灾中损失的财产种类、数量、大概价值、保管位置等情况。

四、了解被害人的情况

主要包括：工作中的一贯表现；社会交往关系；平时个人的生活作风；婚姻恋爱及家庭关系；与他人有无矛盾冲突；生意和企业的财产经营状况；近期有无购买大额保险。

五、了解火灾发生后周围群众的反映

主要包括：有无关于起火原因的议论；怀疑哪些人放火作案，根据是什么；被怀疑对象的人身形象特征及其他个人特点等。如果发现有流言蜚语，要了解其来源。

第四节 放火案件实地勘查的重点

放火案件实地勘查工作涉及的专业性强、工作量大，应当遵循《火灾现场勘验规则》，依照"先静观后动手、先照相后提取、先表面后内层、先重点后一般"的原则实施。放火案件实地勘查的重点包括：对起火点的勘验；对痕迹、物证的勘验；对损失财物的勘验；对现场尸体的检验；对现场进出口的勘验等。

一、起火点的勘验

放火现场的起火点常因现场的环境条件、作案人实施放火的方法手段不同而呈现出较大差异。通常情况下起火点只有一个，但有时也有几个。查明起火点的方法有以下几种：

（一）根据最先发现起火的人员指认的具体地点判断起火点

访问最先发现起火的人，让他们具体指出最先起火的部位，或最初发现浓烟的部位。该部位一般为起火点。如果有两个以上的地方同时冒烟、起火，则可能存在两个以上的起火点。

（二）根据起火时烟雾的颜色以及发出的气味判断起火点

不同的物质在燃烧时，其烟雾的颜色和发出的气味有所不同。如木材燃烧时，其烟雾为淡灰色，能嗅到树脂臭，稍带有酸味；如果是煤油、石油或是焦油，其烟雾为黑色，还能嗅到酸味。因此，根据火场起火时最先发现起火的人提供的当时烟雾的颜色及发出的气味，联系现场着火前物体摆放的位置进行分析研究，可查明起火点。

（三）根据物体倒塌方向进行推断

靠近起火点的物体由于受热时间长、受热温度高，其炭化程度比较严重。木质物体因燃烧严重而倒塌时，倒塌的方向常是起火点的方向或者火势蔓延过来的方向。

（四）根据火场上带有熏烧痕迹物质的所在位置查明起火点

火场上带有熏烧痕迹（未达到炭化）的物质所在地点常为起火点。这种现象的物理机制和形成过程是：在起火的开始阶段，燃点低的物质容易迅速燃烧，由炭化甚至达到灰化；燃点高的物质其燃烧进程较之燃点低的物质要慢些，往往没有发生炭化，加之火势顺着风向迅速发生位移，起火时燃点高的物质仅在其表面产生一些熏烧的痕迹。据此可以判断，带有熏烧痕迹的物质所在的地方，可能就是起火点。在利用火场上物质燃烧程度判断起火点时，必须紧密结合燃烧的各种物质在火灾前的存在情况和起火时的风向、风力综合分析判断，否则容易本末倒置。例如，起火的初始阶段，处于上风向的被引燃的物质是大量燃点低的物质，呈现出明显的炭化或灰化程度，但是处于下风的燃烧物质却是燃点极高的物质，尽管呈现明显的熏燃痕迹，但不应判为起火点。

（五）根据火场上被烧的木材的裂纹粗细、深浅判断起火点

一般而言，燃烧的温度越高，被烧木材所形成的裂纹越粗、越深。当燃烧处于初始阶段，火势热能相对较小、较弱，因而此阶段所形成的木材表面燃烧裂纹较细、较浅。根据这一规律，再结合起火时的风向进行分析研究，可以推断出起火点和火势蔓延的方向。

（六）根据火势蔓延的方向逆向寻找确定起火点

由于燃烧时火会顺风向蔓延，因此可根据有关知情群众提供的看见火势蔓

延的方向进行逆向寻找，以确定起火点。

（七）根据放火焚烧的目标寻找起火点

如果在火场内发现尸体，除应对尸体进行检验外，还应围绕尸体查找起火点；如果发现账册、单据被烧，应重点围绕存放这些账册、单据的箱柜等物体遗迹查找起火点。

（八）根据起火时间，结合一般的生活规律寻找起火点

如起火时正是做饭的时间，可在厨房或其他用火做饭的地方寻找起火点。

二、寻找和提取放火的痕迹、物证

起火点确定后，勘验的重点应放在发现和搜集有利于判明起火原因的物质材料与痕迹、物证上。寻找引火物是勘验起火点的首要任务。放火必须借助一些工具，如打火机、高热电器等进行引燃，这些物品有时被遗留在现场，但由于高温作用严重变形、烧毁，或被塌落物覆盖，在勘查过程中必须仔细寻找，充分利用痕迹、物证和作案遗留物来确定引火物。寻找前应向当事人或有关人员弄清火灾发生前现场上各种物品的摆放位置和顺序，然后分层次进行清理。要层层挖掘，逐一过筛，仔细地寻找有关痕迹、物证。要特别注意寻找放火用的烟头、打火机等引火物及装油容器、浸有油类的柴草、废纸、刨花等助燃物。即使有些物品已化为灰烬，也不得轻易放弃。对已烧成灰烬的，可取部分样品送交技术部门进行化验，以确定被烧物品的化学成分。从起火点底部的炭化物、灰烬或残渣中检查原物是否缺少了什么或增加了什么，对火场中发掘出的具有证据意义的物品要妥善保存。

三、损失财物的勘验

放火案件往往会造成财物损失，对国家、集体和个人的财产破坏性很大。其一，作案人放火时多选择在最致命、最要害的部位放火。其二，作案人多选择在深夜作案，发现得晚，不易得到及时的救助。其三，作案人多选择借助易燃易爆物品引火，一旦放火得逞，燃烧迅速，难以控制。另外，即使是非针对财产的放火案件，往往也会造成重大的财产损失。所以，对损失财物的勘验也是放火案件勘验的重点。对财物损失的勘验主要从以下几方面进行：放火行为是否针对财物而实施；财物被烧情况；被烧财物属于何人所有，平时由谁保管或使用；损失财物价值大小等。

四、尸体的检验

在勘查火灾现场时，如果发现了尸体，应请法医认真检验，以确定死亡原

因和致死方法，确定事件性质，为准确判断案件性质提供依据。火场中的尸体从死亡原因上讲，有可能是自杀，也有可能是他杀，还有可能是灾害事故致死。分析判断时主要依据：尸体在火场中的位置、姿势；尸体周围有无抵抗、搏斗痕迹；尸体接触地面部分的衣物和皮肤是否烧灼及烧灼程度；尸体上有无暴力损伤；尸体的口、鼻、咽喉及气管是否有烟灰、碳末等附着物吸入等，必要时可对现场尸体进行解剖检验。

五、对现场进出口的勘验

在起火点周围有关物体上查找犯罪痕迹也是勘验起火点的重要任务。例如，门锁是否有破坏痕迹；门框是否有挤压、破拆痕迹；检查窗户插销所处的状态、窗户玻璃破碎的状态和掉落的地点。判断玻璃因高温作用破裂的依据是，被火烧炸裂的玻璃呈龟背纹状，面向火场一侧有烟迹，而着火前人为击碎的玻璃是透明体，呈棱角状，没有烟迹，直接落在室内。在勘查燃烧损毁比较严重的现场时，注意进入现场的门是全部打开的、半开的还是处于关闭状态的。一般而言，关着的门只有接近起火的一侧被烧，而另一侧可能未被烧毁或只有表面轻微炭化；如果门的两侧都会被烧，则呈现一侧烧得重，另一侧烧得轻的迹象；门框炭化程度内重外轻，门外的墙上烟熏痕迹明显可见。应注意现场地面、墙壁、床沿等处有无脚印、血迹、凶器、血迹擦拭物、残留绳索、盛装毒物的器皿；查找现场床上、地面上有无精斑或精斑擦拭物等；现场上的档案柜、保险柜、办公桌等如未被烧毁，也应仔细检查有无被翻动或丢失财物的迹象。

第五节 放火案件现场分析的重点

在现场访问、实地勘查完成之后，现场勘查指挥员召集所有参加现场勘查工作人员，共同对已获取的火灾事件相关材料、信息进行汇总、讨论，对火灾事件的性质、燃烧发生过程、放火动机等进行分析。通过系统分析，确定事件性质，查明犯罪事实，确定侦查方向和侦查范围，顺利推进侦查工作，从而破获案件。

一、分析事件性质

火灾事件的性质是指所发生的火灾是犯罪事件还是非犯罪事件。对火灾事件性质的分析是决定是否立案侦查的前提。判断火灾事件性质主要依据起火原因，起火原因通常有故意放火、不慎失火、自燃起火、电线起火、雷击起火等五种。其中，只有故意放火才能由公安机关刑侦部门立案侦查。作案人出于不同动机而故意实施放火行为，在排除不慎失火、自燃起火、电线起火和雷击起火等前提下，同时又符合放火犯罪的其他构成要件，一般可以认定为放火案件。所以，在认真勘查现场，深入调查访问的基础上，才能正确地确定火灾事件的性质，研究是否存在故意放火行为。

在通常情况下，发现下列情况之一可判断属于故意放火：其一，在火场的起火点发现打火机零件、易燃易爆物品的外包装、容器的残骸。其二，在火场周围没有电源、火源、易燃易爆物品，没有失火和自燃起火因素。其三，在火场中发现事先破坏消防设备、防火器具或者通信设施。其四，在火场中发现有被盗迹象，例如，起火前损坏门窗、撬坏箱柜，丢失财物、文件，计算机设备损毁等。其五，在火场中发现被害尸体，尸体被捆绑、堵嘴、有其他损伤，或能确认为死后焚尸的。其六，在火场周围或相邻地区连续发生多起火灾，或在同一时间内多处起火，或在同一火场内有两处以上起火点。其七，在起火前曾有人扬言要放火，或被害人收到过匿名恐吓信。其八，灭火后在火场及其周围发现有与放火有关的可疑迹象和物品的。

二、分析放火动机

放火的动机不尽相同，应当根据现场访问了解到的被害人情况和群众对案件的反映意见作出推断，判断作案动机属于下列中的哪一种：其一，因夫妻之间、父子、恋人之间吵架矛盾激化，或邻里发生纠纷等为泄私愤报复对方而放火。其二，因发生债务纠纷或上下级之间关系不和等导致个人利益发生冲突，矛盾激化而放火。其三，为了掩盖杀人、盗窃或贪污等犯罪，销毁罪证，逃避法律制裁而放火灭迹。其四，为骗取保险金而放火。

三、分析起火时间

分析起火时间的目的在于判断作案人的放火时间。起火时间和放火时间是两个不同概念。有时它们一致，如作案人直接用汽油、酒精等物质点火，放火之时就是起火之时。但有时二者不一致，如作案人用蚊香、高热电器等能够缓慢加热引火或遥控引火的物体来延缓起火时间。分析引火时间应从以下几个问题入手：其一，了解现场上有无引火物，这种引火物的属性，必要时可以用现场实验来判断其燃烧速度。其二，向第一个发现起火的人了解是在什么时间发现起火的。其三，了解群众反映的可疑人员进出现场的时间。其四，根据勘查人员和专业人员对现场上物品燃烧程度的分析，判明起火时间。

| 思 考 题 |

1. 放火案件现场的特点有哪些？
2. 放火案件现场勘查的任务是什么？
3. 放火案件现场访问的重点是什么？
4. 放火案件实地勘查的重点是什么？
5. 放火案件现场分析的重点是什么？

| 参 考 文 献 |

1. 金静：《放火火灾调查》，化学工业出版社2021年版。
2. 单大国主编：《刑事科学技术》，高等教育出版社2021年版。
3. 郭金霞、李小恺：《立体现场勘查学》，中国政法大学出版社2021年版。
4. 倪春乐主编：《现场勘查》，知识产权出版社2020年版。
5. 张颖主编：《犯罪现场勘查》，法律出版社2020年版。
6. 王鹏：《初任民警现场处置技能与战术》，知识产权出版社2019年版。
7. 李惠菁主编：《火灾事故调查实用手册》，上海科学技术出版社2018年版。
8. 许爱东主编：《公安技术实验教程》，法律出版社2018年版。
9. 沙贵君、陈志军主编：《犯罪现场勘查学》，中国人民公安大学出版社2015年版。
10. 刘义祥主编：《火灾调查》，机械工业出版社2012年版。
11. 何洪源：《火灾现场调查与火场物证分析》，中国人民公安大学出版社2010年版。
12. 常伟杰：《火灾调查中物证损坏原因及防范措施》，载《消防界（电子版）》2022年第20期。
13. 龚靳等：《放火现场助燃剂燃烧痕迹特征研究进展》，载《消防科学与技术》2021年第4期。
14. 周晓祥：《如何做好放火嫌疑案件火灾现场的勘查工作》，载《消防界（电子版）》2018年第23期。
15. 梁小飞、党富生：《1例杀人焚尸案的法医学分析》，载《刑事技术》2013年第4期。

第十九章

毒品案件的现场勘查

🔍 [内容提要]

毒品案件现场是指作案人实施毒品犯罪的地点和遗留有与毒品犯罪有关的物品、痕迹、信息等相关的场所。由于毒品犯罪具有特殊性，因此，与一般刑事犯罪案件现场相比，毒品案件现场具有复杂性、缺少被害人、证据特殊等特点。毒品案件现场勘查的主要任务是查明案件性质，及时发现与收缴毒品，采取相关紧急措施等。勘查人员应重点询问知情人等访问对象，查明现场基本情况，查明出入现场可疑人员情况，调查其他案件相关犯罪事实等。勘查人员应对制造毒品、种植毒品原植物，走私、运输毒品，非法买卖毒品，非法滥用毒品等案件，采用不同的实地勘查方法。勘查人员应重点分析案件性质，排查案件隐患；分析作案人员情况，做好查漏补缺工作；分析具体案情，制定侦查计划。

🔍 [重点问题]

毒品案件现场的特点；毒品案件现场勘查的任务；毒品案件现场访问的重点；毒品案件实地勘查的重点；毒品案件现场分析的重点。

第一节 毒品案件现场的特点

毒品案件现场是指作案人实施毒品犯罪的地点和遗留有与毒品犯罪有关的物品、痕迹、信息等相关的场所。由于毒品犯罪具有特殊性，因此，与一般刑事犯罪案件现场相比，毒品案件现场具有复杂性、缺少被害人、证据特殊等特点。

一、现场具有复杂性

毒品案件的现场与毒品犯罪的类型有关,其中制造、走私、运输、贩卖毒品等犯罪活动相关的各种场所都可以成为犯罪现场,而部分案件则没有明确的发案现场,或者仅能够发现一个特定的位置或者处所,并体现出犯罪活动的整体或者部分过程。

毒品案件现场的复杂性主要表现在以下两个方面:其一,毒品犯罪现场种类繁多、跨度较大、隐蔽性强。毒品犯罪从毒品种植、制作、生产开始,所涉及的场所可能涉及室外或者室内等不同范围的空间,并且不受国家或者地区的限制;毒品犯罪的运毒过程中涉及两个或者两个以上不同地点的转换,同时还涉及所使用的交通工具或者运送工具,这些情况都将增加毒品案件犯罪现场的复杂程度;贩卖毒品的场所可以为公开或者私密的场所,而部分贩卖毒品活动还可以通过网络和寄递物流完成。仅从毒品犯罪行为状态来看,毒品犯罪涉及的犯罪现场种类繁多、情况复杂,对于犯罪现场勘查工作而言具有一定难度。其二,毒品犯罪多种关联行为相互联系也会形成多个关联的现场。例如,从制毒、运毒到贩毒的过程中,制毒场所和贩毒场所之间通过运毒产生联系,多个场所之间存在较为复杂的因果关系,增加了对犯罪现场寻找与勘查的难度。其中,毒品交易的现场还会出现隐蔽性强、更换迅速等特征,在现场难以发现犯罪嫌疑人或者相关人员的痕迹、物证,无法通过常规的侦查方法直接破获案件。

二、现场缺少常规案件中的被害人

毒品犯罪是违反我国或者国际有关禁毒法律法规以及破坏毒品管制的犯罪活动,其中主要包括走私、贩卖、运输、制造毒品罪,非法持有毒品罪,包庇毒品犯罪分子罪等,然而毒品犯罪并未直接侵犯明确的被害人权益。对此,毒品案件的侦查工作中则缺少了针对被害人的询问或者部分现场访问工作,仅能够通过对其他相关人员的询问获取线索和证据。在部分案情复杂的毒品案件中,只有强迫、教唆、引诱他人吸毒罪存在类似于常规案件的被害人,然而由于被害人个人隐私或者心理的相关因素,被害人同样不会积极报案或者完全配合提供言词证据。

在缺少被害人的情况下,毒品案件相比于其他案件更难以侦破,同时在作案人具有反侦查意识的情况下,毒品案件的犯罪现场所遗留的痕迹、物证更为稀少。在常规刑事案件中,被害人可以通过报案、陈述案件事实等方式为侦查人员提供较为直接的线索和证据;相比之下,在毒品案件缺少被害人的情况下,毒品案件的侦办工作只能通过其他途径开展,这必然将增加该类案件侦破的难度。由于被害人在案件侦办过程中发挥的重要作用,毒品案件中犯罪行为与犯罪结果的因果关系则因被害人的缺失而出现难以衔接的状况，因此毒品案件的侦办流程需要作出相应的调整与优化。

三、现场的证据具有特殊性

在勘查毒品案件现场的过程中，获取与保存证明涉毒犯罪事实的证据尤为关键，因此需要在明确毒品案件证据特殊性的情况下，进一步了解毒品案件现场的证据特征。

毒品案件现场证据的特殊性主要表现在以下三个方面：其一，毒品是证明涉毒犯罪事实的重要证据。当侦查人员在办理毒品案件中发现、查获、收缴毒品时，结合涉毒人员的违法犯罪活动，才能够证明涉毒人员的犯罪事实，这体现出毒品是证明犯罪嫌疑人实施毒品犯罪的基础。当侦查人员根据相关线索证明犯罪嫌疑人涉嫌制造、非法持有、买卖、运输毒品等犯罪行为时，在没有缴获毒品的情况下，则难以真实、客观地证明涉毒的犯罪事实。其二，毒品犯罪现场的证据具有即时性特征。与毒品犯罪相关的证据存留于制作、运输、买卖毒品等活动的动态过程中，同时也会被作案人即时藏匿与销毁，因此毒品犯罪现场的证据具有即时性的特征。不论是毒品案件中的毒品，还是在制作、运输、交易过程中所使用的工具或者所反映的数据信息，都可能在犯罪完成之后被作案人即时处置，如将毒品进行隐藏、销毁制毒工具、删除毒品交易凭证或者相关聊天记录等。当侦查人员未及时发现、固定和提取相关证据时，便有可能因证据被藏匿或者销毁而难以再次查证。其三，毒品犯罪现场的取证工作具有隐蔽性特征。毒品案件的作案人具备较强的反侦查意识，这使得完全公开化、常规化的现场勘查工作难以应对毒品案件中的隐蔽性特征，因此在毒品现场勘查的过程中需要采取相应的具有隐蔽性的侦查措施、方法和技术，以保证能够成功获取证据。根据我国《中华人民共和国刑事诉讼法》和《公安机关办理刑事案件程序规定》的规定，侦查人员在办理毒品案件的过程中可以采取控制下交付、隐匿身份侦查等具有隐蔽性特征的技术侦查措施，同时针对采取技术侦查措施所收集的证据材料，在必要的情况下也可以采取不暴露有关人员身份、技术方法等保护措施，并最终由审判人员在庭外对证据进行审核。

第二节　毒品案件现场勘查的任务

毒品案件现场勘查的任务较为明确，即通过现场勘查的工作及时查明案件性质、及时发现和收缴毒品以及采取相关紧急措施。及时勘验、检查是建设公正高效权威的社会主义司法的具体手段，毒品案件的现场勘查工作须在有效的时间范围内及时进行，才能重惩犯罪，增强人民群众的获得感、安全感、幸福感。

一、查明案件性质

根据《中华人民共和国禁毒法》第59条的规定，对于非法持有、走私、贩卖、运输、制造毒品等行为，构成犯罪的，依法追究其刑事责任；尚不构成犯罪的，依法给予治安管理处罚。因此，在发现毒品或者涉毒信息的时候，需要进一步查明是一般违法还是构成犯罪，以治安案件还是刑事案件进行认定。

当侦查人员在现场发现了毒品或者相关涉毒信息时，需要根据现场勘查的情况第一时间判断是否以涉毒犯罪进行性质认定以及是否应当以刑事案件进行立案侦查。在毒品案件中，对于非法持有毒品行为的性质认定较为关键，即需要证明涉毒人员非法持有毒品是以吸食为目的还是以贩卖获利为目的，再结合非法持有毒品的种类和重量，则能够判断应当以治安案件还是刑事案件进行认定。当公安机关在现场缴获毒品或者由吸毒人员供认吸毒事实，结合毒品量、吸毒人员提供的其他证据材料以及吸毒人员检验结果等凭证，则可以对其以治安案件进行认定并进行治安处罚。当涉毒人员存在通过制造、运输、买卖等方式获利的情况，经过现场获取的相关证据材料进行认定之后，应当以刑事案件进行立案侦查。

二、及时发现与收缴毒品

根据《中华人民共和国禁毒法》的相关规定，毒品既属于国家管制的物品范畴之内，同时还会对民众产生较为恶劣的消极影响，因此在办理毒品案件的过程中应当在现场及时发现和收缴毒品，防止毒品的再次传播。在制造、运输、买卖毒品的过程中，毒品的存在形式具有一定的隐蔽性，通过其他物品进行包裹、掩藏，从而躲避常规检查并最终非法获利。对此，通过现场勘查工作及时发现与收缴毒品能够最大限度降低毒品案件的消极影响。

在制造、非法持有、运输、买卖毒品或者容留他人吸毒案件中，作案人会在短时间内藏匿甚至销毁毒品，因此勘查人员在发现和保护犯罪现场之后，应当及时对现场所发现的毒品进行固定、登记、保存，确保通过现场勘查工作能够及时控制涉案毒品。在走私毒品案件中，当发现走私人员将毒品藏匿于相关运输物品当中，勘查人员在排查与发现涉嫌走私毒品情况下，应当在及时控制涉毒物品后迅速开展现场勘查工作，以确保发现和收缴涉案毒品。基于发现涉毒线索的情况，毒品案件的现场勘查工作应当以及时发现涉案毒品为重要任务，推进毒品案件的侦办工作，确保所认定的案件性质准确无误，并通过及时收缴毒品降低毒品所产生的负面影响。

三、采取相关紧急措施

毒品案件的现场通常具有较为复杂的情况，从发现涉案情况到确认案件事实的过程中存在较多的不稳定因素，即使在勘查现场的过程中，勘查人员同样应当根据案件情况及时采取相关紧急措施，避免造成其他的消极影响。在部分毒品案件中，当涉案人员与涉案毒品在日常管理工作或者排查过程中被发现时，涉案人员可能会采取较为极端的方式予以应对，如迅速销毁毒品、暴力抗拒检查、与侦查人员进行武力对抗等情况，勘查人员则需要先采取相关紧急措施，防止涉毒人员对侦查人员或者相关物品进行攻击与破坏。

（一）针对人员的相关紧急措施

在勘查现场的过程中，涉毒人员可能会临时采取逃跑、暴力抗拒抓捕、武力对抗、自残、自杀等方式对抗侦查工作，对此勘查人员需要在开展现场勘查工作的同时，有效控制涉案人员，并对涉案人员的突发状况采取相应的管控约束措施，以避免出现不必要的突发状况。因此，毒品案件的现场勘查工作既要保证调查取证的活动能够顺利进行，还需要勘查人员对涉案人员的突发情况采取紧急措施，避免涉案人员逃避、阻碍侦查工作的顺利进行。

（二）针对物品的相关紧急措施

在勘查现场的过程中，必要时需要勘查人员对涉案相关物品采取紧急措施。当在现场发现毒品时，一方面需要及时对毒品进行登记和管制，对于发现的制毒原材料、工具等依照《公安机关勘验检查及处置制造毒品案件现场规定》及时处理；另一方面还需要排查隐患，避免因突发情况造成毒品损毁、丢失。当在现场发现其他易燃易爆物品时，需要在保护毒品和其他物证的情况下及时解除隐患，避免出现对现场的破坏。

毒品案件相对于其他案件较为严重，作案人也会在现场勘查的过程中以较为极端的方式逃避侦查或者正面对抗，所产生的消极影响难以估量。因此，在办理毒品案件的过程中，勘查人员在完成现场勘查工作之前需要将相关紧急措施作为处理和应对毒品案件突发状况的任务之一，以保证侦查工作能够顺利完成。

第三节　毒品案件现场访问的重点

毒品案件现场访问的对象具有不确定性，同时还需要根据现场情况以及案件办理的需要决定现场访问的重点。毒品案件现场访问的重点是迅速查明现场基本情况，查明出入现场的可疑人员情况，调查其他案件相关犯罪事实等。

一、查明现场基本情况

（一）查明现场所属权情况

在制造、贩卖毒品以及容留他人吸毒案件中，首先需要对现场相关人员进行访问，调查该场所的所属权。相比于其他涉毒案件，制造、贩卖毒品所选择的场所为较为私密的场所，现场勘查人员则需要进一步确定所在场地所归属或者登记的人员情况；容留他人吸毒案件则更需要明确容留他人吸毒的场所的归属者，以进一步明确涉罪人员的身份。制毒、贩毒等犯罪现场的涉罪事实较为明确，通过现场访问则可以进一步明确场所与涉案人员的关系。对于私人场所，如住宅、仓库、车辆等具有明确归属的场所或者空间，可以通过现场访问的工作迅速确定归属关系，再通过相关登记信息进行查询，以确保现场访问所获取的信息真实可靠。对于租住、租用的场所或者物品，既需要确定场所、物品的归属者，还需要确定租用场地、物品的相关人员的身份，从而进一步锁定涉案的重点人员。对于公共场所，侦查人员还需要进一步查明该场所的主要用途和可能隐藏的涉毒隐患问题，进一步查明场所主要负责人以及与涉毒案件的关系。

（二）通过访问对象了解案件基本情况

根据现场勘查人员对现场的初步分析，可以进一步通过现场访问工作了解案件基本情况。当侦查人员发现犯罪现场时，涉毒犯罪活动可能处于预谋阶段、实施阶段、掩盖阶段，侦查人员难以第一时间作出准确判断，对此可以通过访问现场相关人员及时了解案件进展情况，从而迅速部署现场勘查工作。通过对被害人、事主或者其他知情人进行现场访问，能够迅速了解案件现场的基本情况，一方面有助于迅速推进现场勘查工作的顺利实施，另一方面也可以提高后续侦办毒品案件的效率。在贩毒案件中，不论是针对人员密集的公共场所，还是私人住宅、宾馆等封闭场所，都可以进一步开展现场访问工作，了解犯罪活动特点，针对贩毒人员家庭住址、工作单位、经常出入的场所进行走访，全面了解作案人的职业特征、经济状况、社会交往情况、个人生活规律等信息，尝试复原案件的全貌与过程。

二、查明出入现场可疑人员情况

毒品案件的犯罪现场具有复杂性、即时性特征，通常情况下犯罪现场的人员同样较为复杂，因此在现场访问的工作中，不仅需要明确涉毒相关证据，还需要查明出入现场的可疑人员，其中部分人员可能为该案件的犯罪嫌疑人或者重要知情人。在现场访问过程中，可以进一步了解该现场相关人员的情况，其中包括了案件发生之前、发生过程中和发生之后分别出入现场的可疑人员，所查明的相关情况都可以为后续的侦查工作提供更为明确的方向。

（一）查明本案相关可疑人员情况

侦查人员需要通过现场访问工作，查明本案中的嫌疑对象等情况。在毒品案件中，犯罪现场的人员身份并非清楚、明确，需要通过现场访问的工作进行初步调查，厘清案件中涉案人员的身份、关系以及与案件的关联程度，并逐一排查涉罪情况。当案件涉及购买、运输以及二次贩卖毒品等多个环节，则需要通过访问工作进一步了解毒品流向，排查案件的可疑信息。由于现场勘查与现场访问处于侦查初期环节，现场访问工作可以帮助侦查人员迅速了解案件基本情况和人员组成关系，提升毒品案件的侦办效率。

（二）通过本案调查其他案件可疑人员情况

毒品案件不论是在涉罪种类还是在涉罪行为数量方面都较为复杂，一起毒品案件会与其他相关涉毒行为或者案件相关联，因此现场访问工作不仅可以通过调查某一涉毒犯罪事实或者行为发现其他可疑人员的涉毒犯罪情况，还可以通过该案件进一步深挖其他相关案件的涉案人员，达到"由此及彼"的效果。例如，在制毒犯罪现场进行现场访问后了解到部分涉案人员曾多次到达现场将毒品运输与贩卖到其他地点，涉嫌运毒、贩毒情况，侦查人员则可以通过在制毒犯罪现场的访问工作进一步明确运毒、贩毒犯罪嫌疑人的身份或者其他相关信息，有助于提升效率、扩大战果。

三、调查其他案件相关犯罪事实

在调查毒品案件的过程中，可以通过现场访问工作挖掘与发现其他相关犯罪事实。在调查一起毒品案件的犯罪事实情况时，往往伴随着其他与毒品犯罪相关或者涉嫌其他罪名的犯罪情况，都可以通过现场访问工作开展全面调查。部分涉毒案件还伴随着黑社会性质组织犯罪、严重暴力犯罪等情况，通过对现场涉案人员的访问，可以迅速了解涉毒案件所关联的其他案件。例如，毒品案件中的知情人还可能是其他案件的被害人、证人。在大型制毒、贩毒案件中，非法毒品交易的背后都会有相关涉黑涉恶组织为其提供相应保护，而当发现某一起毒品交易犯罪事实的情况时，通过现场访问同样可以迅速调查与涉毒案件相关的涉黑组织及人员的相关情况。由于毒品案件犯罪现场能够进行现场访问的人员具有不确定性，部分人员在被访问的过程中并无法保证所提供的信息真实可靠，因此侦查人员在现场访问的同时结合实地勘查获取的资料，进一步分析判断案件的基本情况，避免因访问对象提供的错误、虚假信息而作出错误的侦查决策。

第四节　毒品案件实地勘查的重点

毒品案件的实地勘查工作是获取证据材料、推进侦查进程的重要环节，在确保现场勘查工作顺利进行的同时，进一步明确毒品案件实地勘查的重点，保护犯罪现场，排查危险隐患，针对不同类型的毒品案件开展针对性的实地勘查工作。

一、制造毒品、种植毒品原植物案件实地勘查的重点

制造毒品案件的犯罪现场较为明确，结合物理、化学、医学等专业知识，对现场进行综合性勘验、检查。在实地勘查中，要注意对相关物质和证据的提取，包括制造毒品的原料、成品、半成品、粗制品、转化品、替代品等。毒品生成物可能以晶体、颗粒、粉末、片剂等固态状态存在，也可能以液体状态或者混合状态存在。制毒现场常见的制毒原料包括丙酮类物质、黄樟素类物质、麻黄素与麻黄碱类物质、胡椒荃类物质等，还包括乙醚、三氯甲烷、高锰酸钾、盐酸、硫酸等化学物品以及其他催化剂、试剂等。

针对现场制毒设备、痕迹、物证、电子数据，及时开展证据的固定与提取工作。其一，对于制毒设备进行固定与提取，包括反应设备、过滤装置、干燥设备、储藏设备及其残留物，对烘干机、反应罐、冰箱、搅拌机、冷凝机以及相关电力设备、排污设备进行固定与提取。由于制造毒品需要使用320伏以上的工业用电荷载，因此在固定、提取相关物证的过程中，勘查人员需要佩戴防毒面具、防护服、手套、反腐蚀胶鞋等装备，在提取物证的过程中保证勘查人员的健康与安全。其二，对制毒场所作案人所遗留的指纹、足迹进行固定与提取。其三，对作案人遗留在犯罪现场电子数据进行收集。作案人在制毒的过程中所使用的移动电话与网络会在通信系统和网络中留下电子痕迹和数据信息，因此可以对相关电子数据进行挖掘与提取。其四，对犯罪现场遗留的其他潜在痕迹和微量物证进行提取。

二、走私、运输毒品案件实地勘查的重点

走私、运输毒品案件的犯罪现场具有动态变化的特征，因此针对走私、运输毒品案件的现场勘查工作需要不断追踪犯罪过程、挖掘犯罪事实、全面收集证据。在走私、运输毒品的过程中，作案人通常采取某些手段逃避侦查，因此勘查工作需要结合犯罪主体及其时空条件进一步开展调查，针对运毒人员、接应与帮助人员、涉毒团伙的核心成员或者首要分子，结合犯罪路线与涉案处所，

全面排查走私、运输毒品过程中留下的信息，通过视频监控、关卡记录等信息进行勘验、检查。

针对走私、运输毒品案件的实地勘查，可以分别针对物证书证、犯罪嫌疑人供述与辩解进行勘查与取证。其一，勘查人员需要着重对毒品、运输工具、毒品藏匿与包裹物品进行检验，对涉嫌运输、藏匿毒品的车辆、船只、货物以及涉案人员的行李、人体、邮寄包裹等进行毒品搜寻，对相关证据进行固定与提取。其二，勘查人员可以对能够证明走私、运输毒品的相关书信、合同、订单、发票、邮件、账本、文件、凭证、通话记录、聊天软件交流记录等信息进行查验。其三，针对犯罪嫌疑人的主观明知程度进行调查，发现犯罪嫌疑人企图逃避法律制裁的情况，并通过收集其他相关证据加以证明。

三、非法买卖毒品案件实地勘查的重点

非法买卖毒品案件具有较强的隐蔽性、时空性、对抗性，对该类案件的实地勘查工作需要在挖掘各种证据的同时，注重证据之间的关联性，形成较为完整的证据链条。除针对毒品交易案件的现场访问工作，还需要注重对指纹与足迹的提取、对毒品、毒资、加工工具、毒品包裹物、文件资料、相关票据凭证等物证进行提取，并通过调取现场视频录音录像、毒品交易手机相关信息获取电子数据。

（一）勘查人员需要全面细致地提取现场痕迹、物证

在毒品交易的过程中，作案人容易遗留相关痕迹、物证，如毒品包装物上遗留下的指纹、作案人衣物上的微量物质等，相关微量物证能够证明交易双方的关联性。部分交易毒品案件中还会保留买卖毒品的相关记录，如通话记录、网络通信记录、贩毒账本、毒品数量记录、毒资信息、交易时间、信件、住宿记录、交通记录等证据，都能够成为证明毒品交易的重要依据。

（二）勘查人员通过视频监控与网络全面提取视频与网络通信信息

目前我国在国内航空、铁路、汽车等公共交通工具以及旅店、网吧、商场等公共场所都安装了视频监控设备，配备了身份信息识别网络系统，实现了部分公共活动的实名制，同时也对潜在犯罪行为起到了震慑的作用。因此，对于线下交易的毒品案件，可以通过毒品交易现场周边的视频监控设备调取相关录音、照相和视频信息，挖掘涉毒人员的交易情况。另外，通过手机、互联网与具有身份识别功能的网络软件进行关联，通过手机、互联网的痕迹排查犯罪嫌疑人踪迹与交易情况，并通过数据提取形成能够证明毒品交易过程的证据。

四、非法滥用毒品案件实地勘查的重点

根据《中华人民共和国刑法》的规定，教唆、引诱、欺骗他人吸毒、强迫他人吸毒、容留他人吸毒以及非法提供精神药品、麻醉药品的行为都属于《中华人民共和国刑法》处罚的犯罪行为。对于非法提供精神药品、麻醉药品的案件，由于犯罪主体必须是国家工作人员，因此可以通过勘查工作进一步审查犯罪主体的资格；其客体为国家规定管制的精神药品和麻醉药品，需要明确与海洛因、鸦片、大麻、可卡因、病毒等毒品的区别。

对于容留他人吸毒的案件，首先需要确定犯罪嫌疑人对该场所是否具有处置权，了解私人住所、办公场所、公共场所、交通工具的所属关系。同时，对于通过创办网站、开发与使用软件在网络上聚众滥用毒品的，应当对发起人、网站授权人等追究法律责任，并通过网络信息形成电子数据进行保存。其次，通过检验吸毒人员的血液、尿液、毛发等生物检材来确定滥用毒品的事实，或者通过其他在场人员提供的言词证据对犯罪事实加以证明。

第五节　毒品案件现场分析的重点

毒品案件现场分析工作是基于现场访问、实地勘查等工作对案件基本情况作出初步判断的工作，在此过程中仍然需要进一步分析案件性质，排查案件隐患，同时分析作案人员情况，做好查漏补缺工作，最后分析具体案件情况，并为后续的侦查工作制定侦查计划。

一、分析案件性质，排查案件隐患

基于毒品案件的复杂性，分析案件性质需要着重针对案件种类与数量进行分析判断，同时排查复杂案情下的安全隐患问题。

（一）分析案件类型，排查隐患问题

部分毒品案件中包含着两种以上的犯罪行为，因此在勘查现场之后应当进一步明确案件涉及的罪名种类，并及时排查潜在的隐患问题。例如，部分制毒案件与运毒、贩毒案件具有较为紧密的关联性，根据现场勘查工作对案件进行分析，可以通过某一现场的情况判断所涉及的多种罪名；在此基础上，可以根据运毒现场的情况，排查制毒、贩毒案件侦查存在的风险与隐患。

（二）分析同种犯罪的案件数量，为制定侦查计划提供依据

在运毒、贩毒案件中，同性质的案件数量表现为多次的特征，因此根据一起案件可以进一步分析是否存在多起相同性质的案件，并为后续的侦查工作提

供依据和方向。制毒、运毒、贩毒所产生的非法经济收入成为涉毒人员的主要经济来源，这使得涉毒人员会多次实施相同的毒品犯罪行为来非法获利，因此针对某一起案件犯罪现场的分析，能够发现该案与其他同类案件的关联性，迅速推动案件侦办的进程。同时，在分析同类犯罪多起案件时，侦查计划也会根据案件的数量、规模进行调整，必要时通过并案侦查、破案战役等方式着重开展毒品犯罪的打击工作。

二、分析作案人员情况，做好查漏补缺工作

（一）分析作案人员身份，缩小嫌疑对象范围

勘查人员可以根据现场勘查的情况进一步分析作案人员的身份，通过现场勘查所获得的信息缩小嫌疑对象范围。部分制毒、运毒、贩毒、收容他人吸毒等案件的场所具有特殊性，同时对应出作案人员的身份特征，这有助于缩小嫌疑对象范围，进一步查明嫌疑对象身份。对于私人场所，排查出入场所的可疑人员；对于公开场所，可以通过经常出入场所人员的职业、身份特征等进行分析与排查。

（二）分析作案人员关系，避免遗漏相关人

由于毒品案件之间具有关联性，使得涉案人员在制毒、运毒、贩毒等环节出现相接触的情况，这增加了案件与案件、人员与人员之间的紧密关联性。通过调查毒品案件犯罪嫌疑人，进一步分析该犯罪嫌疑人与其他相关人员的关系，避免遗漏相关人，使其逃脱应有的法律制裁。

三、分析具体案情，制定侦查计划

根据现场勘查所收集的证据与线索，勘查人员可以全面分析案情并制定相应的侦查计划。对于种植毒品原植物的犯罪现场，可以进一步分析种植数量、种类以及面积，根据成长与收割时间的长短，判断犯罪嫌疑人是否对种植毒品原植物存在主观上的明知；对于制毒案件，需要分析判断毒品的性质、制毒的种类与重量等涉及定罪量刑的标准，并与所获取的证据与信息进行核对与检验；对于贩毒案件，需要了解案件中涉案人员的关系以及所起到的作用，并详细分析涉案人员在案件中的身份，尤其需要初步厘清犯罪团伙中共犯、帮助犯、从犯等关系与性质，为后续的定罪量刑提供客观的依据。

―――――――――― 思 考 题 ――――――――――

1. 毒品案件现场的特点有哪些？

2. 毒品案件现场勘查的任务是什么？
3. 毒品案件现场访问的重点是什么？
4. 毒品案件实地勘查的重点是什么？
5. 毒品案件现场分析的重点是什么？

――――――| 参考文献 |――――――

1. 郭金霞、李小恺：《立体现场勘查学》，中国政法大学出版社2021年版。
2. 郝宏奎、沙贵君主编：《新编犯罪现场勘查学教程》，中国人民公安大学出版社2020年版。
3. 裴煜、段蓓玲：《刑事案件现场勘查方法》，华中科技大学出版社2020年版。
4. 许大鹏：《犯罪现场调查》，中国法制出版社2020年版。
5. 河南省人民检察院：《毒品犯罪办案指南》，中国检察出版社2018年版。
6. 胡向阳：《犯罪现场分析》，中国法制出版社2015年版。
7. 诸葛文：《CSI犯罪现场调查》，中国法制出版社2015年版。
8. 蒋健：《犯罪现场勘查实训实验教程》，中国人民公安大学出版社2014年版。
9. 杨正鸣、倪铁主编：《犯罪现场勘查案解》，复旦大学出版社2011年版。
10. 苗翠英：《毒品犯罪案件立案与侦查工作指南》，中国人民公安大学出版社2011年版。
11. 许爱东：《现场勘查学》，北京大学出版社2011年版。
12. 王沿琰、黄维智：《新型毒品案件侦查取证问题研究》，载《西南民族大学学报（人文社科版）》2016年第5期。
13. 陆文武、张丹丹、刘露刚：《关于毒品案件现场勘查的若干问题》，载《湖北警官学院学报》2013年第12期。
14. 周磊：《毒品犯罪案件侦查思维基本特征及其推理研究》，载《新疆警察学院学报》2021年第1期。
15. 金亚、舒农：《毒品犯罪案件的现场勘查》，载《公安研究》2008年第7期。

第二十章

电信诈骗案件的现场勘查

🔍 [内容提要]

电信诈骗案件现场具有虚拟性、多元性、隐蔽性、跨区域性、易变性和证据载体的多样性等特点。因此，电信诈骗案件现场勘查的任务主要是发现、固定、提取与电信诈骗相关的痕迹、物证及其他信息，存储电信诈骗现场信息资料，查明电信诈骗案件性质，查明电信诈骗作案过程，确定侦查方向和侦查范围。在对电信诈骗案件的现场勘查中，首先要加强对被害人、电信网络经营者、银行业金融机构、第三方支付机构等的现场访问，其次做好对被害人现场、数据载体以及犯罪窝点的实地勘查，尤其是要加强现场网络数据的提取和计算机信息系统远程勘验的技术应用。最后根据收集、固定的信息资料，分析案件性质、研判电信诈骗的信息流、资金流和人员流，提高现场勘查的效率。

🔍 [重点问题]

电信诈骗案件现场的特点；电信诈骗案件现场勘查的任务；电信诈骗案件现场访问的重点；电信诈骗案件实地勘查的重点；电信诈骗案件现场分析的重点。

第一节 电信诈骗案件现场的特点

电信网络诈骗，是指以非法占有为目的，利用电信网络技术手段，通过远程、非接触等方式，诈骗公私财物的行为。在电信网络技术与人们生活大融合的时代背景下，作案人借助手机、固定电话或网络等通信工具和技术实施非接触式诈骗犯罪，作案方式的转变导致电信诈骗案件迅速蔓延、居高不下，给人民群众带来了巨大的损失。

一、现场的虚拟性

电信诈骗案件现场的虚拟性是指电信诈骗犯罪行为的实施与犯罪结果的获取存在于虚拟空间，即与犯罪有关的痕迹、物证多留存在相关电信或网络服务终端。电信诈骗犯罪行为不同于传统犯罪，作案人是广泛撒网、重点捕捞，作案对象具有类型性特征即具有趋利避害或不劳而获的心理，因此，犯罪团伙编造虚假信息，以刷单返利、虚假投资理财、虚假网络贷款、冒充客服、冒充公检法等为由，通过微信、短信、电话等方式联系潜在被害人，导致被害人深陷其中，以第三方支付或者银行转账形式转出被骗财物。因此，在整个作案过程，作案人与被害人未实际接触，而是通过电话或网络进行联系，在作案人与被害人使用的电信设备或网络终端留有犯罪实行行为发生的时空轨迹和犯罪信息的数据交互，这种数据交互是犯罪行为发生后留下的痕迹，也是电信诈骗行为实施的现场。

二、现场的多元性

电信诈骗案件现场的多元性是指电信诈骗犯罪行为和介质的多样性，导致作案现场时空界限的消弭，以及多元现场的出现，这种多元现场主要是指被害人现场、窝点现场和远程现场。电信诈骗作案行为的多样性主要表现在作案手法上，如冒充公检法工作人员诈骗、医保诈骗、助学金诈骗、中奖诈骗等，随着网络技术的发展，电信诈骗手法不断翻新，新型电信诈骗不断出现，诈骗犯罪涉及各行各业、各类群体。介质的多样性指实施诈骗行为所应用的平台或设备，电信诈骗按照使用介质划分，可以分为电话诈骗、短信诈骗和网络诈骗。随着"互联网+"的不断发展，三种诈骗使用的电信技术交织出现，诈骗方式不断变化，如伪基站虚假链接诈骗等。

电信诈骗中，作案人并未对被害人实施面对面的诈骗，而是通过虚拟的线链接在一起，远程对被害人实施犯罪行为，诱使被害人将钱财转移到指定账户。因此，根据作案过程，电信诈骗现场不同于传统案件，传统案件现场主要包括实体作案现场和关联现场，且多数案件主体现场往往只有一个。电信诈骗案件主体作案现场和关联现场的时空界限并不明晰，根据作案的时间顺序以及证据留存的空间位置，电信诈骗往往涉及被害人转账现场、作案人进行犯罪活动的窝点现场和远程电子数据与网站、服务器进行交互的数据场所。被害人现场主要存在于被害人使用的移动智能终端设备以及被害人经常使用的笔记本或台式电脑。窝点现场分为技术窝点和业务窝点，技术窝点现场指作案人将技术手段和设备进行秘密放置的地点，如虚拟拨号设备（GOIP 窝点）、伪基站等；业务窝点现场指实施诈骗的人员聚集和活动的场所，如话务窝点、水房窝点等。远程数据交互现场主要指物理服务器、数据交换机、网关以及其他相关附属设备和设施，以及网站或服务器的数据库、登录地址以及远程计算机信息系统访问权限等。

三、现场的隐蔽性

电信诈骗案件现场的隐蔽性是指实施电信诈骗犯罪行为以及留有与犯罪有关的痕迹、物证的现场不容易被发现。电信诈骗犯罪的基本流程分为两条主线，一条是诈骗信息传递线，一条是诈骗钱财流转线。其一，从诈骗信息传递线看，无论是早期的电话传递还是现在的网络传递，公安机关在早期预警中很难通过信息监管进行及时的安全提醒，被害人被骗后，部分诈骗信息传递线可以通过专门的软件进行恢复，但是因虚拟拨号、伪基站，以及域外服务器的使用，导致侦查人员难以及时发现诈骗行为并进行制止，同时在案发后，侦查人员根据诈骗信息确定数据交互服务器所在地以及作案人实施作案的窝点现场较为困难。其二，从诈骗钱财流转线看，电信诈骗钱财的流转都是从被害人开始的，被害人通过银行或第三方支付平台将钱财转到作案人提供的账号，经水房转账或洗钱，进入诈骗团伙高层账户，再由高层向诈骗团伙成员发放工资或提成。涉及犯罪的资金在流转过程中，只有被害人财物的转出现场较为明确，而资金流转的下一步及水房对资金的拆分现场，因为涉及虚拟平台操作或多地车手小额拆取存，导致资金在进入洗钱环节后难以追踪，因此，电信诈骗的窝点现场和远程现场难以通过诈骗财物的流转线来判断或确定。

四、现场的跨区域性

电信诈骗案件现场的跨区域性是指作案人实施电信诈骗的行为呈现跨地区性或跨国性。随着信息网络技术的发展，全世界大部分国家和地区已经被网络覆盖，数据存储和网络节点遍布各个角落，因此，电信诈骗不同于传统诈骗犯罪，诈骗行为地和诈骗结果地多为异地或者跨境，作案人远程操控对潜在被害人实施犯罪，潜在作案人不受空间范围限制。诈骗犯罪的跨地区性指电信诈骗的作案人、电信诈骗的受害者包括网络服务器等都处在我国境内，但作案人的作案窝点短期固定在某个区域，被害人则分散在全国各个城市。诈骗犯罪的跨国性指电信诈骗作案窝点设在境外，针对我国公民实施犯罪，或者境内境外犯罪集团相勾连，形成"境内引流推广——境外实施诈骗——地下钱庄运作——

赃款回流境内"的犯罪链条。

五、现场的易变性

电信诈骗案件现场的易变性是指诈骗犯罪的被害人现场、窝点现场、远程现场容易受主客观因素的影响而发生变化，即现场遗留的与犯罪有关的痕迹、物证的变形、变性、毁坏、消失、混杂等。电信诈骗案件现场，与犯罪有关的痕迹、物证主要是存储在被害人使用的智能终端设备上的电子数据，如诈骗信息、通话记录、转账记录等，和远程现场中作案人使用的计算机、服务器、数据交换机等。被害人现场和远程现场痕迹、物证的数据化是导致现场易变性的主要原因，电子数据具有易篡改、易删除、易灭失的特征，作案人根据电子数据的特征，不仅可以对数据存储介质进行物理破坏，同时也可以通过技术手段对数据进行篡改或删除。电信诈骗的窝点现场是作案团伙窝藏的地点或场所，受人为因素影响较多，作案人会在转移窝藏地点或场所时，对原地点进行清理或破坏。

六、现场证据载体的多样性

电信诈骗案件现场证据载体的多样性是指电信诈骗犯罪证据形式的多样性。《中华人民共和国刑事诉讼法》规定的八大证据种类除犯罪嫌疑人供述与辩解外，大部分证据种类在电信诈骗案件现场都可以提取到，因为电信诈骗犯罪虚实结合的特点，在电信诈骗案件证据中电子数据始终处于首位。电子数据与传统证据相比，不是单一的图像或声音，而是声音、图像、图形、动画、文本的结合，电子数据的存储介质和存储技术也是多种多样的，如按照存储介质可以分为硬盘、光盘、内存、闪存等。

第二节 电信诈骗案件现场勘查的任务

国家安全是民族复兴的根基，社会稳定是国家强盛的前提，有效防控电信诈骗，是维护社会稳定，坚持人民至上的要求。电信诈骗案件现场勘查的任务是指在电信诈骗案件的现场勘查过程中勘查人员所担负的责任，或者应当完成的工作。明确电信诈骗案件现场勘查的任务，有助于勘查人员发现、固定、提取、对比、研判与电信诈骗案件有关的痕迹、物证及现场各类信息，分析案情，确定侦查方向和范围，为后续侦查破案提供线索和证据。

一、发现、固定、提取与电信诈骗相关的痕迹、物证及其他信息

发现、固定、提取与电信诈骗犯罪相关的痕迹、物证及其他信息，是电信诈骗案件现场勘查的目的之一，也是确定案件性质、查明案件事实的基础。无论是实体现场还是虚拟现场，根据洛卡德物质交换原理，作案人作为物质实体在实施犯罪的过程中总是跟犯罪现场中的各种各样的物质发生接触和互换关系，现场的物质交互是广泛存在的，是犯罪行为的共生体，是不以人的意志为转移的。电信诈骗集团借助电信网络技术实施远程、非接触性犯罪，这种线上线下相结合的犯罪，给侦查机关发现、固定、提取证据作带来困难。证据是证明案件事实的客观标准，信息的占有量决定着侦查的进展，因此，在电信网络诈骗的实地勘查和远程勘验中，发现、固定、提取与电信诈骗相关的痕迹、物证及其他信息是首要任务。

二、存储电信诈骗现场信息资料

对电信诈骗案件实地勘查中发现、固定、提取的书证、物证、电子数据等信息资料进行规范存储是保证证据客观性与真实性的基本要求，根据《中华人民共和国刑事诉讼法》，言词证据和实物证据可通过笔录、照相、录像等方式进行固定、存储，对实物证据存储规范的要求主要通过后续司法程序中对证据客观性、合法性的质证来实现。在电信诈骗案件中，电子数据对案件事实的认定占主导作用，因此，对电子数据的存储非常重要。《公安机关办理刑事案件电子数据取证规则》中规定对电子数据的存储位置、原始存储介质特征和所在位置情况要通过打印、拍照、固定等方式记录清楚，同时对扣押、封存原始存储介质列明了详细的程序性要求。

三、查明电信诈骗案件性质

现场勘查结束后，根据现场收集、固定、提取到的与电信诈骗犯罪相关的痕迹、物证、电子数据等信息资料，进行"快采、快录、快比、快研"，确定案件事实是否构成刑法意义上的犯罪，构成何种犯罪，是否需要追究刑事责任，判断电信诈骗案件的性质是立案的依据，也是后续开展侦查工作的基础。电信诈骗犯罪的虚拟性和隐蔽性，以及证据发现、收集与固定的技术性和易变性，给现场分析中确定案件性质带来了困难，因此，只有熟悉电信诈骗犯罪的入罪标准和证据要求，才能正确判断电信诈骗案件的性质。

四、查明电信诈骗作案过程

查明电信诈骗作案过程是指根据已获得的信息线索，从"七何"要素（即何人、何事、何时、何地、何因、何果、何情）对案件进行阶段分析和综合分析。电信诈骗犯罪的阶段性过程包括诈骗信息的发布、被害人接受信息、犯罪嫌疑人账户的提供、水房的转账或洗钱，金额进入"金主"账户、犯罪集团内部分赃等。通过阶段性犯罪过程的分析，细节还原具体电信诈骗的各个环节，并在此基础上对整个犯罪过程进行全时空、全要素、全动态的分析，加强回溯推理与证据的相互印证，使犯罪过程的分析建立在科学证据的基础上，强调犯罪过程分析的客观性。

五、确定侦查方向和侦查范围

电信诈骗案件现场呈现出"虚实结合"的特点，根据电信诈骗方式的不同，常见的电信诈骗分为电话诈骗和网络诈骗，根据网络技术的发展，犯罪手法还在不断翻新，但是无论如何变化，电信诈骗的开端都是被害人的钱财的转出，因此，在初期勘查被害人现场后，要客观、全面地收集微信、电话或网络端的诈骗信息和被害人财物的转出记录等，确定是刷单返利、中奖诈骗、信用卡诈骗还是其他诈骗类型，迅速冻结被诈骗金额，并根据犯罪信息流和网络流确定犯罪窝点和远程现场，总结犯罪区域性特征和犯罪集团特征，确定下一步侦查方向，并根据已掌握的线索，确定是否需要跨区域侦查协作或者跨境司法协作，完善侦查计划。

第三节 电信诈骗案件现场访问的重点

现场访问是获取电信诈骗言词证据和信息线索的重要途径之一，也是现场勘查的重要内容。根据电信诈骗犯罪的流程，电信诈骗案件现场访问对象主要包括电信诈骗被害人、电信业务经营者、银行金融部门和非银行支付机构，要根据访问对象掌握的犯罪线索的情况，明确访问重点，确定访问提纲。

一、对被害人的访问

电信诈骗案件多是通过部门安全预警或者被害人报案发现的，被害人作为电信诈骗犯罪财产权被侵犯的对象，经历了整个诈骗过程，留有与犯罪行为有关的信息线索，因此，对电信诈骗被害人的现场访问是非常重要的工作。

（一）被害人的个人信息

因为电信诈骗被害人数众多和电信诈骗受害群体的不特定性，因此，在受理电信诈骗犯罪被害人的报案时，要详细询问每位被害人的姓名、身份证号、住址、联系方式等个人自然身份信息，同时重点询问被害人网络虚拟身份信息。

（二）作案人与被害人联系的时间、地点、方式、内容

电信诈骗犯罪作案人或犯罪集团，通过短信、微信、电话或网络平台发布

虚假信息，与被害人进行多次联系，因对个人隐私权与通信自由的保护，涉案信息在报案前属于闭合信息，因此，侦查人员需要向被害人详细询问作案人是通过什么方式联系被害人的，具体联系过几次，每次联系的时间和地点，以及联系的具体内容。

（三）被害人向作案人转账的账号、时间、地点、方式、金额、次数

电信诈骗数额的确定对犯罪性质的认定至关重要，因此，在询问被害人的过程中，首先要询问被害人财物损失的总金额，其次询问被害人转账的次数，以及每次转账的时间、地点、方式和金额，最后询问被害人是否保存有历次交易或转账的凭证，以及凭证的形式。

（四）被害人对作案人的情况了解，以及掌握的作案人相关信息

在电信诈骗犯罪中，被害人与作案人或有过接触或有过多次语音通话或者文字交流，因此，被害人对作案人或诈骗集团有一定的了解。侦查人员在询问被害人时，首先询问被害人是否接触过作案人、是否认识作案人、作案人的性别，其次询问作案人是否具有口音，以及作案人的声音特点，最后应注意询问通话过程中是否有特殊的话外音等。

（五）被害人报案情况

向被害人询问是否及时报案，若未报案，询问未报案的原因，是否有隐情；报过案的，查看之前的报案情况。

（六）被害人被诈骗的详细经过

包括被害人被骗的始末、交流沟通、心理变化、遭受损失的经过、案涉网络通信工具、网页网址信息、支付结算工具以及是否存在被害人及其近亲属自杀、死亡或者精神失常后果等情况。有条件的，应当让被害人演示被骗经过并进行拍照或录像固定；由侦查人员操作被骗流程的，应当将流程经过交被害人核实。

因电信诈骗犯罪被害人众多、地域分散、询问成本高等，在电信诈骗被害人的访问中，如果"被害人数量超过百人，且书证、电子证据等证据充足，已能查明各犯罪嫌疑人的诈骗行为、诈骗数额等犯罪事实，对被害人进行抽样取证不影响各犯罪嫌疑人具体行为及诈骗数额认定的，可以进行抽样取证"，即可以进行抽样询问。

二、对相关电信业务经营者的访问

根据《中华人民共和国反电信网络诈骗法》，电信业务经营者是反电信诈骗犯罪中电信治理的主体，因此，电信业务经营者对被害人和作案人电话登记、

物联网用户登记身份信息进行确认，管理电信线路和相关设备。

（一）询问被害人电话登记信息以及通话记录等

向电信业务经营者询问被害人实名登记的个人身份信息，并调取被害人话单，确认被害人与作案人联系途径、次数、方式、通话时长、通话状态、对方号码、对方号码类型、通话用户所在位置区码（LAC）等。

（二）询问涉诈电话卡登记信息以及通话记录等

询问电信业务经营者涉诈异常电话卡个人登记信息、办理电话卡的数量等，并调取涉诈电话号码的话单，并根据话单进行分析。

（三）询问物联网卡及相关设备使用监管信息

询问物联网卡用户登记身份信息以及有无异常使用情况，有无识别到网内和网间虚假主叫、不规范主叫。询问是否有非法设备、软件接入网络。

三、对相关银行业金融机构、非银行支付机构的访问

银行业金融机构、非银行支付机构为客户开立银行账户、支付账户以及提供支付结算服务。作为电信诈骗犯罪，资金流的流通需要通过银行或第三方支付平台的转入与汇出，因此，<u>应重视对银行业金融机构、非银行支付机构的访问</u>。

（一）询问被害人银行账户或支付平台账户信息，以及交易记录

向相关机构询问被害人银行账户、立户时间、转账或汇款的具体方式（柜台、ATM机、手机银行、网上支付平台等）、转账的时间和地点，如果是在柜台转账，有无其他陪同人员以及当天的具体情形等。

（二）询问涉电信诈骗账户相关信息

向银行金融机构或非银行支付机构，询问资金转入账号的开户信息，核实期间内该账户的转入或转出记录。以及是否存在异常情形，采取过延迟支付结算，限制或中止有关业务的措施。

（三）询问异常交易用户相关信息

向银行金融机构、非银行支付机构询问在日常监管中是否存在异常交易情形，异常客户的互联网协议地址、网卡地址、支付受理终端信息以及设备位置信息等。

第四节　电信诈骗案件实地勘查的重点

根据电信诈骗案件的阶段性特征，电信诈骗案件实地勘查的重点是被害人现场、涉案网站、服务器等数据载体、犯罪窝点等，整个实地勘查依照电信诈

骗犯罪的发生、发展、结束来进行。对电信诈骗案件的现场进行高质量的勘查，有助于勘查人员判断案件性质，为后续的现场分析提供重要依据，提高案件侦破效率和质量。

一、被害人现场

对电信诈骗案件被害人现场实地勘查，主要包括：对被害人使用电子设备和现场进行拍照固定，对被害人使用的终端数据进行提取，对被害人使用的其他数据存储介质进行固定等。

（一）对被害人使用电子设备和现场进行拍照固定

1. 对被害人使用的电子设备进行拍照固定。勘查人员在对被害人使用的电子设备进行勘查前，应当征得被害人的同意，对涉案电子设备，如手机、笔记本电脑等外观特征进行拍照固定，并使用截屏或拍照等方式记录手机的 IMEI 码或者电脑的 MAC 地址等。

2. 对涉案现场进行拍照固定。如果电信诈骗被害人在线下进行转账或汇款，勘查人员需要对转账地进行方位照相和概貌照相。

（二）对被害人使用的终端数据进行提取

被害人提供的与诈骗犯罪相关的数据载体，通常被分为移动终端、PC 端和其他存储介质，因此，终端数据主要指被害人使用手机、平板、电脑主机、笔记本电脑等产生的数据信息，包括短信、微信聊天记录、通话记录、第三方支付平台转账记录、涉案 APP、涉案网页网址等。

对被害人使用的终端数据进行提取，主要方法有两种，一种是手工提取，一种是数据自动采集。手工数据采集是通过打印、拍照、录像、录屏的方式固定提取，如果要对手机应用程序进行手工提取，可根据犯罪分子向被害人提供的网址链接、二维码识别提取。终端数据的自动采集是勘查人员使用专门软件或设备，如平衡系统，对涉案终端进行定向数据的提取，提取的内容包括社交软件、微信账单、支付宝账单、通话记录、短信记录、网址 IP、应用安装包信息和设备基本信息。

（三）对被害人使用的其他数据存储介质进行固定

被害人使用的其他数据存储介质指移动硬盘、U 盘、光盘、SD 卡等，对与案件有关的被害人数据存储介质进行扣押、封存，依照《公安机关办理刑事案件电子数据取证规则》进行固定。

二、涉案网站、服务器等数据载体

《公安机关办理刑事案件电子数据取证规则》第 23 条规定："对公开发布

的电子数据、境内远程计算机信息系统上的电子数据，可以通过网络在线提取"。同时，第28条也规定了远程勘验的具体情形，因此，电信诈骗案件对网站、服务器等的勘查主要方式为两种：一种是网络在线数据提取；另一种是远程勘验。

（一）电信诈骗网络数据勘查要点

电信诈骗实地勘查人员始于对被害人终端的勘查，通过终端勘查获取的信息，进行网络流和信息流的分析，拓展到对与犯罪相关的服务器和第三方管理平台的数据提取。其中勘查的要点包括以下内容：

1. 网络在线提取涉案服务器所发布的数据。涉案服务器发布信息的方式包括两种：一种是外挂在其他合法网页、社交软件、交易平台或手机APP，以信息、图片、链接、二维码的形式展示；另外一种是推送犯罪集团开发的应用程序，可以通过涉案网址或二维码扫码下载。如果涉案网络访问端口关闭，可通过被害人终端、网页浏览的历史记录查找已转移或关闭的主网站。

2. 通过电子数据的来源，检查、发现犯罪网站、服务器、第三方支付等关联网站、电信服务等。

（二）服务器等远程勘验要点

《公安机关办理刑事案件电子数据取证规则》第27条对远程勘验的使用情形进行了规定，在电信诈骗案件虚拟现场勘查中，对满足法律规定情形的可以适用远程勘验，尤其是在跨地区、跨国境网络犯罪中，远程勘验是收集相关电子数据的重要手段甚至是唯一手段。注意远程勘验的主体为县级公安机关，同时对跨境远程勘验需要在尊重他国主权的前提下展开。

三、犯罪窝点

电信诈骗案件犯罪窝点是犯罪团伙藏身并实施诈骗行为的地点或场所。犯罪窝点电子设备处于持续工作中，对犯罪窝点及时勘查有利于发现与诈骗犯罪有关的痕迹、物证，如犯罪团伙使用的计算器、路由器、服务器以及电子数据和犯罪信息等。犯罪窝点属于实体现场，因此，在对电信诈骗犯罪窝点进行实地勘查时，应遵循一般勘查流程。

（一）现场保护的要点

电信诈骗窝点现场既有实物证据又有电子数据，在对该现场进行保护时，既要采取传统的警戒保护，又要注意对现场电子设备的保护。电子设备的保护要点包括：

1. 及时将现场嫌疑对象与电子设备分离，防止无意或有意破坏现场证据。

2. 不能随意改变计算机开关状态。

3. 未经同意，禁止任何人触碰计算机或存储介质。

（二）初步勘查的要点

勘查人员在初步勘查前，需要对案情和窝点情况充分了解，明确勘查的目的和范围，确定勘查顺序和重点，并通过拍照、绘图、录像等方式记录现场情况。初步勘查的要点包括：

1. 对窝点进行方位、概貌拍照，记录犯罪窝点所在位置和窝点内部环境以及物品陈列位置。

2. 窝点现场"人位对应"拍照记录。

3. 对窝点内发现的诈骗文本、银行卡号、电话号码、标语、口号等进行拍照固定。

（三）详细勘查的要点

电信诈骗犯罪窝点的详细勘查，勘查人员要对与犯罪有关的痕迹、物证进行收集、提取。详细勘查的要点包括：

1. 对手机或计算机上易丢失或毁坏的数据进行数据提取。

2. 收集、提取犯罪分子身份信息、被害人信息资料、诈骗剧本、业绩单等可能与电信诈骗犯罪相关的书证。

3. 对与犯罪有关的电子设备的扣押与封存。

4. 对犯罪窝点现场视频监控的勘查。

第五节　电信诈骗案件现场分析的重点

现场访问、实地勘查工作结束以后，现场勘查指挥人员组织侦查人员、技术人员等有关人员对现场访问、实地勘查获得的信息材料进行梳理和归纳，围绕案件性质、作案方式、作案的资金流和信息流、作案人等问题展开充分的讨论，确定侦查方向，划定侦查范围，有效推进后续的侦查工作。

一、分析案件性质

分析案件性质的内容主要包括两方面，一方面是现场访问、实地勘查结束后，对案件事实进行入罪与立案标准的衡量；另一方面是对诈骗事实进行深入分析，确定此罪与彼罪的问题。

（一）分析案件事实，确定立案依据

根据最高人民法院、最高人民检察院、公安部《关于办理电信网络诈骗等刑事案件适用法律若干问题的意见》以及最高人民检察院《检察机关办理电信网络诈骗案件指引》，电信诈骗案件事实的分析包括通过收集、提取的证据分析是否存在电信诈骗的发生、是否造成了法律规定的危害结果。最高人民法院、最高人民检察院《关于办理诈骗刑事案件具体应用法律若干问题的解释》第1条明确了电信诈骗犯罪的入罪标准，即利用电信网络技术手段实施诈骗，诈骗公私财物价值"三千元至一万元以上、三万元至十万元以上、五十万元以上的"，应当分别认定为《中华人民共和国刑法》第266条规定的"数额较大""数额巨大""数额特别巨大"。《关于办理电信网络诈骗等刑事案件适用法律若干问题的意见》规定，对于2年以内，多次实施电信诈骗的，诈骗数额累计计算。诈骗数额难以确定的，"发送诈骗信息五千条以上的，或者拨打诈骗电话五百人次以上"，以及"在互联网上发布诈骗信息，页面浏览量累计五千次以上的"，以诈骗犯罪未遂定罪。

（二）研判案件事实，确定犯罪性质

部分电信诈骗案件在犯罪形式与犯罪结果的呈现上，与信用卡诈骗犯罪、盗窃罪、普通诈骗犯罪有相似之处。因此，在初步判断犯罪所得达到入罪标准的基础上，进一步确定构成哪类犯罪。例如，利用网络钓鱼、木马链接实施犯罪的案件中，既存在虚构事实、隐瞒真相的诈骗行为，又可能存在窃取财物的行为，在犯罪认定时，要注意区分是盗窃还是电信诈骗。

二、分析作案方式

根据《中华人民共和国反电信网络诈骗法》中对电信诈骗犯罪的概念，电信诈骗的主要方式是远程、非接触等，在具体案件中这两种方式的表现形式多种多样，因此，要善于总结电信诈骗具体类型，并透过表面行为发现电信诈骗犯罪的事实。公安部公布的电信诈骗犯罪数据，刷单返利、虚假投资理财、虚假网络贷款、冒充客服、冒充公检法5种诈骗类型占比电信诈骗犯罪总数的近80%，在电信诈骗案件分析中要熟悉多发电信诈骗犯罪的作案方式，提高现场分析的效率和准确度。

同时，最高人民法院、最高人民检察院《关于办理诈骗刑事案件具体应用法律若干问题的解释》不仅从数额上规定了电信诈骗的入罪和量刑标准，同时也规定了从重处罚情形，这些情形也是对电信诈骗犯罪行为方式的总结，即冒充司法机关等国家机关工作人员实施诈骗；诈骗救灾、抢险、防汛、优抚、扶贫、移民、救济、医疗等款物的；以赈灾、募捐等社会公益、慈善名义实施诈骗的；利用电话追呼系统等技术手段严重干扰公安机关等部门工作的；利用

"钓鱼网站"链接、"木马"程序链接、网络渗透等隐蔽技术手段实施诈骗的。

三、分析作案的资金流和信息流

（一）电信诈骗的资金流

电信诈骗的资金流主要是指诈骗所得财物流转的过程和最终的去向。现场分析需要结合所有涉案嫌疑账号的信息、资金流转情况等信息，以及向银联、第三方支付机构调取的相关数据，通过网银转账的分析登录的 IP 地址、MAC 地址，通过手机 APP 转账的，分析使用时的经纬度、登录时的基站等，进一步确定涉案资金账户的时空轨迹。

（二）电信诈骗的信息流

电信诈骗的信息流是指在电信诈骗过程中，作案人之间、作案人与被害人之间，利用网络、电话等通信工具，进行语音、文字、图片等进行交流的记录。主要包括涉案电话号码的基础信息、涉案 QQ、微信和电子邮箱等网络账号间的信息交互，以及涉案的网页的浏览记录等，对信息流的分析中，需要通过信息交互梳理诈骗经过，同时通过对网络后台信息的分析，确定 IP 地址、服务器归属地等信息。

四、分析作案人

对电信诈骗案件作案人的分析，首先根据已掌握的信息材料，对具体作案人进行个体分析，包括作案人的年龄、性别、居住地等个人信息、体貌体征、作案人作案时的心理特征、是否是熟人作案等的判断。同时，因电信诈骗案件以团伙作案或集团作案为主，团伙成员往往按照电信诈骗的产业链进行明确的分工，一般包括组织者、信息提供者、信息输出者、资金转移者、技术提供者等。因此，在对电信诈骗作案人进行分析时，也要结合已掌握的信息资料，确定每人在诈骗团伙中的具体分工，是充当话务人员、转账人员还是取款人员。

思 考 题

1. 电信诈骗案件现场的特点有哪些？
2. 电信诈骗案件现场勘查的任务是什么？
3. 电信诈骗案件现场访问的重点是什么？
4. 电信诈骗案件实地勘查的重点是什么？
5. 电信诈骗案件现场分析的重点是什么？

参考文献

1. 单大国主编：《刑事科学技术》，高等教育出版社 2021 年版。
2. 郭金霞、李小恺：《立体现场勘查学》，中国政法大学出版社 2021 年版。
3. 郝宏奎、沙贵君主编：《新编犯罪现场勘查学教程》，中国人民公安大学出版社 2020 年版。
4. 张颖主编：《犯罪现场勘查》，法律出版社 2020 年版。
5. 许大鹏：《犯罪现场调查》，中国法制出版社 2020 年版。
6. 王鹏：《初任民警现场处置技能与战术》，知识产权出版社 2019 年版。
7. 许锋、何芳州：《视频现场勘查及应用》，东北大学出版社 2018 年版。
8. 蒋平、陆娟：《计算机犯罪与电子取证研究》，社会科学文献出版社 2018 年版。
9. 翁里：《物证鉴定与犯罪侦查》，浙江大学出版社 2016 年版。
10. 沙贵君、陈志军主编：《犯罪现场勘查学》，中国人民公安大学出版社 2015 年版。
11. 徐天合、徐倩：《现场勘查实务》，上海大学出版社 2015 年版。
12. 高松林、肖尚成：《伪基站电信诈骗犯罪的惩治困境及出路》，载《中国刑警学院学报》2020 年第 4 期。
13. 谢登科：《电子数据网络远程勘验规则反思与重构》，载《中国刑事法杂志》2020 年第 1 期。
14. 曹晓宝：《电信网络诈骗案件的取证策略与证据体系构建》，载《中国刑警学院学报》2018 年第 2 期。
15. 杨郁娟：《论电信诈骗犯罪侦查中的现场取证——兼论电信诈骗犯罪侦查国际警务合作现场取证的要点》，载《山东警察学院学报》2014 年第 2 期。

第二十一章

投放危险物质案件的现场勘查

🔍 [内容提要]

投放危险物质案件现场是指作案人故意投放毒害性、放射性、传染病病原体等物质，致人、畜、禽等死伤或其他公私财物遭受重大损失的场所，以及遗留有与投放危险物质犯罪有关的痕迹、物品的相关场所。在刑事案件侦查中，投放危险物质案件所占的比例并不大，但因作案人多在事前精心策划，事后毁迹灭证，加之常用的危险物质容易获得，并且很多危害症状类似于普通疾病，不易及时引起人们的警觉，以至于拖延报案和抢救，案件侦破难度较大。在勘查投放危险物质案件现场时，除了遵循一般案件现场勘查的程序、方法外，还应重点勘验与中毒有关的痕迹、物品，同时结合现场访问的结果进行分析研究，从而确定事件性质，查明犯罪事实，确定侦查方向和范围，破获案件。

🔍 [重点问题]

投放危险物质案件现场的特点；投放危险物质案件现场勘查的任务；投放危险物质案件现场访问的重点；投放危险物质案件实地勘查的重点；投放危险物质案件现场分析的重点。

第一节 投放危险物质案件现场的特点

坚持以人民为中心发展思想，要保障人民群众实现美好生活所需的食品安全、卫生安全、环境安全等基本条件。投放危险物质案件现场是指作案人故意投放毒害性、放射性、传染病病原体等物质，致人、畜、禽等死伤或其他公私财物遭受重大损失的场所，以及遗留有与投放危险物质犯罪有关的痕迹、物品的相关场所。了解投放危险物质案件现场的特点，有助于勘查人员有针对性地开展现场勘查工作，提高现场勘查工作效率。

一、现场遗留的痕迹、物证较多

被害人中毒后，多会出现相应的中毒症状，例如恶心、呕吐、腹痛、昏迷等，畜、禽中毒后也会出现相应的中毒症状，现场可能还会出现特殊的气味，中毒现象明显。同时，在中毒案件现场，作案人一般不易掩盖和消除现场上的痕迹、物证，例如中毒的活体或者尸体，呕吐物、排泄物、分泌物，有的现场还会遗留有作案人投放危险物质所使用的毒物包装物、针具、残留毒物等。因此，现场遗留的痕迹、物证较多。通过对这些痕迹、物证的检验鉴定，往往能获取大量与案件有关的信息，为侦查破案提供方向和依据。

二、现场物质破坏少

与放火、爆炸等现场明显不同的是，在投放危险物质现场，毒物除了引起被害人中毒外，现场的其他客体和环境一般不会遭到破坏。同时，投放危险物质犯罪多有预谋，作案人事前精心策划，尤其是亲友作案，对现场的环境较为熟悉，投放毒物的方式和部位明确，而且毒物多投放于食品及茶（水）杯、饭碗、面（水）缸等之中，现场上暴力性的物质破坏较少。

三、现场多为变动现场

中毒事件发生后，在勘查人员没有到达现场前，现场多有变动。导致现场变动的原因较多，有人为因素，也有自然因素，主要有以下两方面原因：其一，作案人伪装、伪造现场。投放危险物质案件中，有相当一部分是"杀亲"案件，作案人与被害人关系密切，为了割断这些关系，逃避侦查打击，作案人常常伪装或伪造现场。例如，谎称被害人因病而亡；或在作案后清理现场，隐匿或丢弃作案工具、毒物残留等。其二，其他人员对现场的破坏。投放危险物质案件当中，有时作案人投放危险物质、被害人接触危险物质、被害人出现中毒症状以及被害人死亡不在同一场所。例如，作案人将毒物投放于商城、饭店的食品内，被害人将食品带离后食用中毒，或者离开饭店后出现中毒症状，而又在医院抢救无效死亡。勘查现场时投放危险物质现场早已被其他无关人员破坏殆尽。

即使投放危险物质，被害人接触危险物质，出现中毒症状及导致死亡发生在同一场所，被害人中毒后也需要抢救人员施救，有时围观人员还比较多，常会造成现场痕迹、物品被破坏或者增添新的痕迹、物品。有的投放危险物质案，由于中毒后的症状与一些病症相似，一时难以确认是否中毒以及毒物的种类，例如铊中毒，或者因其他原因而导致报案不及时，有的甚至已将中毒者入殓或者埋葬若干时间后才有人提出疑问而报案，现场早已被清理或因时过境迁，几乎无勘查价值。

第二节　投放危险物质案件现场勘查的任务

发生中毒事件的原因多样，现场勘查难度较大，对勘查工作的要求也较为全面细致。因此，明确投放危险物质案件现场勘查的任务，是投放危险物质案件现场勘查工作的前提和基础，有助于勘查人员及时采取有针对性的措施，减少危险物质继续扩散的可能性，提高勘查工作效率和质量，推进后续侦查工作的开展。

一、确定事件性质

对于中毒事件，勘查工作的一个重要任务就是要确定事件的性质。在现实生活中，发生中毒的原因多种多样，例如有的是投放危险物质，有的是自己服毒，有的是误食有毒动植物等毒物而意外中毒，有的是因"三废"（废气、废水、废渣）而中毒等。事件的性质，直接决定着是否立案侦查，是必须优先解决的问题。如果没有投放危险物质犯罪的发生，侦查人员和技术人员应对事件的性质作出令人信服的说明；若确有投放危险物质犯罪发生，也需要对此作出充分的论证说明。

在现场勘查的过程中，如果存在以下情况，应重点考虑投放危险物质的可能性：其一，死者家中无毒物，也无接触毒物的条件。其二，中毒现场有来历不明的毒物包装物、残留毒物。其三，在死者家中的面（水）缸、饭菜中发现毒物。其四，现场、尸体或遗留的遗书等有伪装或伪造。其五，现场无吃剩的毒物或毒物盛装物，例如药瓶、药包等。其六，现场财物有翻动、被盗或尸体有外来暴力加害特征等。其七，死者生前精神状态及言行正常，无明显服毒自杀的动机等。

二、查明案件的有关情况

（一）查明毒物的有关情况

投放危险物质案件现场勘查，必须要查明危险物质的基本情况。假如中毒事件定性为投放危险物质案件，则毒物的基本情况，例如毒物的种类、毒性、数量等，对于查明案件性质、确定侦查范围和揭露与证实犯罪具有重要意义。为查明毒物的基本情况，在现场勘查过程中，勘查人员必须注意妥善地提取各类检材。主要包括毒物残留物、毒物的包装盒、中毒尸体的胃内容物、剩余食物、药物、呕吐物、排泄物、各类脏器组织等。对于提取到的检材，应及时送刑事技术部门进行检验鉴定。

（二）查明投放危险物质活动的基本情况

1. 确定投放危险物质的时间与地点。投放危险物质的时间即作案人的作案时间，作案时间与被害人员、畜、禽等出现中毒症状、伤亡的时间往往并不一致，但关系密切。确定作案时间，通常根据中毒者出现中毒症状或死亡的时间，结合毒物的种类、毒性、用量等因素，推算出被害对象从中毒到死亡的时间，再反推作案人大致的作案时间。投放危险物质的地点一般情况下与中毒对象中毒的地点一致，但有的案件也不一定，例如作案人在河流、矿泉水、食物中投毒等。对于投放危险物质的时间与地点的判断，应全面考虑各种可能因素，尤其要特别注意少数作案人的故布疑阵，扰乱侦查视线情况。

2. 确定作案人投放危险物质的方式。投放危险物质的方式方法多种多样，有的将危险物质投放于水中；有的投放于食品中；有的将危险物质涂抹于被害人经常接触的物体上；有的则采用注射的方法，将有毒物质注入被害对象的肌体内；甚至有些作案人直接利用毒蛇、毒虫咬人，使人中毒身亡。不同的中毒方式方法，在一定的程度上反映了作案人对某种危险物质的熟悉程度、自身所具备的技能和条件。因此，确定作案人的投毒方式方法也是现场勘查中一项非常重要的工作。

3. 查明中毒情况。勘查人员应查清中毒人员的人数；伤亡的人员或者畜禽数量；危险物质源；危险物质的扩散区域；中毒程度等基本情况。

三、收集与犯罪有关的痕迹、物证

投放危险物质现场上的痕迹、物证主要有以下两大类：其一，有助于查明毒物情况的痕迹、物证。常见的有：毒物残渣；含有毒物的食物、饮料；呕吐物、分泌物、排泄物；盛放毒物的器皿、包装盒、袋等。其二，有助于分析作案过程、犯罪行为方式、刻画作案人等与案件相关的其他痕迹、物证。常见的有：作案人作案时留下的手印、足迹、工具痕迹、交通工具痕迹等；作案人作案时留下的其他物品，例如烟蒂、火柴、纽扣、纸团等；现场周围的视频监控资料等。

第三节　投放危险物质案件现场访问的重点

投放危险物质案件现场访问的对象非常广泛，包括发现人、报告人、现场保护人员、受害单位、中毒人员、抢救人员、医务人员、现场周围群众、目击者和知情人等，现场访问对象提供的情况对于现场勘查乃至于后续的侦查破案具有重要价值。对于不同的现场访问对象，访问的内容及侧重点也应有所不同。

一、发现人、报告人及现场保护人员

发现人、报告人常是受害人的家属、邻居、朋友或路过群众，他们了解现场的原始状态和被害人的中毒症状，有的甚至还知道死者临死前的陈述内容。但是，需要特别注意的是在实践中，有些案件的发现人、报案人即真正的作案人，因此对其访问时，也应留意其言行的可疑之处，为侦查破案提供线索。

对发现人、报告人及现场保护人员访问应重点了解：案件的发现经过及抢救情况；中毒人数、死亡人数、中毒者倒卧位置、姿势；现场状况如何，有无特殊声音、气味、烟雾；现场有无采取保护措施，采取何种保护措施；发案后是否有人出入现场；是否触动过现场的尸体与物品；是否有人清扫现场，清扫的原因是什么等。

二、受害单位及中毒人员

有些投放危险物质案件的作案人针对的是某个单位或组织，因此在对受害单位或者组织进行访问时，应重点了解：单位或组织的构成人员，单位内有无可疑的人员，例如被解聘的员工、受到非公正待遇的人员；是否受到过不明人员的威胁、恐吓、警告等；是否有人扬言报复；是否与其他单位或组织之间存在矛盾等。

对于投放危险物质案件中幸存的中毒人员，应及时进行访问。特别是对于中毒程度较深，生命垂危的重伤人员，在医生的协助下，趁其清醒，抓紧时间进行简要提问，必要时可借助手势、书写等方式，尽可能了解案件的有关情况。对于生命垂危、无条件再次访问的人员，应当录音、录像，必要时可以邀请在场的医务人员或者被害人亲属等作为见证人。

对中毒人员访问应重点了解：基本情况；家庭情况；社会关系；矛盾关系；饮食习惯、健康状况；用药情况；持有和使用毒物情况；有无自杀倾向；中毒发生的经过；是否吸食过带有异味、异物的食品、饮料等；何时感觉不适，中毒后症状如何；中毒前是否发现可疑人员，本人对中毒的看法，是否有怀疑的对象、依据或者其他的可疑情况。

三、目击者和知情人

案件发生时，目击者、知情人目睹或者了解与案件相关的重要情况。对于

目击者及知情人的访问应提高警惕，注意发现其言行的可疑之处，因为投放危险物质案件常常发生在"熟人"之间，目击者与知情人作案的可能性不能完全排除，甚至在不少的投放危险物质案件中目击者及亲友本身即为作案人。

对目击者和知情人访问应重点了解：中毒者出现症状的时间；症状表现；持续时间、行为言语；尸体状态；中毒前的活动轨迹、之前有无类似中毒症状出现过；中毒之前的工作、生活、健康及精神状况，有无自杀迹象，与他人有无重大利害冲突与仇恨；知情人在案发前后有无看到或听到异常情况，有无发现可疑人员出入现场，体貌特征如何；案件是何时发生的；是否看到有人投放危险物质；作案人何时逃离现场、逃跑的路线；中毒者家中平常有无毒物存放，存放物质，毒物种类及保管情况等。

四、有毒食品制作、加工、流转等各个环节的相关人员

对于有毒食品制作、加工、流转等各个环节的相关人员访问，主要为了查清毒源、投毒的关键环节及可能的作案人。毒物是如何形成的，投毒者通过何种途径接触到了食品，剩余的食品是否也同样含有毒物，是否可能扩散等，究竟是食品的制作、加工、流转等环节不慎意外接触到了有毒物质而导致食品被毒物污染，还是食品在以上某个环节当中被人蓄意投毒等。因此，对此类人员的访问应重点了解：一般正常的食品的制作、加工、流转等环节是什么；制作、加工的原料，采集途径；何人负责；都有哪些人参与；有无异常情况发生；有无可疑人员；哪个环节最容易出问题，哪些人具备投毒的便利条件等。

五、抢救人员及医务人员

对抢救人员及医务人员访问应重点了解：救治措施；救治结果；检验诊断情况；中毒人员在抢救的过程中说了什么，有无怀疑的作案人及遗言等。

六、现场周围毒物销售人员

对现场周围毒物销售人员访问应重点了解：近期有无什么人购买过毒物；何人，体貌特征如何；有无可疑人员前来咨询过毒物情况；对现场发现的毒物包装袋、包装瓶进行辨认、确认等。

七、现场周围群众

对现场周围群众访问应重点了解：案件发生前后的有关情况，例如听到什么可疑的声音，看到什么可疑的人或事情；被害人的经济状况、生活作风、家庭关系；被害人的健康和精神状况，有无滥用药物或瘾癖，有无既往病史，有无思想负担导致自杀的可能；被害人与邻里之间、同事之间、亲友之间等有无私人恩怨、经济纠纷等矛盾；被害人的生活习惯如何，从而分析作案人选择作案的时机，对被害人的知情程度等。了解周边是否发生过类似案件，现场周边有无畜、禽等有无不明原因死亡，本地常见毒物种类及其销售使用情况，现场周边毒物有无缺失等信息。

实践中，中毒现场可能会有不少围观群众，而许多案件尤其是发生在农村地区的投毒案件，有的作案人就躲藏在现场的围观群众当中，以近距离观察警方的调查情况，因此，也应留意围观群众当中的可疑人员。

现场访问时，应当了解被访问人员的身份及与中毒者之间的关系，确定访问的内容和方法。访问过程中，应当避免向被访问人员泄漏案件的关键信息或者表示对案件的看法。

第四节　投放危险物质案件实地勘查的重点

投放危险物质案件现场的特点较为鲜明，现场上往往留有许多痕迹、物证。投放危险物质案件实地勘查的对象也较为广泛，勘查人员应重点勘验毒源所在地及污染区域，搜索和勘验现场周围环境，检验中毒尸体以及提取毒物检材，以发现有价值线索，收集重要的痕迹、物证，确定事件性质，查明犯罪事实。

一、毒源所在地及污染区域的勘验

毒源所在地及污染区域，是毒物检材及其他痕迹、物证比较集中的地方，属于中心现场，应及时而全面地收集，因此，应重点进行以下几个方面的工作：

（一）勘验食品和食品的制作原料

实践当中，绝大部分案件的作案人会采用在被害人食品或者食品的制作原料中投毒的方式毒害对方，例如在茶（水）杯、饮料、饭菜或者米、面、粮、油当中投毒，因此，实地勘查时应注意从这些食品或者食品的制作原料当中发现并提取毒物，尤其是被害人中毒前吃剩的饭菜、饮料、茶水及残渣（如中药渣）等，包括它们的盛装物，例如碗、杯、瓶、罐、纸包等。

有时候，如果在中毒者吃剩的食物或者喝过的茶（水）杯当中发现毒物材料，那么也不应忽视对现场上的制作原料或者茶叶、水壶等同时提取和检验。因为如果食物的制作原料或者茶水、水壶当中无毒，说明作案人是在食物做好或者茶叶、水入杯之后投的毒，可以大大缩小侦查范围。

如果怀疑水井、湖泊等处的水被污染，还应采集水样、及时作出分析、检验，以便采取相应的措施。如果认为毒物很可能被投放在商店的米、面、糖果等食用商品中，应及时对商店进行封闭，对相关物品进行检验、鉴定。在紧急情况下，为迅速确定被投毒物品和毒物扩散范围，可以进行动物实验。

对于案情比较简单，犯罪嫌疑人已经供述或者被投毒物品比较明确的案发现场，也应按照规定，对食物、饮用水、原料工具等全面进行勘验、提取、检验，以确定毒源的唯一性，防止因实地勘查不全面造成证据灭失。

（二）勘验呕吐物、排泄物、分泌物

被害人中毒后的呕吐物、排泄物、分泌物等常含有毒物，是分析、检验毒物种类的重要检材。勘验时，应注意观察呕吐物、排泄物、分泌物等的分布位置，是否被清扫。通常应在床铺、沙发、卫生间、痰盂、垃圾袋等比较隐蔽的地方寻找、提取上述物质。

（三）勘验毒物盛装物

在现场可能会发现盛放毒物的器皿、纸包，例如药瓶、药包等；采用注射方式投放危险物质的，可能留下注射用具，例如针管、针头；采用毒蛇、毒虫等动物咬杀的，盛放动物的笼子、口袋、罐子等可能还遗留在现场上。

（四）勘验室内环境

对于可能是气体引发的中毒现场，勘查人员需在确保自身安全的前提下进行勘验，注意现场上有无倒入有毒气体的管道；室内隐蔽处有无挥发性毒物，煤气开关、管道有无泄漏的地方；有无煤气灶，燃熄情况如何；室内通风情况如何，门窗是否关闭、有无破坏痕迹，现场上的物品有无缺失或翻动等。勘查此类现场时，必要时还应提取室内空气样本以供检验。

（五）勘验其他痕迹、物证

投放危险物质案件实地勘查，除了重点勘验该类案件特有的痕迹、物证外，还应按照常规的勘验方法，注意寻找手印、足迹、工具痕迹、交通工具痕迹及作案人可能遗留在现场的火柴、烟蒂等其他物品。同时，也要注意发现现场有无具有中毒征象或者已经死亡的动物，如有应当进行勘验、检查，并提取相关检材。

采集并记录现场周边地区的视频信息、基站信息、地理及电子信息，对现场计算机、存储介质、涉案通信设备等进行勘验、检查。

（六）现场毒物检材的提取和保存

由于毒物的特殊性，毒物检材的提取和保存也不同于一般案件，应当参照《中毒案件采取检材规则》以及《中毒案件检材包装、贮存、运送及送检规则》进行。

提取、保存毒物检材应当注意以下方面：其一，检材提取数量应当满足三级送检的需要，并留存足够数量检材以备复检。案情复杂的，应加大检材提取数量，以保证检验的顺利进行。其二，提取检材应当注意有代表性，对于数量较多的液体、固体，应当分部位提取。其三，提取中毒人员双手的微量物证检材，应当分别剪下双手指甲，用棉签等沾取适当溶剂分别擦拭双手，并分开包装。其四，提取地面上的呕吐物、可疑粉末等检材时，应当同时提取相应的空白对照样本。其五，提取检材所用工具必须洁净，不得沾染消毒剂和各种化学试剂。提取过程中，应当注意更换手套和提取工具，防止造成污染。其六，投毒案件生物检材必须放在低温冰箱中冷冻保存，不得向检材当中添加防腐剂。其七，现场提取的毒物或收集的毒物纯品样本应当密封包装，并与其他检材严格分开储存，防止造成污染。

对于可能具有痕迹、理化、DNA 等多种检材价值的现场痕迹、物品，应当妥善保管，注意合理安排各类检验方法的顺序，尽量避免污染、损坏检材，影响下一步检测。

二、现场周围环境的搜索和勘验

对投放危险物质现场周围环境的搜索和勘验，主要是对周围的院墙、院门、树丛、草丛、来去道路以及厕所、涵洞、河流、池塘等进行搜索和勘验，以发现有关的痕迹、物证。常见的有：作案人的足印、足迹痕迹、交通工具痕迹等以及其他遗留物品，例如纸包、火柴、烟蒂、生物检材等。

现场具备使用警犬追踪或者鉴别条件的，在不破坏现场痕迹、物证的前提下，可以使用警犬搜索和追踪有关人员和物品。

三、中毒尸体的检验及检材的提取

对于投放危险物质案件现场中毒死亡的人员尸体和禽畜尸体，应注意认真进行检验，以了解中毒原因、中毒的过程、危险物质的种类和数量等问题。

（一）尸体的位置和姿势

在检查前需要查明尸体的位置有无变动；尸体的姿势状态，是平直、蜷缩还是呈痉挛状态；尸体附近地面有无拖拉痕迹；现场有无搏斗等。

（二）死者衣着状况和随身物品

检查衣着是否整齐；是否是新衣或生前最好的衣服；衣服有无破损；衣服前胸及衣领周围有无毒物流痕、呕吐物、粘液附着等；口袋里有无药瓶、药袋和残留的药品、药丸、药粉；有无遗书、信件；有无其他特殊气味等。

（三）尸体外表征象

尸体有无毒物气味，是何气味；死者皮肤、尸斑颜色；尸体的嘴唇周围、口腔内及牙缝间有无毒物粘液及可疑毒物颗粒、腐蚀痕迹；瞳孔的散大或缩小，一般中毒死亡瞳孔明显散大，但是有机磷农药、冬眠灵等中毒，瞳孔会同等缩小；身体上有无针孔，针孔的分布位置，现场附近有无相应的针头、针管；尸表有无抵抗伤、搏斗伤，有无机械性损伤、电流斑或动物咬痕（例如毒蛇、毒虫咬痕）等外来伤；肛门、外阴部及阴道部及阴道黏膜有无腐蚀、坏死等迹象。

（四）尸体解剖

1. 脏器表面检查。对于中毒致死的尸体，除了通过尸体表面检验外，有的还需要依据常规进行全面系统的法医解剖。只有通过全面系统的解剖，才能准确而有效地收集足够的检材，保证毒物检验的准确性。全面系统的检验有助于发现死者生前患有的潜在性疾病，这对于判明是疾病引发的猝死还是中毒致死具有重要意义。解剖时，应以消化系统为检验的重点，需要注意观察各相关脏器的状态，是否腐蚀，是否变色，有无异变；胃内容的多少、颜色、气味等。

2. 检材的提取。注意根据初步判断毒物的种类、毒物进入人体的方式、尸体腐败程度等情况，选择提取相应的毒物化验检材；注意提取中毒尸体的病理学检材和双手等部位的微量物证检材；开棺验尸的，应当提取空白对照样本。

一般对于急性口服毒物中毒的，应提取胃及胃内容物、肝、血液等；吸入一氧化碳、氰化物中毒的，首先应提取血液；皮肤、黏膜吸收中毒的，往往提取血液、肺、接触毒物部位的组织等；毒蛇、毒虫咬杀的，应提取被咬部位组织、血液及内脏；注射毒物的，应提取针孔附近的组织及血液等。对于提取的中毒检材，务必妥善保存，并及时送检，以免使检材受到人或自然因素污染、破坏，给毒物鉴定带来困难，影响鉴定结果的客观性、准确性。若不能及时送检，应妥善保存。

第五节　投放危险物质案件现场分析的重点

勘查人员通过现场访问、实地勘查等工作的开展，往往获取了一些有价值的线索、证据，侦查人员应组织有关人员对现场访问、实地勘查获取的有关信息进行分析、研究，重点确定事件性质，查明被害过程、危险物质的种类以及危险物质的来源等情况，从而决定是否立案侦查，确定侦查方向，划定侦查范围，有效推进后续的侦查工作。

一、事件性质

中毒事件的现场分析首先需要确定事件性质,即确定是他人故意暗害,还是中毒者意欲自杀,或是灾害事故,这是决定是否立案侦查的重要前提。在实践中,中毒事件一般有三种情况:服毒自杀,意外死亡,投毒谋害。因此,要根据现场访问、实地勘查等情况,综合分析该事件的性质,是否属于投放危险物质的刑事案件。

二、被害过程

被害人最后一次进食的时间、地点;吃了什么东西、和谁吃的、吃后多长时间出现什么症状,出现症状后至死亡的时间有多久;中毒后的症状是什么,例如恶心、呕吐、腹痛、腹泻、昏迷、瞳孔散大或缩小、面色苍白或潮红等。被害人是在什么状态下中毒的,是清醒状态还是酒后或昏迷等;被害人是主动吃含有毒物的食品,还是被作案人强行灌入毒药、注射毒针、毒蛇(虫)咬伤等。

被害人被害的过程,尤其是被害时间、地点及中毒方式、中毒过程可以反映出被害人与作案人的关系,是熟人还是陌生人;是蓄谋已久还是临时起意;作案人是否具备特殊的技能或者知情条件等。

三、危险物质的种类和来源

投放危险物质案件,分析确定危险物质的种类和来源对于案件的侦破具有决定性作用。查明危险物质的种类和来源不仅是法律要求,也是案件侦破的需要,例如致被害人死亡的毒物是普通的农药还是罕见的剧毒化学制剂;是被害人购买的、自制的还是别人赠送或捡来的等。

四、现场有无其他反常情况

投放危险物质案件现场分析,需要注意查明现场有无反常迹象,是否存在伪装或伪造现场。对于现场的反常迹象无法作出合理解释,且存在伪装或伪造现场,一般可以排除服毒自杀或意外事故的可能性,进一步确定为投放危险物质的刑事案件,从而依法立案侦查。

---- 思 考 题 ----

1. 投放危险物质案件现场的特点是什么?
2. 投放危险物质案件现场勘查的任务是什么?
3. 投放危险物质案件现场访问的重点是什么?

4. 投放危险物质案件实地勘查的重点是什么？
5. 投放危险物质案件现场分析的重点是什么？

───── 参考文献 ─────

1. 郭金霞、李小恺：《立体现场勘查学》，中国政法大学出版社 2021 年版。
2. 倪春乐主编：《现场勘查》，知识产权出版社 2020 年版。
3. 张颖主编：《犯罪现场勘查》，法律出版社 2020 年版。
4. 裴煜、段蓓玲：《刑事案件现场勘查方法》，华中科技大学出版社 2020 年版。
5. 许大鹏：《犯罪现场调查》，中国法制出版社 2020 年版。
6. 卫红泽：《刑事现场勘查学》，中国人民公安大学出版社 2019 年版。
7. 姜克峰：《罪案终结：犯罪现场调查》，中国法制出版社 2018 年版。
8. 郭秀花、宇传华主编：《医学现场调查技术》，科学出版社 2017 年版。
9. 诸葛明：《FBI 犯罪现场调查》，台海出版社 2017 年版。
10. 沙贵君、陈志军主编：《犯罪现场勘查学》，中国人民公安大学出版社 2015 年版。
11. 蒋健主编：《犯罪现场勘查》，中国人民公安大学出版社 2014 年版。
12. 涂国章、李连宏：《贵州省中毒案件调查及毒物溯源探索》，载《贵州警察学院学报》2022 年第 6 期。
13. 向平等：《单纯窒息性气体急性中毒死亡案件的检材提取和分析策略》，载《法医学杂志》2022 年第 4 期。
14. 赵定坤：《投毒杀人案件侦查取证研究》，载《广州市公安管理干部学院学报》2021 年第 1 期。
15. 安军：《投毒案件现场分析及侦查途径探究》，载《辽宁警察学院学报》2018 年第 4 期。

第二十二章

计算机犯罪案件的现场勘查

[内容提要]

计算机犯罪是指作案人以计算机为工具或以计算机资产为侵害对象而实施的具有计算机特质的犯罪行为。计算机犯罪案件的现场勘查，则是勘查人员对于计算机犯罪案件，依照法律和相关法规的规定，运用计算机科学技术，对与犯罪有关的场所、物品及报案人、作案人以及可能隐藏证据的人进行搜查，并对与犯罪有关的证据材料予以扣押、封存的一种执法活动。计算机案件的现场勘查是侦破计算机案件的重要措施，勘查人员应在了解计算机犯罪案件现场的特点及明确计算机犯罪案件现场勘查任务的基础上，运用专业知识和技能，严格按照法定程序、遵循科学规范开展计算机案件的现场勘查工作，提高勘查工作效率，确保勘查工作质量。

[重点问题]

计算机犯罪案件现场的特点；计算机犯罪案件现场勘查的任务；计算机犯罪案件现场访问的重点；计算机犯罪案件勘验检查的重点；计算机犯罪案件现场分析的重点。

第一节　计算机犯罪案件现场的特点

计算机犯罪是一种新兴技术领域的犯罪，此类犯罪与计算机技术和信息紧密联系在一起。除物理性破坏计算机犯罪外，其他犯罪常常都是运用计算机专业技术知识或其他技术进行的。勘查人员应坚持问题导向，坚持系统观念，坚持守正创新,去研究计算机犯罪案件现场的特点,有助于勘查人员正确认识计算机犯罪案件现场的本质特性,推进犯罪现场勘查工作顺利进行。

一、现场的广泛性、时空跨越性

随着计算机的普遍应用和互联网的不断扩大,不仅各个领域都有可能发生计算机犯罪,而且在某地所从事的计算机犯罪可能辐射到其他地方,甚至可能跨越国界而辐射到国外,成为跨地区、跨国界犯罪。根据《最高人民法院关于适用〈中华人民共和国刑事诉讼法〉的解释》第2条第2款的规定:"针对或者主要利用计算机网络实施的犯罪,犯罪地包括用于实施犯罪行为的网络服务使用的服务器所在地,网络服务提供者所在地,被侵害的信息网络系统及其管理者所在地,犯罪过程中被告人、被害人使用的信息网络系统所在地,以及被害人被侵害时所在地和被害人财产遭受损失地等。"可知,若发生计算机犯罪案件,则涉及范围太广、太复杂,往往横跨多个物理空间和时间节点。

二、现场的抽象性、不可见性

计算机犯罪案件现场一方面记录着作案人的客观物理运动过程,另一方面记录着由犯罪行为所引起的犯罪结果,而该结果是以数据为表达形式呈现并储存在客观物质当中的,人眼难以看见,具有很强的虚拟性,这就使计算机犯罪案件现场成为一个虚幻的场所,一个数字化的空间,具有抽象性和不可见性。

三、现场情况的多样性、复杂性

大多数计算机犯罪案件的作案人具有相当高的计算机专业技术知识和操作技能,且常常是计算机程序设计人员或计算机管理、操作、维修保养人员,有使用计算机的方便条件。作案人多采用高技术犯罪手段,甚至多种手段并用。他们有时直接向计算机输入非法指令,进行贪污、盗窃、诈骗财物;有时借助电话、卫星、通信等系统的计算机数据传输以遥控手段进行计算机犯罪;有时通过制造、传播病毒破坏计算机信息系统;有时伪造信用卡等。作案前,作案人一般都经过周密的预谋和精心的准备,选择合适的作案时机与作案地点,并设置逃避计算机安全系统的稽核防范。

四、现场痕迹、物证的不充分性

计算机犯罪大多是通过程序操作来实施的,且作案目标常常是无形电子数据,作案人实施完犯罪行为后,对计算机设备和信息载体一般不会造成损坏,这导致了很多计算机犯罪案件现场遗留的痕迹、物证很少。

五、现场取证的困难性

一方面，用计算机记忆媒体浓缩存储的数据具有不可见性，加之数据以数字或符号形成的匿名性，造成取证的困难；一方面，大多数计算机犯罪的作案人具备专业知识，极易通过操纵计算机而毁灭犯罪证据，尤其是对于个人计算机，要毁灭犯罪证据就更加容易；另一方面，对计算机及计算机系统的勘查，不可避免地涉及个人隐私或商业秘密，当事人为保护个人隐私或商业秘密，有意无意地会增加取证的难度。

第二节　计算机犯罪案件现场勘查的任务

计算机犯罪案件现场勘查的任务是确定事件性质，发现和收集犯罪证据，查明犯罪嫌疑人及犯罪活动情况，制作和存储现场信息资料等。研究计算机犯罪案件现场勘查的任务，有助于勘查人员明确计算机犯罪案件现场勘查的目标及侧重点，顺利开展现场勘查工作，收集线索和证据，确定侦查方向和范围，从而侦破案件。

一、确定事件性质

由于计算机及其网络的特性，根据实践，目前发现计算机犯罪案件和犯罪线索的主要途径有：被害人或被害单位的报案，公民（其中包括ISP和ICP管理人员）的举报，互联网信息监控，利用技术侦查手段发现的线索，公安部通报和外省侦查部门的协查通报，在侦查其他案件中发现的计算机犯罪线索，在例行检查（如定期检查网吧）中发现的计算机犯罪线索，秘密力量提供的信息等。侦查部门接到报案后，往往需要经过现场勘查后才能对可疑事件进行定性。符合立案条件的，应当依法立案侦查。对事件现场情况复杂，一时难以分清性质的，也应先行立案，待查清事实后，按规定进行销案或移送处理。

二、发现和收集犯罪证据

现场是丰富的犯罪证据源泉，现场勘查是获取证据的主要途径和重要手段。有的现场痕迹、物证显而易见，有的肉眼难以辨认，提取也有难有易。现场勘查人员应以涉案计算机设备所在的场所为中心，采用各种专门的技术手段，按照诉讼证明的要求进行勘查。此外，勘查人员还要有艰苦细致的工作作风，从而全面发现和收集证明犯罪事实的各类证据，包括数据信息类证据和传统的痕迹、物证等证据。

三、查明犯罪嫌疑人及犯罪活动情况

尽管计算机犯罪案件现场具有与一般刑事案件现场不同的新特点，但是，勘查人员仍需要坚持现场勘查的基本原则和方法，围绕作案人进行深入调查。一方面要对现场及其环境进行观察，对现场各种遗留的痕迹、物证及介质进行勘查，另一方面还要深入到现场周围的群众中进行细致的调查访问，最后把两方面所了解到的材料综合起来加以研究，重点对作案人常上什么网站，上网的目的，网上的联系情况及使用的工具情况等一些使用计算机的基本情况进行了解，从而确定侦查方向和范围，为侦查破案提供可靠的线索。

四、制作和存储现场信息资料

勘查人员运用科学的、专门的技术方法在犯罪现场发现计算机违法犯罪的电子证据后，应当在当事人或作案人以及见证人在场的前提下，采用全部或部分复制的形式进行封存。而在某些紧急情况下，还必须在现场对计算机和其他电子设备上被删除和破坏的数据进行恢复，以制作、存储犯罪证据及其他线索。

第三节　计算机犯罪案件现场访问的重点

计算机犯罪案件现场访问的对象主要包括报案人、被害人、计算机系统管理人员、计算机系统操作人员以及其他知情人等。侦查人员在现场针对不同的访问对象，采用不同的方法，有针对性地进行询问，从而获取有价值的线索和证据，为确定事件性质、查明犯罪事实提供依据，为后续工作的顺利开展打下坚实的基础。

一、计算机犯罪案件现场访问的重点对象

计算机犯罪案件现场访问的对象主要包括：报案人、被害人、计算机系统管理人员、计算机系统操作人员以及其他知情人等。

二、计算机犯罪案件现场访问的重点内容

（一）案件发生、发现的情况

什么时间、什么情况下发生或发现案件的，如何发生、发现的，以及采取哪些应急措施。

（二）计算机使用、维修和保管情况

哪些人有条件使用计算机，什么时间、什么人对计算机进行过维修，其他人是否有可能接触过计算机，计算机的联机联网情况，以及计算机的性能、用

途及安全防范措施等。

（三）经常接触计算机的人员情况

主要指编程人员、操作人员、维修人员及管理人员等。应了解这些人所具备的计算机专业技术知识和技能情况、工作情况、思想表现、社会交往人员情况、经济状况以及与同事、领导的关系等。

（四）造成损失的情况

计算机犯罪所造成的是普通财物损失，还是计算机所储存的资料被窃取，亦或是计算机的数据信息系统被毁坏等。

（五）其他可疑情况

以前是否发生过类似情况，是否发生过一些可疑的人或事，以及怀疑谁有可能作案，有何依据。

第四节　计算机犯罪案件勘验检查的重点

在现场保护完毕的情况下，应对计算机犯罪案件的现场进行勘查，根据现场的具体情况，划定勘查范围，确定勘查顺序。研究计算机犯罪案件现场勘查的重点有助于勘查人员根据不同情况适用不同的勘查方法，对现场作出初步判断，及时采取合理、有效的勘查措施，提高计算机犯罪案件现场勘查工作的效率和质量。

一、现场勘验检查

该项工作是对单一计算机及计算机系统自身储存数据的现场勘验检查，主要包括三个方面：

（一）观察、检查计算机设备

勘查前，应首先使用照相或者摄像设备记录犯罪现场的原貌，并且记录应当尽可能地详尽。勘查时，应停止计算机的应用，保护计算机及相关硬件设备；应注意了解计算机的机种、型号、操作系统的版本及性能等；还应注意发现计算机设备有无不正常的损坏等情况；检查计算机系统通信线路是否正常等。

（二）检查计算机系统自身储存的电子数据和信息

由于这类计算机系统的取证工作比较困难，并且涉及信息安全，通常由具备计算机现场勘验与电子证据检查专业知识和技能的人员进行，但必须在侦查人员的主持下开展工作。勘查时，应注意发现计算机操作记录上无法解释的操作活动；计算机中会计系统的不稳定；主机档案中不完整或不正确的资料；计算机的错误率居高不下等。根据以上这些迹象，常常可以发现计算机犯罪线索。

全面检查计算机中自身储存的各种原始凭证、监控录像带、计算机产生的有关稽核记录、活动日志、报表，发现各种计算机犯罪的线索和证据。在勘查时，应运用录音录像、复制、搜查、扣押等方法和手段收集各种证据。收集计算机犯罪证据时，查扣前应将计算机隔离，并记录机种、型号、操作系统版本等；扣押有关计算机时，应将有关的附属设备一并扣押；对计算机检查时不要轻易关机或输出、输入任何指令。取证后，应将所有程序文件保存，及时复制电子数据，以防破坏计算机系统的程序、数据和信息等。

在清查有关记录和取证时，必须采用没有病毒污染的"干净"的系统盘引导计算机，并严格按操作规范程序进行操作，以防受到作案人设计的类似"病毒"的软件干扰，以及避免因错误操作而破坏计算机系统的程序、数据信息等。

（三）对现场进行搜索和观察

勘查人员应注意对现场及附近进行搜索，以发现相关的痕迹、物证。因为作案人在作案时可能会将手印、微量物证、生物物证等潜在的痕迹、物证留存在计算机系统的设备上，有时还会将一些记录纸的碎片丢在现场附近，或者一些随身物品遗落在现场，勘查时应注意提取和保全这些与犯罪有关的证据。

二、远程勘验检查

该项工作是对互联的网络环境进行勘验检查，主要包括以下三个方面：

（一）对网络现场中的应用层进行勘验

应用层在网络中使用的次数最多，大多数网络犯罪都是在应用层实现的。应用层包含的电子证据往往可以从网页内容、电子邮件、网上聊天的谈话记录中表现出来。因此可以从网络浏览器的浏览记录里查看以前登录过的网站记录和浏览内容，并将其进行复制，在获取证据时应当使用照相、录像等方法对采集过程进行记录。

（二）对网络现场中的传输层和网络层进行勘验

传输层是负责建立、保持、管理、终止计算机相互之间的通讯。传输层将较大的数据分成很多更小的数据包，并在需要时按照原有的顺序重新组合，如果数据在传输过程中丢失，那么传输层将重新发送，直至收到发送成功的讯号为止。网络层的任务是通过网络地址，指引数据到达传送目的地。传输层和网络层中最重要的电子证据是 IP 地址，IP 地址虽不能直接认定作案的计算机，但可以用来确定计算机所处的大致区域，缩小查证范围。所以在这两个层面上应注意通过搜寻网络服务器、路由器、防火墙等自动生成的日志文件来查找 IP 地址。

（三）对数据链路层的勘验

数据链路层适用于同一个路由器的局域网内部不同计算机之间的相互联系。它与网络层相似，也是通过地址联系，不同的是网络层负责远距离、不同网络之间的通讯，而数据链路层只在局域网内部指引数据运输。数据链路层中的 MAC 地址直接与网络适配器相关，每台计算机都会有固定的、不同的 MAC 地址，MAC 地址只适用于同一网络内部的数据传输，只有在此网络的路由器上才会留下关于它的信息。如果路由器上的日志文件保存完整，那么就有可能根据 MAC 地址确定某一台特定的计算机。所以可通过对数据链路层的勘验，寻找相应的 MAC 地址进而确定计算机。

第五节 计算机犯罪案件现场分析的重点

根据计算机犯罪案件自身所具有的特点可知，该类案件现场分析的重点主要在于侦查人员根据现场访问、现场勘验检查所获得和提取的证据对案件进行临场分析。研究计算机犯罪案件现场分析的重点有助于确定事件性质，查明犯罪事实，确定侦查方向和侦查范围，顺利开展侦查工作，从而破获案件。

一、确定事件性质

要根据现场访问、现场勘验检查等情况，综合分析事件的性质是否属于犯罪事件，这是决定是否立案侦查的重要前提。

二、查明案件性质

在事件性质确定为犯罪事件之后，还要根据现场访问、现场勘验检查等情况，进一步查明是什么性质的计算机犯罪案件。

三、研究作案手段和过程

计算机犯罪有多种不同形式，如制作、传播有害信息，编制、传播计算机病毒，攻击计算机系统，利用互联网窃取机密，还有金融系统计算机犯罪等。作案人既可以在本地作案，又可以远程作案。犯罪结果既可能是实时的，也可能潜伏一段时间，或在某个特定的时间。作案手段多样性和高智能性，导致计算机犯罪案件现场的复杂性和隐蔽性。分析作案手段和过程，就是要透过现场的各种表象，还案件之本来面目。

四、确定作案人的情况

根据数据和痕迹分析作案人的情况，即作案人是谁，是单位内部人员还是其他人员，是本地人还是外地人；作案应具备什么条件；计算机水平如何；上机、上网有什么特定习惯；等等。

| 思 考 题 |

1. 计算机犯罪案件现场的特点有哪些？
2. 计算机犯罪案件现场勘查的任务是什么？
3. 计算机犯罪案件现场访问的重点是什么？
4. 计算机犯罪案件实地勘查的重点是什么？
5. 计算机犯罪案件现场分析的重点是什么？

| 参 考 文 献 |

1. 单大国主编：《刑事科学技术》，高等教育出版社2021年版。
2. 郭金霞、李小恺：《立体现场勘查学》，中国政法大学出版社2021年版。
3. 倪春乐主编：《现场勘查》，知识产权出版社2020年版。
4. 张颖主编：《犯罪现场勘查》，法律出版社2020年版。
5. 裴煜、段蓓玲：《刑事案件现场勘查方法》，华中科技大学出版社2020年版。
6. 卫红泽：《刑事现场勘查学》，中国人民公安大学出版社2019年版。
7. 蒋健主编：《犯罪现场勘查》，中国人民公安大学出版社2014年版。
8. 朱巧红、盛永彬主编：《犯罪现场勘查》，暨南大学出版社2013年版。
9. 杨正鸣、倪铁主编：《犯罪现场勘查案解》，复旦大学出版社2011年版。
10. 许爱东：《现场勘查学》，北京大学出版社2011年版。
11. 马丽霞主编：《现场勘查》，中国检察出版社2010年版。
12. 谢登科：《电子数据网络远程勘验规则反思与重构》，载《中国刑事法杂志》2020年第1期。
13. 何军：《大数据时代犯罪现场质态及勘查模式演进》，载《江苏警官学院学报》2021年第5期。
14. 靳慧云：《计算机犯罪案件现场的认定和保护》，载《中国人民公安大学学报（自然科学版）》2003年第4期。
15. 刘少军、汪焕成：《网络犯罪案件中电子数据取证问题研究》，载《湖北警官学院学报》2022年第3期。

声　明　　1. 版权所有，侵权必究。
　　　　　2. 如有缺页、倒装问题，由出版社负责退换。

图书在版编目（CIP）数据

现场勘查/许志主编. —北京：中国政法大学出版社，2023.12
ISBN 978-7-5764-1230-7

Ⅰ.①现… Ⅱ.①许… Ⅲ.①刑事犯罪－现场勘查－高等学校－教材 Ⅳ.①D918.4

中国国家版本馆CIP数据核字(2023)第243787号

出　版　者	中国政法大学出版社
地　　　址	北京市海淀区西土城路25号
邮寄地址	北京100088 信箱8034分箱　邮编100088
网　　　址	http://www.cuplpress.com（网络实名：中国政法大学出版社）
电　　　话	010-58908435(第一编辑部) 58908334(邮购部)
承　　　印	保定市中画美凯印刷有限公司
开　　　本	720mm×960mm　1/16
印　　　张	24
字　　　数	418千字
版　　　次	2023年12月第1版
印　　　次	2023年12月第1次印刷
印　　　数	1～3000册
定　　　价	69.00元